새로운

교육평가

강봉규 · 박성혜

EDUCATIONAL EVALUATION

태영출판사

머 리 말

이 책은 교육평가의 이론에 처음으로 접근하는 대학, 또는 대학원의 학생들을 위하여 교육평가의 기초적 문제를 상세히 취급한 입문서다. 또한 교육현장의 일선 교사들에게 도움이 될 수 있는 안내서의 구실도 겸하도록 기술하였다.

최근에 와서 교육의 정상화를 위한 여러 가지 시도 가운데 특히 측정 · 평가방법의 개선을 위해 제도적 보완을 서두르고 있는 오늘날, 이 책이 낡은 측정 · 평가관에 대한 재고의 한 자료가 된다면 다행이다.

본 서는 교육평가의 일반적 기초이론을 다룸으로써 평가가 지향해야 할 방향을 시사하려고 했다. 특히 평가목표를 중심으로 최근 발전된 평가관의 변화와 교사작성검사와 행동발달상황평가의 기본문제, 즉 평가도구의 제작방법과 평가결과의 통계처리방법 등 일종의 평가기술적 문제에 역점을 두고 있다. 교육평가에 관한 저자의 강의 경험에 비추어 볼 때 그 내용의 방대함으로 인해 한 학기 안에 교재내용을 모두 다루었던 일은 거의 없었다고 해도 과언이 아니다. 이러한 사실에 입각해서 이 책은 한 학기용의 강의 교재로 적절하게 내용분량을 조절하여 집필되었다. 특히 교수와 학습의 효율성을 높이기 위해 긴 문장으로

서술하기 보다는 내용단위를 분절하여 핵심적인 내용으로 요약 · 집약화하는 서술방식을 택하였다.

본래 교육평가의 문제는 교육통계학이나 심리측정이론과 밀접히 관련되어 있기 때문에 이와 같은 문제를 고려하여 이 책이 엮어졌으나 통계학적 소양이 없더라도 쉽게 이해할 수 있도록 조치하였다.

끝으로 어려운 여건에도 불구하고 때 맞추어 출판되도록 최선의 노력과 보살핌을 해주신 김현태 사장님과 편집과 교정일을 맡아주신 오세복 선생님께 깊은 감사를 드리는 바이다.

2010년 5월 1일

저자 씀

차 례

제 1 장

교육평가의 개념과 대상

1. 교육평가의 개념적 모형
2. 교육평가의 정의
3. 교육평가와 교육측정
4. 교육평가의 기능
5. 교육평가의 대상
6. 수업과정에서의 평가의 역할

1. 교육평가의 개념적 모형

교육평가모형은 교육평가를 보는 관점 혹은 강조점의 차이 등에 따라 매우 다양하다. 여기서는 학교의 교수-학습 프로그램 및 자료·산출물 평가를 위한 이론적 기초와 실제적 지침을 제시한 대표적인 모형들로써 목표달성모형, 판단모형, 그리고 의사결정 촉진모형으로 나누어 살펴보고자 한다.

1) 목표달성모형

(1) Tyler의 모형

Tyler의 모형은 가장 고전적이고 보편적인 평가모형으로서, 교육평가란 교육 프로그램의 관점에서 '교육목표가 어느 정도 달성되었나를 평가'하는 것이다. Tyler의 평가 절차는 일반적으로 다음과 같다.

첫째, 교육목표를 학생, 사회, 교과목이라는 세 가지 목표 자원(goal-sources)에 기초하고 학습심리와 교육철학이라는 두 가지 목표 사정(goal-screens)을 통해서 상세히 행동적으로 진술한 목표로 전환시킨다.

둘째, 교수 프로그램이 끝날 때, 위의 절차에 의해 설정된 목표가 어느 정도 성취되었는지를 확인하기 위하여 학생의 학업 성취도를 측정한다.

셋째, 목표의 성취 여부에 따라 교수 프로그램의 성공과 실패가 판가름된다.

Tyler는 교육의 전체 과정에서 평가의 기능과 역할을 규정하였다. 그에 의하면 교육과정은 교육목표의 선정 및 세분화, 학습 경험의 선정과 조직, 교수-학습의 투입, 교육평가의 과정으로 이루어진다.

Tyler는 교육목표를 행동적으로 진술할 것을 최초로 제안한 학자 중의 한 사람으로서 비록 그가 제시한 교육목표 진술의 적정한 명세화 정도의 기준에 대해서는 평가자들 간에 논란이 되고 있으나, 교육평가를 보는 교육자들의 사고에는 지대한 영향을 미쳐 왔다. Tyler의 평가절차는 교수 프로그램의 효과를 목표의 달성 정도에 비추어 추리하므로 이 평가모형의 초점은 교육목표와 그 목표의 성취 정도라고 할 수 있다.

(2) Hammond의 모형

R. L. Hammond는 목표달성모형의 변형을 제언하고, 교육평가는 "교육 프로그램이 진술된 목표를 성취하는데 효과적인 것이었는가"를 결정하는 과정으로 정의하였다.

Hammond 모형의 평가절차는 다음과 같다.

① 평가될 현행 교육 프로그램을 확인한다.
② 관련된 환경변수와 수업변수를 정의한다.
③ 목표를 행동적 용어로 진술한다.
④ 목표에서 진술된 행동을 평가한다.
⑤ 목표달성 결과를 분석한다.

Hammond의 모형은 진술된 목표의 달성 정도에 영향을 미친다고 볼 수 있는 환경변수와 수업변수의 본질을 상세히 기술하고, 평가의 최종 단계에서는 측정된 학습자의 행동에 영향을 미친 환경변수와 수업변수 간의 관계를 분석한다.

(3) Metfessel과 Michael의 모형

Metfessel과 Michael은 목표달성모형의 또 다른 변형을 제안하였는데, 이 접근방법은 다음과 같은 8단계로 되어 있다.

① 교수-학습 공동체 구성원의 참여
② 일반목적과 세부목표의 설정
③ 세부목표를 의사소통이 가능하고 학습을 촉진할 수 있는 형태로 변형
④ 측정방법과 도구의 개발
⑤ 주기적인 측정
⑥ 측정자료의 분석
⑦ 분석된 자료의 해석

⑧ 프로그램의 개선과 목표수정을 위한 제언

Metfessel과 Michael 모형의 특색은 교육 프로그램의 목표달성에 반영되었다고 볼 수 있는 여러 다른 부류의 준거를 설정하는 것이다.

(4) Provus의 모형

Tyler의 목표중심평가 접근법을 변형하여 발전시킨 평가 방안 중의 하나가 Provus의 '불일치평가' 접근법이다. Provus에 따르면, 평가란 프로그램 기준에 관하여 동의하고, 프로그램 수행 결과와 기준 간의 차이를 파악하며, 그 불일치에 관한 정보를 활용하여 프로그램의 약점을 파악하는 과정이다. 평가의 목적은 프로그램을 개선할 것인지, 유지할 것이지, 아니면 종결시킬 것인지를 결정하기 위한 것이다. 프로그램에 관한 의사결정을 하기 위해서는 평가 결과가 필요한데, 이 때 평가 활동은 기준에 근거하여 수행 결과를 확인하는 과정을 일컫는다.

Provus의 불일치평가 접근법은 평가를 네 단계로 구분하여 제시하고 있다. 평가의 첫 번째 과업은 무엇이 새 프로그램을 구성하는지를 결정하는 것이다. 두 번째 단계는 프로그램이 제대로 실행되는지 확인하는 것이다. 세 번째 단계는 프로그램의 중간 단계의 목적들이 달성되고 있는지를 확인하는 것이다. 네 번째 단계는 프로그램 실행 과정에서 프로그램의 최종적인 목적이 성취되었는가를 확인하는 것이다. Provus의 불일치평가 접근법에서 가장 중요한 점은 기준에 근거해서 프로그램 수행 결과가 어떻게 되었는가를 확인한다는 점이다.

2) 판단모형

이 모형은 평가를 평가자의 전문성을 이용하여 평가대상의 가치와 장점을 체계적으로 판단하는 활동으로 보는 입장이다.

(1) Scriven의 모형

Tyler가 목표중심평가 접근법을 제시한 이래로 평가는 주로 주어진 목표의 성취 정도를 확인하는 활동으로 간주되었다. 그러나 Scriven이 탈목표평가 접근법을 제시함에 따라, 평가는 사전에 주어진 목표에 의거해서 성취 수준을 확인하고 해석하는 활동이라기보다는 특정 활동이나 행위가 가져오는 다양한 결과 또는 효과를 총체적으로 파악하는 과정으로 이해되기 시작하였다.

Scriven이 탈목표평가 접근법을 강조함에 따라 평가에 있어서 전문가의 역할이 더욱 중요해지게 되었다. 평가란 주어진 목표에 근거해 성취 정도를 확인하는 '관리적인' 활동이라기보다는 전문가가 전문가적인 안목에 의해 가치판단을 수행하는 '복잡한' 활동이라는 것이다.

1 형성평가와 총합평가

Scriven은 수업과정에서 개발 중에 있는 교수 프로그램의 개선을 목적으로 하는 형성평가(formative evaluation)와 이미 완성된 교수 프로그램의 실적을 종합적으로 평가하는 총합평가(summative evaluation)라는 개념을 최초로 구별하여 사용한 학자다.

그는 형성평가와 총합평가를 구별하는데 있어서 자료수집 설계나 자료분석 기술과 같은 절차상의 차이점에 관해서 구체적으로 언급하지는 않았지만, 이와 같은 구별은 평가이론에 지대한 공헌을 하고 있다.

2 목표의 질 평가

평가는 가치를 결정하는 것이다. 따라서 교육평가를 단순히 목표를 성취한 정도로 정의하는 목표달성모형에 이의를 제기하고 목표 자체를 평가할 필요성을 강조하였다. 목표 자체가 성취할 가치가 없는 것이라면 그것을 어느 정도 성취하였는가 하는 문제는 무의미한 것이다. 평가자는 프로그램 설계자에 의해서 제공된 목표를 수동적으로 받아들일 것이 아니라, 목표의 질과 함께 그 성취 정도를 평가하여야 한다는 것이다.

3 수혜자중심 평가

교육을 일종의 서비스 행위로 간주하고 교육을 위해 사용되는 모든 것들을 제품 혹은 상품으로 여겨 교육의 소비자인 학생과 학부모에게 어떤 교육을 제공하느냐에 관심을 두는 평가다.

경제학적 관점에서 보면, 교육은 3차 산업에 해당하고 서비스업으로 분류된다. 따라서 교육행위는 서비스 혹은 일종의 서비스 상품이며 학교와 교사는 교육이라는 상품의 생산자이고 판매자다. 이에 반해 학생들과 학부형은 교육이라는 이름이 붙여진 서비스 또는 상품의 소비자라고 할 수 있고 이미 만들어진 여러 가지 교육 프로그램 중에 특정 프로그램을 취사선택해서 사용하는 경우 학교와 교사들도 교육적 상품의 소비자에 해당한다.

소비자들로 하여금 필요한 상품을 현명하게 선택, 구매할 수 있도록 도울 목적으로 공공 또는 전문기관에서 각종 상품에 대한 평가보고서를 만들어 소비자에게 제공하듯이 교육과정이나 프로그램에 대해서 일가견을 갖고 있는 사람으로서 교육적 서비스 상품의 소비자인 학생, 학부형 또는 교사를 대신하여 교육적 서비스의 상대적 장 · 단점을 판단하여 학생, 학부형 또는 교사들에게 교육적 서비스 또는 상품을 현명하게 선택, 구입하는데 도움을 줄 수 있는 정보를 수집하고 제공하려는 평가를 수혜자지향 평가모형(消費者志向 評價模型, consumer oriented evaluation model), 고객중심 평가모형(顧客中心 評價模型, client centered evaluation model), 또는 소비자보호 평가모형이라 한다.

4 비교평가

Scriven은 비교평가(comparative evaluation)와 비비교평가(noncomparative evaluation)를 구별하고 비교평가에 강조점을 두었다. 교육평가에서 의사결정의 초점은 여러 대립안들 중에서 최선안을 선택하는 것이므로 평가대상—목표 · 프로그램 · 성취도 등—의 비교는 중요하다.

5 탈목표평가

진술된 목표의 성취 정도를 평가하는 목표지향평가와는 대조적으로 탈목표평가(goal-free evaluation)는 의도된 성과뿐만 아니라 기대하지 않았던 성과의 평가도 고려하는 것이다. 그러나 Scriven은 이상적인 평가설계에는 목표지향평가와 탈목표평가가 모두 포함되어야 한다고 하여 탈목표평가를 목표지향평가의 보충평가로 제안하고 있다.

6 모더스 오퍼랜디 방법

Scriven은 실험설계의 접근이 불가능한 상황에서 유용한 "Modus Operandi Method"라는 평가기술을 도입하였다. 가장 흔히 적용되는 모더스 오퍼랜디 방법은 평가하고자 하는 과정이 바람직하다고 판단된 일련의 효과에 대한 원인이 되는가 여부를 탐색하려는 것이다. 즉 인식된 효과와 평가하고자 하는 과정 간에 완전한 인과관계(casual chain)의 존재여부를 발견하고자 하는 것이다.

어떠한 효과가 평가하고자 하는 교수 프로그램과 인과관계가 있는가를 관찰하는 것이다. 또한 이 분석방법은 확률적인 것이며, 단정적인 것은 아니다.

(2) Stake의 모형

Stake의 안면평가 접근법에 따르면, 평가 대상의 전체적인 실상을 정확하게 파악하는 것이 무엇보다도 중요하다. 실상을 종합적으로 파악하고 평가하기 위해서는 두 얼굴, 즉 기술하는 측면과 판단하는 측면을 구분하여 파악하고 평가할 필요가 있다. 먼저 평가 대상을 종합적으로 완벽하게 관찰해서 충실하게 기술한 다음에 이에 대한 정확한 판단을 내림으로써 평가가 완성될 수 있다.

따라서 평가의 과정에서는 기술과 관련된 정보와 판단과 관련된 정보가 동시에 수집될 필요가 있다. 기술과 관련된 자료 수집(교육 프로그램)은 사전조건(수업 전 조건), 실행과정(수업과정), 결과(수업성과)에 대한 '의도' 및 '관찰'에 초점을 두며, 판단과 관련된 자료 수집은 사전조건, 실행과정, 결과 각각에 대한 '기준'과 '판단'에 초점을 두어야 한다. 평가는 의도와 관찰내용, 그리고 기준과 판단의 비교를 통하여 이루어진다.

Stake는 교육 프로그램의 설계에 어떤 논리적 근거가 존재한다는 것을 가정한다. 이 모형을 도식으로 나타내면 다음과 같다.

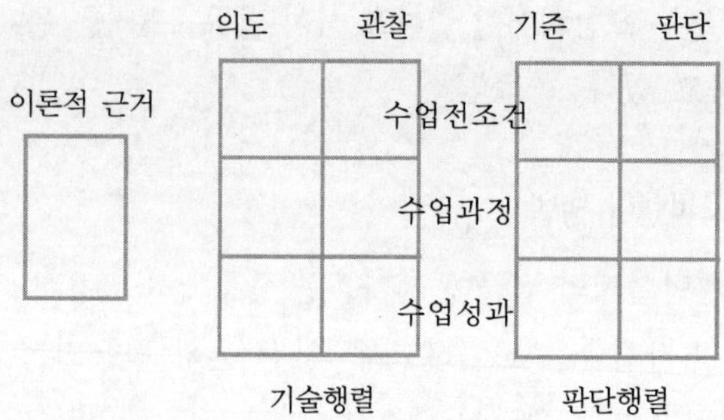

[그림 1-1] Stake의 평가모형

(3) Guba의 모형

Guba는 평가 대상을 학생으로만, 그리고 평가를 성취 수준을 확인하는 행위로만 규정하는 전통적인 관점을 비판하면서, 평가를 평가 대상 자체가 지니고 있는 장점과 가치를 판단하는 것이라고 주장한다. Guba에 따르면, 평가 대상은 두 가지로 구별할 수 있는 바, 하나는 프로그램 그 자체이며, 다른 하나는 프로그램이 적용되는 대상, 예를 들면 학생이나 교사 등이다.

Guba는 기존의 양적 평가가 견지해 온 합리주의적인 방법을 참여적 기술과 관찰을 강조하는 자연주의적 방법과 대조시키면서, 자신의 평가 접근법으로 자연주의적 평가 접근법을 강조한다. Guba의 자연주의적 평가 접근법의 주요 특징은 다음과 같다.

첫째, 있는 그대로의 현실을 파악하기 위해서 실험적인 상황보다는 자연적인 상황 속에서 연구 평가가 이루어져야 한다.

둘째 객관적으로 고안된 조사 도구보다는 직접적인 관찰이나 면접을 위해서 학생을 조사도구로 사용한다.

셋째, 현장의 참여관찰로부터 문제나 사건을 이해하고 해결하기 때문에 결론의 추론 방식이 귀납적이어야 한다.

넷째, 수치적인 측정의 문제가 아니라 평가 대상에 대한 이해와 관련된 문제이기 때문에 다양한 자료와 다양한 현상을 파악할 필요가 있다.

이상에서 살펴본 바와 같이 Scriven과 Stake 및 Guba는 판단모형의 제안자로서, 유능한 평가자는 교육 프로그램의 다양한 부분을 정교하게 평가할 수 있어야 한다고 보는 것이다.

3) 의사결정 촉진모형

(1) Stufflebeam의 모형

이 모형은 교육평가의 목적이 의사결정자에게 도움을 주기 위한 것이다. 이 경우 의사결정자로는 교장이나 교육행정가 뿐만 아니라, 교사, 학부모, 학생, 지역사회 인사들도 해당된다. 의사결정 촉진모형은 교육목표를 기준으로 한 평가 방식에서 탈피하였다. 의사결정 촉진모형으로서 가장 많이 알려진 이 모형은 상황평가(context evaluation), 투입평가(input evaluation), 과정평가(process evaluation), 산출평가(product evaluation)의 네 가지 형태의 평가로 구성되어 있으므로 각각 머리글자를 따서 CIPP모형이라고도 한다.

1 상황평가

상황평가는 가장 기본적인 평가로서, 교육목표를 결정하는 합리적 기초나 이유를 제공하는 것이다. 교육 상황에서 목표가 무엇인가, 충족되어야 할 필요가 있는 목표를 밝혀서 장차의 교육 프로그램에서 다루게 될 일반목표와 특별목표를 확인한다. 또 적절한 교육 환경 요소를 밝히고, 교육 상황 속에 내포되어 있는 문제, 요구, 기회를 확인하는데 도움을 줄 수 있는 경험적 자료를 수집하기도 한다. 상황평가를 위해서는 주로 체제 분석, 조사, 문헌 연구, 면접, 진단검사, 델파이기법 등의 기술적 방법을 사용한다.

2 투입평가

투입평가는 목표를 달성하기 위하여 자원을 활용하는 방안에 관한 정보를 제공하는 것이다. 따라서 상황평가의 결과로 확인된 목표를 달성하기 위해서 수업체제와 수업전략에 관한 분석을 하는 것이다. 그러므로 투입평가자는 목표달성을 촉진하기에 가장 적합한 수업절차를 선택하고 설계하는 데 필요한 정보를 제공해야 한다.

3 과정평가

과정평가의 목적은 프로그램이 계획된 대로 시행되고 있는지 확인하고 수업설계상의 결점을 발견하려는 것이다. 따라서 과정평가자는 실제 수업절차를 점검하여 절차상의 문제점을 해결하는 데 필요한 정보를 제공해야 한다.

4 산출평가

산출평가는 프로그램을 끝낸 후에 또는 필요에 따라서는 진행 중에 목표의 달성정도를 측정하고 해석하는 것이다. 따라서 산출평가자는 어떤 수업 프로그램을 계속할 것인가, 중단할 것인가 또는 수정할 것인가를 판단하는데 필요한 정보를 제공해야 한다.

이상과 같이 네 가지 평가는 각각의 평가에 대응하는 의사결정에 도움을 주는 평가라고 할 수 있는데, 상황평가는 목표를 설정하기 위한 계획결정에, 투입평가는 계획의 설계를 위한 구조화결정에, 과정평가는 계획의 시행을 통제하기 위한 시행결정에, 산출평가는 계획의 달성을 판단하기 위한 순환결정에 도움을 주는 평가이다. 의사결정의 유형과 평가는 다음과 같이 도식화될 수 있다.

	의도	실제
목적	계획결정 (상황평가에 의한)	순환결정 (산출평가에 의한)
방법	구조화결정 (투입평가에 의한)	시행결정 (과정평가에 의한)

[그림 1-1] 의사결정의 유형과 평가

(2) Alkin의 모형

이 모형은 CIPP와 본질적으로 같으나 과정평가를 프로그램 실행에 대한 평가와 프로그램 개선에 대한 평가로 구분되며, 평가는 다음과 같은 5단계 과정을 거친다.

1 체제(사정)평가

프로그램의 전체적인 틀에 대한 평가(특정 상황에 적합한 혹은 필요한 교육목표의 폭과 깊이를 결정하는 데 필요한 정보 제공) 체제의 바람직한 산출 혹은 진술된 필요와 비교하여 현존하는 체제의 상태에 관한 진술이다.

2 프로그램 계획평가

프로그램 목표를 충족할 수 있는 가장 효과적인 방안을 선택하도록 정보를 제공(프로그램의 유형, 실용성, 비용, 실행 효과 등을 검토)한다.

3 프로그램 실행평가

프로그램이 실제 계획한 대로 실천되고 있는지, 실행 중인 프로그램의 개선에 필요한 정보를 제공한다.

4 프로그램 개선평가

프로그램 실행 과정에 직접 개입하여 문제점을 추출하고, 실제로 수정, 보완하는 프로그램 개선 과정(프로그램 전반에 관한 정보 제공)이다.

5 프로그램 승인평가

의사결정자에게 프로그램의 질적 수준에 대한 종합적인 결과를 제공하여 프로그램 채택여부를 결정하도록 도와주는 과정(프로그램의 신뢰도, 타당도, 효율성, 일반화 가능성 등이 포함됨)이다.

(3) Cronbach의 모형

프로그램 평가 이론서로서 Cronbach는 1963년 '평가를 통한 교육과정 개선'(Course Improvement Through Evaluation)이라는 글을 발표하였다. 이 글에서 Cronbach

는 평가의 중요한 목적 중의 하나는 교육 프로그램을 개선하기 위한 것임을 분명히 하였다.

Cronbach에 따르면, 평가란 교육 프로그램에 관한 의사결정에 필요한 정보를 수집하여 활용하는 활동이다. 따라서 평가의 주요 기능 중의 하나는 교육 프로그램에서 개선이 필요한 측면을 찾아내는 것이다. 이를 위해서는 우선적으로 프로그램이 어떤 효과를 가져오는지, 그리고 어떤 변인들이 프로그램 효과에 어떤 영향을 미치는지를 파악할 필요가 있다.

평가가 교육 프로그램의 개선에 기여하기 위해서는 평가의 결과가 프로그램의 완성단계가 아니라 프로그램 개발 도중에 나와야 한다. 왜냐하면 프로그램이 완성되기 전에 평가 결과가 나와야만 평가 결과를 반영하여 프로그램을 개선할 수 있기 때문이다. 이런 맥락에서 Cronbach는 평가의 형성적 기능, 즉 형성평가를 강조하였다.

이처럼 Cronbach는 교육과정 개선을 위한 평가, 즉 프로그램 평가의 중요성을 강조하였다. 이러한 평가 논리는 평가의 대상을 오로지 학생으로만 보는 전통적인 평가 논리와는 다르다. 따라서 Cronbach의 '평가를 통한 교육과정의 개선'이라는 글은 평가의 대상을 학생으로부터 교육 프로그램으로까지 확대시켰다고 볼 수 있다.

지금까지 살펴본 교육평가의 목표달성모형, 내적 준거판단모형, 의적 준거판단모형, 의사결정 촉진모형을 평가에 대한 각 접근방법을 중심으로 비교하면 다음과 같다.

표 1-1 교육평가 모형의 비교

평가모형 / 비교준거	목표달성모형	판단모형	의사결정 촉진모형
정의	학생의 성취와 진술된 목표를 비교하는 것	목표척도에 비중을 둔 성취자료를 수집하고 결합하는 것	의사결정을 위해서 정보를 정의하고 획득하고 이용하는 것

평가모형 / 비교준거	목표달성모형	판단모형	의사결정 촉진모형
목적	수업활동의 목적이 실제로 달성된 정도를 결정하는 것	가치를 확립하고 정당화하는 것 평가는 많은 역할을 한다.	의사결정자에게 필요한 정보를 제공하는 것
강조점	목표의 명세화 및 학생의 학습성과 측정	자료수집, 도구비중 및 목표 선정의 정당화	의사결정에 이용되는 평가 보고서
평가자의 역할	교과과정 전문가	실제적인 교육 실천의 장점을 판단하는 자	의사결정자에게 평가정보를 제공하는 전문가
평가의 유형	성과의 사전측정과 사후측정	① 형성-총합평가 ② 비교-비비교평가 ③ 내재적 평가와 최종평가 ④ 탈목표평가	① 상황평가 ② 투입평가 ③ 과정평가 ④ 산출평가
제안된 구성	① 행동적 용어로 목표진술 ② 학생 중심적인 교수목표 ③ 목표는 학생의 투입행동, 문화, 교육철학, 학습이론, 새로이 개발된 교수법 등을 고려해야 한다.	① 목표(주장)와 역할(기능)간의 구별 ② 여러 유형의 평가	① 계획의 결정을 위한 상황평가 ② 프로그램의 결정을 위한 투입평가 ③ 시해결정을 위한 과정평가 ④ 순환결정을 위한 산출평가
공헌	① 행동 목표의 달성 여부를 쉽게 평가할 수 있다. ② 실행자들이 평가 연구를 설계하기 쉽다. ③ 명백한 목표의 정의에 초점을 둔다.	① 형성평가와 총합평가를 구분한다. ② 다양한 상황에 적응할 수 있다. ③ 방법과 목표의 분석이다. ④ 평가유형을 도형화하였다.	① 평가의 봉사기능을 제공하였다. ② 환류작용에 민감하다. ③ 프로그램의 어떤 단계에서도 평가가 가능하다. ④ 전체성을 갖고 있다.
단점	① 과정평가와 프로그램을 너무 단순화하는 경향이 있다. ② 목표의 가치를 고려함이 없이 목표를 너무 강조하는 경향이 있다.	① 각기 다른 준거를 근거로 한 성취를 같게 생각하고 준거에 상대적인 비중을 두는 것은 방법론적 문제를 야기한다. ② 판단의 타당성을 평가하는 방법이 없다.	① 가치문제를 별로 고려하지 않는다. ② 의사결정 과정이 명확하지 않고 그 방법이 정의되지 않았다. ③ 전과정을 전체적으로 이용한다면 비용이 많이 들고 복잡해진다.

2. 교육평가의 정의

1) 넓은 뜻의 정의

교육평가는 여러 가지 의미로 정의될 수 있으나, 일반적으로 '교육적 의사결정을 목적으로 교육활동의 가치와 효과를 결정하는 과정'이라고 정의한다. 이 정의에 따르면 교육평가의 궁극적 목적은 교육적 의사결정에 있다. '교육활동'이란 교육을 구성하는 내용, 사람, 행위, 물적 자원의 객체와 그 조합을 의미한다. 따라서 교육목표, 내용, 프로그램, 학생, 교사, 교육행정가, 교수방법, 교육자원, 학교, 지원기관, 국가, 사회, 가정이 모두 교육평가의 대상이 된다. '가치'란 정신적 가치와 물질적 가치를 포함한다. 정신적 가치는 교육목적이나 목표와 같은 추상적 개념의 판단의 준거가 되며, 물질적 가치는 교육에 대한 투입과 생산이 판단의 준거가 된다. '효과'란 교육적 요구와 목표를 성취하는 데 교육활동이 어느 정도 효과적이었는가를 의미한다.

교육효과는 의사결정자에게 교육활동을 통해서 어떠한 일이 일어났는가를 말해 준다.

2) 좁은 뜻의 정의

교육평가란 본질적으로 교육과정 및 수업의 프로그램에 의하여 교육목표가 실제로 어느 정도까지 달성되었는지를 밝히는 과정이다. 교육평가는 교육목적의 달성도를 다룬다. 교육평가는 설정된 교육목표를 명확히 하는 데 도움을 주며 학생이 이 목적을 어느 정도 성취했는지를 결정하는 과정인 바, 교육평가는 학생의 바람직한 행동의 변화를 측정하며, 나아가서는 학생의 학습과 교수방법을 개선하기 위해 필요한 증거를 수집하고 조작하는 방법인 것이다.

따라서 교육평가는 교육과정에서 교육목표를 달성하고자 선정, 조직, 실천된 학습경험들이 실제에서 어느 정도로 그 교육목표를 달성하였는지를 평가, 반성, 검토하는 과정이라고 정의된다.

3. 교육평가와 교육측정

평가(evaluation)와 측정(measurement)은 같은 뜻으로 쓸 수 있지만 엄밀히 구분하자면 다음과 같다.

① 발달과정으로는 측정의 개념이 앞서고 평가가 뒤에 나타났다.

② 측정은 객관성, 신뢰성에 관계되는 개념이라면 평가는 타당성, 목적성에 관련된 개념이다.

③ 측정은 정확히 재고 엄밀하게 오차 없이 재는 순수과학적 몰가치적인데 반하여 평가는 교육목적, 가치를 타당하게 재는데 대한 개념이다.

④ 측정은 표준화 도구의 개발에 힘쓰고 평가는 구체적 상황에 필요한 도구의 개발에 힘쓴다.

⑤ 측정은 규준집단에 비추어 본 개인의 양적 기술인데 비해 평가는 교육목적에 비추어 본 양적 및 질적 기술이다.

⑥ 측정은 횡단적 방법에 의한 검사를 실시함에 비하여 평가는 종단적 방법에 의해 검사를 실시한다.

4. 교육평가의 기능

1) 일반적 기능

학교장, 교사, 학부모, 학생 등 모든 사람은 교육적 의사결정을 하기 위하여 의사결정의 바탕이 되는 정보를 필요로 한다. 예컨대, 학생은 내일 있을 시험 준비를 위해서 어떤 내용을 공부하여야 할 것인가, 다음 학기에 제2외국어는 무슨 과목을 선택할 것인가, 대학에 진학할 것인가, 진학한다면 전공을 무엇을 하고 어느 대학에 지원할 것인가, 부전공을 택할 것인가 등등, 자신의 교육문제와 관계된 의사결정을 하여야 한다.

학부모는 위와 같은 학생의 의사결정을 도와 주어야 한다. 학군을 옮겨야 할 것인가, 유치원에 1년 더 남게 할 것인가, 학생의 진로를 위해서 상담 전문가를 만나 볼 것인가 등등, 자녀교육과 관련된 의사결정을 하여야 한다. 한편 학교에서 교사, 상담교사, 교감, 교장은 교육과정 운영과 교수 · 학습에 관련된 의사결정을 하여야 하며 교육부 관료 등 교육행정가는 교사의 자격조건, 교육과정의 제정 · 수업일수와 연한, 자원의 배당, 각종 인 · 허가, 정원의 배정 등, 교육적 통제에 관련된 의사결정을 하여야 한다.

이러한 의사결정에 도움을 주는 가장 정확한 유일한 정보는 교육평가를 통해서 제공된다는 점에서 교육평가의 중요성을 시사받을 수 있다.

2) 구체적 기능

교육평가는 다음과 같은 구체적 기능을 발휘하게 된다.

① 학습장애의 원인을 찾아낼 수 있다.
② 수업에 앞서서 출발점 행동을 진단할 수 있다.
③ 학습진행 속도를 조절할 수 있다.
④ 학습지도 방법의 개선에 도움을 준다.
⑤ 학습성취도 수준을 알아보게 한다.
⑥ 장래 성적의 예측이 가능하다.
⑦ 수업과정의 절차를 위한 질적 관리가 가능하다.
⑧ 학습자의 자기 자신에 대한 이해와 학습동기의 유발에 도움이 된다.
⑨ 생활지도와 상담을 위한 기초자료를 제공해 준다.
⑩ 교육정치의 기능을 발휘한다.
⑪ 평가는 교정학습에 도움을 준다.
⑫ 학생의 필요, 개인차, 행동특성 등 학생을 이해하는 수단이 된다.
⑬ 교육과정 개선의 기본적 준거를 제공해 준다.
⑭ 교육에 관한 의사결정에 필요한 정보의 원천이 된다.
⑮ 교육에 관한 계량적 연구의 기초자료를 제공해 준다.

5. 교육평가의 대상

1) 최대수행 능력과 대표적 행동의 측정

평가대상은 측정의 본질에 따라서 최대수행 능력(maximum performance)과 대표적 행동(typical performance)의 측정으로 분류된다(Cronbach, 1970). 최대수행 능력의 측정은 개인의 능력을 측정하기 위하여 사용되는 절차이다. 이 절차는 개인이 최선의 노력을 다하도록 동기가 주어졌을 때 “얼마나 성취할 수 있느냐”하는 데 관심이 있다. 따라서 평가결과는 개인의 능력을 나타낸다. 적성검사나 성취도검사가 이 유형에 속한다.

대표적 행동의 측정은 개인의 특정적 행동을 나타낼 수 있도록 설계된다. 이 측정은 정상적인 상황에서 “어떻게 행동하느냐” 하는 데 관심이 있다. 따라서 평가의 결과는 “피검자가 무엇을 할 수 있느냐”가 아니라 “무엇을 할 것이냐”를 제시한다. 평가에서는 능력과 대표적 행동을 구별하여야 한다.

대표적 행동의 평가는 학생의 행동을 평가하는 매우 중요한 분야인 동시에 어려움이 따른다. 이 분야는 검사도구 개발이 불충분하기 때문에 면접, 질문지, 일화기록, 평정척, 그리고 다양한 자기보고서와 관찰기술이 사용되고 있다. 이 가운데 어느 한 가지 방법만으로는 대표적 행동을 충분히 평가할 수 없으며 여러 가지 방법을 사용한 결과를 종합함으로써 비교적 정확한 평가를 할 수 있다.

2) 규준참조측정과 준거참조측정

평가대상은 측정결과를 해석하는 방법에 따라서 규준참조측정(norm-referenced measurement)과 준거참조측정(criterion-referenced measurement)으로 분류된다. 어느 개인의 점수를 규준집단(norm group)의 득점분포와 비교해서 해석할 때 규준참조라고 하고, 명세화된 행동 준거와 비교해서 해석할 때 준거참조라고 한다. 간단한 예를 든다면, "그 학생의 타자 실력은 학급에서 상위 10%에 속한다"라고 평가할 때는 규준참조측정이고, "그 학생은 1분간 타자를 오자 없이 100자 칠 수 있다"라고 평가할 때는 준거참조측정이라고 할 수 있다.

3) 교육과정평가와 학생평가

평가대상은 평가의 관심에 따라서 교육과정평가(curriculum evaluation)와 학생평가(student evaluation)로 분류된다. 교육과정평가와 학생평가 사이의 기본적인 차이점은 의사결정과 관련되어 있다. 예를 들어 한 학생이 한 학기 동안에 수학이나 외국어 과목에서 진보가 있었는가를 알아보고자 할 때는 학생평가에 관심을 갖는다. 반면에 어떤 실험적인 프로그램을 계속할 것인가 그만둘 것인가 하는 의사결정을 할 때에는 교육과정평가에 관심을 갖는다. 교육과정평가는 성과에 대한 평가 이외에도 진술된 목표의 적절성과 실현성, 학습자, 사회, 지역사회 등 많은 요인들을 고려해야 하므로 보다 좋은 자료의 확보를 위해서는 광범위한 영역에서 다양한 자료를 찾는 것이 중요하다.

4) 인지적 평가와 정의적 평가

평가대상은 행동목표의 유형에 따라 인지적 평가(cognitive evaluation)와 정의적 평가(affective evaluation)로 나누어진다.

인지적 목표는 학습되었다고 가정할 수 있는 어떤 행동을 기억하거나 다시 나타내는 것을 강조하는 측면에 관한 것이다. 다시 말해서 인지적 목표는 개인이 필수적인 문제를 결정해서 주어진 자료를 재배열하거나, 전에 학습한 개념, 방법, 절차 등과 연결하는 지적인 과업의 해결을 포함하는 목표를 말한다. 정의적 목표는 감정의 상태, 정서, 수용이나 거부의 정도 등 비지적인 행동특성을 강조하는 것이다.

6. 수업과정에서의 평가의 역할

Glaser는 교수–학습 과정의 변화에 맞추어 교육평가를 적정화시키려는 관점을 취하고 있다. 그는 수업의 과정 각 단계에서 평가가 기여할 수 있는 역할을 제안하였다. Glaser의 수업과정에서의 평가의 역할은 다음의 6단계로 이루어져 있다.

첫째, 기대하는 학습 성과를 행동과 그것이 나타날 수 있는 조건으로 세분화시킨다. 학습 성과의 세분화란 곧 교육목표의 세분화를 의미한다. 교육목표를 세분화할 경우 수업의 방향 및 질을 결정하는데 매우 유용하며, 또한 목표지향 평가를 실시할 때 그 표준을 제공한다.

둘째, 특정한 수업 상황에 놓인 학습자의 초기 상태를 자세히 진단한다. 학습자의 출발점 행동에는 학생이 지니고 있는 지식의 정도, 지능과 같은 일반 능력 및 적성과 같은 특수 능력, 동기 상태, 학습 유형 등이 포함된다. 학습자의 초기 상태에 대한 진단 결과는 수업 프로그램의 설계와 개발, 그리고 수정을 위한 의사결정에 많은 도움을 준다.

셋째, 최초의 수업 단계에서 위에서 얻은 학습자의 초기 상태의 교육적 상황에 적합하다고 판단되는 방법을 투입한다. 학생의 출발점 행동에 관한 정보를 기초로 각 개인에게 가장 적절하게 적응시킨 최선의 교수 방법을 고안하도록 한다. Glaser는 교육평가가 전체 학습자 집단을 몇 개의 소집단으로 분류하고, 각각의 소집단에 맞는 교수 변인의 효과를 탐색, 측정해 주는 역할을 해야 한다고 한다.

넷째, 학생의 학습이 진행됨에 따라 장기 혹은 단기간 적절한 시기에 학생의 성취도를 평가한다. 학생이 학습하는 과정에서 성취도를 계속적으로 평가하며, 적절한 간격을 두고 성취도 결과를 종합하고 그 의미를 분석하고 해석한다. 이러한 계속적 평가는 Scriven의 '형성평가'에 해당한다. 이러한 평가의 목적은 학습을 방해하지 않고 수업 프로그램 및 교수 전략의 개선을 도모할 수 있는 증거를 확보하는 데에 있으므로 평가 문항에서의 성패에 관한 정보뿐만 아니라, 오류의 형태, 학습 속도, 학습 유형 등이 평가의 대상이 된다.

다섯째, 수업 도중에 학생 행동의 재평가를 여러 단계에서 실시한다. 학습 도중에 학생의 행동을 계속적으로 평가하고 그 결과에 따라 교수 방법을 계속적으로 적정하게 변화시킨다. 학습 시기나 학생의 특성에 따라서 교수 방법을 적정화시키기 위해서는 여러 단계에서의 계속적인 평가가 요구된다.

마지막 단계는 계속해서 학습-교수에 관한 정보를 누적해 나감으로써 수업체제를 개선하고 교육목표를 달성해가는 체제 개혁의 단계이다. 즉 축적된 평가의 결과를 기초로 수업 체제와 교수 방법을 개선하는 것을 의미한다.

제 2 장

교육목표와 평가목표

1. 교육목표의 분류
2. 교육목표 및 평가목표의 진술

1. 교육목표의 분류

평가목표는 곧 교육목표 또는 수업목표이기도 하다. 즉, 무엇을 평가할 것인가의 문제는 곧 교육목표 달성 여부의 판단문제가 되기 때문에 평가의 과정에서 우선적인 작업은 평가의 목표를 설정하는 일이다. 따라서 교육목표에 대한 이해는 교육 평가과정에 있어서 매우 중요한 과제라 할 수 있다.

교육목표에 관한 일반적인 정보원은 교육목표의 분류법이다. 교육목표를 분류함으로써 수업목표를 명세화하여 전달하고 평가하는 데 도움이 된다. 이 분류법은 교육의 목표를 분류하고 목표를 전달하고 목표 사이의 관계를 이해하는 수단으로 유용하다.

이와 같은 분류는 지적 영역(cognitive domain), 정의적 영역(affective domain), 그리고 운동기능적 영역(psychomotor domain)으로 나누어 개발되었다. 지적 영역은 B. S. Bloom에 의해서, 정의적 영역은 D. R. Krathwohl 등에 의해서 연구되었다. 운동기능적 영역에서의 목표에 관한 종합적 분류는 완성되었다고 할 수는 없어도, E. J. Simpson 그리고 그 밖에 여러 사람에 의해서 체계적인 분류가 시도되었다. 특히 지적 영역은 복합성의 원리(principle of complexity)를, 정의적 영역에서는 내면화의 원리(principle of internalization)를 주로 살려 행동형을 분류하고 있다.

1) 지적 영역의 교육목표

Bloom에 의하면 지적 영역은 “지식의 재생과 재인, 그리고 지적 능력과 사고기능의 개발을 다루는 목표를 포함한다.” 이 영역은 학습자가 지식을 습득하고 사용하는 행동에 초점을 두고, 단순하고 구체적인 행동으로부터 복잡하고 추상적인 행동에 이르기까지 위계적인 순서로 되어 있는 여섯 단계로 분류되고, 이들 여섯 단계의 목표는 다시 더 세분되어 있다.

지적 영역 분류의 요약을 〈표 2-1〉에 소개한다.

표 2-1 교육목표의 지적 영역 분류의 요약

1.00 지식(knowledge) : 특수한 것과 보편적인 것의 재생, 방법과 과정의 재생, 양식 · 구조 · 장면 등의 재생을 포함한다.

1.10 특수한 것에 관한 지식(knowledge of specifics)

1.11 용어에 관한 지식(knowledge of terminology)

1.12 특수한 사실에 관한 지식(knowledge of specific facts)

1.20 특수한 것을 다루는 방법과 수단에 관한 지식(knowledge of ways and means of dealing with specifics)

1.21 형식에 관한 지식(knowledge of forms)

1.22 경향과 순서에 관한 지식(knowledge of trends and sequences)

1.23 분류와 유목에 관한 지식(knowledge of classification and categories)

1.24 준거에 관한 지식(knowledge of criteria)

1.25 방법론에 관한 지식(knowledge of methodology)

1.30 보편적인 것과 추상적인 것에 관한 지식(knowledge of the universals and abstractions in a field)

1.31 원리와 통칙에 관한 지식(knowledge of principles and generals)

1.32 이론과 구조에 관한 지식(knowledge of theories and structure)

1.33 지적 능력과 기능(intellectual abilities and skills)

2.00 이해력(comprehension) : 이해(understanding)의 수준을 나타낸다.

2.10 변환(translation)

2.20 해석(interpretation)

2.30 추론(extrapolation)

3.00 적용력(application) : 특별하고 구체적인 장면에 추상적인 것을 활용하는 것

4.00 분석력(analysis) : 사고의 위계적 관계를 명확히 하거나 추상적인 관계를 명백히 하기 위해서 하나의 정보를 그 구성요소나 부분으로 분해하는 것

4.10 요소의 분석(analysis of elements)

4.20 관계의 분석(analysis of relationships)

4.30 조직원리의 분석(analysis of organizational principles)

5.00 종합력(synthesis) : 하나의 전체를 형성할 수 있도록 요소나 부분을 종합하는 것

5.10 독특한 정보의 구성(production of a unique communication)

5.20 계획의 작성 혹은 조작의 창안(production of a plan or proposed set of operations)

5.30 일련의 추상적 관계의 도출(derivation of a set of abstract relations)

6.00 평가력(evaluation) : 주어진 목적을 위하여 자료와 방법의 가치를 판단하는 것

6.10 내적 증거에 의한 평가(judgments in terms of internal evidence)

6.20 외적 준거에 의한 평가(judgments in terms of external criteria)

(1) 지식의 정의

Bloom은 인지와 재생에 의하여 아이디어나 자료 또는 사상을 기억해 내는 행동을 지식이라고 정의하고 있다.

학교의 수업에서, 상기하거나 재인할 수 있어야 하는 것으로서 학습하는 많은 특수사항은, 얼마 안가서 잊어버리게 될지도 모르지만, 학습할 당시의 지식은 사상의 해석이나 사상간의 관계를 연결짓는 사고의 발달을 위해서 극히 중요한 것이다.

따라서, 학생들 속에서 무엇이 일어나고 있는지 알기 위해서, 기초적인 지식에 관한 평가는 지극히 바람직한 것이다. 특정사실의 상기에 관한 평가는 총합적 평가보다는 형성평가의 기능에 속한다. 즉, 학습곤란이나 다음의 지도에 관한 추정을 위해서 학생들이 일정한 용어나 사실이나 방법을 상기할 수 있는지 없는지에 관한 정보를 필요로 하기 때문이다.

(2) 이해력의 정의

Bloom의 「교육목표분류학 : 핸드북 I : 인지적 영역」에 나타나는 도식에 의하면, '이해'라고 불리우는 분류목은 '지식'의 분류목을 넘어선 첫 단계의 인지적 수준으로서 세 가지의 서로 다른 조작으로 정의하고 있다.

1 이해력의 첫 번째 수준 : 변환

개인이 어떤 자료를 원래와는 다른 언어, 용어 및 다른 형태의 자료로 바꾸어 놓을 수 있는 능력으로 정의된다. 여기서는 기지의 개념이나 전달 내용을 다른 말로 바꾸거나, 어떤 종류의 기호표시법을 다른 표시법으로 대체시키는 과정이 포함된다.

2 이해력의 두 번째 수준 : 해석

이것은 어떤 전달내용의 개개의 부분을 인지하는 수준을 넘어서서 부분간의 내적 관련성을 보는 능력으로 정의된다. 이는 자료를 아이디어들의 구성체로 보고 이를 다루는 능력이 포함된다. 학생들의 해석하는 행동의 증거는 개개 학생이 해 놓은 추리, 개괄, 요약 등에서 찾아볼 수 있다.

여기에서 정의된 해석은 분석력과는 다르다. 분석력에서는 의사소통의 형식, 조직, 효율성 및 논리 등에 중점을 두는 것이다.

해석의 본질적인 행동은 자료가 주어졌을 때 학생들이 거기에 포함된 주된 뜻을 발견하고 이해하며 그들간의 상호관계를 해석하는 행동이다.

3 이해력의 세 번째 수준 : 외삽 또는 추론

이것은 전달을 받는 사람이, 그 전달내용이나 전달되는 자료 자체를 넘어서 확장 해석한다든가, 원래의 내용이나 자료 안에는 분명히 포함되지 않은 사태나 문제에도 결과에 관한 의견을 내려보는 능력이라고 정의된다. 외삽은 이해와 매우 흡사하지만, 전달내용 자체의 한계를 뛰어넘는다는 점에서 다르다.

(3) 적용력의 정의

적용력이란 Bloom에 의하면 특정의 구체적 장면에 있어서의 추상개념의 사용능력이라고 정의된다. 추상개념은 일반적 관념, 절차상의 규칙, 또는 일반화된 방법의 형태를 취한다. 추상개념은 또한 기억되고 적용되어야 하는 기술상의 원리나 관념이나 학설일 수도 었다.

따라서 적용력이란 응용된 방법, 원리 학설, 추상개념에 관한 이해력을 요구하는 능력이라고 정의할 수 있다. 교사들은 흔히 “만약 한 학생이 어떤 것을 정말 이해하고 있다면 그는 그것을 적용할 수 있다”고 말한다. 학생이 어떤 추상개념의 사용법이 자세히 주어졌을 때에만 그것을 사용할 수 있다면 그것은 ‘이해력’일 것이고, 그가 해결방안이 구체적으로 주어지지 않는 상태에서 그 추상개념을 정확히 사용할 수 있을 때 그것은 ‘적용력’인 것이다. 즉, ‘적용의 능력’은 적절한 훈련이나 연습이나 또는 그 밖의 조력에 의하여 학생들이 새로운 문제나 사태의 원리나 일반화를 적용할 수 있게 되는 것을 의미한다.

(4) 분석력의 정의

'분석력이란' 관념들의 상대적 위계구조나 관념간의 관계가 분명해지도록 어떤 전달내용을 그 구성요소나 부분으로 분해하는 능력이라 정의된다. 분석을 통하여 전달내용이 명확히 되며, 그것이 어떻게 구성되어 있는지, 그것의 기초와 배열은 어떻게 되었는지, 전달의 효과를 높이기 위하여 어떤 수단이 취해지고 있는지를 밝혀 볼 수 있다.

문제, 전달내용, 문제에의 접근방법 등을 분석하는 능력은 지식과 이해력과 적용력을 필요로 할 뿐만 아니라 그 이상의 것을 요구하는 복잡한 능력이다.

수업목표로서의 분석력은 세 가지 수준으로 나눌 수 있다.

첫째의 수준에서는 학생이 자료를 구성부분으로 나누고 자료의 요소를 발견하고 분류하기를 기대하는 것이다.

둘째의 수준에서는 요소간의 연결과 상호관계를 결정하는 것이다.

셋째의 수준에서는 자료를 전체로서 묶고 있는 조직원리, 즉 배열과 구조를 인지하는 능력이 포함된다.

이러한 분석력은 초등학교의 수업목표 속에서는 거의 발견할 수 없지만 중등교육 이상의 수준에서는 상당히 보편적으로 나타난다.

(5) 종합력의 정의

Bloom에 의하면 종합력이란 여러 개의 요소나 부분을 전체로서의 하나가 되도록 묶는 능력을 의미한다. 이것은 이전까지는 분명치 않았던 어떤 하나의 구조나 형태가 되도록 여러 가지 요소나 부분 등을 종합하는 과정을 말한다. 종합력은 확산적 사고(수렴적 사고의 반대)의 한 종류로서 세 가지 수준으로 나누어 볼 수 있다.

첫째 수준은 독창적인 의사전달 내용을 산출하는 능력이다.

종합력이 작용되어 만들어진 어떤 결과는 그 개인이 자기의 아이디어, 감정 및 경험을 타인에게 전달하는 데 있어서 허용되는 범위가 독특한 것이기 때문에 확산적 사고의 형식을 갖게 되는 것이다.

둘째 수준의 종합력이란 계획 및 조작절차의 창안 능력이다.

어떤 작업의 계획을 짜내는 일은 종합하는 행동으로 구성되며, 계획이 짜여진 후에 일어날 일은 또다른 문제이다. 절차의 계획 또한 독창적인 것을 만들어 내는 생각이나 결과를 만들어 내는 능력이다. 따라서 계획이나 절차를 과제가 요구하는 대로 만들어 내는 능력은 확산적 사고로 분류된다.

셋째 수준은 추상적 관계의 추출 능력이다. 이것은 곧 어떤 특정 자료나 현상을 분류하거나 설명할 수 있는 일련의 추상적 관계를 찾아 내는 능력을 의미한다.

(6) 평가력의 정의

평가력이란 어떤 목적으로 가치나 아이디어, 작품, 해답, 방법, 소재 등에 관한 판단을 내리는 것이라고 정의할 수 있다.

평가력에는 또한 어떤 특수사상들이 얼마나 정확하고 효과적이고, 경제적이고, 만족스러운가를 판단하는데 준거와 표준을 활용하는 행동도 포함된다.

판단은 양적인 것일 수도 있고, 질적인 것일 수도 있으며 그 준거는 학생들이 결정할 수도 있고 그들에게 주어진 것일 수도 있다.

평가의 형태는 '내적 증거'에 의한 판단과 '외적 준거'에 의한 판단의 두 가지로 나누어 볼 수 있다.

전자는 대개 일관성, 논리적 정확성, 내적인 결함의 유무 등으로 판단되는 작품의 정확성 검증과 관련된 것이며, 후자는 합당한 목표나 이러한 목표를 달성하는 특정한 수단의 적절성을 고려함으로써 얻을 수 있는 외부적인 표준이나 기준에 근거를 둔 평가이다. 특히 후자의 경우엔, 특정한 현상과 다른 현상을 비교할 때의 기준과 같은 특정의 기준의 사용도 포함된다.

2) 정의적 영역의 교육목표

D. R. Krathwohl과 B. S. Bloom에 의해서 개발된 정의적 영역은 흥미, 태도, 그리고 가치에 있어서의 변화와 감상력과 적응력의 개발 등에 관계가 된다.

정의적 영역의 목표는 가치를 체득하는 양태가 가치를 '감지'(awareness)하는 하위 수준으로부터 가치를 '내면화'(internalization)하는 최상위 수준으로 이동하는 것이라고 가정하여, 위계적 순서로 되어 있는 다섯 가지 유목으로 분류되고 있다. 즉, 이 연속선 위의 최하위점에는, 학생들이 어떤 현상에 대해서 주목을 하고 단순히 그 현상을 '지각'하는 정도에 그친다. 그 다음 수준에서는, 그 현상에 적극적 주의를 기울이고, 세 번째의 수준에서는 그 현상에 대해서 감정을 동반하는 '반응'을 하게 된다. 다시 그 다음의 단계에서는 행동과 감정을 개념화하고 하나의 구조로 '조직'하게 된다. 이 구조가 그의 '인생관'이 될 때 학생은 이 단계의 최고점에 도달하는 것이다. Bloom 등은 이 연속선을 내면화의 과정으로 생각한다. 이를 그 순서에 따라서 배열하면 〈표 2-2〉와 같다.

표 2-2 교육목표의 정의적 영역분류의 요약

1.0 감수(receiving) : 어떤 현상이나 자극을 감지하는 것, 즉 현상이나 자극을 수용하고 유의하는 것. 의도된 다른 목표를 습득하기 위한 최초의 결정적 단계이다.
- 1.1 감지(awareness)
- 1.2 자발적인 감수(willingness to receive)
- 1.3 통제나 선택적 주의집중(controlled or selected attention)

2.0 반응(responding) :현상에 대해서 단순히 감수하는 것 이상으로 능동적으로 반응하는 것. 흥미 목표를 기술하기 위해서 이 유목을 사용한다.
- 2.1 묵종반응(acquiescence in responding)
- 2.2 자발적인 반응(willingness to respond)
- 2.3 반응에 대한 만족(satisfaction in response)

3.0 가치화(valuing) : 행동의 지침이 되는 근본적인 가치에 관여되어 동기가 유발되는 것. 이 유목은 태도와 가치에 관한 목표를 기술하는 데 사용한다.
- 3.1 가치수용(acceptance of a value)
- 3.2 가치채택(preference of a value)
- 3.3 확신(commitment)

4.0 조직화(organization) : 하나 이상의 가치가 관계된 상황에서 ① 하나의 체계로 그 가치들을 조직하고, ② 그들간의 상호관계를 결정하고, ③ 지배적인 가치체계를 수립하는 것. 조직된 가치체계가

나타나므로 그 가치들을 개념화하고 위계적 관계를 수립하여야 한다.
4.1 가치의 개념화(conceptualization of a value)
4.2 가치체계의 조직(organization of a value system)

5.0 가치 또는 복합가치의 인격화(characterization by a value or value complex) : 가치가 개인의 가치위계 내에 자리를 잡고 있으며, 내적으로 일관된 체계로 조직되고, 이 방향으로 행동을 조정하리만큼 충분한 시간 동안 개인의 행동을 통제하고 위협이나 도전이 있는 경우를 제외하고는 그와 같은 행동을 유발하지 않는다. 이미 수용되어 조직화된 가치체계에 따라 일관성 있는 행동을 하리만큼 인격의 일부로 내면화된 상태다.
5.1 일반화된 행동 태세(generalized set)
5.2 인격화(characterization)

(1) 감 수

감수(receiving or attending)는 어떤 현상이나 자극의 존재에 대한 감수성이라고 정의할 수 있다. 즉, 현상이나 자극을 받아들이거나 주의를 집중시키려는 행동을 가리킨다. "여러 가지 종류의 음악에 대한 관용성을 기른다."와 같은 것이 이 수준에서의 한 대표적인 목표 예이다.

하위목표별로 예시하면 다음과 같다.

1 감수에 관한 목표 예

① 자기 주위에 있는 대상과 구조 및 인물, 사물, 사태에 관한 기술적 또는 상징적 표현의 색채, 형태, 배열, 그리고 디자인에 대한 의식을 발달시킨다.

2 자진감수에 관한 목표 예

② 대화, 전화, 강연에서 다른 사람이 말할 때 주의깊게 듣는다.
③ 타인의 의견을 존경해서 듣는다.

3 주의집중에 관한 목표 예

④ 소개받은 사람의 이름을 주의해서 듣고 기억하기

⑤ 여러 가지 자발적인 독서형태를 주의해서 알기
⑥ 시나 산문의 낭독에서 리듬에 귀를 기울이기
⑦ 소설낭독에서 아름다운 단어에 귀를 기울이기
⑧ 인간이 선한 생활을 추구하는데 있어서 예술의 가치를 인식하기
⑨ 신문을 즐겨 읽기

(2) 반 응

반응은 어떤 현상에 대하여 단순히 주의하는 수준을 넘어서는 행동을 일컫는다. 적극적으로 주의를 집중함을 의미하며, 그 현상에 대하여 또는 그 현상과 더불어 무엇인가를 실제로 행하는 것이며, 단순히 지각하는 것이 아니다. 여기서는 "청소년을 위한 잡지나 신문을 자발적으로 읽는다."라는 것이 대표적인 목표의 한 예다.

하위목표별로 예시하면 다음과 같다.

[1] 반응에 관한 목표 예

① 과해진 문학작품을 읽는다.

[2] 자진반응에 관한 목표 예

② 토론에서 주제에 흥미가 있을 때는 적절한 질문을 한다.
③ 점차 청중을 감지하면서 능동적으로 신중하게 집단토론에 참가한다.
④ 사고를 유발케 하는 질문을 하거나 적절한 정보, 아이디어 등을 내어놓음으로써 집단토론에 공헌한다.
⑤ 토론을 성공적으로 이끌기 위해 도움을 줄 책임을 맡는다.
⑥ 전화사용에 있어서 타인의 편의를 고려한다.
⑦ 자발적인 독서와 토론을 통해서, 국제적, 정치적, 사회적 및 경제적인 여러 문제에 있어서의 중요한 시사문제를 알게 된다.
⑧ 독서, 실험, 소풍가기 등을 통하여 나타낼 수 있는 과학적인 흥미를 갖는다.

⑨ 인간 행동에 관한 지식원으로서 독서에 대한 흥미를 갖는다.

⑩ 경험을 넓히고 풍부히 하기 위해 광범한 독서를 한다.

⑪ 애완물이나 자기가 관심을 갖고 있는 주제를 다룬 설명서를 자발적으로 찾아본다.

⑫ 오늘날 개인의 사회적 책임 및 경험에 관계가 있는 서적 및 정기간행물을 읽는 데 계속적인 흥미를 갖는다.

⑬ 청소년 잡지나 신문을 자발적으로 읽는다.

⑭ 학급 또는 학교신문이나 잡지의 제작에 협조한다.

3 만족에 관한 목표 예

⑮ 각계 각층의 사람들과 이야기를 나누는 데 즐거움을 느낀다.

⑯ 라디오, 텔레비전을 통해 언제나 다양한 연극, 기타 프로그램을 즐긴다.

⑰ 즐거운 여가활동으로서 많은 새 독서영역을 발견한다. 즉 로맨스, 유머, 우정, 가족 관계, 역사 및 전기 등이다.

⑱ 개인적인 교양과 사회적 이해를 위한 수단으로서 지적 그리고 심미적으로 문학을 즐긴다.

⑲ 다양한 주제에 관한 독서를 즐긴다.

⑳ 개인적으로 즐기기 위해서 특히 시를 낭독한다.

㉑ 오락을 위한 독서에 기쁨을 찾는다.

㉒ 오락을 위해 다양한 형태의 독서자료를 즐긴다.

(3) 가치화

가치화에 속하는 행동은, 어떤 현상에 대하여 단순히 무엇인가를 행하는 수준을 넘어선다. 즉, 어떤 현상들을 가치있는 것으로 지각하고, 따라서 그 현상과 관련되는 행동에 일관성을 나타내는 것을 뜻하고 있다. 예컨대, “자기가 중요하다고 생각하는 문제에 관하여 신문사에 편지를 쓴다.”는 것이 대표적인 목표의 한 예다.

□1 가치수용에 관한 목표 예

① 한 현상, 행동, 대상 등에 가치를 부여하는 일에 관심을 갖는다.

② 효과적으로 말하고 쓰는 힘을 기르기를 바라는 것.

③ 지적 토론에 귀를 기울이고, 또 거기에 참여해야겠다는 책임감.

④ 훌륭한 문학작품에 대한 감상의욕을 북돋울 것.

□2 가치채택에 관한 목표 예

⑤ 현행 문예활동에 능동적인 역할을 담당한다.

□3 확신(commitment or conviction)에 관한 목표 예

⑥ 이성의 힘과 실험 및 토의의 방법에 대한 신념이다.

(4) 조직화

조직화란, 가치를 개념화하고, 그 개념을 여러 가치간의 상호 관계를 결정하는 데에 적용하는 것으로 규정된다. 여기서는 "한국사회가 나아갈 방향에 관하여 판단력을 갖기 시작한다."는 것이 한 대표적인 목표의 한 예다.

□1 가치의 개념화에 관한 목표 예

① 전기 및 기타 적절한 문예의 독서를 통하여 자기의 논리적 기준과 개인적 목적을 관계짓는다.

□2 가치체계의 조직에 관한 목표 예

② 자기의 인생의 목표나 생활에서 우선적 가치를 정립할 수 있는 태도이다.

(5) 가치 또는 복합가치의 인격화

인격화란 가치, 신념, 관념 및 태도를 내적으로 일관성 있는 체계로 조직하는

것을 인격화라고 한다. 이것은 단순히 여러 가치간의 상호 관계를 결정하는 수준을 넘어서서, 그 가치들을 인생철학 또는 세계관으로 조직함을 의미한다. "일관성 있는 인생철학을 정립한다."는 것이 한 대표적인 목표의 한 예다.

1 일반화된 행동태세에 관한 목표 예

① 어떠한 특정 순간에 있어서도 태도 및 가치체계에 내적 일관성을 부여하는 자세이다.

② 문제를 객관적으로 해결해 가는 습관이다.

③ 증거에 비추어서 판단을 수정하고 행동을 변화하려는 태세이다.

④ 증거를 검토해 본 결과 이전에 가졌던 의견의 수정이 요구될 때에는 그 논쟁점에 관한 자기의 의견을 바꾸는 일이다.

2 인격화에 관한 목표 예

⑤ 양심적인 행동을 하려는 자세이다.

⑥ 양심적인 행동이 몸에 밴 태도이다.

3) 운동기능적 영역의 교육목표

운동기능 영역은 근육의 발달과 사용, 그리고 신체운동을 조정하는 능력과 관계된다. 이 형태의 행동을 취급하는 데 가장 널리 인용되고 있는 E. J. Simpson의 분류의 유목을 〈표 2-3〉에 소개한다.

표 2-3 Simpson의 운동기능 영역의 분류

1.0 지각(perception) : 감각기관을 통해서 대상, 특정, 관계 등을 감지하는 과정이 신체적 동작을 수행하는 첫 단계이다. 지각은 신체적 운동에 이르는 상황 - 해석 - 행위의 연쇄과정 가운데서 주요 부분을 이룬다.

2.0 자세(set) : 자세는 특정한 운동이나 경험에 대한 준비적 조정을 하는 단계로서 자세는 정신적, 신체적, 정서적 자세로 구별될 수 있다.

3.0 인도된 반응(guided response) : 인도된 반응은 운동기능 발달의 초기단계에 속한다. 따라서 더 복잡한 지도 밑에서 행하는 외형적 동작의 기초가 된다.
4.0 기계화(mechanism) : 이 수준에서 학습자는 어느 정도의 자신과 숙련도를 가지고 동작을 수행할 수 있다. 습관적인 동작은 자극에 대한 가능한 반응 가운데서 학습자의 레퍼터리의 일부이다.
5.0 복합적 외현반응(complex overt response) : 이 수준에서 학습자는 복잡한 기능동작을 최소의 에너지와 시간을 소비하여 효과적으로 부드럽게 수행할 수 있다.

운동기능 영역에서는 여러 학자에 의해서 그 분류가 시도되었는데 〈표 2-4〉에 소개하면 다음과 같다.

표 2-4 운동기능 영역의 분류 비교

Simpson(1996)	Dave(1970)	Regsdale(1950)	Kibler et al.(1970)
1. 지각(perception) 2. 자세(set) 3. 인도된 반응 (guided response) 4. 기계화(mechanism) 5. 복합적 외현반응 (complex overt response)	1. 모방(imitation) 2. 조작(manipulation) 3. 정밀(precision) 4. 명료(articulation) 5. 자연화 (naturalization)	1. 대상기능 (object motor) 2. 언어기능 (language motor) 3. 감정기능 (feeling motor)	1. 전신운동(gross body movement) 2. 미세한 통합운동 (finely coordinated movement) 3. 비언어적 의사전달 행동(nonverbal communication behavior) 4. 언어행동(speech behavior)

4) Gagné의 분류

Gagné는 학습의 목표를 학습된 결과에 따라 언어 정보, 지적 기능, 인지 전략, 태도, 운동 기능의 다섯 가지 영역으로 나누었다.

(1) 언어 정보

언어 정보(verbal information)는 주로 기억에 의존하는 단편적인 사실이나 사건,

명제에 관한 지식이다. 이는 주로 기억으로 학습되며, 다른 학습을 위한 기본이 된다. 예를 들면, '대한민국의 수도는 서울이다' 또는 '홍길동의 전화번호는 333-9999이다', '동의보감의 저자는 허준이다' 등이 이에 해당한다.

(2) 지적 기능

지적 기능(intellectual skills)은 상징적 부호를 사용해서 인간이 환경과 상호작용함으로써 습득되는 대부분의 학습 기능이다. 이들 기능은 하위 기능부터 변별, 개념, 원리, 문제해결 학습으로 분류되어 위계적으로 형성되어 있다.

[1] 변별

사물간의 특징적인 물리적 속성을 구별하는 능력으로서, 사물간의 차이점에 주목하여 식별한다. 이는 개념 학습을 위한 바탕이 된다.

[2] 개념

사물들의 공통적인 속성에 의해 사물들을 분류하는 능력으로서 사물들의 공통점 에 주목한다. 물리적 속성에 따른 구체적 개념과 관찰될 수 없는 추상적 개념으로 구분된다. 개념은 원리 학습을 위한 바탕이 된다.

[3] 원리

다양한 구체적 상황에 규칙적으로 나타나는 법칙으로서 두 개 이상의 개념들을 사용하여 자연과 사회 현상에 내재되어 있는 법칙과 규칙을 설명하는 것이다. 예를 들면, 일식의 원리, 수요 공급의 법칙 등이 이에 해당된다. 이러한 원리 학습은 문제해결을 위한 조건이 된다.

[4] 문제해결

한 가지 이상의 원리를 다양한 문제 상황에 적용하여 해결방안을 찾는 능력이다.

(3) 인지 전략

인지 전략(cognitive strategies)은 학생이 기억하고, 사고하며, 학습하는 방법이나 기법에 관한 기능이다. 예를 들면, 공부할 때 노트 정리를 보다 효과적으로 하는 방법이나 '태정태세문단세……' 등과 같이 여러 단어를 첫 글자만 따서 암기하는 방법, 추상적인 용어를 구체적인 사례와 연상지어 암기하는 방법 등이 있다.

(4) 태 도

태도(attitude)는 어떤 대상에 대해 학생이 지니는 마음 상태로서, 무엇을 선택하는 경향성을 나타낸다. 가령, '무단 횡단하지 않는 행동'이나 '노인에게 자리를 양보하는 행동', '도서관에서 조용히 공부하는 행동', '전화가 걸려왔을 때 친절히 응대하는 행동' 등이 이에 속한다.

(5) 운동 기능

운동 기능(motor skills)은 인지 활동을 수반하는 근육운동에 관련된 학습 영역이다. 예를 들면, '지도 그리기', '타원 그리기', '컴퓨터 프로그램을 이용하여 그림 그리기', '수영하기', '타자하기', '라디오 조립하기' 등과 같은 기능이 여기에 해당된다. 이 운동기능은 Bloom의 운동기능적 영역과 동일한 학습 능력이다.

2. 교육목표 및 평가목표의 진술

1) Mager의 교육목표 진술

Mager의 교육목표 진술은 세 가지 구성요소로 이루어진다. 즉, 학습자가 수행하게 될 행동(Behavior), 학습 행위가 일어나게 되는 조건(Condition), 그리고 학업의 달성 수준을 판정할 수 있는 준거(Criterion)가 포함되어야 한다.

(1) 행 동

행동은 학습이 끝난 다음 학습자가 무엇을 할 수 있을까를 나타낸 것으로서, 가능하다면 관찰가능하고 측정할 수 있는 용어로 진술되어야 한다. 이 때 성취 행동에 초점을 두고 있기 때문에, 이 목표는 내용, 수업 전략, 혹은 방법 등과 같은 다른 요소를 포함하지 말아야 한다(Nadler & Nadler, 1994). 행위동사의 예로는 '열거한다', '설명한다', '비교한다' 등이 있다. 다음은 인지적(cognitive) 목표 진술을 위한 행위동사의 예다.

표 2-5 행동적 교수 목표의 종류

학습자에게 기대하는 수준	기대하는 학습자 행동 기술		
수준 1: 지식/이해 사물을 기억하고 인식한다.	· 분류하다 · 설명하다 · 인식하다 · 명명하다	· 정의하다 · 파악하다 · 환언하다 · 선정하다	· 예를 들다 · 연결하다 · 열거하다 · 진술하다
수준 2: 적용 상황을 구체화하기 위해 정보를 활용한다.	· 택하다 · 작용하다 · 각색하다 · 실증하다	· 계산하다 · 수행하다 · 해석하다	· 조립하다 · 예견하다 · 활용하다
수준 3: 분석 자료를 기본적 단위로 분석하거나 분해한다.	· 분석하다 · 구분하다 · 대조하다 · 표시하다	· 분류하다 · 구별하다 · 비평하다	· 비교하다 · 시험하다 · 분리하다
수준 4: 종합 분석된 요소들을 새로운 구조나 조직으로 종합한다.	· 정렬하다 · 논의하다 · 설정하다 · 조직하다 · 표시하다	· 결합하다 · 공식화하다 · 요약하다 · 모으다	· 구성하다 · 일반화하다 · 쓰다 · 관련시키다

(2) 조 건

조건은 수행이 일어날 상황에서 학습자가 처하게 될 한계 혹은 제약 조건을 의미한다. 제약 조건은 학습 상황의 제약 조건이 아니라, 최종 수행 행동이 직면하게 될 상황의 제약 조건을 뜻한다는 점에 유의해야 한다. 제약 조건이 실제 수행 환경을 반영한다면, 학습과 실제 수행 사이에 발생할 수 있는 괴리를 줄일 수 있을 것이다. 그리고 만약 수행이 시간 제약을 받는 것이라면, 이것 또한 목표 진술문에 반영되어야 한다. 조건의 예를 들면, '줄자를 활용해서', '현미경을 사용해서', '지도를 보고' 등과 같다.

(3) 준 거

준거란 수락될 수 있는 수행수준을 진술한 것으로서, 준거는 양과 질을 모두 포함할 수 있다. 준거가 있어야만 학습자의 수행이 교육목표를 제대로 달성했는지를 그 준거에 비추어 판별할 수 있다. 준거는 목표를 달성한 학습자와 달성하지 못한 학습자를 나눌 수 있는 일종의 '잣대'의 역할을 한다. 이러한 성취목표 진술의 예로는 '수업을 마쳤을 때, 학생은 지도를 보면서 미국의 각주의 수도 이름을 48개 이상 맞출 수 있다.' '10문제를 주면 6문제 이상 정확히 풀 수 있다.' 등이 해당된다.

2) Gagné의 교수목표 진술

Gagné에 의하면 수업목표를 진술하는데 필요한 요소로서 성취 상황, 학습된 능력, 성취 내용, 성취 행동, 그리고 도구나 제한점이나 조건 등의 다섯 가지를 들고 있다.

(1) 성취 상황

성취 상황이란 학습 행동을 수행하게 될 환경적인 조건을 뜻하는 것이다.

이는 Mager식 목표 진술에서 '조건'에 해당하는 것이다. 예를 들면, '운동장에서', '계산기를 가지고', '10개의 사과와 5개의 바나나를 주면' 등이 있다.

(2) 학습된 능력

학습된 능력이란 Gagné의 다섯 가지 학습 목표 유형, 즉 언어 정보, 지적 기능, 인지 전략, 태도, 운동 기능을 말한다. 학습된 능력을 나타내는 동사는 학습 유형에 따라 결정될 수 있다. 예를 들면, 언어 정보 학습은 '말한다', 지적 기능 학습 중에서도 변별 학습은 '구별한다', 개념 학습은 '분류한다', 원리학습은 '예증한다', 문제해결 학습은 '창안한다'가 주로 사용된다. 태도 학습은 '선택한다'는 동사를 사용하며, 운동 기능 학습은 '실행한다'라는 동사를 사용한다.

(3) 성취 내용

성취 내용이란 학생이 학습하게 되는 내용으로서, 정보나 지식, 기능을 모두 포함한다. 예를 들면 '민주주의의 이념을 열거할 수 있다'에서 '민주주의의 이념'이나, '삼국시대의 영토를 지도 위에 표시하여 설명할 수 있다'에서 '삼국시대의 영토'가 성취 내용에 해당한다.

(4) 성취 행동

성취 행동이란 학습된 능력을 관찰할 수 있는 행위 동사로 설명한다. 성취 행동은 학습의 유형에 상관없이 다양한 동사를 사용할 수 있지만, 학습된 능력을 나타내는 동사는 사용하지 않는 것이 좋다. 성취 행동의 예를 들면, '민주주의의 이념을 열거할 수 있다'에서 '열거'나, '삼국시대의 영토를 지도 위에 표시하여 설명할 수 있다'에서 '표시'가 성취 행동에 해당한다.

(5) 성취 도구, 제한점, 조건

성취 도구나 제한점, 조건은 성취 행동이 수행될 상황에서의 성취 정도와 범위를 더욱 분명하게 해 준다. 제한점이란 시간적 제한을 명기하거나 수락할 수 있는 정확한 답의 수나 양을 지시함으로써 그 준거를 수락할 수 있는 최저한계를 뜻한다.

학생은 10개의 응용문제를 주었을 때(조건), 계산기를 사용해서(도구)

20분 동안에(제한점) 정확히 풀 수 있다.(성취행동)

제 3 장

교육평가 방식의 유형과 절차

1. 교육평가 방식의 유형
2. 교육평가의 일반적 절차

1. 교육평가 방식의 유형

1) 문항형식에 따른 분류

가장 대표적인 분류방법으로는 채점의 주관성이 개입되느냐 또는 학생의 개인적 주관적 견해가 어느 정도 표현될 수 있는 기회를 주고 있느냐 하는 기준에서 흔히 주관식(subjective type) 검사와 객관식(objective type) 검사로 대별된다. 주관식 검사는 흔히 논문식(essay type) 검사라고도 부르며, 객관식 검사에는 진위형(true-false type), 선다형(multiple-choice type), 배합형(maching type), 단답형(short-answer type)과 완결형(completion type)이 있다.

검사의 문항의 분류를 때로는 인간의 어떤 정신작용이나 행동을 요구하느냐에 따라 대별할 수도 있다. 즉 주관식 검사나 단답형 및 완결형의 경우에는 기억된 내용을 산출해 내야 하는 인간기억의 회상능력을 요구하는 재생형(recall type)과, 반면에 기타의 객관식 검사의 진위형이나 선다형 및 배합형에 답하기 위해서는 어떤 내용을 기억해 내야 할 필요없이 주어진 자료에서 변별만이 필요한 인지능력만을 요구하는 인지형(recognition type)이 있다.

〈문항형식 분류〉

- 주관식 검사
  - 논문형
- 객관식 검사
  - 진위형
  - 선다형
  - 배합형
  - 단답형
  - 완결형

- 선택형 검사(인지형)
  - 진위형
  - 선다형
  - 배합형
- 서답형 검사(재생형)
  - 단답형
  - 완결형
  - 논문형

회상을 요구하는 검사문항에는 학생이 직접 답을 써야 함으로 이를 서답형(supply type)의 검사문항이라고 부르는 반면에 인지만을 요구하는 검사의 경우에는 주어진 답지들 중에서 선택만 하면 되므로 이를 흔히 선택형(selection type)의 검사문항이라고도 부른다.

2) 평가기준에 따른 분류

(1) 임의평가

평가의 기준이 교사 개개인의 임의, 즉 주관적 판단에 의하여 좌우되며 교사에 따라 상이한 평가가 이루어지는 형태다.

소위 100점 만점식 평가가 곧 여기에 속한다. 이 형태에서는 객관적이고 체계적인 평가를 가능케 하는 어떤 공통된 절대기준을 제시하지 못하고 오직 교사의 주관적인 기준하에 평가되는 것이다.

(2) 상대평가

상대평가란 학생들의 학습성취도가 학생 상호간의 상대적 비교를 통해서 평정되는 형태다.

어떤 고사(考査)에서의 학생들의 득점분포가 밝혀지면, 이 득점분포에서 최상위의 득점을 얻은 일정비율(예컨대, 10%)의 학생들에게 "수" 또는 "A"의 평점을 주고, 차상위의 득점을 얻은 일정비율(예컨대, 20%)의 학생들에게 "우" 또는 "B"의 평점을 주는 형태다.

때로는 학생 상호간의 성적의 차를 객관적으로 체계적으로 비교하기 위해서는, 시험의 채점결과에서 얻어진 원점수(raw score)를 Z점수나 T점수 등의 표준점수척도로 옮기거나 등급화 절차를 밟아야 한다. 즉 표준점수로 이루어진 집단의 기준점수에 의해서 특정학생의 행동특성을 상대적으로 비교해서 판단하는 방법이기 때문에 상대평가를 규준참조적 평가(norm-referenced evaluation)라고도 부른다. 지능, 적성, 성격, 학력 등의 표준화검사도 여기에 속한다.

이런 상대평가적인 성적평정의 결과로 매겨진 평점에 대해서는 상대적인 해석만 할 수 있을 뿐이며, 절대적인 해석은 불가능하다.

그러므로 목표도달도 여부를 밝히는 기준적 판단은 불가능하며, "일정비율"이라는 올가미에 묶여서 사실상 성적에 별로 의미있는 차이를 나타내지 않는 두 학생에게 전혀 판이한 평점을 매기게 된다든가, 또 서로 다른 학급이나 학교에서 매겨진 평점이 전적으로 다른 성취도 수준을 의미하게 된다든가 하는 것이 상대평가의 크나큰 위약점이라 하겠다.

(3) 절대평가

이것은 목표지향적 평가 또는 준거참조적 평가(criterion-referenced evaluation)라고 불리우는 것인데, 평가의 기준을 다른 사람과 비교하는데 두지 않고 도달하려고 하는 수업목표 그 자체에 두는 평가형태이다.

이 기준은 교사에 따라 임의대로 정해져도 안 되며, 집단의 규준점수에 예속되어져도 안 되고, 오직 학생 개개인에 성취시키려는 수업목표 그 자체에 두는 형태로 설정된다. 절대적 기준이란 "이 정도의 학습을 했으면 다음의 학습을 무난히 해 나갈 수 있을 것이다"라는 합의기준선 내지 판정선이 바탕이 된 최저 수준의 수업목표인 것이다. 즉 교사들이 수업목표를 바탕으로 어떤 합의된 기준을 설정하고, 그 기준에 비추어 학생 개개인의 현재의 도달도를 평가하려는 입장을 취하게 되는데 이때, 도달도를 대조해 보게 되는 그 합의된 기준이 곧 절대기준인 셈이다.

"수"나 "A" 평점을 받은 학생은 한 교과의 수업목표 중 거의 모든 것을 거의 완벽하게(예컨대, 90% 이상의 수준으로) 습득했음을 의미하며, "우"나 "B"의 평점은 그런 수업목표들이 상당히 만족스런 수준(예컨대, 80% 이상의 수준)까지 습득했음을 의미한다. 그러나 이런 절대평가적인 평점은 집단 내부에서의 성적의 상대적 서열에 관해서는 아무런 정보도 제시해 주지 못한다.

3) 평가목적에 따른 분류

(1) 진단평가

1 진단평가의 목적

다른 모든 평가활동과 같이, 진단은 학생들의 행동의 여러 측면에 관하여 가치판단, 판정, 기술, 분류하는 행위를 포함하지만 다음 세 가지를 목적으로 한다는 점에서 다른 평가형식과는 구별된다.

① 진단평가(diagnostic evaluation)는 수업의 출발점에서 학생을 알맞은 자리에 적절히 정치(수업집단의 편성)하기 위한 자료를 수집하려는 데 목적이 있다.

② 진단평가는 수업에 앞서서 학생들의 출발점 행동을 진단하고 평가하는 데 그 목적이 있다.

③ 진단평가는 수업의 전개과정에서 학생들의 학습 실패의 근본적 원인을 발견하는데 그 목적이 있다.

첫째와 둘째의 목적을 위한 진단에는 다음과 같은 몇 가지 형식이 있다.

① 어떤 다음의 목표를 달성하기 위해서 선수되어야 할 것으로 판단되는 특정 출발점 행동이나 기능을 학생들이 소유하고 있는지의 여부를 밝히려고 하는 방법이 있을 수 있다.

② 일정한 단원이나 과목의 목표군을 이미 충분히 습득했는지의 여부를 확인함으로써 이미 습득한 학생에게 상급단원이나 과정으로 나아갈 수 있게 하는 방법이 있을 수 있다.

③ 특정 수업전략이나 수업방법에 관련이 있을 것으로 짐작되는 흥미, 성격, 경험배경, 적성, 기능, 지금까지의 학력 등과 같은 특성에 따라 학생들을 분류하는 방법이 있을 수 있다.

세 번째의 목적, 즉 수업의 진행 중에 실시되는 진단평가는, 보통의 교정수업으로는 치료되지 않는 거듭되는 학습곤란이나 결손의 상태 또는 그 심층적 원인을 밝히는 방법이 있을 수 있다. 즉, 어떤 단원에서 학생들의 실패는 수업방법이나 교재에 기인하기보다, 오히려 신체적, 정서적, 문화적 또는 환경적 조건 때문일 수도 있다. 진단이 관찰된 학습상의 혼란의 원인을 정확하게 지적함으로써 가능하다면, 이런 장애요소를 바로잡거나 제거하기 위한 교정활동을 실시하려는 데 그 목적이 있는 것이다.

2 진단평가의 역할

진단평가가 다른 형태의 평가에 비하여 갖는 역할은 다음과 같다.

① 수업집단의 편성이나 다른 정치활동에 필요한 정보를 적절히 제공해 준다.

② 진단평가는 가장 알맞은 출발점에 학생들을 배치시킬 수 있다.

③ 진단평가는 형성평가와 더불어 수업의 지도과정에서도 실시될 수 있으며, 형성평가로 밝혀진 학습결손의 원인이 수업과 관련이 없는 요인에 의한 것인지 아닌지를 밝히는 데 도움을 준다.

④ 규준참조적(norm-referenced) 평가에 도움을 준다. 즉, 진단의 결과는 어떤 규준집단의 성취수준과 비교되어 해석된다. 한 학생의 득점은 어떤 비교집단 내에서의 서열이나 석차를 의미하기도 한다. 기본적으로, 측정된 각 행동 특성별로 한 개인이 다른 사람들에 비해서 잘하는지 못하는지를 알 수 있게 된다.

⑤ 진단평가로 얻은 정보는, 평가되는 지적, 정의적, 운동기능적 목표에 관하여 "준거"나 또는 규준에 의거한 개인별 프로파일(profile)의 형식으로 보고하는 일에 도움이 된다.

⑥ 진단평가는 교사가 학습위계를 정립하는데 있어서 필요한 선수내용단위가 무엇인가를 정확하게 인식하는 데 도움을 준다.

⑦ 특정의 학습과제에 관련된 선행학습기능과 기초적 학습기능의 확인에 도움을 준다.

3 진단평가의 절차

① 선행학습 기능의 진단

학년이나 학기 초 또는 새로운 교과, 새로운 단원이 시작될 때 흔히 학급의 모든 학생들을 똑같은 출발점에 놓고 수업이 시작되고 있다. 이것은 학급 안의 전학생이 학력의 출발점이 동일점 내지 동일선 수준에 있다는 것을 은연중에 상정하고 있는 셈이다. 교육적 배경의 동질성에 대한 이러한 상정은 다인구학급의 이질적 상황하에서는 위태로운 가정일 수 있다. 모든 학생이 똑같은 수준에서 출발하도록 수업이 시작된다면, 이미 출발점 이상으로 목표를 달성한 학생에게는 권태와 무관심과 수업에 대한 흥미 상실을, 아직 그 출발점에 이르지 못한 학생에게는 선망과 좌절을 안겨 주게 될 것이다.

비교적 일반적인 선행학습 능력의 약점을 알기 위한 진단은, 표준화 학력검사로 할 수 있다. 이런 학력검사는 교육과정의 공통적 측면에서 학생들의 일반적인 성취수준이 어떤 것인지를 확인하는 데에 도움이 된다. 이런 검사는 어떤 학년의 학생의 성적을 어휘, 독해, 철자, 어법, 연산, 수학문제해결과 같은 기본적 영역에서 규준집단의 성적과 비교할 수 있게 되어 있다.

② 교사자작검사를 통한 학습결손의 진단

표준화 검사에서는 어떤 특정 내용 영역에서의 특정 학습결함의 정확한 진단에 필요한 정교성이 부족한 경우가 많기 때문에 교과담임교사가 직접 검사를 만들어 수업현장의 학습사태와 직결이 되는 진단을 할 필요가 있다.

〈표 3-1〉은 교사자작검사의 프로파일의 한 예를 보여주고 있다.

표 3-1 학급담임교사가 자작한 문항분석표의 일례

문항번호 / 학생명	1	2	7	9	10	12	14	3	4	5	6	11	13	15	16	18	19	20	21	22	23	24	25	26
강 상 범	×	×	×	×	×	×	×	×	×	×	○	○	×	○	○	○	○	○	×	×	×	×	○	×
강 수 정	×	○	×	○	○	○	○	○	○	○	×	×	○	○	○	○	○	○	×	○	×	×	○	×
강 승 범	○	×	×	○	×	×	×	○	×	×	○	○	×	×	○	×	×	○	×	×	×	×	×	×
강 은 하	×	×	×	×	○	○	×	○	○	○	×	○	×	○	○	○	○	○	×	○	×	×	○	×
강 윤 정	○	○	○	×	○	×	×	○	×	○	○	○	×	×	○	○	○	○	×	○	×	×	○	×
강 영 희	×	×	×	○	×	×	×	○	○	○	○	×	○	○	○	×	×	○	○	○	×	×	○	×

교사는, 자기 학급의 학생들의 이름을 우선 기입하고(〈표 3-1〉에선 학생 6명의 이름만 기록하였다), 표의 상부에는 하위검사, 목표, 내용 또는 행동에 따라 정리한 문항번호를 기록하고, 종선을 그어서 관련된 문항까지 묶어 둔다. 여기서 (×)기호는 오답문항을, (○)의 기호는 정답문항을 가리킨다. 〈표 3-1〉을 가로로 읽으면 개인별 문항반응형태를 알 수 있고, 세로로 읽어 가면, 학급 전체의 반응형태를 알아낼 수 있다. 그리하여 어떤 형의 문항에서 학생 개인이나 학급 전체가 오답반응을 나타내고 있는지를 검토해서 교정수업의 필요성을 결정하게 된다.

(2) 형성평가

1 기본개념

교육과정의 개선이라는 문제와 관련하여 Scriven(1967)이 처음으로 사용한 형성평가(formative evaluation)란 용어는, 교육과정 편성과 학습지도와 학습의 세 가지 과정에서, 그것을 개선하기 위한 목적으로 실시되는 체계적인 평가활동으로 정의된다.

2 형성평가의 목적

① 형성평가는 교수-학습이 진행되고 있는 유동적 상태에 있는 도중에, 학생에게 피드백(feedback)을 주는데 목적이 있다.

즉, 형성평가의 목적은 점수를 매기거나, 학생의 성적을 판정하려거나, 교사의 능력을 평가하려는 것이 목적이 아니라, 학생의 학습을 증진시키기 위해 무엇을 뜯어고치고 반성해야 할지의 개선추구의 평가이다.

② 형성평가는 새로운 교육과정을 만들어 시행하는 동안에 개정의 기반이 될만한 적절한 정보를 수집하는데 그 목적이 있다.

즉, 형성평가는 학생과 교사와 교육과정 작성자가 모두 환영할 만한 새로운 유형의 평가활동이라 하겠다.

③ 형성평가는 교사 스스로가 수업의 질을 관리하려 하는데 그 목적이 있다.

즉, 형성평가는 교수-학습의 진도를 조절하거나 학습곤란의 진단과 교정 또는 교수법의 개선을 위해 교사가 제작하는 것이 원칙이기 때문이다.

3 형성평가의 역할

① 형성평가는 수업효과의 극대화에 이바지한다.

② 형성평가로 준거참조적(criterion-referenced) 평가에 도움이 된다.

③ 학생들의 학습속도를 조절하는 데 이바지한다.

④ 형성평가의 결과는 일부의 학생에게는 자신감을 불어넣고, 일부의 학생에게는 앞으로 학습할 것이 더 남아 있다는 사실을 알려주는 역할을 한다.

⑤ 형성평가의 결과는 효과적인 보상이나 강화의 역할을 한다.

⑥ 형성평가는 교수-학습의 각 단계에서 학생들이 가지고 있는 문제점의 소재를 밝히거나 교정지도의 계기를 마련해 준다.

⑦ 형성평가를 통해 학생이 필요로 하는 정보는 단지 한 학습단위에서 성공했느냐 또는 실패했느냐의 정보 뿐만이 아니라 더 나아가 실패했다면 그 실패의 원인에 관한 정보를 제공해 주는 역할을 한다.

⑧ 형성평가의 결과는 학생의 학습에 도움을 주기 위해 활용될 뿐 아니라 교사의 수업방법의 개선에 크게 이바지한다.

⑨ 교육과정 작성자가, 표본으로 선정된 학생과 교사를 대상으로 그들의 교재나 방법을 시험적으로 적용해 보고, 이런 교재의 유효성과 수정이 필요한 부분을 밝히는 과정에 있어서, 그들의 증거수집에 도움을 준다.

⑩ 일반화된 지식이나 기능보다 특정학습단위의 지식이나 기능 또는 특성의 측정에 도움이 된다.

⑪ 형성평가의 결과는, 학습과정에서 바라는 바의 진전이 나타나고 있는지의 교수효과의 여부를 점검하는 데 도움이 된다.

4 형성평가의 절차

① 이원분류표의 작성

형성평가를 실시하기 위해서 첫 번째로 요구되는 것은 학습단원의 구성요소를 분석하는 일이다.

내용요소로서는, 그 단원 속에 포함되어 있는 내용, 즉 그 단원 속에 설명되고 정의되고 예시되고 또 제시되어 있는 용어, 사실, 관계, 절차 등의 분석이 요구되며, 행동요소로서는, 각 내용요소에 관련된 행동이나 학습성과, 즉 지식, 기능, 적용력 또는 분석력 등 학생으로 하여금 무엇을 할 수 있도록 기대하고 있는가를 분석하는 일이 요구된다.

이상과 같이 분석된 학습단원의 구성요소는 형성평가를 위해서 다시 한번 더 단원의 이원분류표를 정리 작성해야 한다.

② 문항제작의 원리

(ⅰ) 형성평가는, 앞에서와 같은 이원분류표에 제시된 학습단원의 중요한 요소를 전부 포함해야 한다. 즉, 표에 5개의 중요한 요소가 표시되어 있다고 가정하면, 이 5개 전부가 또는 그 이상의 검사문항으로 출제되도록 해야 한다(다른 평가의 형태에 있어선 표본추출이 가능하지만).

(ⅱ) 형성평가는, 해당하는 각각 행동수준에 관한 문항을 포함시켜야 한다. 만일에 모든 행동수준이 세목표 속에 다 포함되어 있다면, 실질적으로 동일한 용어, 사실, 법칙, 절차, 변환, 적용 등은 다 포함시키도록 해야 할 것이다. 이것은, 어떤 용어나 사실의 지식에 관한 문항과 학생이 어떤 개념을 다른 새로운 형태로 변환할 수 있는가 없는가 또는 법칙이나 원리를 새로운 문제에 적용할 수 있는가 없는가를 묻는 문항을 교사가 서로 명백히 구분할 수 있어야 함을 의미하는 것이다.

(ⅲ) 만일 학습의 난이도에 따른 어떤 위계성이 있는 경우에는 검사에 대한 학생들의 반응에서도 이 위계성이 나타나도록 문항을 제작해야 할 것이다.

즉, 특정의 용어에 관한 지식을 묻는 문항에서는 법칙이나 어떤 적용을 묻는 문항에서 보다 정답을 한 학생이 더 많아야 하는 것이다.

(ⅳ) 검사문항은 하위단계의 문항에서 오답을 한 학생이 상위단계의 문항에서 반드시 오답이 되도록 문항간의 어떤 계층성이 형성되도록 만들어야 한다.

5 형성평가의 형태

수업현장의 전체 학생을 대상으로 하는 형성평가의 다음의 두 가지 형태를 활용할 수 있다.

① **일대일 평가**

일대일 평가에서는 개발된 교수 프로그램이나 자료를 활용하게 될 개별학습자로부터 정보를 수집한다. 이 때 문제점을 확인하여 이를 수정하고, 교수 내용에 대한 학습자의 반응을 수집하여 보완한다.

학습자 중에서 일대일 평가를 위한 대상을 선정할 경우, 목표영역별로 한 명씩 선택하여 선수 학습 능력을 재기 위한 사전 검사를 한다. 평가자는 학습자와 함께 교수 프로그램의 자료를 하나씩 검토하면서 학습자가 어려움을 느끼는 문장, 문제, 내용 설명, 예문, 비유 등을 확인하고, 그 효과성을 평가하고, 수정이 필요한 부분을 보완한다. 또한 학습 동기 유발과 관련된 문제 및 아이디어를 교환하고 수정한다.

② **소집단 평가**

소집단 평가는 일대일 평가 후에 수정된 교수 프로그램을 8~20명 내외의 학습자들에게 실시하여 정보를 수집하는 것이다. 소집단 평가의 목적은 일대일 평가 후 수정된 프로그램 자료의 효과를 측정하면서 학습자가 설계된 교수 환경에서 효과적으로 학습할 수 있는가를 파악하는 데에 있다. 소집단 평가의 과정은 다음과 같다.

먼저, 교수 프로그램을 사용할 대상 집단으로부터 범주별로 대표적인 학생들을 선정한다. 다음에, 평가하려는 교수 프로그램을 사용하여 사전검사를 실시하고 교수를 진행하며 사후검사를 실시한다. 실시 도중에 관찰된 문제점을 중심으로 교수 프로그램 및 자료에 대한 수정을 한다. 평가 도중 학습자에게는 어휘의 적절성, 이해가 안 되는 부분, 기타 제안 사항 등을 기록하도록 한다.

평가과정 중의 관찰 결과와 학습자로부터의 평가 결과를 수집한 후 태도검사를 실시할 수도 있다. 이 때는 교수과정 전반에 걸친 학습자의 주의 집중여부 및 설계상의 개별 특성에 관한 반응 등에 대하여 정보를 수집한다. 더욱 상세한 정보를 얻기 위해서는 학습자와의 면담을 실시할 수도 있다.

6 형성평가결과 분석방법

형성평가의 결과를 분석 채점하는 방법의 한 가지는 절대기준평가의 원리에 입각하여 이루어져야 할 것이다. 문항 하나하나에 대한 정답 여부를 확인하는 것도 중요하지만 한 요소능력을 다루는 문항이 여러 개 있을 때는 완전습득의 기준을 결정하는 것이 우선해야 할 중요한 일이다. 한 요소능력에 해당하는 문항이 둘 있을 때는 둘 모두를 맞추어야 한다거나, 3개 이상 있을 때는 2/3 또는 3/4을 맞추어야 한다는 식의 기준을 세워야 할 것이다. 다음으로 결정해야 할 것은 한 형성평가 도구 전체에서의 완전습득 수준을 어느 정도로 할 것인가를 결정하는 일이다. 90% 이상의 문항에 대한 정답으로 할 것이냐, 80% 이상의 요소능력으로 할 것이냐 또는 그 이하의 수준으로 할 것인가를 결정해야 한다는 것이다.

(3) 수행평가

1 수행평가의 목적

수행평가(performance assessment)는 교육목표의 달성여부를 가능한 한 실제 상황에서 파악하는데 목적이 있다.

수행평가는 전통적인 필답시험 중심의 평가에 대한 대안적 평가방법으로서 학습자가 주어진 학습과제를 다양한 방법으로 수행해 보이는 것을 교사가 직접 관찰하거나 교육적 판단을 위한 정보수집 과정을 통하여 수집한 정보를 기초로 교육적 의사결정을 하는 방법이라고 정의할 수 있다. 이를 좀더 간명하게 정의하면 필답시험 이외의 모든 방법으로 평가하는 방식이라고 할 수 있다.

이러한 정의에 나타나고 있는 중요한 요소는 학습과제, 수행, 직접관찰 등 세 가지다.

① 학습과제

학습자들에게 성취되기를 기대하는 교육목표와 관련되는 것으로, 가능한 한 실제 생활에서 보다 의미 있고, 중요하며, 유용한 과제들을 일컫는다.

② 수행

학생이 단순히 답을 선택하는 것이 아니라, 학생 스스로 답을 구성하는 것, 산출물이나 작품을 만들어 내는 것, 태도나 가치관을 행동으로 드러내는 것이다.

③ 직접관찰

학습자가 수행하는 과정이나 그 결과를 평가자가 읽거나, 듣거나, 보거나, 느끼거나 하는 활동을 모두 포함한다.

2 수행평가의 역할

① 수행평가는 학생이 문제의 정답을 선택하는 것이 아니라, 자기 스스로 답을 작성하거나 행동으로 나타내도록 한다.

② 수행평가는 단편적인 영역에 의해 일회적으로 평가하기보다는, 학생 개개인의 변화 · 발달과정을 종합적으로 평가하기 위해 전체적이면서도 지속적으로 이루어지도록 강조한다.

③ 수행평가는 학생의 학습과정을 진단하고 개별학습을 촉진하려는 노력을 중시하는 평가방식이다.

④ 수행평가는 학생의 인지적인 영역뿐만 아니라, 학생 개개인의 행동발달상황이나 흥미 · 태도 등 정의적인 영역, 그리고 운동기능 영역에 대한 종합적이고 전인적인 평가를 중시한다.

⑤ 수행평가는 기억, 이해와 같은 단순 사고능력보다는 창작, 비판, 종합과 같은 고등정신 능력의 측정을 중히 여긴다.

⑥ 수행평가는 학생의 적극적인 학습활동, 자기주도적인 학습을 직접적으로 조장하여 현대사회의 요구와 가치관에 부합되는 역할을 한다.

⑦ 수행평가는 수업과 평가를 총합함으로써 유의미한 학습을 촉진한다. 즉 수행평가의 내용과 범위가 넓고 깊기 때문에 교육과정의 통합적 요소가 된다.

3 수행평가의 방법

① 교과별로 범교과적인 연구 주제를 선택하여 주제에 대한 학생 자신의 연구

와 학습 결과를 연구 내용 혹은 연구 문제, 연구 방법, 결과, 결론 등 체계적으로 정리한 연구과제물을 제출하게 하고 이를 일정한 기준에 따라서 평가한다.

② 비판력, 창의성 등 고등정신 기능을 묻는 질문이나 서술 · 논술형 검사를 통하여 학생이 지니고 있는 다양한 능력과 표현력을 평가한다.

③ 개인적으로 혹은 사회적으로 서로 상이한 의견이나 주장을 내세울 수 있는 주제나 토론과제를 제시한 후 개인간, 혹은 집단별 토론을 시킨 후 토론과정에서 나타나는 다양한 특성들(표현력, 설득력 등)이나 토론 결과를 평가한다.

④ 실험 실습 과정을 직접 관찰하여 이루어지는 과정의 평가와 함께 실험 · 실습보고서를 동시에 평가하게 된다. 특히, 어느 한 측면에만 주목하여 평가하는 것이 아니라 상황의 세부적인 측면을 종합적으로 평가한다는 점이 중요하다.

⑤ 음악, 체육, 실과와 같은 평가는 통제된 상황에서 실기가 진행되는 것이 아니라 자연스런 장면에서의 자연스럽게 나타나는 실제 행동을 관찰한 후 평가한다.

관찰을 할 때에는 다음과 같은 사항에 유의해야 한다.

- 계획성 있는 관찰을 해야 한다.
- 객관적이고 즉시적인 태도로 관찰해야 한다.
- 상황 조건을 충분히 고려해서 기록해야 한다.
- 행동의 변화 추이와 관련해서 관찰해야 한다.
- 행동 표본이 전체를 대표할 수 있어야 한다.
- 적절한 기록방법, 정리하는 방법을 미리 계획해야 한다.

⑥ 학생을 직접 관찰 · 기록하는 일화기록법을 적용할 수도 있고 평정척도 등을 이용하여 관찰할 수도 있으며, 필요한 경우 비디오 녹화를 한 후 분석하여 그 결과를 평가자료로 활용할 수도 있다.

⑦ 루브릭을 개발하고 적극 활용한다.

루브릭(Rublic)이란 학습자가 과제를 수행하면서 보이는 반응을 평가자가 관찰하거나 그 수준에 대한 판단을 내릴 때 사용하는 수행기준을 의미한다. 루브릭은 지난 1990년대에 미주 지역에서 수행평가가 기존 지필평가의 대안으로 등장하면서 개발되기 시작하였고, 우리나라에서는 수행평가를 강조하던 7차 교육과정부터 루브릭 개발에 관심을 보이기 시작했다.

일반적으로 수행평가를 실시하려면 목표 및 과제와 더불어 이에 부합하는 루브릭이 필요하다. 수행평가는 관찰과 판단에 의한 평가(Arter, 1994)이기 때문에, 루브릭은 체크리스트와 더불어 수행평가에서 활용하는 주요한 채점 도구이다. 루브릭은 수행과정 혹은 과제를 해결한 후 얻은 결과를 평가하는데 사용되며, 학습자에게 반응의 방법과 수준을 구체적으로 제시해 주는 평가 지침의 역할을 한다.

루브릭을 개발하기 위해서는 직접 제작하거나, 기존의 것을 그대로 사용하거나, 혹은 이를 수정하여 사용하는 세 가지 방식이 있다. 기존의 루브릭을 그대로 적용하는 방식이 가장 경제적이기는 하지만, 평가 환경의 차이를 고려한다면 기존의 루브릭을 수정하여 사용하거나 그 환경에 부합하는 새로운 루브릭을 개발하는 것이 바람직하다.

⑧ 포트폴리오를 주요 평가자료로 적극 활용한다

포트폴리오(portfolio)의 의미는 상황에 따라 다르게 해석된다. 애초에는 집게나 보관함에 들어 있는 서류나 수집한 작품을 지칭하였으나, 요즘에는 흔히 예술 분야에서 예술가의 대표적인 작품을 선정한 것의 의미로 사용하며, 경제 분야에서는 진행 중인 모든 거래 기록의 총괄을 의미하는 용어로 사용된다. 학교 상황에서는 주로 학생의 학습, 성장, 발달 등을 증거할 수 있는 학생들의 작품, 수행 결과, 기록물 등을 의미한다.

포트폴리오를 활용한 교육평가는 최근 교육 현장에서 기존의 평가 체제에 대한 대안으로서 많은 주목을 받고 있다. 포트폴리오 평가란 자신이 쓰거나 만든 작품을 지속적이면서도 체계적으로 모아둔 개인별 작품집 혹은 서류철을 이용한 평가방법이다. 포트폴리오는 단편적인 영역에 대해 일회적으로 평가하지 않고 학생 개개인의 변화 및 발달 과정을 종합적이고 지속적으로 평가하며, 대표적인 수행평가 방법의 하나로서 널리 활용되고 있다. 포트폴리오는 일반적으로 학생이 달성한 최상의 성과에 의해 학생의 성취수준을 평가하려고 하는 것이며, 교사와 학생 모두가 평가에 관여한다는 점에서 협력적인 평가 활동이라고 할 수 있다.

일반 학교에서 실시하는 포트폴리오의 내용물로는 학생의 견본 작품, 역할놀이, 가상 시나리오, 작품, 구두 면접, 기타(차트, 점검표, 활동기록표, 일기, 행동일지, 설문지, 표준화 검사 등) 등이 포함된다. 작문과 독서 포트폴리오의 경우에는 학생 자신이 선정한 작문 및 독서활동, 학교 및 가정에서 자유롭게 쓴 문장, 그림이나 사진, 읽거나 쓴 내용을 분석한 메모, 일지나 반성적 회고문, 과제로 쓴 문장, 최우수 작품, 시, 사고 과정을 기록한 내용 등이 주로 포함된다.

(4) 총합평가

1 기본개념

총합평가라는 용어는, 한 학기나 한 과정이 끝났을 때에, 성적이나 자격의 인정, 학습진전도의 확인, 한 교육과정이나 교수요목의 효율성에 관한 연구 등의 목적으로 실시되는 유형의 평가를 지칭한다.

2 총합평가의 목적

① 총합평가는 학생들의 목표에의 도달 정도를 확인하는 데 주목적이 있다.

② 총합평가는 학생들에게 제공된 일련의 수업의 효과를 일괄해서 판정하는 데 목적이 있다.

③ 하나의 대단원 또는 한 교과의 전체를 가르친 후 학생들의 학습성취 수준을 전체적으로 결정하는 데 목적이 있다.

④ 총합평가는 전과정 또는 그 중의 상당한 부분에 걸쳐 달성된 “학습성과의 정도”를 파악하는 데 목적이 있다.

⑤ 학생들의 성적을 매기고 그것을 부모나 학교장에게 통첩하기 위한 행정적 의사결정에 목적이 있다.

3 총합평가의 역할

① 학생들의 성취 정도를 알기 위한 점수판정에 도움을 준다. 점수판정은 각 학생의 학습의 정도나 수준에 의거해서 학생 사이의 상대적 위치를 결정

하려는 것이다.

② 총합평가는 학생이 어떤 기능이나 능력, 지식에 있어서 요구하는 정도의 자격이 있는지 없는지를 인정하기 위한 판단의 역할을 한다.

③ 총합평가의 결과는 다음 학습과정의 학습에서 학생이 성공할 수 있느냐를 예언하는 데 중요한 역할을 한다.

④ 집단간의 성적결과를 비교하기 위해 총합평가는 필수적으로 이용된다.

⑤ 광범하고 일반화된 목표의 평가에 도움을 준다.

⑥ 총합평가의 결과는 다음 학년 또는 다음 학기의 수업이 시작될 때 각 학생 혹은 학급의 학생을 어느 정도의 출발점 수준에서 교수할 것인가를 결정하는 데 도움을 준다.

⑦ 총합평가는 학생들에게 피드백 정보를 주는 일에 사용될 수 있다.

⑧ 총합평가는 전체 교과목이나 중요 부분의 성과에 대한 총평의 역할을 한다.

⑨ 총합평가는 학생들의 석차 등 등급을 정하고 분류하는 데 사용될 수 있다.

⑩ 총합평가로 목적과 내용요소별로 문항을 골고루 표본하는 일을 가능케 한다.

4 총합평가의 절차

① 일반적 절차

여기서는 총합평가에 필요한 몇 가지 절차를 단계별로 제시하기로 한다.

첫째, 내용과 행동을 관련짓는 이원분류표를 만들어야 한다. 내용영역은 교재 속의 내용구분에 따라 분류하는 것이 원칙이며 목표영역은 각급학교 교육과정에 진술되어 있는 것을 기본으로 삼으면 된다.

둘째, 이원분류표 속의 각 세목에 알맞은 검사문항을 제작하거나 이미 제작되어 사용한 것 중 일부를 문항으로 재사용하여도 좋다.

셋째, 제작된 문항 중, 다양한 세목을 측정하는 합리적인 표집방법에 따라 좋은 문항을 선정할 것, 이때 분류표의 전체에 걸쳐 표집할 수도 있고, 복잡한 최종적인 행동을 선별적으로 표집할 수도 있다.

넷째, 어떤 체계적인 방침에 따라 검사문항을 배열할 것, 이때 행동의 유형별로 문항들을 묶어서 배열하는 것이 바람직한 경우도 있고, 내용별로 묶어서 배열하는 것이 바람직한 경우도 있을 것이다. 선택된 문항들이 행동과 내용의 측면에서 비교적 동질적인 경우에는 비교적 쉬운 문항으로부터 비교적 어려운 문항으로 배열하는 것이 좋다.

선다형, 진위형, 배합형과 같이 문항형식이 서로 다를 때에는 문항형식에 따라서, 문항을 묶게 되면 교사가 지시를 내리기도 쉽고 학생이 기억하기도 쉽기 때문에 일반적으로 더 유용하다.

다섯째, 문항분석이 쉽게 되고 또한 가장 유익한 정보를 얻을 수 있으며 시험의 목적에 들어맞는 채점방식을 사용하도록 할 것이다.

여섯째, 학생들이 검사의 규칙을 확실히 알 수 있도록 하는 "지시"를 작성한다. 이러한 지시에는 예컨대 학생이 전체 문항에 모두 답해야 하는지 자기가 알고 있는 문항에만 답해야 하는지의 문제, 배합형 문항에서 어떤 조치를 취해야 하는지의 문제, 최선의 답을 선택해야 하는지, 정답을 찾아야 하는지의 문제, 검사시간 또는 검사 내의 각 부분의 시간은 얼마인지의 문제, 답안을 기입하는 경우에는 내용만이 채점의 대상이 되는지, 맞춤법이나 문법이나 문체도 대상이 되는지의 문제 등이 포함되어야 할 것이다.

② 검사의 구성

첫째, 문항난이도는 평균 50% 정도가 되게 하고 30%에서 70%까지 분산되게끔 출제해야 한다.

진단평가는 60% 이상의 쉬운 문제이어야 하고 형성평가는 난이도를 무시함에 비하여 총합평가는 쉬운 문제와 어려운 문제가 골고루 섞이는 것이 검사의 목적에 부합된다.

둘째, 검사문항 구성은 4개 이상의 행동유목별 하위문항군을 갖는 40~60개 문항을 계획하는 것이 바람직하다. 검사의 신뢰도를 높이기 위해서는 이 정도의 문항수는 필수적으로 요구된다고 하겠다.

셋째, 성적을 매기거나 판정을 내리는 데 필요한 표준은 그때 그때의 검사의 목적이나 용도에 따라 정하는 것이 좋다.

표준에는 적어도 세 가지의 표준, 즉 (i) 경험적 기준, (ii) 추정적 기준, (iii) 준거적 기준이 있다. 이 중에서 후자는 "규준적" 표준과는 대립되는 것으로서 흔히 "절대적" 표준이라고도 부른다.

시판 중인 총합평가용 검사들은 대개가 규준참조적이다. 즉 검사에 대한 학생의 성취수준은 어떤 규준집단의 성취수준과 비교되어 해석된다.

한 학생의 득점은 학년이나 학교 전체 또는 지역별 득점과 비교하여 어느 정도인지를 의미하거나, 또는 어떤 비교집단 내에서의 서열이나 석차를 의미하기도 한다. 기본적으로는, 측정된 각 행동특성별로 한 개인이 다른 사람들에 비해서 잘하는지 못하는지를 알 수 있게 되어 있다.

2. 교육평가의 일반적 절차

1) 평가목표의 설정

무엇을 평가할 것인가의 문제는 곧 교육목표 달성 여부의 판단문제가 되기 때문에 평가의 과정에서 우선적인 작업은 평가의 목표를 설정하는 일이다. 평가목표를 설정한다는 것은 결국 평가내용 또는 검사내용을 정하는 일이다. 즉, 무엇을 재느냐를 결정하는 일이다. 교육목적이 내용과 행동의 2요인으로 규정되는 것처럼 평가목표 또한 이원적으로 분류 규정할 수 있다.

(1) 내용분류

내용차원의 분류는 매우 간단한 것이 특징이다. 보통 교과내용에서 그대로 추출된다. 예컨대, 어느 중학교에서의 국사시험을 위한 내용분류에서 평가내용을 우선 다음과 같이 분류했고, 그 각 분류 내의 문제수의 비율도 다음과 같이 계획하였다.

〈국사시험의 내용분류〉

1) 고대사 ······························ 10%
2) 삼국시대 ······························ 20%
3) 고려시대 ······························ 20%
4) 조선시대 ······························ 30%
5) 최근세사 ······························ 20%

100%

(2) 행동목표분류

B. S. Bloom은 그의 저서 「교육목표분류학」에서 지적 영역의 행동목표를 지식, 이해, 적용, 분석, 종합, 평가의 여섯 가지로 분류하고 있으며 이어서 정의적 영역의 행동목표를 감수, 반응, 가치화, 조직화, 인격화의 다섯 가지로 분류하고 있다.

오늘날 행동분류는 조작주의적 정의방법에 크게 의존되는 경향이 없지 않다. 종래의 행동목표 진술이 철학적이고 사변적인 정의방법에 입각하고 있었기 때문에 일의적으로 해석될 수 없는 혼란을 야기시켜 왔음에 비해 제시될 수 있는 사실과 반복될 수 있는 조작만으로 정의하여야 한다는 주장, 즉 행동적 정의는 일의적으로 쉽게 포착할 수 있는 목표를 분류할 수 있게 한다는 점에서 매우 과학적이다.

(3) 이원분류표

평가목표에 내표된 내용면과 행동면이 분석되었으면 이 두 차원의 목표를 결합하여 다음과 같은 이원분류표를 만드는 것이 요청된다.

이 분류표를 보면 어떤 내용을 평가의 대상으로 삼아 어떤 행동을 측정할 것이냐 하는 것이 일목요연하다.

예컨대, 앞에 나온 국사시험의 평가내용과 평가할 행동목표를 연결시켜 다음과 같은 〈표 3-2〉를 작성한다.

표 3-2 국사시험의 이원분류표

행동 / 내용	지식	이해력	적용력	분석력	종합력	평가력	평가력
고대사	5	3	-	2	-	-	10
삼국시대	5	7	3	-	3	2	20
고려시대	5	6	4	-	-	5	20
조선시대	10	5	5	5	5	-	30
최근세사	5	4	3	3	2	3	20
계	30	25	15	10	10	10	100

이 시험을 필답시험으로 치루고 전체 문제를 100문제로 가정한다면 고대사에 관한 지식을 측정할 문제를 5문제, 이해력을 측정할 문제를 3문제 내겠다는 것이다. 그리고 전체 시험이 내용적으로는 고대사, 삼국시대, 고려시대, 조선시대, 최근세사를 10 : 20 : 20 : 30 : 20의 비율로 측정하고, 행동적으로는 지식, 이해력, 적용력, 종합력, 평가력을 30 : 25 : 15 : 10 : 10 : 10의 비율로 측정하겠다는 것이다.

이러한 비율배당은 평가활동을 사전에 구체화 · 체계화시켜 주게 된다.

2) 평가방식의 구안

평가방식이란 평가목표에서 분류된 행동을 어느 정도 잘 하느냐, 즉 교육목적의 달성도를 어떻게 재느냐를 의미한다. 환언한다면 행동의 증거가 들어날 만한 검사상태를 구안함을 의미한다.

평가방식의 구안에서 중요한 점은 첫째, 행동적으로 정의된 목표행동이 그대로 다 들어날 수 있는 상태를 고를 것, 둘째, 바로 그 행동을 학생이 할 수 있는 또는 할 수 있었던 기회가 내포된 상태를 고르는 일이다.

교육평가에서 이용될 수 있는 검사상태는 풍부하며, 평가할 각 행동에 따라 여러 가지로 다를 수 있는 바, 가장 많이 사용되는 평가방식은 다음과 같다.

(1) 필답검사

필답검사란 종이와 연필을 사용하는 평가방식이며, 전통적으로 가장 많이 사용되고 있는 방식이다. 이 방식은 보통 종이 위에 문자나 도표로 문제상태를 구성 제시하여 이것에 반응시키는 것이다.

필답검사는 소위 주관식, 객관식의 구별만이 아니다 그것이 측정하려는 행동에 따라, 또는 그것이 학생에게 요구하는 반응에 따라 여러 가지 차가 있을 수 있다.

같은 필답검사라도 하나는 단순한 기억력을 재고, 하나는 이해력을 재는 것이다. 또한 필답검사 상태로는 도저히 측정할 수 없는 행동영역도 있다.

일반적으로 문자, 숫자 기타 기호를 다루는 여러 가지 지적 능력에 관한 행동증거는 필답검사 상태에서 들어날 수 있다. 그러나 흥미, 태도, 습관, 기타 정의적, 사회적, 신체적, 능력에 관한 교육목적은 필답검사 상태에서는 그 증거가 명확히 들어나지 않는다.

(2) 작품분석

작품분석이란 그림, 작문, 수공예품, 습자, 실험제작 등의 결과를 분석해서 그것을 만들어낸 능력, 표현력, 이해력, 종합력의 정도를 파악하는 방식을 뜻한다.

실기시험이나 미술과 · 공과계 학생들의 작품평가가 바로 이 방식에 속하는 것이다. 이러한 작품평가는 필답검사의 방식으론 불가능한 것이다. 여기에서 문제가 되는 것은, 어떻게 분석하며, 어떻게 분석의 결과를 의미있게 종합하느냐이다. 보통 분석기준표가 이용되고 있다.

(3) 행동관찰

행동관찰이란 학생의 실제행동을 교사가 관찰함으로써 행동을 이해하는 방식으로 인간을 이해하는 기본적인 방법이라고 할 수 있다. 다만 문제는 언제 어떻게 관찰하며, 관찰된 결과를 어떻게 정리 종합하느냐에 있다.

이 방식은 운동기능적 능력, 습관, 태도, 인성적 특성, 흥미 등에 관한 증거의 수집에 도움이 된다. 관찰에도 일상적으로 우연히 엿보는 경우에서부터 계획적 체계적인 것, 좀더 실험적으로 행동환경을 통제하는 통제적 관찰 등 여러 가지 방법이 있다.

학생의 행동을 관찰할 때에는 객관적인 관찰이 되도록 특히 유의해야 한다.

(4) 면담

면담은 보통 학생의 흥미, 태도, 습관, 인성적인 적응도와 문제 등에 관한 증거수집에 도움이 되고 있다.

특히 이 방식은 면담과정에서 학생에게 정보를 제공하고 지도 · 교정 · 치료할 수 있는 기회도 마련해 준다는 점에서 그 교육적 의의가 크다고 보겠다.

(5) 질문지

질문지는 여러 가지의 검사상태로 이용될 수 있다. 예컨대, 학생의 흥미, 태도 또는 인간적인 행동특성에 관한 것도 질문지로 알아볼 수 있다.

질문지는 그 용도를 대별해서 사실을 알아보는 것과 의견을 알아보는 두 종류로 나누어 볼 수 있다.

3) 평가도구의 제작

평가방식이 구안되었으면 여기에선 실제로 평가의 도구를 제작하는 단계이다. 즉, 학생의 행동에 관한 증거를 수집하는 도구를 제작하는 단계이다.

한 검사상태에서 나타나는 행동증거를 우리는 여러 가지 방법이나 도구로써 수집할 수가 있다.

필답검사의 경우에는 이것은 실제의 문항작성을 의미한다. 문항의 내용을 어디서 어떻게 선택하느냐, 소위 객관식을 사용하느냐, 주관식을 사용하느냐 등이 결정되어 한 개의 검사로 나타난다.

면담의 경우엔 면담조사표가 사전에 마련되어 질문의 응답내용의 처리 등이 계획되어야 할 것이다.

실지행동의 관찰에 있어서도 비슷하다. 실지행동의 관찰이나 면담에 있어선 촬영이나 녹음 등의 방법이 이용됨으로써 수집된 증거의 보존에 만전을 기할 수 있을 것이며 관찰조사표가 활용될 수도 있다.

모든 평가의 도구는 객관도, 신뢰도, 타당도, 실용도가 높게 제작될 것이 요구되며 문항의 변별력이나 난이도가 적절하게 제작되어야만 한다.

4) 평가의 실시와 결과의 정리

(1) 평가의 실시

평가의 실시가 잘못되면 엉터리 평가가 되기 쉽다. 교사 자신이 작품분석이나 기록물 분석에서와 같이 이미 주어진 증거를 수집하는 경우에는 덜하지만, 학생으로 하여금 증거를 나타내게 하는 필답검사, 질문지, 면담, 행동관찰 등의 경우에는 자세하고 엄밀한 지시도 필요하며, 학생의 동기상태, 수험환경을 고려할 필요도 있다. 소홀히 실시하면 의외의 상태가 나타나서 평가의 결과를 망치는 것이 보통이다. 왜냐하면 검사상태는 바로 거기에서 학생이 일정한 자극을 받아 반응함으로써 행동의 증거를 표시하는 장면인데 검사자가 조심하지 않으면 수험자는 뜻하지 않은 자극하에서 반응하게 되어 결과는 기대되는 반응이 아니라 엉뚱한 반응이 되고 말기 때문이다.

(2) 결과의 정리

행동의 증거가 수집되면 예정된 정리방식에 의하여 정리하고 그 결과를 해석하기 위해 여러 통계적 계산을 하게 된다.

필답검사의 경우엔 답안지의 채점방식이 문제된다. 객관식 검사이면 그냥 통털어 정답만을 세어서 점수로 하는 수도 있고, 경우에 따라선 각 문제의 점수에 채점의 무게를 달리하는 수도 있고, 정답수에서 적당히 오답지를 빼는 수도 있다. 논설형의 경우에는 채점이 더 곤란하다.

따라서 모범답안지를 미리 만들어 둔다든가 채점기준표를 만들어 둔다든가 할 수도 있다. 가능하면 총점 한 개로만 나오는 것이 아니라, 한 답안지에서 여러 가지 분석된 점수가 나오도록 하는 것도 학생의 능력의 여러 가지면에서 변별적으로 진단적으로 평가함에 도움이 된다.

5) 평가결과의 해석과 활용

(1) 결과의 해석

결과의 해석에 있어서 1차적인 것은 우선적으로 교육목적, 즉 평가목적의 달성여부를 알아보는 것이다.

부차적인 해석으로는, 평균치와 중앙치(Median: Mdn)를 비교함으로써 점수분포의 편포도를 알아볼 수 있고, 다른 집단과의 평균 점수의 비교에서 학급성적의 수준을 검토할 수 있으며 또한 우수학생과 학습부진아를 발견할 수도 있다. 나아가서는 문항반응 분포의 분석이나 검사의 신뢰도계수도 검토될 수 있다.

(2) 결과의 활용

결과를 활용한다는 것은 결과를 해석하고 교육실천의 여러모를 반성하고 가능한 개선책을 세워보는 데 그 뜻이 있다.

① 평가의 과정과 결과는 교육목적을 설정하는 데 활용될 수 있다.

② 평가의 결과는 한 학습경험의 타당도 · 유의도 검증에 활용될 수 있다. 즉, 교육목적 달성에 어느 경험이 가장 유효한지를 평가는 지시해 준다.

③ 평가의 결과는 교수방법의 개선에 활용될 수 있다.

④ 평가의 결과는 학생의 필요, 개인차, 어떤 특성의 경향 등을 이해하는 수단으로 활용되며, 생활지도상담의 기초자료를 제공해 준다.

⑤ 평가의 결과는 교육정치에 활용될 수 있다.

⑥ 평가의 결과는 평가방법 자체의 개량에 도움을 준다.

⑦ 평가의 결과는 교육과정 개선의 기초자료를 제공해 주며, 학교 행정 개선의 기초를 마련해 주기도 하고, 교육계획의 길잡이가 되거나 장학절차와 방법의 개선에 유용하게 활용될 수 있다.

⑧ 평가의 결과는 교육의 반성과 연구의 자료로 활용된다.

⑨ 평가의 결과는 학습경험 조직의 교육적 유효로 결정에 활용되며 학습경험 구성의 적절성 및 교육적 효능의 정도를 결정하는 데 도움을 준다.

제 4 장

평가도구의 신뢰도와 타당도

1. 신뢰도
2. 타당도
3. 객관도
4. 실용도

바람직한 평가도구(시험문제)의 양호도 또는 검사가 갖추고 있어야 할 특성, 기준 또는 요건으로서는 타당도, 신뢰도, 객관도가 높아야 하며 또한 실용도가 커야만 한다. 이 네 가지 요건을 자세히 설명하면 다음과 같다.

1. 신뢰도

1) 신뢰도의 개념

(1) 고전 진점수이론

측정과 검사의 대부분의 표준적 절차는 고전 진점수이론(古典 眞點數理論, classical true score theory)에 그 바탕을 두고 있다. 이 이론은 측정오차가 측정된 관찰점수에 어떻게 영향을 미치는가를 기술하는 아주 간단한 모형으로서 관찰된 검사점수에 영향을 미치는 요인을 기호로 나타내고 그에 대한 가정을 기술하고 있다.

1 가정 1 : $X = T + e$

이것은 측정결과인 관찰점수(observed score) X가 진점수(true score) T와 오차점수(error score) e의 합이라는 기호로 나타낸 것이다. 이 경우, 피검자와 X와 e는 측정이나 검사의 시행마다 변할 수 있으나 T는 고정된 값이라고 가정한다. 예컨대, IQ검사에서 영자라는 학생의 진점수는 112인데 관찰점수는 115이었다면,

$$X = 115,\quad T = 112,\quad e = 3$$

이 학생의 IQ를 1주일 후 다시 검사한 결과 관찰점수가 105이었다면,

$$X = 105,\quad T = 112,\quad e = -7$$

이 된다.

2 가정 2 : $E=(X)=T$

이것은 X의 기대값(expected value, 평균의 한 형태), 즉 모집단의 평균 $E(X)$는 T라는 것을 기호로 나타낸 것이다. 이 가정은 T의 개념이다. T는 같은 검사를 같은 사람에게 반복하여 독립적으로 시행할 때, 관찰된 점수 X의 이론적 분포의 평균이다.

3 가정 3 : $\rho_{eT}=0$

이 가정은 한 검사를 피검자의 모집단에서 시행한다면 오차점수와 진점수는 상관(ρ :로)이 없다는 것이다.

위와 같은 가정 중, 진점수와 오차점수는 관찰할 수 없는 이론적인 가상 개념이고 X만을 관찰할 수 있다. 진점수는 같은 검사를 반복 독립 시행하여 관찰된 점수의 평균이라는 이론적 개념이다.

두 개의 독립된 검사의 관찰점수 X와 X'가 위에 세 가지 가정과 피검자의 모집단에 다음 조건을 만족시키는 경우, 이 두 검사는 평행검사(平行檢査, parallel test)라고 한다.

$$T=T',\ \sigma_e^2=\sigma_{e'}^2$$

만약 위의 세 가지 가정을 만족시키는 두 검사의 관찰점수 X_1과 X_2가 피검자의 모집단에 다음 조건을 만족시키면, 이 두 검사는 동형검사(同型檢査, equivalent test)라고 한다.

$$T_1=T_2+C$$

(2) 고전 진점수이론으로부터 도출된 결론

1 $E(e)=0$

특정 피검사의 오차점수의 기대값(모집단 평균)은 0이다.

[2] $\sigma_X^2 = \sigma_r^2 + \sigma_e^2$

관찰점수의 분산(평균으로부터 각 개인의 점수를 뺀 편차점수의 제곱의 평균, variance)은 진점수 분산(true variance)과 오차점수의 분산(error variance)의 합이 된다.

[3] $\rho_{TX}^2 = \dfrac{\sigma_T^2}{\sigma_X^2}$

관찰점수와 진점수간의 상관계수의 제곱은 관찰점수분산에 대한 진점수분산의 비율과 같아진다.

[4] $i)\ \sigma_X^2 = \sigma_{X'}^2,\quad ii)\ \rho_{XY} = \rho_{X'Y'},\quad iii)\ \rho_{XX'} = \dfrac{\sigma_T^2}{\sigma_X^2} = \dfrac{\sigma_{T'}^2}{\sigma_{X'}^2}$

X와 X'가 두 평행검사의 관찰점수라 한다면, $i)$ 동일한 분산, $ii)$ 동일한 상관을 나타내며, $iii)$ 관찰점수간의 상관계수는 관찰점수 분산에 대한 진점수 분산의 비율과 같아진다.

(3) 신뢰도의 정의

[1] 고전 진점수이론에 입각한 정의

신뢰도란 관찰점수분산(σ_X^2)에 대한 진점수분산(σ_T^2)의 비로서 정의된다.

$$\rho_{XX'} = \frac{\sigma_T^2}{\sigma_X^2} = \frac{\sigma_X^2 - \sigma_e^2}{\sigma_X^2}$$

위의 정의 공식에서 보는 바와 같이 오차점수분산 σ_e^2이 작아질수록 신뢰도계수 $\rho_{XX'}$는 1에 가까워지고, σ_e^2이 커질수록 신뢰도계수는 작아지며, 극단의 경우에는 0에 접근하게 된다.

그러나, 실제로 진점수와 오차의 정확한 양을 알 수 없으므로 결국 정의에 따른 원래의 신뢰도계수는 실제로는 구할 수가 없고 단지 얻어진 자료를 근거로 하여 하나의 모수치(母數値)에 대한 추정치(推定値, estimate)를 구하는 수밖에 별도리가 없다.

앞으로 설명할 신뢰도계수는 이상과 같은 가정을 바탕으로 한 추정치를 여러 가지 추정방법에 의해서 구하게 된다.

2 해석적 정의

신뢰도는 '얼마나 정확하게', '얼마나 오차없이' 측정하고 있느냐의 개념이며, 측정하고 있는 정도의 일관성(consistency)이 있느냐의 문제에 관계한다. 즉, 신뢰도는 측정의 오차가 얼마나 작으냐 하는 문제에 관련되며 또한 신뢰도 개념은 측정치의 안정성(stability), 신뢰성(dependability), 예민성(predictability), 정확성의 뜻 등이 포함된다.

3 신뢰도계수의 의미

위에서 언급한 바와 같이 검사점수의 안정도(신뢰도)를 측정하기 위하여 각 개인의 두 점수의 분포간의 관계를 나타내는 상관계수를 사용하게 된다. 여기에 사용되는 상관계수는 K. Pearson의 적률상관계수(積率相關係數, Pearson product moment correlation coefficient) 방법을 말한다. 신뢰도를 표시하기 위하여 상관계수를 사용하게 되는데, 이런 경우 이 상관계수를 신뢰도계수라고 특별히 부른다. 즉, 신뢰도계수란 두 다른 시기에 같은 집단에 같은 검사를 실시한 검사점수간의 상관관계를 말한다. 이와 같이 정의된 신뢰도는 관찰분산에 대한 진분산의 비라고 정의한 신뢰도의 개념과 동일하다.

어떤 특정한 신뢰도계수는 그 측정치가 얻어진 특수조건, 검사를 받은 집단의 특성, 또한 그 측정치에 영향을 줄 수 있는 여러 오차의 근원에 따라 달라질 수 있다.

신뢰도계수란 검사점수의 신뢰성 또는 안정성의 정도와 크기를 나타내는 지수로서 검사점수가 얼마만큼 변동할 수 있는가를 가르쳐 주지만 왜 변동되는가의 이유는 말해 주지 않는다.

2) 검사-재검사 신뢰도

(1) 개 념

검사-재검사 신뢰도(test- retest reliability)는 동일한 검사를 동일한 피검자들에게 두 번 시행하고 그 결과에 대하여 상관관계를 산출하는 신뢰도 추정치다. 한 시기에서 다른 시기 사이에 검사점수의 변동이 얼마나 있는가, 반대로 말하면 측정하고자 하는 특성이 얼마나 안정성이 있는가 하는 것을 나타내므로 일명 안정도계수(安定度係數, coefficient of stability)라고도 부른다.

(2) 검정절차

검사-재검사 신뢰도 측정에서 가장 심각한 문제는 검사시행간에 나타날 수 있는 이월효과(移越效果, carry over effect)의 가능성이다. 즉, 첫 번째 검사시행이 두 번째 검사에 영향을 미칠 수 있다는 점이다. 즉, 재검사 신뢰도는 전후검사의 실시간격, 검사실시에서의 여러 가지 조건 등의 요인의 작용으로 진짜 신뢰도보다 과대 추정될 가능성이 많다. 연습의 효과나 기억의 효과 외에도 기분, 건강, 동기 등 개인에 관계되는 모든 요인에 의한 일상의 변화는 이 신뢰도계수에 영향을 주며 또한 검사간의 기간이 길 때에는 학습이나 훈련 등이 동시에 영향을 주게 된다.

따라서 재검사 신뢰도계수를 산출하기 위한 실시간격은 보통 5~6일 사이로 잡는 수가 많다. 특히 검사-재검사 신뢰도 추정은 이월효과에 민감하지 않고 시간간격에 비교적 안정된 특성을 측정하는 검사에 가장 적당하다고 하겠다.

신뢰도나 타당도 계수 산출은 상관계수 산출법을 이용한다. 즉, 다음과 같은 Pearson의 적률상관계수(r)의 산출공식(A)를 이용한다.

$$r_{xy} = \frac{N\sum XY - (\sum X)(\sum Y)}{\sqrt{[N\sum X^2 - (\sum X)^2][N\sum Y^2 - (\sum Y)^2]}} \quad \cdots\cdots (A)$$

예제) 다음 자료는 재검사법에 의해 검사지의 신뢰도를 검정하기 위해 10명의 동일교사들에게 똑같은 검사지를 1주일 간격으로 두 번 실시한 결과다. 재검사 신뢰도계수를 구하라.

교 사	*A*	*B*	*C*	*D*	*E*	*F*	*G*	*H*	*I*	*J*
월요일 조사(X)	13	12	10	8	7	6	6	4	3	1
토요일 재조사(Y)	7	11	3	7	2	12	16	2	19	16

* *X*, *Y* 점수는 개인별 설문지 반응의 각각 총점.

풀이) 위 자료를 공식 (A)에 적용 대입하면

X	Y	X^2	Y^2	XY
13	7	169	49	91
12	11	144	121	132
10	3	100	9	30
8	7	64	49	56
7	2	49	4	14
6	12	36	144	72
6	6	36	36	36
4	2	16	4	8
3	9	9	81	27
1	6	1	36	6
70 ΣX	65 ΣY	624 ΣX^2	533 ΣY^2	472 ΣXY

$$r = \frac{10 \times 472 - (70)(65)}{\sqrt{[10 \times 624 - (70)^2][10 \times 533 - (65)^2]}}$$

$$= \frac{4720 - 4550}{\sqrt{(6240 - 4900)(5330 - 4225)}}$$

$$= \frac{170}{\sqrt{1340 \times 1105}}$$

$$= \frac{170}{\sqrt{1480700}} = \frac{170}{1216.84} = +0.14$$

$r=+.14$는 X, Y 자료간에 아주 낮은 상관관계가 있음을 보여주고 있다. 즉, 이 검사지의 신뢰도계수는 아주 낮다($r=+.70$ 이상 되어야만 신뢰도가 높다고 볼 수 있다).

3) 평행형검사 신뢰도

(1) 개 념

평행형검사 신뢰도(parallel forms reliability)의 추정치는 두 평행검사의 관찰점수간의 상관계수다. 검사-재검사 신뢰도에서와 같이 그 사이의 기간이 짧을 때에는, 어떤 특정한 문항을 기억함으로써 검사의 신뢰도가 사실 이상으로 높아지는 것을 피할 수 있는 방법의 하나는 같은 검사를 두 번 실시하는 것이 아니라 문항은 다르지만 같은 특성을 같은 형식으로 측정하도록 제작된 평행검사(parallel test)를 실시하는 것이다. 같은 집단에 대해서 두 평행검사를 각각 다른 시기에 실시하여 얻은 점수간의 상관관계를 구하는 것을 동형검사 신뢰도(同型檢査信賴度, equivalent form reliability)라고도 부른다.

(2) 검정절차

두 검사가 실제로 평행한다는 것을 검정하기가 불가능하기 때문에 평행검사 대신에 때로는 대형검사(代型檢査, alternate forms test)를 사용한다. 대형검사는 두 검사가 평행하도록 노력하여 제작한 검사다. 따라서, 같은 집단에 실시한 검사점수의 평균, 표준편차 및 각 검사의 문항간의 공분산(inter item covariance)이 같아진다.

검사의 내용에 대한 동질성은 합리적인 판단에 의존하는 수밖에 없다. 단지 검사 제작자가 측정하고자 하는 내용이나 특성의 전집을 명확히 정의 및 분류하고 대형검사의 문항의 선정에 있어서 유층적 표집방법(stratified sampling)을 사용하는 경우에 두 검사는 내용면에 있어서 동등한 검사라는 자신을 가질 수 있다. 이와 함께 대형검사에 대한 통계적 기준에 의하여 판단할 때 합당하다고 판단되면 두 검사는 사실상 평행검사라는 확신을 갖게 된다. 즉, 두 대형검사가 평행이거나, 평행검사 점수의 선형함수이고 이월효과와 시간에 따라 점수의 변화가 상관계수에 영향을 미치지 않는다면 두 대형검사의 관찰 점수간의 상관계수는 검사신뢰도의 좋은 추정치가 된다.

4) 반분신뢰도

(1) 개 념

검사를 한 번 시행하여 추정하기 때문에 검사를 반복 시행하는 데서 나타나는 문제점을 제거할 수 있다. 이러한 접근방법을 사용하는 가장 널리 알려진 방법은 반분신뢰도의 추정치다.

① 반분신뢰도(split half reliability)는 한 개의 평가도구 혹은 검사를 한 피험자 집단에 실시한 다음 그것을 적절한 방법에 의해서 두 부분의 점수로 분할하고 이 분할된 두 부분을 독립된 검사로 생각해서 그 사이의 상관을 내는 방법이다.

② 반분신뢰도는 재검사 신뢰도가 부적당할 때, 또 동형검사를 만들기가 어려울 때 쉽게 사용할 수 있는 방법이다.

③ 반분신뢰도는 두 부분의 검사 사이의 상관이 기초가 된다.

④ 이때 얻은 신뢰도는 검사 전체의 신뢰도가 아니라 반분된 부분 검사의 신뢰도가 된다. 따라서 이 두 부분을 합쳤을 때의 검사 전체의 신뢰도를 계산하기 위해 Spearman-Brown의 다음 공식을 사용해서 교정해야 한다.

$$r = \frac{2r_{YY'}}{1+r_{YY'}}$$

(2) 검정절차

평행검사 신뢰도에서와 마찬가지로 어떻게 한 검사를 두 개의 동등한 부분으로 나누어 평행검사 성립기준에 맞도록 하느냐가 문제다. 가장 엄밀한 방법은 문항 분석을 하여 문항의 곤란도, 내용 및 변별도 등을 고려하여 두 문항이 가장 동등한 것을 선정하여 양쪽으로 동등하게 나누어 나가는 방법이다. 이것이 이상적인 방법이긴 하나 실제에 있어서는 이러한 문항통계치를 구하는 복잡성을 피하기 위하여 간편한 다른 몇 가지 방법을 쓰고 있다.

1 전후반분법(successive halves method)

검사를 반분하는 가장 단순한 방법으로서 검사의 처음 반과 나중 반을 따로 나누어 이 반분된 두 검사간에 상관계수를 내는 방법이다. 그러나, 이러한 방법은 평행검사로 나누어졌다는 보장을 하기 가장 어려운 방법이다. 특히 검사의 속도요인이 많이 포함되었거나 또는 검사문항이 곤란도의 순위로 나열된 경우에 더욱 그러하다.

따라서 검사의 시간이 검사결과에 중요한 영향을 주는 검사에서는 전후반분법이 적당하지 못하다.

2 기우반분법(odd-even half method)

한 검사를 평행검사로 나누는 방법으로 가장 흔히 쓰이는 방법이다. 그러나 이 방법에 의해서 계산된 신뢰도계수는 평행검사 신뢰도와 비교할 때 불합리하게 높게 나오는 경향이 있다.

기우반분법(寄偶半分法)을 적용할 때 검사의 상호의존성이 있나를 조심해야 한다. 만약에 한 문장에 정답할 가능성이 다른 문항에 정답할 가능성과 서로 관련이 되어 있다면 신뢰도는 사실 이상으로 높게 나오게 될 것이다. 기우반분법은 검사를 기수문항과 우수문항의 둘로 나누어 채점하여 그간의 상관관계를 계산하는 것이기 때문에 문항의 의존성을 두 검사에 균등하게 분배하는 것이 된다.

또한 기우반분법에서는 두 검사시간 사이에 검사점수에 영향을 주는 오차요인의 작용 가능성이 전연 없을 뿐만 아니라 한 검사를 받아 나가는 과정 중에서 생기는 피로라든가 연습효과 등이 주는 오차요인까지도 완전히 통제하게 됨으로 신뢰도계수는 다른 어떤 방법보다도 높게 나오게 마련이다.

3 검사의 길이에 따른 신뢰도 측정

검사길이를 변화시킬 때(검사문항의 수를 가감할 때) 신뢰도에 미치는 영향을 예측하는데 Spearman-Brown의 예언공식(Spearman-Brown prophecy formula)을 이용한다. 그 일반공식은 다음과 같다.

$$r_{XX'} = \frac{nr_{YY'}}{1+(n-1)r_{YY'}}$$

$r_{YY'}$ = 실제로 계산된 검사의 신뢰도
n = 늘이거나 줄인 검사 길이의 곱수(평행검사 문항의 수)
$r_{XX'}$ = 검사 길이를 n배만큼 늘이거나 줄였을 때 기대되는 신뢰도

5) 내적 일관성 신뢰도

(1) 개 념

검사를 구성하고 있는 문항간의 내적 일관성 또는 합치도(internal consistency)의 정도를 나타내 주는 지수 또는 측정치를 내적 일관성 신뢰도(內的一貫性信賴度, internal-consistency reliability)라고 부르며, 검사의 동질성계수(同質性係數, homogeneity coefficient)라고도 부른다.

이와 같은 내적 일관성의 신뢰도는 검사문항의 동질성지수 또는 문항반응과 전체검사 점수와의 상관도를 나타내게 된다.

(2) Cronbach의 α계수

검사의 내용이나 문항성분의 동질성의 정도를 추정해 주는 신뢰도계수다. α계수(coefficient α)란 1951년 L. J. Cronbach가 명명한 것이다.

$$\left[공식 : \alpha = \left(\frac{n}{n-1} \right) \frac{\sigma_X^2 - \sum_{j=1}^{n} \sigma_{Y_j}^2}{\sigma_X^2} \right]$$

$X = n$개의 성분으로 구성된 전체검사의 관찰점수

$\sigma_X^2 = X$의 모집단 분산

$\sigma_{Y'}^2 = j$번째 성분 Y_j의 모집단 분산

$n = X$를 구성하는 성분의 수

(3) Kuder-Richardson의 신뢰도계수

검사를 구성하고 있는 문항간의 내적 합치도계수를 말한다.

$$r_{XX'} \geq KR20 = \left(\frac{n}{n-1} \right) \left[\frac{\sigma_X^2 - \sum_{j=1}^{n} P_j (1 - P_j)}{\sigma_X^2} \right]$$

P_j = 문항 j에 정답을 한 피검자의 비(문항곤란도)

위 공식은 문항의 점수가 1 혹은 0의 값만을 가질 때 문항 j의 점수분산이 $P_j(1 - P_{j)}$ 임을 나타낸다. P_j는 문항 j에서 1의 점수를 받은 피험자의 비다. 이 공식은 G. F. Kuder와 M. W. Richardson이 1937년에 제시한 20번째 공식이기 때문에 Kuder-Richardson공식 20 또는 약자로 KR20이라고 한다.

모든 Y_i가 양분문항일 때 사용할 수 있는 또 다른 Kuder-Richardson공식은 다음과 같다.

$$r_{XX'} \geq KR21 = \left(\frac{n}{n-1} \right) \left[\frac{\sigma_X^2 - n\overline{P}(1 - n\overline{P})}{\sigma_X^2} \right]$$

이 식에서 P는 문항난이도의 평균이다.

$$\overline{P} = \sum_{j=1}^{n} \frac{P_j}{n} = \frac{\overline{X}}{n}$$

따라서 위 공식은 n개의 문항으로 구성된 검사의 평균과 분산을 이용하여 다음과 같이 나타낼 수 있다.

$$\text{KR21} = \frac{n}{n-1}\left[1 - \frac{\overline{X}(n-\overline{X})}{n\sigma_X^2}\right]$$

KR20과 KR21 사이에는 다음 관계가 있다.

$$\text{KR20} \geq \text{KR21}$$

n개의 문항난이도가 모두 같을 때, KR20과 KR21은 동일하다. 문항난이도가 같지 않으면 KR21은 KR20보다 작으며 검사신뢰도를 과소추정한다.

6) 점수차의 신뢰도

(1) 개 념

점수차의 신뢰도(reliability of difference scores)도 단일점수의 신뢰도와 같이 두 분산의 비가 된다. 따라서 신뢰도는, 점수차의 관찰점수에 대한 점수차의 진분산의 비율이 된다.

(2) 검정절차

두 검사의 분산이 동일하다고 하면 점수차의 신뢰도는 다음 공식으로 계산될 수 있다.

$$r_{diff} = \frac{\frac{r_{xx}+r_{yy}}{2} - r_{xy}}{1-r_{xy}}$$

여기에서 r_{diff} = 점수차의 신뢰도
$r_{xx} = X$ 검사의 신뢰도
$r_{yy} = Y$ 검사의 신뢰도
r_{xy} = 두 검사 사이의 상관계수

위 공식에서 점수차의 신뢰도는 3개의 변수, 즉 두 검사의 신뢰도와 상관계수에 의해서 정해진다. 즉, 두 검사의 신뢰도는 높아야 하고 상관계수는 낮아야 높은 점수차 신뢰도를 구할 수 있다.

어느 개인의 능력의 변화라든지 두 학생의 능력을 비교하는 경우에 두 측정점수 사이의 차의 신뢰도를 고려할 수 있다 두 점수차의 신뢰도는 단일점수의 신뢰도보다 낮기 마련이다. 각 검사의 측정의 오차는 점수차의 오차분산의 원인이 되고 두 검사가 공동으로 측정한 진분산은 점수차의 변산을 작게 한다.

7) 채점자 신뢰도

(1) 개 념

채점기간 또는 채점자 내의 채점자 일치도, 즉 객관도를 말한다. 즉, 채점자의 채점이 어느 정도로 신뢰롭고 일관성이 있느냐 하는 개념이다.

(2) 검정절차

대부분의 객관식 검사에 대해서는 채점자 신뢰도를 고려할 필요가 없다. 그러나 주관식 검사나 다양한 평정척과 같은 측정치에 대해서는 채점자나 평정자에게서 비롯되는 오차를 고려하여야 한다.

검사 답안지의 표본을 두 채점자가 독립적으로 채점하였다면 단일 채점자의 신뢰도를 추정하기 위해서 Pearson의 적률상관계수를 사용할 수 있다.

두 채점자의 신뢰도를 추정하려고 한다면 Spearman- Brown의 공식을 적용할 수 있다. 두 사람 이상의 채점자가 있을 때에는 채점의 합에 관한 점수의 신뢰도를 추정하기 위해서 분산분석의 절차를 적용하여 내상관계수(內相關係數)를 산출할 수 있다. n채점자가 채점을 하는 경우에 두 사람의 채점 사이에 상관계수를 구하고 그 값을 Spearman-Brown의 예언공식에 대입하여 점수의 합에 대한 신뢰도를 구할 수 있다.

8) 신뢰도에 영향을 주는 요인

앞에서 지적한 바와 같이 특정한 신뢰도를 추정하는 방법에 따라서 신뢰도계수는 영향을 받을 뿐만 아니라, 검사문항의 수, 속도, 집단의 동질성, 문항난이도 그리고 객관도와 같은 요인이 신뢰도 계수에 영향을 끼친다.

2. 타당도

1) 타당도의 개념

(1) 고전적 진점수이론에 입각한 정의

앞에서 신뢰도란 '전체분산(또는 관찰분산)에 대한 진분산의 비'라고 정의하였는데 이와 관련해서 타당도란 검사의 어떤 목적에 적합한 진분산 중의 일부 또는 전부에 의해서 결정된다고 정의할 수 있다· 타당도를 타당한 분산 (S_v^2)이라고 정의하였는데 이것은, 즉 진분산(S_t^2)을 타당한 분산(S_v^2)과 신뢰롭지만 어떤 목적에 타당하지 않은 분산(S_i^2)의 두 부분으로 나누어 볼 수 있다.

$$S_t^2 = S_v^2 + S_i^2$$

여기에서 S_v^2 = 타당한 분산(valid variance)

S_i^2 = 타당하지 않지만 신뢰로운 분산(irrelevant but reliable variance)

다시 말하면 검사점수의 신뢰로운 진분산은 검사 목적에 적합한 어떤 기준변인과 공통으로 관계되는 타당한 분산부분과 신뢰롭지만 검사 목적에 적합하지 않은 나머지 분산부분으로 나누어 볼 수 있다. 두 분산이 다 검사점수에 안정성을 주는 분산이지만 단지 그들의 차이는 검사 목적에 타당한 분산이냐 아니냐로 나누어진다.

(2) 해석적 정의

타당도란 한 검사 또는 평가도구가 측정하려고 하는 것을 어느 정도로 측정하고 있느냐의 정도를 의미하며 얼마나 충실하게 목적하는 바를, 즉 '무엇을 재고 있느냐'의 개념이다. 타당도의 개념에는 준거(criteria)의 개념이 수반된다(타당도가 있다는 주장 뒤에는 무엇에 비추어 보아서인가라는 질문이 수반된다).

타당도는 측정하려고 한 이외의 것을 재지 않는 순수성의 정도를 나타내게 되며 또한 검사나 평가도구에 의미를 주고 실용적 가치를 부여하게 된다.

(3) 신뢰도와 타당도와의 관계

신뢰도(r_{xx})와 타당도(r_{xy}) 간에는 다음과 같은 관계가 있다.

$$r_{xy} \geq \sqrt{r_{xx}}$$

이 공식은 한 검사 x가 다른 어떤 기준 y와의 상관관계, 즉 타당도계수는 그 검사의 신뢰도계수의 제곱근을 초과하지 못한다는 것을 보여주고 있다. 즉, 일반적으로 한 검사의 타당도는 그 검사의 신뢰도에 의해서 제한을 받는다.

2) 내용타당도

(1) 개 념

내용타당도(content validity)는 중요한 목표와 내용을 측정도구가 빠뜨리지 않고 포괄하고 있는가의 정도를 말한다. 즉, 측정도구가 측정하려고 하는 내용이나 개념을 어느 정도로 충실히 측정하고 있는가 하는 타당도다.

(2) 유형 및 검정절차

내용타당도는 검사내용에 대한 합리적 분석을 통하여 결정되며 그 결정은 개인의 주관적 판단에 입각한다. 내용타당도는 안면타당도와 논리적 타당도로 분류된다.

탁상타당도(armchair validity)라고도 하는 안면타당도(face validity)는 어떤 사람이 검사를 검토하고 그 검사는 적절한 특성을 측정한다고 결론을 내림으로써 결정된다. 안면타당도에 대한 평가는 전문가로부터 피검자에 이르기까지 누구나 할 수 있다.

논리적 혹은 표집타당도(logical or sampling validity)는 안면타당도보다 정밀한 타당도다. 논리적 타당도의 평가절차는 검사가 측정하려고 하는 행동영역에 대한 정의와 이 영역의 중요한 분야를 모두 포함하는 문항의 논리적 설계를 수반한다.

내용타당도는 주관적 판단에 기초하기 때문에 다른 형태의 타당도보다 오차를 범하기 쉽다. 그러나 내용타당도는 모든 검사 제작과정에서 일차적으로 고려되어야 할 사항이며 내용타당도를 만족하도록 이원(二元)분류표를 이용해서 검사문항을 작성해야 한다.

3) 준거관련 타당도

(1) 개 념

준거관련 타당도(criterion related validity)는 검사점수와 외적 준거(external criteria) 사이의 관계를 실증적으로 연구하여 검사가 준거행동의 수행능력을 어느 정도 잘 예언하고 있는지를 계량적으로 나타내는 것이다.

준거관련 타당도는 검사(예측)점수와 준거점수 사이의 상관계수로 나타낸다. X를 검사점수, Y를 준거점수라고 하면 상관계수 r_{XY}가 타당도계수다. 타당도계수 r_{XY}는 예언타당도나 공인타당도를 추정한다.

내용타당도의 준거는 내적 준거(internal criteria)이지만 준거관련 타당도는 실제적인 외적 준거에 관련시켜 해석한다.

(2) 예언타당도 계수

1 개념

예언타당도(predictive validity)란 한 측정도구가 그 검사결과로서 피검자의 미래의 행동이나 특성을 어느 정도로 정확하게 또한 완전하게 예언하느냐의 능률의 정도를 말한다.

2 검정절차

예언타당도 계수는 피검자의 미래행동을 예측하기 위하여 검사점수를 사용할 때 추정한다. 피검자에게 검사를 시행한 후 준거가 나타날 때까지 시간을 기다려 준거점수를 수집하고, 검사점수와 준거점수 사이의 상관계수를 계산하여 예언타당도 계수(predictive validity coefficient)를 추정한다.

(3) 공인타당도 계수

1 개념

공인타당도 계수(共因妥當度係數, concurrent validity coefficient)는 검사점수와 준거점수를 동시에 수집할 수 있을 때, 두 점수 사이의 상관계수다. 준거의 성질이 예언이라는 데 있지 않고 공통된 요인이 있느냐 없느냐에 있다.

2 검정절차

미래행동을 예측하기 위해 검사를 사용할 때 예언타당도는 확보되어야 한다. 예측 상황에서 좀 바람직하지는 못하지만 대안으로 공인타당도 계수를 사용할 수 있다. 그러나 공인타당도 계수는 예언타당도 계수를 과소추정하기 쉽다.

따라서 검사점수를 가지고 미래준거를 예측하기보다는 공인준거를 추정하려고 할 때, 공인타당도 계수가 적절하다.

4) 구인타당도

(1) 개 념

검사의 구인타당도(構因妥當度, construct validity)란 검사가 측정하려고 하는 이론적 구인(theoretical construct)이나 특성을 측정한 정도다. 실증적으로 한 검사의 타당도를 결정하려는 입장은 앞에서 말한 예언타당도나 공인타당도와 같지만 그 두 가지 타당도들이 어디까지나 준거를 기준으로 하고 있는 반면에 이 구인타당도는 준거 없이 타당도를 검증하려 하고 있다는 점에 큰 차이를 엿볼 수 있다. 구인타당도는 Cronbach의 말을 빌린다면, 한 검사에서 나온 점수의 의미를 심리학적 개념(psychological concepts)으로 분석하는 것이라고 할 수 있다.

(2) 검정절차

구인타당도를 검정하는 방법에는 여러 가지 종류가 있다. 중요한 방법으로는 다음과 같은 것들을 들 수 있다.

1 집단간의 차이의 비교

교회에 대한 태도를 측정하는 검사를 교인과 비교인에 실시하여 비교한다.

2 요인분석(factor analysis)

상관계수의 행렬식을 기초로 하여 한 검사가 실제로 재고 있는 요인을 통계적으로 추출하는 방법으로써 요인분석법이란 것이 있는데, 여기서 추출된 요인이 바로 구인에 해당된다.

3 검사의 내부구조의 연구

문항 사이의 상호상관 계수나 문항-검사간 상관계수의 검토를 통해서 구인을 짐작할 수 있다.

④ 검사점수의 변동에 관한 연구

재검사 신뢰도를 통해서 구인을 짐작할 수 있는 경우가 있다.

⑤ 검사과정의 분석

수험하는 과정을 엄밀하게 관찰한다. 예컨대, 수학문제를 소리내서 풀게 하면 흔히 문항이 요구하는 능력을 세밀히 분석할 수 있다.

⑥ 타검사와 상관

일반 지능검사와 어휘검사 사이의 상관도는 이 일반 지능검사의 구인을 밝혀 준다.

5) 요인타당도

(1) 개 념

요인타당도(factorial validity)는 요인분석을 통하여 입증되는 구인타당도의 한 형태다. 요인분석(factor analysis)은 일련의 변수들의 상관을 분석하고 변수들을 몇 개의 요인(factor)으로 수렴 분류하여 상호관계를 설명하는 수리적 절차다.

(2) 검정절차

각 검사의 항목별 점수간의 상관계수를 각각 구하여 상관행렬표를 만들고 이를 토대로 요인분석을 실시함으로써 검정된다.

상관행렬에 대하여 요인분석을 할 때 요인에 의해 영향을 받는 검사는 그 요인에 높은 요인부하량을 갖는다. 또는 그 요인에 높이 부하되었다고 한다. 요인부하(factor loading)은 크기와 의미에 있어서 상관계수와 같다. 요인 서로간에 상관이 없으면, 부하량은 검사와 요인간의 상관계수와 같다. 만약 상관이 있으면 부하량은 상관계수로 해석할 수 없다. 그러나 요인간에 상관이 높지 않을 때는, 부하량은 상관계수와 같이 해석한다.

6) 다특성 · 다방법타당도

(1) 개 념

다특성 · 다방법타당도(多特性 · 多方法妥當度, multitrait-multimethod validity)는 N. P. Campbell과 D. W. Fiske에 의해서 1959년 발표된 구인타당도의 한 형태다. 둘 이상의 특성을 둘 이상의 방법으로 측정할 때 이 방법을 사용한다.

(2) 종 류

다특성 · 다방법타당도는 수렴타당도(收斂妥當度, convergent validity)와 변별타당도(辨別妥當度, discriminant validity)로 나누어진다. 수렴타당도는 동일한 특성을 상이한 방법에 의해 측정한 검사점수간에 높은 상관계수를 나타낸다. 특히 상이한 특성을 동일한 방법에 의해 측정한 검사점수간의 상관계수도 낮게 나타나야 한다. 이 낮은 상관계수는 검사가 상이한 특성을 변별함을 보인다. 즉, 수렴적 타당도는 동일한 특성이 여러 가지 다른 방법에 의해서 측정될 때에 그간의 상관관계가 높다는 것을 나타내는 타당도다. 이에 대하여 변별타당도란 여러 가지 다른 특성이 동일한 방법에 의해서 측정되고 있다 하더라도 다른 특성의 측정결과간에는 서로 상관이 높지 않다는 것을 나타내는 타당도다.

(3) 검정방법

〈표 4-1〉은 중다특성-중다방법의 행렬표의 한 예다. 이 표는 세 가지 다른 특성(A, B, C)이 세 가지 다른 방법(1, 2, 3)에 의해서 측정될 때에 얻어진 상호 상관계수표다.

우선 대각선상의 상관계수는 신뢰도계수로서 동일한 방법에 의하여 동일한 특성을 측정한 결과를 나타내는 동일특성-동일방법(monotrait-monomethod)에 의한 측정 결과를 나타낸다. 다음에 점선으로 된 삼각형 안의 수치는 이질특성-이

질방법(heterotrait-hetermethod)에 의한 결과로서 다른 방법에 의해서 측정된 각각 다른 특성간의 상관계수를 나타내고 있다. 세 번째 영역으로 직선으로 된 삼각형 속의 수치는 이질특성-동일방법(heterotrait-monomethod)에 의한 것으로 동일한 방법에 의해서 측정된 여러 다른 특성간의 상관계수를 나타낸다. 마지막으로, 점선으로 된 삼각형 사이에 대각선으로 놓여 있는 수치는 구인타당도 계수가 된다.

표 4-1 중다특성-중다방법 행렬표의 일례

심리적 특성		측정방법 1			측정방법 2			측정방법 3		
		A1	B1	C1	A2	B2	C2	A3	B3	C3
측정방법 1	A1	.89								
	B1	.51	.89							
	C1	.38	.37	.76						
측정방법 2	A2	.57	.22	.09	93					
	B2	.22	.57	.10	.68	.94				
	C2	.11	.11	.46	59	.58	.84			
측정방법 3	A3	.56	.22	.11	.67	.42	.33	.94		
	B3	.23	.58	.12	.43	.66	.34	.67	.97	
	C3	.11	.11	.45	.34	.32	.58	.58	.60	.85

7) 교차타당도

(1) 개 념

교차타당도(交叉妥當度, cross validity)란 같은 전집(population)에서 이끌어낸 두 독립적인 표집에서 예언변인과 기준변인간의 관계를 설정시키려는 과정을 의미한다. 교차타당도란 결국 한 타당도 결과의 신뢰도를 검증하는 것이 된다. 이러한 과정을 통하여 우연적인 변산적 오차의 크기를 추정하여 타당도 자료에 필요한 수정을 하게 된다.

(2) 검정절차

검사점수와 기준변인간에 관한 자료를 한 표집에서 수집하여 r_{xy}를 계산하고 또한 회귀방정식을 유도한다. 같은 전집에서 제2의 표집을 추출하여 이 집단에게 얻어진 회귀방정식을 적용하여 예언된 기준점수를 구한다. 예언된 기준점수와 실제 얻어진 기준점수간에 상관계수를 계산한다. 이렇게 하여 얻어진 상관계수는 본래 제1의 표집에서 얻어진 상관계수와 너무 커다란 차가 없어야 할 것이다. 만약에 너무 큰 차가 있다면 처음에 얻어진 상관계수는 우연한 오차요인의 작용으로 지나치게 과장된 상관계수가 얻어진 것이라고 볼 수 있다. 따라서 교차타당화 과정에서 얻어진 상관계수는 원래의 상관관계를 보다 잘 대표하고 있다고 보아야 할 것이다.

8) 타당도계수의 표현과 해석법

(1) 상관계수법

타당도를 보고하는 데는 Pearson의 적률상관계수(r)가 일반적으로 가장 많이 사용되는 절차다. 타당도계수를 나타내는 상관계수는 기호 r_{xy}(또는 ρ_{xy})를 사용한다.

(2) 결정계수법

상관계수의 다른 표현방법은 결정계수(coefficient of determination)라고 부르는 상관계수의 제곱 r_{xy}^2 을 사용하는 것이다. 여기서 r_{xy}^2 는 검사에 의해서 설명될 수 있는 준거분산(criterion variance)의 비율을 나타낸다. $r_{xy}=.60$이라면 $r_{xy}^2=.36$, 즉 Y검사의 분산의 36%를 X검사의 점수로 예측 · 설명될 수 있다.

(3) 신뢰구간법

타당도를 표현하는 또 다른 통계치는 추정의 표준오차(standard error of estimate) S_{yx} 이다. 이것은 주어진 X값에 대한 Y의 표준편차라고 읽는다.

측정의 표준오차 S_e를 진점수의 신뢰구간(confidence interval for true score)을 정하는데 사용한 것과 같이 추정의 표준오차 S_{yx} 는 추정된 준거점수(estimated criterion score)의 신뢰구간, 즉 ① 68% 신뢰구간 $= \hat{Y} \pm 2.58\,S_{yx}$, ② 95% 신뢰구간 $= \hat{Y} \pm 1.96\,S_{yx}$, ③ 99%를 신뢰구간$= \hat{Y} \pm 2.58\,S_{yx}$ 을 정하는데 사용될 수 있다.

$$S_{yx} = S_{y\sqrt{1-r_{xy}^2}}$$

$S_y=$ 준거점수의 표준편차

준거점수를 추정하는 회귀방정식(regression equation)은

$$\hat{Y} = r_{xy}\left[\frac{S_y}{S_x}\right](X-\overline{X}) + \overline{Y}$$

$\hat{Y}=$예측된 준거점수

$r_{xy} =$ X점수와 Y점수의 상관계수

S_y = Y점수의 표준편차
S_x = X점수의 표준편차
X= 검사점수
$\overline{X}$= 검사점수의 평균
$\overline{Y}$= 준거점수의 평균

(4) 이관계수법

이것은 기준점수의 표준오차에 대한 추정의 표준오차의 비로써 나타낼 수 있다.

$$K = \frac{S_{yx}}{S_y} = \sqrt{1 - \gamma_{xy}^2}$$

위에서 K는 이관계수(離關係數, coefficient of alienation)를 나타낸다. 기준점수의 표준편차(S_y)에 비해서 추정의 표준오차(S_{yx})가 작을 때에는 한 개인 점수의 예언능률은 높고, 따라서 이 이관계수는 작아진다. 추정의 표준오차가 기준변인의 표준오차의 크기에 접근하면 할수록 예언능률은 작아진다. 즉, 이관계수는 검사의 타당도가 0일 때, 또는 X점수를 전혀 모르고 Y점수를 예언할 때 추정오차의 비율이다. $r_{xy} = 0$이면 위 공식에서 $\hat{Y} = \overline{Y}$가 되고, 또한 $S_{yx} = S_y$이다. 이관계수가 1에 가까우면 가까울수록 추정의 오차비율은 커지고 0에 가까우면 가까울수록 추정의 오차비율은 작아진다. 따라서 이관계수란 한 검사점수로부터 예언할 때에 그 효과성 또는 능률성과는 반대관계(inverse measure)를 갖게 된다.

(5) 축소화에 대한 교정법

낮은 신뢰도로 말미암아 원래의 타당도가 축소화했을 때에는 통계적으로 이 축소화를 교정하여 최선의 조건에 있어서의 타당도계수를 짐작하게 해 주는 방법이 있다. 이 방법을 Spearman의 축소의 교정(correction for attenuation)이라고 한다.

그 공식은 다음과 같다.

$$r_{TXTY} = \frac{\rho_{XY}}{\sqrt{\rho_{XX'}\rho_{YY'}}}$$

r_{TXTY} = X의 진점수와 Y의 진점수간의 상관계수(관찰점수에 측정의 오차가 없을 때 X와 Y간의 상관계수)
r_{XY} = 관찰점수 X와 Y간의 상관계수
$r_{XX'}$ = X의 신뢰도계수
$r_{YY'}$ = Y의 신뢰도계수

준거점수의 신뢰성에만 기인된 축소인 경우는 $r_{XTY} = \frac{r_{XY}}{\sqrt{r_{YY'}}}$, 예측점수의 비신뢰성에만 기인된 축소인 경우는 $r_{TXY} = \frac{r_{XY}}{\sqrt{r_{XX'}}}$가 된다.

(6) 최대의 타당도계수

일반적으로 준거척이나 검사의 신뢰도는 타당도계수의 크기에 직접적인 영향을 미치며, 이런 관계를 다음과 같은 수식으로 표시할 수 있다.

$$r_{\max} = \sqrt{r_{tt}}$$

$r_{\max}$ = 나올 수 있는 최대의 타당도계수
r_n = 준거척과 검사의 신뢰도 중에서 낮은 신뢰도계수

즉, 한 검사와 준거척 사이의 상관도는 이 둘 중에서 신뢰도가 낮은 쪽의 신뢰도계수의 평방근보다 절대로 높게 나오지 않는다. 예컨대, 신뢰도가 낮은 쪽의 신뢰도계수가 .60이라면 검사와 준거척 사이에 아무리 공통요인이 많다 하더라도,

$$r_{\max} = \sqrt{.60}$$
$$= .77$$

이상은 절대로 나올 수 없다는 말이 된다.

(7) 검사의 길이와 타당도계수

검사의 길이가 길어지면 신뢰도계수가 증대된다는 사실은 앞에서 다룬 일이 있는데 타당도계수에도 이 검사의 길이가 똑같은 작용을 한다. 이런 관계를 수식으로 표시하면 다음과 같다.

$$r_{(xy)y} = \frac{r_{xy}}{\sqrt{\frac{1-r_{xx}}{n}+r_{xx}}}$$

$r_{(xy)y}$= 검사의 길이가 n배 되었을 때의 타당도계수
r_{xy} = 원래의 검사의 타당계수
r_{xx} = 원래의 검사의 신뢰도계수
n= 새로운 검사의 원래의 검사의 길이에 대한 비

그러나, 무턱대고 검사의 길이가 길어지면 타당도가 높아지는 것은 아니다. 검사의 새로 길어진 부분과 원래의 부분의 검사가 완전히 동질적이어야 한다는 조건이 성립될 때에만 위 공식을 사용할 수 있다.

9) 타당도에 영향을 미치는 요인

가장 중요한 요인은 검사의 준거측정치의 신뢰도다. 또한 집단의 이질성 요인, 즉 다른 조건이 같을 때 집단이 이질적일수록 타당도계수는 높아진다. 그 밖에 피검자의 반응경향(response tendency or set)이나 허위반응(faking response) 등이 영향을 주기 쉽다.

3. 객관도

1) 객관도의 개념

객관도(objectivity)는 채점자의 채점이 어느 정도로 신뢰롭고 일관성이 있느냐 하는 개념이다.

객관도는 채점자의 변덕에 의해 결정되는 신뢰도이기 때문에 객관도란 한 가지 반응 결과에 대해 여러 사람의 채점 및 평가가 일치하는 정도의 채점자간 신뢰도라 부를 수 있다. 또한 객관도란 한 채점자가 시간적 간격이나 상황의 차이에 따라 같은 대상에 대해 다른 채점(평가) 결과를 나타내는 정도의 채점자 내 신뢰도라 할 수 있다.

2) 객관도의 확인방법

① 비객관성의 가장 중요한 원칙은 평가도구 및 평가기준이 비객관적인 경우다.

② 비객관성의 원인은 평가자의 소양 부족에 기인한다.

③ 비객관적 비구조화된 평가도구인 경우에는 가능하면 여러 사람이 공동으로 평가하여 그 결과를 종합하는 것이 객관성을 높이는 데 도움이 된다.

④ 객관도의 계산은 한 사람의 채점자가 한 묶음의 답안지를 일정한 기간을 두고 두 번 채점해서 그 간의 상관계수를 낸다.

⑤ 한 장의 답안지를 여러 사람이 채점을 해서 그 결과의 일치도를 본다.

⑥ 한 묶음의 답안지를 두 사람의 채점자가 각각 따로 채점을 해서 그 결과에 대한 상관계수를 낸다.

4. 실용도

1) 실용도의 개념

타당도, 신뢰도, 객관도는 유용한 평가도구가 갖추어야 할 이론적 기준인데 비해 실용도(utility)는 실제적인 기준으로서의 개념이다. 즉, 한 평가도구가 얼마나 경비와 실용적이며 소기의 목적을 달성할 수 있느냐의 정도를 말한다.

2) 실용도의 확인방법

① 검사 또는 평가가 쉽게 이루어지며 채점이 용이하게 이루어지는가를 확인한다.

② 평가의 결과를 쉽게 해석할 수 있는지 또 그 결과를 유효적절하게 활용할 수 있는지를 검토한다.

③ 비용, 시간, 노력이 절약될 수 있는지를 확인해 본다.

제 5 장

검사의 실시와 채점법

1. 검사의 준비
2. 검사의 실시
3. 채점의 방법

1. 검사의 준비

1) 출제문항의 재검토

출제가 끝나면 인쇄에 들어가기 전에 최종적으로 다시 한 번 더 문항제작의 원리에 따라 출제된 문항들을 반드시 재검토하여야만 한다.

문항의 재검토시에는 다음과 같은 기준하에 검토되어야 할 것이다.

(1) 작성된 이원분류표에 합당한 문항인가?

평가목적 이원분류표에 구체적으로 나타나 있는 내용과 행동 중에서 그 어느 부분을 측정하려는 것이 목적이기 때문에 모든 문항은 이원분류표에서 벗어난 문항이어서는 안 된다. 따라서 문항을 제작할 때 어느 부분을 재기 위한 것이라는 것을 밝혀 두는 게 좋다.

(2) 각 문항난이도는 알맞은가?

각 문항이 검사를 치룰 사람에게 적당한 것인가를 검토하기 위해서 또는 문항을 어려운 정도에 따라 배열할 수 있도록 하기 위해서 문항난이도에 관한 재검토는 가해져야 한다.

(3) 문제장면이 명확히 제시되고 있는가?

문항이 제시하는 과제는 모든 수험자가 이해할 수 있게 진술되어야 한다. 즉, 문제장면의 제시가 지식이나 능력 외 문제를 잘못 이해하거나 같은 다른 요인들의 작용 때문이어서는 안 된다.

(4) 각 문항의 해답에 대한 단서가 될만한 것은 없는가?

지식이나 능력이 없는 자가 정답을 할 수 있게 해답에 대한 단서가 될만한 것이 포함되어 있으면 안되기 때문에 이를 검토해 보는 것은 중요한 일이다.

(5) 문항 중 중복되는 문항은 없는가?

자료해석력을 묻는 복합형 문항에서 문항이 서로 엇갈려 있는 경우가 많다. 또한 한 문항에 나와 있는 정보가 다른 문항을 답하는 데 도움이 될 때도 마찬가지의 문제가 생기기 때문에 재검토 과정에서 조절해야 한다.

2) 문항편집

제작 검토된 문항들은 편집을 통해서 비로소 하나의 검사로 구성된다.
편집시의 유의사항은 다음과 같다.

(1) 문항을 문항난이도에 따라 배열하라.

문항배열은 쉬운 문항부터 어려운 문항순서로 배열하는 것이 바람직하다. 이렇게 함으로써 수검자는 어려운 문제에 막혀 뒷 문항은 손도 대지 않고 포기해 버리는 일을 예방할 수 있다. Brenner(1994)의 연구에 의하면, 문항의 배열을 어떻게 하느냐에 따라 전체 검사의 신뢰도, 난이도 및 변별도가 그렇게 심각한 영향은 받지는 않는 것 같다.

(2) 측정 내용이 같은 문항은 가능한 한 같이 묶어라.

이러한 배열 방법은 문항을 난이도에 따라 배열하기 쉽게 해 줄 뿐만 아니라 때로는 학생들의 학업부진을 진단하고 한 과목의 여러 가지 학습결과를 고루고루 학습하도록 동기를 형성해 줄 수 있다는 이점을 가지고 있다.

(3) 가능한 한, 문항형식이 같은 문항들을 같이 묶어라.

선다형은 선다형끼리 형식별로 묶어 배열하는 것이 표준적인 방법이며 또한 학생들이 검사를 받을 때 혼란을 일으키는 것을 막을 수 있다. 이 방법은 또한 한 가지 형식의 문항에 대해서는 한 번의 지시문으로 충분하게 된다.

3) 검사지시문의 준비

지시문은 원칙적으로 간단하고 명료해야 하지만 적어도 다음의 세 가지 점을 분명히 밝혀 주는 것이어야 한다.

① 소요시간

② 해답을 기입하는 방법

③ 정답을 잘 모르는 경우 추측할 것인가, 하지 않을 것인가?

그리고 한 가지 검사에 두 가지 이상의 문항형식을 쓰고 있을 때는 검사 전체의 지시문과 각 부분별 지시문을 만드는 것이 좋다. 이럴 경우 전체 지시문에는, 소요시간과 추측에 관한 것을 설명하게 하고, 부분 지시문에는 각 부분에 대한 해답을 어떻게 기록할 것인가를 적어 두는 것이 좋다.

문제지와 답지를 별도로 마련하는 경우에는 답의 기입방법을 지시하고 난 다음에 예문을 두고 그 예문에 대한 정답의 표시 방법을 예로 들어 주는 것이 좋다.

4) 검사지의 인쇄

논문형 검사 중에는 교사가 문제를 직접 칠판에 적어 주기도 하지만 대개의 검사물은 프린트나 인쇄되는 것이 보통이다. 검사는 글씨가 정확하고 등사가 선명하여 쉽게 읽을 수 있어야 할 뿐만 아니라 읽고 싶은 마음이 우러나게 할 수 있게끔 매력적이어야 한다.

검사 각 부분마다 별도의 번호를 매기기보다는 검사 전체를 통한 일련번호를 쓰는 것이 검사를 받을 때나 채점할 때 편리하다. 그리고 문항들 간에는 충분한 간격을 두는 것이 보다 바람직하다.

문제지가 두 장 이상일 때에는 페이지를 문제지의 하단에 꼭 표기 인쇄해 두어야 한다. 특히, 지도, 도표, 수표 또는 그림 등은 선명하게 가시적으로 인쇄되어 있어야 한다.

2. 검사의 실시

1) 검사실시의 기본적 조건

검사의 실시에는 두 가지의 기본적인 조건이 있으니 그 하나는 개개인으로 하여금 최대의 능력이나 정확한 정보를 제시할 수 있는 조건을 마련해 주는 것이고, 다른 하나는 수검자 전원에게 균등한 실시조건을 마련해 준다는 것이다. 즉 검사는 모든 수검자가 자기의 지식이나 능력을 최대한으로 발휘할 수 있도록 실시되어야 하며, 그 결과로 얻어진 검사의 점수는 상대적으로 서로 비교해 볼 수 있어야 하기 때문이다. 먼저 검사점수들을 서로 비교해 볼 수 있는 타당한 결과를 얻기 위해서는 검사실시의 조건이 같은 집단의 어느 누구에게 있어서나 엄밀하게 동일하여야 한다. 다른 조건하에서 많은 점수를 서로 비교한다는 것은 무의미할 뿐만 아니라 또한 비교해 볼 수도 없는 것이다.

Cronbach(1980)는 검사실시의 기본적 조건을 다음과 같이 강조하고 있다.

(1) 먼저 검사장의 물리적 조건을 일정하게 하고 작업하기에 알맞도록 해야 한다. 무엇보다도 환기, 채광과 온도를 적당히 조절함으로써 수검자가 지장을 받지 않아야 한다.

(2) 수검자의 심리를 조절하고 고려해야 한다. 만약 사람이 피로할 때나 다른 일에 정신이 없을 때 또는 정신적으로 동요되어 있을 때 검사를 받는다면 그 검사의 결과가 그 사람의 학력이나 행동을 대표하리라고 생각하기는 힘들다. 따라서 검사를 실시할 때는 수검자의 검사에 대한 태도, 신체적 · 정신적 건강을 고려해 넣어야 한다.

(3) 검사 지시문을 엄격히 준수한다. 검사를 공정하게 실시하기 위해서는 검사를 실시하는 사람이 그 검사와 실시요령에 대하여 익숙하여야 하며 검사의

지시문을 엄격히 준수해야 한다. 검사의 지시문은 자동적으로 검사가 실시될 수 있을 만큼 상세하고 명백히 꾸며져 있어야 하지만 때로는 검사실시 때 구두로 보충설명을 하는 것이 도움이 될 때가 있다.

(4) 모든 검사자료는 주의깊게 조직하고 효과적으로 배부해야 한다. 그리고 소요시간은 칠판에 적어 두는 것이 학생들이 시간을 조절해서 활용케 하는데 도움이 된다.

2) 시험감독

시험 중의 부정행위란 자기의 학력이나 능력 이상의 성적을 받으려는 모든 행동을 포괄하는 것이기 때문에 광범위한 것들이 포함될 수 있을 것이다. 그러면 부정행위는 어떻게 방지할 것이며 또 부정행위가 일어났을 때 그것을 어떻게 처리할 것인가? Ebel(1995)은 다음과 같은 시사를 하고 있다.

① 만약 부정행위를 하게 되면 그 과목의 실격 또는 정학이나 퇴학과 같은 처벌을 한다는 것을 분명해 해야 한다.

② 시험을 출제할 때나 인쇄나 보관을 할 때 비밀을 유지해야 한다.

③ 교실이 좁아서 학생들이 가까이 앉아야 할 때는 두 가지의 동형검사를 쓰는 게 좋다.

④ 시험 감독 중 감독의 의무를 철저히 해야 한다.

학생이 시험 중 부정행위를 하면 모든 시험자료를 회수하고 규정에 따라서 실격, 정학 또는 퇴학을 명해야 한다. 그리고 시험 중에는 책상 사이를 가능한대로 충분히 멀리하여 부정행위에 대한 유혹을 받지 않게 해야 한다.

부정행위는 학생들의 학력에 대하여 다음과 같은 악영향을 끼치고 있다.

① 부정행위를 해도 처벌받지 않는다면 정직하게 시험치른 학생들이 오히려 인정을 받지 못하고 간접적인 처벌을 받는 셈이 되기 때문에 학생들의 학업에 대한 동기를 감퇴시키게 된다.

② 학생들이 무엇을 배웠고 무엇을 배우지 못하느냐를 타당하고 신뢰롭게

측정할 길이 없다.

3. 채점의 방법

검사의 채점이란 검사를 통해서 얻어진 자료를 숫자로 정리하고 종합하는 것을 말한다. 아무리 타당하고 신뢰로운 방법으로 검사가 제작되고 실시되었다고 하여도 채점이 제대로 되지 않으면 모든 것이 헛수고가 되고 만다. 채점의 생명은 객관성과 신뢰성에 있다.

1) 주관식 검사의 채점법

(1) 일반적 유의사항

① 채점기준표(scoring key)를 작성해서 활용하라.

작문이나 논문과 같이 반응의 자유도가 극히 높은 것이 아니고 반응의 자유도가 비교적 낮은 논문형을 채점할 때는 채점기준표를 작성 · 활용하는 것이 도움이 된다. 채점기준표는 내용에 관한 논문형 검사를 채점하는 데 특히 적당한 방법이다(뒤에 나오는 평가요령 참조).

채점기준표를 작성할 때는 먼저 각 문항에 대하여 모범답안(model answer)을 만들고 그 문항 전체에 대하여 몇 점을 줄 것인가를 설정해야 한다. 그리고 난 다음에 모범답안의 주요 구성요소를 분석 · 추출하고 각 요소에 대한 배점을 어떻게 할까를 결정해야 한다.

물론 반응의 자유도가 아주 큰 답안지, 예컨대 작문같은 것에는 일정한 모범답안을 작성할 수는 없다. 그러나 이런 때에는, 적어도 채점할 요점, 평정할 주요항목만은 미리 작성하고 들어가야 한다.

② 학생에게서 나올 만한 답을 미리 짐작하고 대책을 세워라.

주관적 검사에서는 반응이 자유롭기 때문에 여러 가지 답이 튀어나오는 것이 보통이다. 때로는 기대치 않은 답이 많이 튀어나오며, 그 중에는 전연 오답인 것도 많지만, 또 정답으로 볼 수 있는 것, 반쯤 정답으로 볼 수 있는 것도 많이 있다.

③ 문항이 여러 개 있을 때에는 학생 단위로 채점하지 말고, 문항 단위로 채점하고, 후에 학생 단위로 종합하라.

문제가 여러 개인 경우에는 답안지 단위로 채점하기 보다는 문제 단위로 채점하는 것이 좋다. 다시 말하면 한 문제에 대하여 모든 답안지를 채점하고 그리고 다음 문제로 넘어가서 그들 문제의 채점을 끝내가는 방법이다. 이와 같이 문제 단위별 채점을 함으로써 채점을 해가는 과정에서 일어나기 쉬운 채점기준의 동요를 막고 채점기준의 통일성을 가지게 된다. 또한 이 방법은 한 문제의 응답에 대한 인상이 다른 문제의 채점에 영향을 미치는 인상의 착오(halo effect)를 배제할 수 있다는 큰 장점을 가지고 있다.

④ 이름을 가리고 채점하라(blind scoring)

주관식 검사의 답안 채점에는 여러 가지 인상의 착오, 논리의 착오가 작용한다. 답안지의 학생의 이름, 그 학생이 과거에 주어진 인상, 혹은 답안의 글씨의 청결도…… 등이다. 또는 엄격한 의미에서는 과학의 답안지에서 철자법이 틀렸다고 점수를 깎는 것은 부당하다.

이런 점에 비추어 학생의 이름을 감추어 둔 채 보지 않고 채점하는 것이 퍽 요망된다. 이름 대신 적당한 번호로 대신해 두는 것이 좋다. 이름을 알면 암만해도 채점자는 그 영향을 받는다.

⑤ 가능한 경우 답안지를 두 사람 이상이 채점하라.

몇 사람의 채점자가 독립적으로 채점한 다음 그 채점결과의 평균치를 내는 방법은 주관식 검사 채점의 신뢰도를 높이는 것이 좋은 방법 중의 하나이다. 이때 채점기준에 관한 토의와 합의는 사전에 이루어져야 한다.

(2) 척도기준표의 사용

작문이나 논문에서처럼 반응의 자유도가 극히 높은 문항을 채점할 때는 모범답안에 따라 채점기준표를 작성하기가 몹시 어렵거나 거의 불가능하다. 이런 경우에는 평가척도 기준표를 제작해서 채점하는 것이 보다 효과적이다. 평가척도법에 의한 채점은 채점 기준표에서처럼 주요한 요소에 따라 채점하는 것이 아니라, 미리 만들어 놓은 일련의 기준에 비추어 볼 때 답안의 내용이 평가척도 부분의 어디에 해당하느냐에 따라서 채점한다.

2) 객관식 검사의 채점법

(1) 추측의 교정(correction for guessing)

객관식 검사 중 선택형 검사에 있어서는 학생들이 몰라도 짐작이나 요행으로 정답을 고르는 수가 있다. 이러한 것을 추측요인(guessing factor)이라고 지칭한다. 예컨대 진위형 10문항 중 완전히 모르는 학생이라도 정답을 할 확률은 $\frac{5}{10}$ 로서 5문항은 맞을 수 있는 가능성이 있고, 사지선다형 100문항 중에는 25점을 득점할 가능성이 있다는 것이다.

따라서 이 경우 25개의 정답수를 사실은 0이라고 볼 수 있는 일이다. 이러한 추측요인을 교정하기 위하여 다음과 같은 교정공식을 사용한다.

$$S = R - \frac{W}{n-1}$$

여기에서 R=정답수
W=오답한 수
n=한 문항 속의 답지수
S=교정된 점수

위의 공식의 기본 가정은 다음과 같다.

① 학생이 답을 고르는 데에 두 가지가 있다. 하나는 완전히 알아서 답하는 경우와 또 하나는 순전히 추측으로 답하는 경우다.

② 오답은 모두 추측으로 고르게 된 것이다.

③ 순전히 추측으로 답하는 경우에는 어떤 답지든 선택될 가능성이 다 같다.

추측의 교정은 답지가 5 이상 되는 경우에는 교정해도 별 차가 나타나지 않는다. 즉 교정요인 $\frac{W}{n-1}$는 n가 클수록 작아지기 때문에 답지수가 많은 문항의 검사에서는 교정하나마나이다. 같은 이유로 보통 배합형의 문항에서는 교정을 하지 않는다.

실제로 한 학생이 얼마나 추측했느냐는 엄밀히는 알 도리 없다. 이 교정공식은 다만 그 추측량을 어림으로 계산한 것에 불과한데, 실제로는 이 세 가정이 성립되지 않는 경우가 많다.

첫째, 학생이 완전히 알아서 답하는 경우, 완전히 몰라서 답하는 경우의 두 분류로 반응을 이분하기 어렵다. 둘째, 모든 오답은 추측에서 오는 것이라는 가정도 문제다. 오답지를 정답이라고 확신해서 대답하는 경우 이런 오답은 추측의 결과는 아니다. 셋째, 모든 답지가 다 동등하게 매력이 있다는 가정도 문제꺼리다.

그러므로, 교정공식을 함부로 사용할 것은 아니다. 여러 실제적 조건을 고찰해서 정답수를 점수로 할 것이냐 혹은 교정해서 점수로 할 것이냐를 결정해야 한다.

(2) 채점방식의 결정

언제 정답수를 점수로 하고 언제 교정된 점수를 취하느냐에 일반적 원칙은 세울 수 없다. 실제의 조건이나 검사의 내용에 비추어 보고, 정답점수, 교정된 점수의 장단점에 비추어서 결정해야 한다. 결정하되 사전에 결정되어야 하며, 학생이 그것을 알고 있을 필요가 있다.

이것은 비단 선택형의 실시에서만 아니라, 서답형의 실시에도 적용되는 것이지만, 답안지가 어떻게 어떤 방식, 어떤 요점에 비추어 채점될 것인가를 아느냐 모르느냐에 따라 학생의 반응에 큰 차가 나타날 수 있는 것이다. 가령 서답형에서 글씨를 깨끗이 쓰면 점수를 더 준다는 채점방식이라면, 학생은 글씨를 깨끗이 쓰려고 애쓸 것이다. 검사는 역사고사인데, 이런 식으로 채점하고, 또 그 채점방식을 학생에게 일반적으로 공표하지 않는다면 불평등하다. 정답수를 점수로 하느냐, 오답은 일정하게 감점하느냐 하는 것도 학생이 알 권리가 있다.

(3) 채점요령

[1] 문제지와 답안지가 한 종이인 경우

현재로 보아 우리 나라에서는 대개 문제지가 곧 답안지인 형식을 취하고 있다. 한 문항이 있고 그 옆 혹은 그 아래에 답을, 선택형인 경우에는 해당하는 기호를 기입하게 되어 있는 형식이다.

① 무조직적 문항 배열

선택형인데, 그 문항이나 답의 기입란이, 채점의 편의를 생각해서 요령있게 배열되어 있지 않고, 생각나는 대로 그대로 배열되어 있는 검사가 많다. 이 때에는 일일이 각 문항별로 채점하는 수밖에 없다.

② 도려낸 채점반

문제지의 주위에 4각의 틀을 인쇄해 두고, 그 규격과 꼭 맞는 좀 두꺼운 종이를 만들어서, 정답지의 위치를 도려 내서 구멍을 만들어 둔다. 그러면 각 문제지 위에 이것을 덮어서, 구멍에 나온 것을 정답의 수로 헤아리면 된다.

[2] 문제지와 답안지를 따로 하는 경우

애당초 문제지와 답안지를 따로 하여, 문제지에 아무것도 못쓰게 하고, 답은 모조리 딴 답안지에 기입하게 하는 방법이 있다. 이 방법에서는 채점이 좀더 신속해진다. 채점할 학생의 수가 많을 때에는 따로 특별한 이유 없으면, 이 형식을 취하는 것이 최선이다.

제 6 장

검사척도와 성적산출법

1. 검사척도의 유형

우리는 아무 숫자나 다 고정된 절대적인 의미가 있는 것으로 무의식적으로 해석하는 버릇이 있다. 본래 숫자란 인공물이다. 그 숫자의 의미는 우리가 그것에 어떤 의미를 부여하느냐에 따라 달라진다.

어떤 수학시험 20점과 어떤 국어시험 20점은 그 의미가 단연 다르다. 측정치 그대로는 그 측정도구, 측정방법이 제한하는 한에서 해석되어야 하며 의미가 있을 뿐이다.

측정치는 그 측정에 이용된 척도의 성질에 따라 현저하게 다른 성질을 띠게 된다. 이런 척도의 종류에는 명명척도, 서열척도, 동간척도, 비율척도의 4가지 종류가 있다.

1) 명명척도

가장 기본적인 측정의 방법을 "분류"라고 생각한다면, 이 분류의 기초가 되는 기준을 명명척도(norminal scale)라고 부를 수 있을 것이다. 예컨대 남자를 1로 표시하고 여자를 2로 표시한다든가, 각도를 1, 2, 3……로 표시한다든가 하는 경우다. 이런 측정치는 대소의 조건, 동간의 조건, 절대영점의 조건도 없고, 다만 "이름 대신"이라는 명명적 역할 밖에 없다. 여기서 (1+2)라는 계산은 마치 (B+C)의 덧셈이 불가능한 것처럼 무의미한 것이다. 또 비단 이러한 덧셈 뿐만 아니라 가감승제와 같은 일체의 산수적인 운산이 불가능하다. 요컨대, 여기서의 1, 2의 차는 양이나 대소의 차이가 아니라, 다만 질적인 차이를 나타낼 뿐이다.

2) 서열척도

예컨대 나무토막 10개가 있는데, 그것을 길이대로 배열해 놓고 짧은 것에서부터, 1, 2, 3……10이라고 수치를 붙였다고 하자. 이 경우에 확실히 1〈2, 혹은

2〈3, 7〈10, 즉 후속하는 측정치 사이에 대소의 서열이 지어져 있다. 그러나 10개 나무가 5개 나무보다 2배 길다. 즉 10=5×2라는 말은 물론, 4개 나무와 3개 나무의 길이의 차는 2개 나무와 1개 나무와의 차와 같다고, 즉 4–3=2–1이라는 말은 할 수 없다. 이런 척도에서는 가감승제해도 거의 의미가 없다. 절대영점도 없으려니와, 후속하는 단위가 사실상의 동간성을 표시하는 것도 아니다. 측정치는 가령 5, 6, 7, 8도 동간적으로 보이나, 실제 측정요인(위의 예에서는 길이) 자체의 5–6, 6–7, 6–7, 7–8 사이 양적 길이는 동일하지 않을 수 있다. 이런 척도를 서열적 척도(Ordinal scale)라고 한다.

3) 동간척도

예컨대 섭씨 한난계를 생각해 보자. 10℃는 5℃보다 열량이 많다. 즉, 5〈10라고 하는 말은 사실에 비추어 타당하다. 또 4℃와 6℃와의 차는 8℃와 10℃와의 차와 같다. 즉 6–4=10–8이라는 말도 성립된다. 그런데 10℃는 5℃의 열량의 2배, 즉 10=5×2라는 말은 할 수 없음을 주의해야 한다. 0℃란 열량이 전연 없는 상태를 말하는 것이 아니기 때문이다. 절대영도인 –273℃를 기점으로 10℃와 5℃를 비교해야 한다. 다시 말하면 이런 척도에는 비교적 척도에서보다 절대영점이라는 조건 혹은 성질이 부족하다. 척도라고 모조리 다 의미있는 절대영점이 있는 것이 아니다. 이런 척도를 동간적 척도(interval scale)라고 한다.

이 동간척도에서는 다음과 같은 여러 가지 관계가 반드시 성립되어야 한다.

① $A=A'$, $B>0$이면 $A+B>A'$

② $A+B=B+A$

③ $A=A'$, $B=B'$이면 $A+B=A'+B'$

④ $(A+B)+C=A+(B+C)$

교육이나 심리학에서 다루게 되는 측정치에는, 앞에서 말한 서열척도와 동간척도에 해당되는 것이 많다. 따라서, 이런 척도들의 수학적 결함 때문에 실제의 수학적 운용에 상당한 큰 제한을 받게 된다.

4) 비율척도

명명, 서열, 동간척도의 여러 원리를 다 만족시키며, 그 위에 절대영점을 갖고 있는 척도를 비율척도(ratio scale)라고 한다. 예컨대, 동간척도에서는 "한 사물이 다른 사물보다 얼마의 측정단위만큼 더 크냐?"의 수량적인 비교적 판단이 가능했지만, 이 비교척도에서는 "한 사물이 다른 사물보다 몇 배로 더 크냐?"하는 비교적인 비교적 판단도 할 수가 있다. 이런 점에서 볼 때 이 비교척도는 여러 척도 중에서 가장 완전하며, 모든 수학적 운용이 다 가능한 척도인 것을 알 수 있다. 8/12은 2/3로 약분될 수 있으며, 이 모든 수치가 실제의 수량과 일치한다. 보통 CGS 단위가 이에 속한다.

2. 검사의 점수척도

학생들의 본질을 이해하기 위하여 또는 학생들의 교육적인 성장도를 확인하고 평가하기 위하여 우리는 늘 여러 가지 심리검사를 이용하기도 하고 스스로 검사를 제작하기도 한다. 여기서 한 가지 문제되는 점은 검사의 결과를 어떤 점수척도에 의해서 표시해야 할 것이며, 또 일정한 점수척도에 의해서 표시된 검사의 결과를 어떻게 해석할 것이냐 하는 것이다. 여기서는 이러한 점수척도의 종류와 성적 표시법을 살펴보기로 한다.

1) 원점수

(1) 원점수의 정의

시험이나 검사를 치르게 되면 우선 채점되어 나오는 점수가 소위 원점수 또는 소점(raw score)이다. 이 원점수는 흔히 객관식 시험에선 학생이 정답을 선택한 횟수에 의해서 정해지며, 주관식 시험에선 채점자의 비교적 주관적인 판단에 의해서 결정된다. 대개 가능한 만점이 100점으로 된 척도가 많이 이용되므로,

이 원점수는 출제된 문제 중에서 학생들이 몇 %나 바르게 답했느냐를 알게 해 준다.

(2) 원점수의 단점

첫째, 이 원점수 척도에는 의미있는 의거점(reference point)이 없다. 따라서 어떤 일정한 점수가 어떤 속성의 일정한 크기(magnitude)를 절대적으로 지시해 주지는 못한다. 가령, 물리측정에 있어서의 cm 척도에는 0cm라는 것이 그 척도의 의거점이다. 0cm는 길이가 전혀 없는 상태이고, 이를 기초로 해서 모든 길이가 비교되고 판단된다. 그런데 시험에서 나온 0점이란 것도, 어떤 능력의 절대적인 결핍상태를 가리키는 것은 아닐 것이다. 또 이 0점이 시험의 난이의 정도에 의해서 심하게 동요하는 불안정한 수치라는 것도 우리는 잘 알고 있다. 따라서 이 원점수 척도의 0점은 소위 그 척도의 절대영점과 일치되지 않으며, 의미있고 유용한 의거점의 구실을 거의 전혀 하지 못하고 있는 셈이다.

둘째, 여러 가지 원점수 척도는 서로 비교될 수 없다. 가령, 한 학생이 A 시험과 B 시험에 다 같이 75점을 얻었다고 해서, 이 학생의 두 시험의 능력이 꼭 같다고는 할 수 없을 것이다. A 시험의 75점은 이 학생이 속해 있는 학급의 최고점수일 수도 있으며, B 시험의 75점은 극단적으로 그 학급의 최하점수일 수도 있기 때문이다. 시험이 다를수록 우리는 성질이 전혀 다른 척도를 쓰고 있는 셈이다.

셋째, 이 원점수 척도에는 단위의 동간성이 없다. 원점수 척도는 측정척도의 종류 중 대개 서열척도에 속하며 서열척도 중에서도 가장 조잡한 것이라고 할 수 있다. 예컨대, 한 시험에서 90점-70점의 능력의 차이와 50점-30점의 능력의 차이가 동일하지 않으리라는 것은 쉽게 짐작할 수 있다. 또 80점을 얻은 학생이 40점을 얻은 학생보다 어떤 능력이 두 배로 많다고 말할 수가 없다.

원점수 척도는 이와 같은 여러 가지 난점 때문에 엄밀하고 정확한 성적의 표시를 필요로 하는 표준화 검사나 대학입학 수능시험 등에서는 사용되지 않고, 좀더 안정성이 높고 합리적인 다른 점수 척도로 환산해 쓰게 된다.

2) 등위점수

(1) 등위점수의 정의

등위점수(rank-order scores)란 흔히 쓰는 서열, 석차, 순위와 같은 점수를 말한다. 이 등위점수는 근본적으로 앞에서 말한 원점수 척도의 약점을 보충하기 위해서 쓰여지기 시작한 것이라고 볼 수 있다. 가령, 어떤 학생의 국어성적이 75점이고 영어 성적이 80점인 경우 이 원점수만으로는 직접적인 비교를 할 수 없으니, 그것을 석차인 등위점수로 옮겨, 국어가 15등, 영어가 22등이라고 표시한다면 이 학생의 어느 과목의 성적이 좋은지를 직접 비교해서 판단할 수 있다.

(2) 등위점수의 단점

중요한 결점은, 등위를 결정하게 된 집단의 사례수가 다르면 등위점수들을 직접 비교할 수가 없다는 사실이다. 가령, 국어의 15등은 25명 중 15등임을 나타내고 영어의 22등은 100명 중 22점을 지시하는 경우도 있을 수 있기 때문이다.

이 등위점수도 측정척도의 성질로 본다면 서열척도에 속하게 된다. 따라서 서열척도가 가지고 있는 일반적인 난점을 이 등위점수 척도가 그대로 물려받고 있는 셈이다.

3) 백분위점수

(1) 백분위점수의 정의

백분위(percentile ranks)는 분포에서 어떤 점수 아래에 있는 사례의 %를 의미하며, 백분위점수(percentile scores)란 사례의 일정한 %가 그 점 아래에 있는 척도상의 원점수를 말한다. 백분위는 %로 표시되고, 백분위점수는 원점수 척도상의 수치로 표시된다는 차이점이 있으나, 이 두 가지 점수는 결국 동일한 척도상의 대응되는 점수인 것이다. 이 백분위와 백분위점수가 이루는 척도를 백분위점수척도

(percentile scale)라고 한다.

(2) 백분위점수의 장 · 단점

백분척도는 집단의 사례수가 다르면 직접적인 비교가 불가능했던 등위점수의 중요한 약점을 우선 해결해 준다는 점에 큰 장점이 있다. 백분위나 백분위점수는 측정하는 능력의 정도를 그대로 표시해 주지는 못하지만, 그 상대적 지위를 명확하게 지시해 준다. 또한 이 백분척도는 통계적인 소양이 부족한 사람들에게 쉽게 해석될 수 있다는 이점을 갖고 있어, 그리 엄격한 점수 표시의 필요가 적은 학력검사나 성격검사와 같은 표준화 검사의 척도로서 많이 쓰이고 있다.

그런데, 측정척도로서의 이 백분척도는 역시 서열척도에 속하고 있어, 여러 가지 단점을 가지고 있는 것이 사실이다. 가장 큰 단점은 척도의 단위가 동간적이 아니라는 것이다. 즉, 80%와 85%의 능력차가 45%와 50%의 능력차와 같지 않다는 것이다. 따라서, 백분척도의 점수의 가감승제나 총점 또는 평균의 계산이 불가능하다.

백분위점수의 두 번째 단점은 검사점수 해석의 경우에 문제가 된다. 분포의 중심에 있어서 조그마한 원점수의 차이는 상당히 커다란 백분위의 차이를 가져오는 반면에 분포의 극단에 있어서는 원점수상으로 상당한 차이를 보일 때 백분위로는 조그마한 차를 보인다. 따라서 검사의 원점수와 백분위간의 관계를 명확히 이해하고 명심하지 않는 이상 백분위간의 차를 잘못 해석하기 쉽다. 특히 분포의 중앙에 있어서 백분위간에 어느 정도 과장된 큰 차를 나타내고 있는 경우에 정말로 커다란 의미있는 차가 있는 것처럼 지나치게 해석하기가 쉽다.

4) 표준점수

(1) 표준점수의 의미

검사점수를 가지고 여러 가지 복잡한 통계적 처리를 하고자 할 때에 이 점수를 동간척도(interval scale), 즉 각 단위가 모두 같은 크기를 나타내는 점수로 전환시킨다는 것은 상당히 중요한 일이다. 전환 점수의 하나인 표준점수(standard score)는 이와 같은 동간성(interval)을 가정하는 비율척도이다. 모든 표준점수 체제의 기본 단위는 표준편차(standard deviation)가 된다. 어떤 종류의 표준점수건 간에 이것은 하나의 원점수를 그 평균으로부터의 편차점수(deviation score)로 전환시킨 다음 이것을 표준편차의 단위로 나타낸 것이다.

1 Z점수

가장 기본적인 표준점수인 Z점수는 다음과 같이 어떤 원점수를 가지고 거기에 해당되는 표준점수 Z를 구할 수 있다.

$$Z = \frac{X - M}{\sigma^{*}}$$

*** 표준편차(Standard Deviation, SD, σ) 계산법**

원점수(측정치)에 의한 계산법은 다음과 같다.

〈공식〉

$$\sigma = \frac{1}{N}\sqrt{N\Sigma X^2 - (\Sigma X)^2}$$

〈계산 예〉

학생	A	B	C	D	E	F	G	H	I	J	$N=10$
x(원점수)	13	17	15	11	13	17	11	13	11	11	$\Sigma X = 132$
X^2	169	289	225	121	169	289	121	169	121	121	$\Sigma X^2 = 1794$

$$\sigma = \frac{1}{10}\sqrt{10(1794) - (132)^2}$$

$$= \frac{1}{10}\sqrt{17940 - 17424}$$

$$= \frac{1}{10}\sqrt{516}$$

$$= \frac{22.7}{10}$$

$$= 2.27$$

여기에서 영문대문자 Z는 어떤 원점수에 해당하는 표준점수이고 X는 어떤 주어진 원점수, M과 σ는 각각 원점수 분포에 있어서 얻어진 평균과 표준편차를 나타낸다. 원점수를 표준점수(이 경우는 특히 Z점수라 함), 즉 평균이 0이고 표준편차가 1인 정상분포 곡선의 척도로 전환하게 되며 이 때에 표준편차가 측정의 단위가 된다.

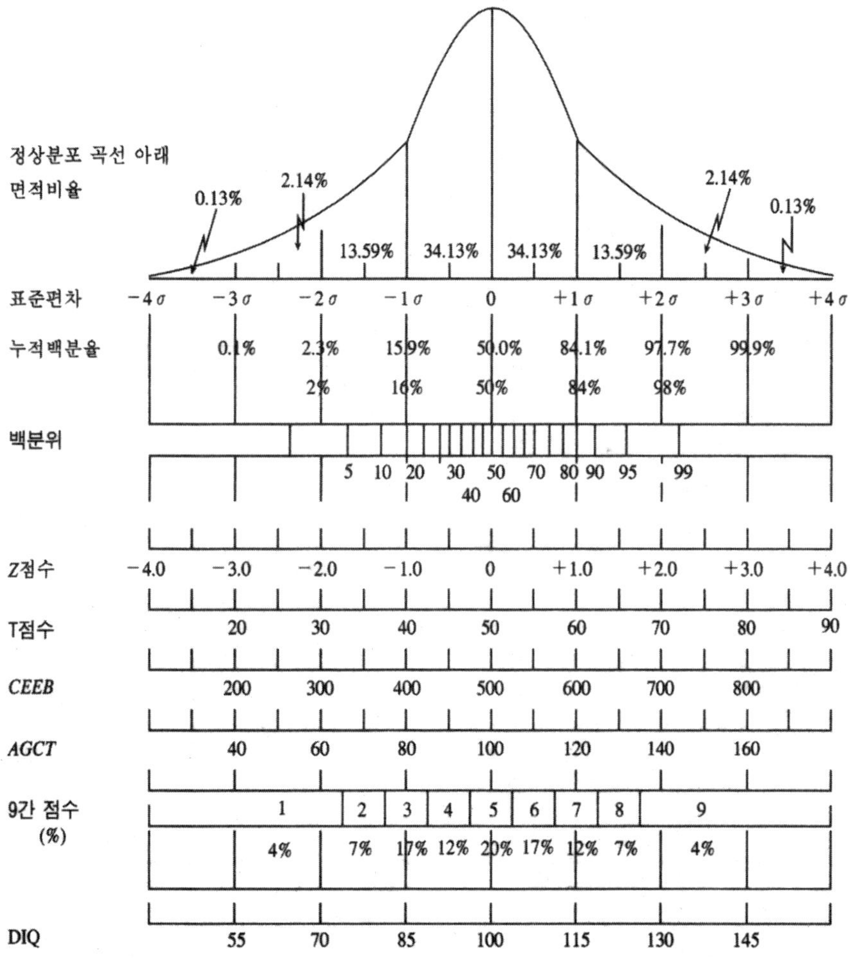

[그림 6-1] 각 표준점수의 비교

여기에 이 표준점수의 몇 가지 특징을 열거해 본다. 우선 첫째로 표준점수의 절대값은 분포의 평균으로부터 그 점수가 얼마나 떨어져 있느냐의 거리를 나타낸다. 둘째로 평균보다 큰 점수는 +부호가 붙고 평균보다 작을 때는 −부호가 붙는다. 셋째로 표준점수는 동간척도라고 가정함으로써 가감승제의 여러 가지 복잡한 수리적인 조작을 할 수 있다. 넷째로 원점수와 표준점수와는 직선적인 관계(linear transformation)를 갖고 있으므로 표준점수의 분포의 형태는 원점수의 분포와 꼭 같다. 즉, 원점수의 분포가 정규분포에 가깝다면 Z점수의 분포도 정규분포에 가깝고, 또 원점수가 편포(skewed)되었다면 Z점수도 똑같이 편포를 이룬다. 마지막으로 원점수의 분포가 정규분포에 근사하게 접근할 때에 Z점수의 분포의 범위는 대략 −3으로부터 +3이 된다. Z점수는 비율척도와 동간척도의 장점을 가지고 있지만 소수점 이하의 숫자와 음수를 갖게 되는 단점이 있다.

2 T점수

$$T=10Z + 50$$

표 6-1 원점수가 정상분포일 때, Z점수, T점수, 백분위 점수 상호간의 관계

Z점수	T점수	백분위 점수	분포 끝 부분의 사례수(%)	백분위 점수	T점수	Z점수
3.0	80	99.9	0.1	0.1	20	−3.0
2.9	79	99.8	0.2	0.2	21	−2.9
2.8	78	99.7	0.3	0.3	22	−2.8
2.7	77	99.6	0.4	0.4	23	−2.7
2.6	76	99.5	0.5	0.5	24	−2.6
2.5	75	99.4	0.6	0.6	25	−2.5
2.4	74	99.2	0.8	0.8	26	−2.4
2.3	73	99	1	1	27	−2.3
2.2	72	99	1	1	28	−2.2
2.1	71	98	2	2	29	−2.1
2.0	70	98	2	2	30	−2.0
1.9	69	97	3	3	31	−1.9
1.8	68	96	4	4	32	−1.8

Z점수	T점수	백분위 점수	분포 끝 부분의 사례수(%)	백분위 점수	T점수	Z점수
1.7	67	96	4	4	33	−1.7
1.6	66	95	5	5	34	−1.6
1.5	65	93	7	7	35	−1.5
1.4	64	92	8	8	36	−1.4
1.3	63	90	10	10	37	−1.3
1.2	62	88	12	12	38	−1.2
1.1	61	86	14	14	39	−1.1
1.0	60	84	16	16	40	−1.0
0.9	59	82	18	18	41	−0.9
0.8	58	79	21	21	42	−0.8
0.7	57	76	24	24	43	−0.7
0.6	56	73	27	27	44	−0.6
0.5	55	69	31	31	45	−0.5
0.4	54	66	34	34	46	−0.4
0.3	53	62	38	38	47	−0.3
0.2	52	58	42	42	48	−0.2
0.1	51	54	46	46	49	−0.1
0.0	50	50	50	50	50	−0.0

위와 같이 전환된 척도는 소수점과 음수를 제거할 수 있으며 만약 본래의 원점수의 분포가 정규분포에 가까우면 이 때에 얻어진 T점수(M=50, S=10)는 대략 20부터 80점까지의 점수분포, 즉 그 분포의 범위가 약 60점이 된다. 필요에 따라서는 자기가 원하는 어떤 평균과 표준편차를 가진 새로운 척도로 변화시킬 수 있을 것이다.

이와 같이 평균이 50이고 표준편차가 10으로 전환된 표준점수(normalized standard score)를 흔히 T점수라고 부른다. 1982년에 J. H. McGall은 이 표준점수를 E. L. Thorndike와 L. M. Terman을 기념하기 위하여 T점수라고 부르자는 것을 제안하여 오늘에 이르고 있다.

위의 〈표 6-1〉은 원점수가 정규분포로 나타냈을 때의 Z점수, T점수 그리고 백분위점수의 상호관계를 나타낸 표이다.

3 표준점수의 장·단점

여러 가지 종류의 표준점수는 서열척도가 아닌 동간척도로 검사점수를 나타낸다. 따라서 동간척도는 여러 가지 수리적 처리가 가능하므로 여러 가지 점수를 종합한다든가 또는 어떤 복잡한 통계적 처리를 하고자 할 때 적합한 점수이다. 또한 모든 표준점수는 공통적인 측정단위를 사용하고 있으므로 여러 가지 다른 검사로부터 얻은 원점수는 그것이 동일한 규준집단에서 유도된 표준점수라면 직접적으로 상호 비교할 수 있는 장점을 갖고 있다. 뿐만 아니라 정상화된 표준점수는 정규분포와 직접 관련시켜 줌으로써 보다 단순한 백분위점수로 환원하여 해석할 수 있는 장점도 갖고 있다.

검사점수를 표준점수로 전환하는 과정은 백분위 점수보다 더 복잡하지만 각종 전자계산기와 컴퓨터 사용이 일반화되면 이것은 하나의 단점으로 볼 수 없을 것이다(각종 규준점수간의 비교는 〈그림 6-1〉의 비교표를 참고 바람).

4 원점수의 표준점수 전환 예

A학생의 네 교과목 성적의 원점수(100만점 득점)를 표준점수 T로 전환한 예는 〈표 6-2〉와 같다.

표 6-2 원점수와 표준점수 전환 성적표

	소속학년 학생	득점	평균 점수	표준 편차	Z점수	T점수	A학생보다 성적이 더 좋은 학생 수*
영어성적	1000명	80	74	6	80−74/6=+1.00	10×1+50=60	159명
수학성적	1000명	75	65	5	75−65/5=+2.00	10×2+50=70	23명
국어성적	1000명	85	81	4	85−81/4=+1.00	10×1+50=60	159명
물리성적	1000명	70	52	6	70−52/6=+3.00	10×3+50=80	1명

* 〈표 6-1〉 분포 끝 사례수 참조.

〈표 6-2〉에 의하면, 원점수에 의거한 네 교과목 성적 중 가장 좋은 교과목

성적은 국어 85점으로 가장 좋고, 70점인 물리성적이 가장 나쁘다. 반면, T점수에 의한 성적평가는 정반대로 물리성적이 가장 좋고 영어와 국어성적이 상대적으로 많이 떨어지고 있음을 보여주고 있다. 특히 물리성적은 천재적 수준을 시사해 주고 있다.

따라서 성적평가나 심리검사 결과의 해석에 있어서 원점수에만 의존할 때에는 큰 오류를 범하게 된다. 현재 고등학교 학생들의 성적기록에는 교과별 원점수, 평균점수, 표준편차 등이 기재되고 있는 바, 이는 T점수 산출을 위한 성적자료로 활용하기 위함이다.

제 7 장

문항의 양호도 분석

1. 문항난이도의 분석
2. 문항변별의 분석
3. 문항반응분포의 분석

1. 문항난이도의 분석

1) 문항난이도의 개념

문항난이도 또는 문항곤란도(item difficulty)란 문항의 어렵고 쉬운 정도를 말하며, 검사를 실시한 결과 그 문항의 몇 %의 피험자가 정답을 했는가로 결정된다. 즉, 정답을 한 피험자의 %가 곧 문항난이도 지수(item difficulty index)가 된다.

문항난이도는 0~100%에 이르기까지의 변산을 갖고 있으며 집단에 따라 변한다.

2) 객관식 검사에서의 문항난이도 검증

(1) 기본적인 검증법

문항난이도(Item difficulty)는 한 문항의 난이의 정도를 가리키는 수치로서, 그 문항에 정답한 사람의 백분율로 표시하는 데, 수식으로 나타내면 다음과 같다.

$$P = \frac{R}{N} \times 100 \quad \cdots\cdots (7.1)$$

여기서, P=문항난이도
N=전체 사례수
R=정답자수

즉, 한 문항에서 정답을 한 사람의 수가 많을수록 P의 값은 커지고, 반대로 난이도 자체는 낮아지게 된다.

상대평가 검사에서는 이러한 문항난이도의 정보는 개인차를 내기 위한 상대평가검사의 중요한 정보가 된다.

반면에 절대기준평가에 있어서는 주로 교수목표달성도의 충실한 측정에만 관심이 있으므로 문항난이도는 검사 제작에 중요한 정보가 되지 못한다. 그러나 학습 후에 문항난이도의 분석은 중요한 의미를 갖는다. 즉 어떤 문항이 특별히 어렵다면 이것은 교수과정에 어떤 문제가 있거나 또는 문항제작상에 어떤 기술적인 문제가 있음을 나타낸다. 이와 같이 절대기준평가에 있어서 문항난이도 분석은 검사제작을 위해서는 불필요한 것이지만 일정한 학습 후에 실시한 검사에 대한 문항난이도 분석은 중요한 자료가 된다.

(2) 추측요인을 제거한 문항난이도

선택식의 문항에 있어서는 정답을 한 사람 중에 맹목적으로 추측해서 요행히 맞춘 사람이 있을 것을 가정할 수 있는데, 이 추측요인을 제거한 문항난이도는 다음의 공식에 의해서 계산하면 된다.

$$P=\left(\frac{R-\dfrac{\omega}{n-1}}{N}\right)\times 100 \quad \cdots\cdots (7.2)$$

여기서, R=정답자수

ω=오답자수

n=문항의 답지수

(3) 미달항을 고려한 문항난이도

실제에는 한 문항에 N명의 사례가 다 정답이 아니면 오답으로 처리하는 것이 아니라, 그 문항에 정, 오의 답을 도대체 기입하지 않은 사람이 몇 사람씩 생기게 된다. 그런데 이렇게 답을 기입하지 않은 문항에는 실제에 두 가지 종류가 있으리라는 것을 짐작할 수 있다. 그 한 가지는 소위 제외항(omit)으로서 "풀려고 해 보기는 했으나 도중에서 포기한 문항"이고, 다른 한 가지는 미달항(non-reach)으로서, 검사의 마지막 부분에서 "시간이 부족하여 아예 손도 대보지 못한 문항"일 것이다.

제외항은 실패로 볼 수도 있으나, 미달항은 워낙 시간이 부족하여 손을 대보지 못한 문항이므로 정답으로도 오답으로도 셀 수가 없다. 따라서, 미달항을 낸 사람의 수는 전체 사례수에서 제거하고 난이도를 계산하는 것이 원칙이다. 이 때의 계산 공식은 다음과 같다.

$$P=\left(\frac{R-\dfrac{\omega}{n-1}}{N-NR}\right)\times 100 \quad \cdots\cdots (7.3)$$

여기서, NR=미달항자수

그런데, 미달항을 낸 사람의 수를 전체 사례수에서 제외하되 추측의 교정이 필요없다고 생각될 때에는 다음과 같은 계산 공식을 써야 한다.

$$P=\left(\frac{R}{N-NR}\right)\times 100 \quad \cdots\cdots (7.4)$$

지금까지 문제난이도를 계산하는 4가지 공식을 든 셈인데, 어떤 공식을 사용했느냐에 따라서 결과에 상당한 차이가 일어나는 것이 보통이다. 따라서 적절한 공식을 선택하여 사용하되, 결과를 기록하거나 보고할 때에는 어떤 방법에 의하여 계산했는지를 밝혀 두어야 한다.

3) 주관식 검사에서의 문제난이도 검증

부분점수를 줄 수 있는 주관식 검사(The restricted-response essay question)에서는 다음과 같은 방법으로 문항난이도를 구할 수 있다.

$$P=\frac{S_T-(N\times X_{\min})}{N(X_{\max}-X_{\min})}\times 100 \quad \cdots\cdots (7.5)$$

위에서 S_T는 주어진 문항에 대해서 점수를 받은 사람들의 점수의 합 (ΣfX)

이고, X_{min}은 주어진 문항에 대하여 줄 수 있는 가능한 최하점수, X_{max}는 최고로 가능한 점수를 나타내며, N은 그 문항에 응답한 전체 학생수를 나타낸다.

4) 문항난이도의 이용

① 문항 편집 배열의 순서는 난이도의 서열에 따른다.

② 문항난이도는 50% 정도에 머무는 것이 이상적이며, 보통 30~70% 사이에 드는 난이도가 바람직하다.

③ 검사의 목적이나 대상에 따라 문항난이도가 적절히 고려되어야 한다. 총합평가에서는 30~70% 사이의 문항난이도가 요구되지만, 형성평가에서는 전혀 문제시되지 않는다.

5) 문항난이도의 조정

문항난이도는 집단에 따라 다르게 나타난다. 따라서 원 성적분포를 다른 표준성적분포로 옮겨 놓음으로써 난이도를 얼마든지 임의로 조정할 수 있다.

예컨대, 평균치(M_1)가 60점, 표준편차(S_1)가 5점으로 분산된 어떤 교과목의 성적분포 자료를 평균치(M_2)가 70점, 표준편차 (S_2)가 10점인 새로운 성적분포로 조정했을 때 원 득점 (X_1)이 65점이었던 학생이 새로이 조정된 성적(X_2)은 다음의 공식에 의하여 80점으로 환산된다.

$$X_2 = \left(\frac{S_2}{S_1}\right)X_1 - [(\frac{S_2}{S_1})M_1 - M_2] \quad \cdots\cdots (7.6)$$

$$X_2 = \left(\frac{10}{5}\right)65 - [(\frac{10}{5})60 - 70]$$

$$= 130 - [120 - 70]$$

$$= 80$$

위 공식은 대학본고사의 선택과목간의 난이도 조정 또는 교과담당 교사가 재출제(재시험)하지 않고 성적교정이 필요할 때 적용할 수 있다(이 공식은 원 성적분포가 정규분포를 이루고 있을 때 한하여 적용됨. 더 자세한 설명은 저자의 통계학 책 참조 바람).

2. 문항변별도의 분석

1) 문항변별도의 개념

한 검사에서 타당도를 검증했듯이 그 검사 속에 들어 있는 개개의 문항에 대해서도 그 문항의 타당도를 알아볼 수 있을 것이다. 이러한 문항의 타당도를 우리는 일반적으로 문항변별력(Item discriminating power)이라고 부르며, 특히 준거가 이 검사 이외의 외부준거(external criteria)인 경우에는 문항타당도(item validity), 준거가 바로 이 검사의 총점, 즉 내부준거(internal criteria)인 경우에는 문항 내적 합치도(item internal consistency)라고 부르기도 한다.

문항변별도란 한 검사에서 총점이 높은 사람과 낮은 사람간에 한 문항에 대한 통과율을 비교할 때 검사의 총점이 높은 사람이 정답률이 높은 반면에 총점이 낮은 사람이 비교적 정답률이 낮으면 낮을수록 그 문항은 변별력이 큰 문항이라고 하며 '이러한 변별의 정도'를 지수로 나타낼 때 이를 문항변별도 지수라고 한다.

문항변별도란 검사의 총점이라는 내적 기준에 의해 문항의 타당도를 보고자 하는 것이며, 문항변별도 지수는 상관계수와 마찬가지로 −1.00∼+1.00 사이에 분포된다. 바람직한 지수는 +0.3∼+1.0 사이에 드는 지수이다.

2) 객관식 검사에서의 문항변별도 검증

(1) 4간표식 문항상관표

채점이 끝나면 답안지들을 점수의 총점의 순서로 정리한 다음 이 답안지들을 점수상층부(*H*), 점수하층부(*L*)의 두 부분으로 나눈다. 이 때 상층에 속하는 답안지의 수와 하층에 속하는 답안지의 수를 같게 한다.

다음에 상층집단의 답안지에서 문항 I에 정답한 사람의 수를 헤아려서 기록하고, 하층집단의 답안지에서 문항 I에 정답한 사람의 수를 헤아려서 기록하면 예컨대 다음과 같은 표가 만들어진다.

표 7-1 4간표식 문항상관표

〈문항 1〉

	−	+	계
H	5	35	40
L	15	25	40
계	20	60	80명

H=점수 상층부집단
L=점수 하층부집단
+=정답자수
−=오답자수

이런 표를 문항상관표라고 부른다. 이런 표가 만들어지면, 문항 II, III……의 순으로 전문항의 상관표를 각각 만들 수 있다.

문항변별도를 계산하는 가장 일반적인 공식을 Johnson(1951)은 다음과 같이 제시하고 있다. 지수를 ULI(Upper-Lower Index) 또는 D.I.(Discriminating Index)라고 부르기도 한다.

$$D.I. = \frac{H_{+} - L_{+}}{\frac{N}{2}} \qquad \cdots\cdots (7.7)$$

$D.I.$ =변별도지수
H_{+} =점수 상층부의 정답 학생수
L_{+} =점수 하층부의 정답 학생수
N=총 학생수

예컨대, 〈표 7-1〉의 경우에는

$$D.I. = \frac{35-25}{\frac{80}{2}} = \frac{10}{40} = .25$$

(2) 6간표식 문항상관표

검사점수를 상층, 하층으로 이등분하지 않고, 점수분포를 삼등분해서 상(H), 중(M), 하(L)의 세 부분으로 나누어서 각 부분에서 한 문항의 정답 학생수를 헤아리는 방법을 육간표식 문항상관표라고 부른다. 이 방법은 4간표식보다는 더 나은 방법이지만, 여전히 대략적인 방법인 것은 마찬가지다.

예컨대, 150명의 점수를 순서대로 50명씩 세 부분으로 나누어 다음과 같은 6간표식 상관표를 만들 수 있다.

표 7-2 6간표식 문항상관표

〈문항 1〉

	−	+	계
H	22	28	50
M	38	12	50
L	45	5	50
계	105	45	150

따라서,

$$D.I. = \frac{H_{+} - L_{+}}{\frac{N}{3}} \quad \cdots\cdots (7.8)$$

로 계산된다. 위 예에서는

$$D.I. = \frac{28-5}{\frac{150}{3}} = \frac{23}{50} = .46$$

(7.7)과 (7.8)같은 공식은 극히 조잡한 방법으로 전문적인 연구에서는 거의 쓰이지 않는다.

보통 문항난이도가 극단(0%나 100%)에 가까울수록 변별도는 줄어들고, 난이도가 50%일 때에 변별도는 가장 클 수 있는 가능성이 있다.

절대기준평가의 입장에서는 문항난이도를 고려하여 개인차 변별을 잘 해 주는 문항을 우선적으로 선정하지 않고 주어진 목표를 충실하게 재어 주는가 하는 기준하에서 문항이 선정되므로 수업이 성공적으로 이루어졌다면 이 때의 문항난이도는 $P=100(\%)$에 접근할 것이다. 이러한 경우에는 앞에서 제시한 공식 (7.7)나 (7.8)로서 $D.I.$의 계산은 적합하지 못하다. 왜냐하면 이 공식들은 문항의 난이도가 $P=50(\%)$일 때 최대의 문항변별력지수 $D.I.=1.0$을 가질 수 있고 $P=50(\%)$에서 멀어지면 멀어질수록 $D.I.$가 최대로 가질 수 있는 가능한 한계는 제한을 받게 된다. 또한 전통적인 다른 $D.I.$의 계산공식도 점수의 변산을 전제로 하고 있으나 절대기준평가의 입장에서 성공적으로 수업이 이루어졌다면 개인간의 점수의 변산은 거의 없어지므로 이러한 공식의 적용은 적합한 것이 되지 못한다. 따라서 절대기준평가의 입장에서 적용될 수 있는 새로운 문항변별도공식이 필요하게 된다. 상대평가에서의 문항변별도 계산 공식과 병행될 수 있는 것으로 절대기준평가의 입장에서 적용될 수 있는 공식을 들면 다음과 같다.

$$D.I. = \frac{R_p}{N_p} - \frac{R_F}{N_F} \qquad \text{(7.9)}$$

공식(7.9)는 절대기준검사에서 최소로 만족한 수준이라고 볼 수 있는 합격과 불합격으로 나눌 수 있는 최소기준점수가 있는 경우에 적용될 수 있다. 이 때에 최소기준점수를 기준으로 나눈 합격집단의 사례수를 N_P, 이 집단의 주어진 문항에 대한 정답자 수를 R_P라고 하고 불합격집단을 마찬가지로 각각 N_F와 R_F라고 하면 공식(7.9)을 적용할 수 있을 것이다.

(3) 엄밀한 통계적 방법

이 문항변별력은 한 문항에 대한 파쓰, 실패의 변수와 준거점수의 변수 사이의 상관도로서 표시된다. 그런데 파쓰, 실패의 변수는 그 유목이 2개 밖에 없고, 그 기저요인에서는 연속성을 가정할 수 있어도 실제로 나타난 것은 비연속적인 변수이기 때문에, 적률상관계수(r)나 순위차 상관계수로서는 그 상관계수의 계산이 불가능하다는 것을 알 수 있다. 따라서, 실제에는 이런 특수한 자료에서 상관도를 알려 주는 다른 통계적 방법을 쓰지 않을 수 없다. 흔히 쓰는 계산 방법에, 양분계수 r_b, 양류계수 r_{pb}, 4간계수 r_t, 4류계수 ϕ(파이) 등의 여러 방법이 있으나 여기서는 가장 기본적인 방법인 4류상관계수 ϕ의 계산 방법과 문항분석수표에 의해서 직접 문항변별력을 알아보는 방법을 들기로 한다.

[1] **4류상관계수법**(ϕ correlation coefficient)

이 4류상관계수는 상관계수의 일종이긴 하지만, 적률상관계수와는 그 기초적인 가정이 상당히 다르다. 우선 이 4류 ϕ에서는, X, Y의 두 변수가 다 연속적이어야 한다는 조건도 없고, 모집단의 분포가 정규분포이어야 한다는 조건도 요구하지 않는다. 따라서, 문항분석에서와 같이 한 변수가 정답 · 오답의 두 유목으로 나와 있는 경우에 적용할 수 있는 상관계수의 방법이다.

이 ϕ계수를 계산하기 위해서는 우선 자료를 다음의 〈표 7-3〉과 같은 4간표로 정리해야 한다.

이 〈표 7-3〉에서, 왼쪽은 빈도를 기입한 4간표이고, 오른쪽은 그 빈도를 비율로 환산하여 기입한 4간표이다. 실제의 계산에서는 이 두 가지 4간표 중의 어느 한 가지만을 만들면 된다.

표 7-3

4 간표

	L	H	
R	A	B	$A+B$
W	C	D	$C+D$
	$A+C$	$B+D$	

〈빈도〉

	L	H	
R	a	b	p
W	c	d	q
	q'	p'	1.00

〈비율〉

4간표의 횡축의 L, H는 준거점수에 의하여 전체 사례수를 대략 반으로 나누었을 때의 하층집단과 상층집단을 가리킨다. 가령, 전체 사례수를 중앙치(M_{dn})에 의해서 등분하면 성적이 낮은 집단을 하층집단, 성적이 높은 집단을 상층집단이라고 하는 것이다. 4간표의 종축의 R, W는 각각 한 문항에 있어서의 정답자수와 오답자수를 말한다. 즉, 빈도를 기입한 4간표의 각 칸을 A, B, C, D라고 하면, 이 각 칸에는 다음과 같은 빈도를 기입하게 되는 셈이다.

A…하층집단의 정답자수
B…상층집단의 정답자수
C…상층집단의 오답자수
D…하층집단의 오답자수

앞에서도 말한 바와 같이 이 준거가 검사 이외의 외부적인 경우에는 그 준거점수로서 상 · 하층집단을 나누고, 내부준거일 때에는 바로 그 검사의 총점으로서 상 · 하층집단을 나누게 된다.

이 4간표는 각 문항마다 다 하나씩 만들어야 하고, 상 · 하집단은 준거점수에 의해서 한번만 나누면 그 검사의 전체 문항에 다 적용할 수 있는 것을 짐작할 수 있을 것이다.

이 4간표의 준비가 끝나면 바로 ϕ의 계산에 들어간다. 4간표에 빈도가 기입되었는지 비율이 기입되었는지에 따라서, 공식은 다르게 표시되지만, 그 공식의 원리는 꼭 같다.

[빈도에 의한 공식]

$$\phi = \frac{(BC - AD)}{\sqrt{(A+B)(A+C)(B+D)(C+D)}} \quad \cdots\cdots (7.10)$$

[비율에 의한 공식]

$$\phi = \frac{bc - ad}{\sqrt{(pq)(p'q')}} \quad \cdots\cdots (7.11)$$

공식 (7.10) (7.11)에 의해 계산되어 나오는 ϕ계수를 흔히 문항변별도 지수(Item discrimination index)라 부르고, *D.I.*라는 기호로 표시한다.

그런데 공식 (7.10), (7.11)은 ϕ계수의 가장 일반적인 공식으로서 준거점수의 상 · 하층집단을 어떻게 이분하더라도 괜찮으나, 특히 중앙치 *Mdn*에 의해서 상 · 하층집단을 완전히 이등분(즉, $p' = q' = .50$)했을 때에는 다음과 같은 간편한 공식을 쓸 수 있다.

[빈도에 의한 간편공식 : 상 · 하층집단이 이등분되었을 때]

$$\phi = \frac{B - A}{\sqrt{(A+B)(C+D)}} \quad \cdots\cdots (7.12)$$

[비율에 의한 간편공식 : 상 · 하층집단이 이등분되었을 때]

$$\phi = \frac{b - a}{\sqrt{pq}} \quad \cdots\cdots (7.13)$$

ϕ계수도 물론 +1.00부터 −1.00까지의 값을 취하게 된다. 계수 자체의 기본적 가정이 다르기 때문에 적률 r과 같지는 않으나, 해석은 적률 r에 준해서 하면 된다. 즉, 부호가 −인 계수는 준거의 상 · 하집단을 역으로 변별하는 문항임을

가리키므로 이런 문항은 무조건 불량한 문항이라고 할 수 있다. 즉, 준거의 성적이 좋은 사람일수록 이 문항에서는 오답을 할 가능성이 많다는 것이므로 좋지 못한 문항임이 자명하다. 또 나온 ϕ계수가 +의 부호를 가지고 있더라도 0에 가까운 문항도 좋은 문항이라고 볼 수 없다. 이런 문항은 준거의 상·하집단을 바르게 변별하고는 있지만 그 변별력이 너무 빈약한 것이다. 결국, +의 꽤 높은 계수가 나타나야만 변별력이 좋은 문항이라고 할 수 있다. 변별력이 좋으냐 좋지 않으냐를 판단하는 일률적인 기준선을 그을 수는 없으나, 대체로 +.20을 최저의 만족할 만한 변별도지수로 보는 경향이 많다.

예컨대, 왼쪽의 4간표 자료를 공식 (7.12)에 의해서 *D.I.*를 계산하면 다음과 같다.

(a)

	L	*H*	
R	39	82	121
W	61	18	79
	100	100	200

→

(a)

$$D.I. = \frac{82-39}{\sqrt{(121)(79)}} = \frac{43}{87.77} = +.49$$ 변별력이 좋음.

(b)

	L	*H*	
R	62	37	99
W	38	63	101
	100	100	200

→

(b)

$$D.I. = \frac{37-62}{\sqrt{(99)(101)}} = \frac{-25}{10} = -.25$$ 변별력이 불량함(역).

(c)

	L	*H*	
R	78	85	163
W	22	15	37
	100	100	200

→

(c)

$$D.I. = \frac{85-78}{\sqrt{(163)(37)}} = \frac{7}{77.65} = .09$$ 변별력이 빈약함.

2 문항분석 수표이용법

문항변별도 지수의 계산 방법은 앞에서 든 4류상관계수 ϕ 이외에도 수없이 많지만, 이들의 대부분이 상관계수의 계산을 거치게 되어 있으므로 계산의 과정이 복잡하고 힘이 든다는 것이 큰 난점이다. 그래서 이런 계산의 불편을 덜기 위해서 일찍부터 여러 가지의 문항분석 수표가 만들어져서 광범하게 이용되고 있다.

이 중에서 가장 유명한 것은 Flanagan(1935)의 수표와 Fan(1952)의 수표다. 이 두 가지 수표의 공통된 점은, 준거점수의 상 · 하층집단을 전체 사례수의 50%, 50%로 나누지 않고 최상층의 27%와 최하층의 27%로 결정하고 있다는 점이다. 이것은 주로 계산을 간편하게 하기 위한 것으로서, 이러한 수표들을 이용할 때에는 최상층 27%와 최하층 27%의 자료만으로서 문항변별도를 찾아보게 되어 있다.

이 두 가지 수표 중에서 Fan의 문항분석 수표를 이 책의 부록에 실어 두었다. 이 수표에서는 문항의 난이도와 변별도지수를 동시에 찾아볼 수 있다.

이 수표를 이용하기 위해서는 준거점수의 분포를 위로부터 27%, 아래로부터 27%로 자르고, 이 최상층집단과 최하층 집단에서 정답을 맞춘 사람의 백분율을 먼저 문항마다 계산해 놓아야 한다. 이 수표를 보면 옆으로 최하층 집단의 정답 백분율(P_L)을 표시하고 위로부터 아래로 최상층 집단의 정답률(P_H)을 표시해 두고 있다.

따라서 문항의 일정한 P_L과 P_H가 교차하는 칸을 보면 두 개의 수치가 나타나 있는데, 왼쪽의 P가 난이도이고 오른쪽의 r이 준거점수와 정답 · 오답 사이의 상관도, 즉 문항변별도지수를 가리킨다. 예컨대,

$P_L = 5 \quad P_H = 71$ 이면 ⟶ 수표에서 $P = 33 \quad r = .70$ 이며

$P_L = 63 \quad P_H = 86$ 이면 ⟶ 수표에서 $P = 75 \quad r = .30$ 인

것을 찾아볼 수 있다.

3) 주관식 검사에서의 문항변별도 검증

부분점수가 있는 주관식 검사에서는 다음 공식에 의해서 계산된다.

$$D.I. = \frac{S_P - (N_P \times X_{\min})}{N_P(X_{\max} - X_{\min})} - \frac{S_F - (N_F \times X_{\min})}{N_F(X_{\max} - X_{\min})} \quad \cdots\cdots (7.14)$$

공식(7.14)에서 S_P는 합격집단에서 주어진 문항에 대한 점수의 합 $(\Sigma f X_P)$이고, S_F는 불합격집단에서의 점수의 합$(\Sigma f X_F)$이 된다. 기타 기호는 공식 (7.9)의 기호와 같다.

공식 (7.9)와 (7.14)를 적용하기 위해서는 일정한 성취수준을 기준으로 합격-불합격의 두 집단으로 나눌 수 있어야 할 것이다. 그러나 이러한 명확한 성취수준을 결정하기 어려운 경우에도 어느 정도 임의로 이러한 기준을 설정하여 문항변별도를 계산할 수 있을 것이다. 그럼에도 불구하고 공식 (7.9)나 (7.14)는 절대기준검사에서 *D.I.*를 계산하는 데 경우에 따라서 만족한 공식이 되지 못할 때도 있다. 예를 들어 사전에 결정한 일정한 성취수준 이상으로 모든 사람이 다 통과했거나 반대로 불합격되었다면 *D.I.*의 계산은 불합리하게 된다(즉 *D.I.*는 "0"이 됨). 그러나 이것은 *D.I.*의 계산 공식의 결점이 아니라 절대기준평가와 수업 효과의 두 가지 조건 때문이라고 할 수 있다. 절대기준평가의 입장에서 볼 때 어떤 학습이 성공적이라면 능력의 상하에 상관이 없어야 할 것이다. 이러한 견지에서 볼 때 절대기준평가에서의 *D.I.*의 계산은 수업 효과 및 문항 제작상의 오류를 진단하는 데 하나의 참고가 되지만 그 이상의 어떤 중요성을 갖는다고 볼 수 없다. 그러나 상대평가에서는 개인차의 변별이 주목적이므로 문항변별도에 의한 검사문항의 선정은 중요한 의미를 갖는다.

4) 문항변별도의 이용

① 문항변별도는 총합평가에서나 형성평가에 모두 유용하게 쓰인다.

② −부호가 붙은 문항은 물론 0.0에 가까운 것도 쓸모없는 문항이다.

③ 난이도가 0%나 100%의 극단에 가까울수록 변별도는 줄어들고 난이도가 50%일 때에 변별도는 가장 클 수 있는 가능성이 있다.

3. 문항반응분포의 분석

1) 문항반응분포 분석의 개념

문항반응분포(item response distribution) 분석이란 답지별 반응이 어떻게 반응하고 있는가를 기술하고 분석하는 시도이며, 문항의 특정한 답지가 의도했던 대로의 역할을 다하고 있느냐, 답지의 상대적 반응비율이 기대하는 바 대로 나타나고 있는가 하는 것을 문제 삼는다.

2) 분석의 방법

① 먼저 문항의 각 답지에 학생들이 어떻게 반응하고 있는가 하는 문항반응분포를 기술해야 한다.

② 상 · 하 집단에서 반응하는 형태에 어떤 차이가 있는가 등을 알아본다(다음에 예시한 문항 1, 문항 2, 문항 3 참조).

〈문항 1〉

답지	반응자수
①	25
②	18
③	21
※④	56
N	120

〈문항 2〉

답지	반응자수
※①	26
②	12
③	67
④	15
N	120

〈문항 3〉

답지	반응자수
①	2
②	20
※③	98
④	0
N	120

※표는 정답

〈문항 1〉과 같은 반응분포는 우리가 원하는 바의 비교적 바람직한 형태라 할 수 있다. 우선 정답에 많은 수의 피검자가 반응을 하고 있어서, 정답이 제대로 정답 구실을 하고 있으며, 오답에 대한 반응도 골고루 분산되어서 진짜 정답을 모르는 피검자들에게는 모두가 그럴듯하게 오답으로서의 매력을 지니고 있어서 양호한 문항이라 할 수 있다.

〈문항 2〉는 어딘가 잘못된 문항이다. 오답인 ③에는 67명이라는 많은 수의 반응자가 몰려 있는 반면에, 정답인 ①에는 26명만이 반응을 나타낸 것은 정답이 정답 구실을 못하고 있으며, 따라서 오답인 ③의 매력이 지나치게 두드러진 때문이다. 대개는 문항이 어려울 경우에 이러한 결과가 나타나기 쉬운데, 이럴 때는 정답이 어딘가 잘못 되지 않았나 살펴보고, 좀더 쉽게 고쳐야 한다. 따라서 상대적으로 두드러진 오답의 매력도 깎아 내려야 할 것은 필연적인 조처라 하겠다.

3) 문항반응분포의 이용

① 오답이 제구실을 다하고 있는가를 검토하게 해 준다.
② 문제구성의 잘못을 판단해 주는 근거를 제공해 준다.
③ 오답 반응을 근거로 교수-학습과정을 개선하는 데 이바지한다.

4) 문항분석 카드와 문제은행

문항분석을 하는 이유는 그 문항의 재활용의 근거를 검증하는 데 의의가 있다. 분석된 자료를 한눈에 알아볼 수 있도록 정리한 문항분석 카드와 이 카드를 잘 보존할 수 있는 문제은행(item pool)을 만들어야 한다. 문제저장함(은행)은 교육평가에 대한 반성적, 연구적 재료를 제공함은 물론 동형검사의 제작에 많은 도움을 주며 계획적으로 원하는 검사를 쉽게 만들게 하고 검사제작의 시간을 절약하는 데 크게 기여한다.

〈문항분석표〉 문항분석의 예

교과명: 철학				No. 3
평가목표	학설 · 사상에 대한 지식			
평가단원 및 내용	단원명 : 제1장 인간관		내용 : 인간의 본성	
반응자수 / 답지	상집단	하집단	소 계	총 계
①	10	20	30	100
② 정답	30	10	40	
③	5	10	15	
④	5	10	15	
문항난이도(P)	40			
문항변별도(D.I)	+0.40			
문제구성	인간의 성선설을 주장한 사람은? 1) 공자　2) 맹자　3) 순자　4) 노자			

문항분석 카드는 위의 표와 같은 항목을 기본요소로 하여 작성한다.

제 8 장

표준화검사법과 규준점수

1. 표준화검사법의 개념과 특징
2. 표준화검사의 선택과 실시법
3. 규준점수

1. 표준화검사법의 개념과 특징

1) 표준화검사의 정의

학생의 행동발달 상황의 평가에 있어서 책임감, 사회성, 자율성, 활동성, 지배성, 사려성 등 인성요인과 관련된 행동평가는 관찰법이나 평정법에 비해 표준화 성격검사에 의해서 측정평가하는 것이 훨씬 더 평가의 타당도와 신뢰도를 높일 수 있다.

표준화검사란 자기보고식 검사의 형태로 상품화된 객관적 검사이며 검사의 타당도와 신뢰도가 높고 평가도구의 표준화, 평가절차의 표준화 그리고 채점 및 해석의 표준화가 마련된 검사이다.

2) 표준화검사의 특징

(1) 검사도구의 표준화

표준화검사는 인간의 인성특성 또는 행동경향성을 측정하게 되는 것이므로 검사도구가 그러한 인간의 행동특성을 측정하기에 충분한 문항들로 구성되어야 함은 당연한 일이다. 그러나 개인의 많은 행동을 낱낱이 문항에 비추어 알아본다는 것은 실제적으로 불가능한 일이다. 그러므로 그 행동의 일부분을 표집하여 그것으로 전체 행동을 미루어 볼 수밖에 없다.

따라서 도구의 표준화는 타당성 있는 측정도구를 만들기 위한 필수요건이라 할 것이다. 즉, ① 제작되어 나온 도구가 측정하려고 하는 내용(목적)을 제대로 분석하고 있으며, ② 그 분석된 내용을 나타내는 행동 증거를 적절히 수집하고 있으며, ③ 검사 결과에서 정규분포의 반응치를 얻을 수 있는가의 문제 등은 곧 도구의 표준화와 직결되는 일이요, 도구의 표준화 그 자체인 것이다.

이와 같이 표준화검사의 도구는 평가도구가 표준화되어 있다는 점이 큰 특징을 이루고 있다.

(2) 절차의 표준화

표준화검사에서는 검사의 제작에서부터 검사요강의 편집, 실시, 채점, 해석, 활용에 이르기까지 반드시 요구되는 조건에 맞추어야 한다. 이 중에서도 검사 실시 절차의 표준화는 더욱 지켜야 할 일이다. 도구 작성자가 절차의 표준화를 위한 지시를 명백히 하는 것은 물론이려니와 실제 검사 실시에 있어 이 절차가 지시한 대로 지켜지지 않는다면 표준화검사의 결과는 믿을 수 없는 것이 되고 만다.

표준화검사는 시공간을 초월하여 언제 어디서나 실시할 수 있다는 장점을 지니고 있지마는 그 전제가 되는 것은 절차의 표준화에 있는 것이다. 만약 실시에 있어서 표준화된 절차에 따르지 않는다면 엉뚱한 결과를 가져올 것이며 해석, 활용에 있어 그릇된 방향으로 이끌어 갈 것이다.

(3) 채점 및 해석의 표준화

채점 및 해석도 위의 절차의 표준화에 속하는 것이 되겠지만 표준화검사에서는 검사결과를 비교해 볼 수 있는 '규준'을 마련하고 있음이 그 특징의 하나다. 채점이 표준화되어 있다면 거기에다 얻은 결과를 가지고 전국적인 수준에서 개개인의 위치를 알아낼 수 있는 것이다.

개인뿐만 아니라 전국적인 수준에 비추어 본 자기 학급의 능력수준을 알아볼 수 있을 것이며 따라서 해석도 제대로 할 수 있을 것이다.

표준화검사의 우수성은 이러한 개인 또는 집단의 특성을 규준에 비추어 비교 가능케 하는 데 있다. 따라서 규준집단의 선정은 검사의 표준화를 위해 대단히 중요시되고 있다. 규준집단은 선정에 있어 모집단을 잘 대표할 수 있도록 표집 이론이 엄격하게 지켜져야 하며 규준집단의 검사 실시 결과는 정규분포이거나, 정규분포에 가까워야 한다. 이렇게 하여 뒤따르는 통계적 절차를 거쳐 마련된 '규준점수'에 의해 어떤 개인의 검사 결과는 바르게 비교되고 해석되는 것이다.

2. 표준화검사의 선택과 실시법

1) 검사선택의 기준

(1) 검사도구의 타당도

타당도는 하나의 검사도구가 평가하려고 하는 내용이나 목표를 충실하게 평가하고 있는가의 문제이다. 이와 같은 사려 깊은 주의(thoughtful attention)는 다음과 같은 면에서 행해져야 할 것이다.

① 타당도가 보고되어 있는가?

② 보고된 타당도는 어떤 준거에 의한 것이며 그것은 합리적인가?

③ 문항제작이 잘 되어 있으며, 행동증거의 수집이 적합한가?

④ 검사도구에 대한 전문가나 비판자들은 그 도구에 대하여 어떤 의견을 가지고 있는가?

(2) 검사도구의 신뢰도

검사도구가 일관성 있는 결과를 가져오지 않는다면 신뢰도는 낮은 것이다. 신뢰도의 검사상 필요한 요건은 다음과 같다.

① 무슨 형의 신뢰도가 결정되었는가?

② 측정의 표준오차는 검사결과를 신뢰할 수 있을 정도로 작은가?

③ 신뢰도를 결정할 때에 사용된 표본집단의 크기는 적절한가?

④ 검사전문가나 비판가들의 의견은 어떠한가?

(3) 규준점수

표준화검사의 중요한 특징은 규준의 유용성(availability)에 있다. 그러므로 다음과 같은 면에서 규준(norm)을 살펴야 한다.

① 어떤 규준점수가 사용되고 있으며, 또한 지역별, 성별 또는 연령별 규준이

보고되어 있는가?

② 규준의 기초가 되는 원점수의 분포에 관한 기록이 있는가?

③ 표준화집단의 표집의 방법, 크기는 적절하며, 표집대상자의 연령, 성별이 기록되어 있는가?

④ 같은 종류의 검사도구의 규준과의 비교도 언급되었는가?

⑤ 검사를 실시하는 학년 또는 학급과의 비교가 가능할 수 있도록 규준이 작성되었는가?

(4) 검사실시의 용이성

검사실시의 용이성 문제, 즉 실시방법은 미리 훈련받은 교사라야만 검사를 실시할 수 있는가? 복잡한 시간의 조절절차는 없는가? 피검자에게 주는 불필요한 지시 또는 부적당한 연습문제는 없는가? 실시에 필요한 시간은 너무 길지 않은가? 답안지는 따로 마련되어 있는가? 인쇄의 오식은 없는가 등의 면이 조사되어야 한다.

(5) 채점의 용이성

채점에 대한 설명이 자세하게 기록되어 있는가? 또는 객관적인 채점이 가능하도록 되어 있는가? 등이 살펴져야 한다.

(6) 기타 조건

위와 같은 기준 외에도 검사요강 · 검사제작 연도 · 평판 · 해석의 용이성 · 활용도 · 인쇄의 선명도 · 경비 등의 면이 고찰되어야 한다.

2) 검사의 실시방법

(1) 분위기 및 동기조성

개인검사로 되어 있는 표준화점사는 전문적 소양이 있는 검사자에 의하여 검사가 시행되어야 하겠지만, 집단검사로 되어 있는 표준화검사는 담임교사에 의하여 실시될 수 있다. 담임교사가 시행할 경우에는 학생들의 수검 동기를 유발시킬 수 있으며 쉽게 학생들과의 래포(rapport)를 형성할 수 있는 장점이 있지만, 학생들에게 최선을 다하여 검사를 받도록 동기를 유발해 주어야 할 것이다.

(2) 지시의 정확화

검사를 시작하는 데 있어 인쇄된 지시만을 읽을 때에는 문장을 빠뜨리거나 대체 첨가함이 없도록 해야 할 것이며, 지시의 불완전한 이해로 말미암아 시행이 무효화될 수도 있다. 검사 시간이 정확하게 지켜져야 할 경우에는 스톱워치(stop watch)를 사용하는 것이 바람직하겠으나 불가능할 때는 시작할 때의 '분과 초'를 기록해 두는 것이 매우 중요한 일이다. 시간을 정확하게 지키는 일을 기억에 의존하는 방법은 금물이다.

(3) 실시시간

검사실시의 시간은 되도록 오전 시간을 택하는 것이 좋다. 피검자들이 충분히 그 능력을 발휘할 수 있도록 조용한 장소, 좋은 날씨, 피로하지 않은 시간 등 조건을 갖추어 주는 것이 바람직하다.

(4) 결과의 해석

이상과 같이 실시하여 얻은 검사의 결과는 '현재 피검자의 능력이 어느 정도인가'를 지시하는 식으로 해석되어야 한다. 검사의 결과를 영구적 또는 반영구적으로 해석한다는 것은 위험한 일이다. 비교적 영구성을 띠고 있는 것으로 알려져 있는 지능지수도 변동이 있음이 연구결과로 보고되고 있다. 또한 표준화검사는 어느 학교 어떤 교실에서도 사용될 수 있도록 최대공약수적인 내용으로 구성되어 있어 교사의 학생지도의 목표 내용을 전부 포함하지 못하는 단점이 있으므로 이 점도 해석에 있어 아울러 고려되어야 할 것이다.

(5) 검사지의 처리

검사결과의 기록 정리가 끝나면 사용했던 검사용지를 소각해 버리는 것이 도구 자체의 효용기간을 길게 하는데 도움이 될 것이다.

수량화된 검사의 결과는 다음에 올 교육활동에 유효하게 사용되어야 하며 쓸데없이 학생에게 알리지 않는 것이 좋다.

(6) 유의점

마지막으로 표준화검사의 실시는 학교 교육계획의 일환으로 계획성 있게 실시되어야 한다. 표준화검사는 그리 빈번하게 시행될 수 없는 것이므로 그 종류 · 횟수 · 시기 등이 합리적으로 연구되고 실천되어야 할 것이다.

3. 규준점수

1) 규준점수척도

(1) 규준의 정의

한 검사의 결과해석에 있어서는 정답수를 세어서 얻은 원점수(또는 소점, raw score)를 사용하지 않고 이 원점수를 규준(norm)이라고 하는 공통척도상의 점수로 일단 환산하여 사용하게 된다. 원점수는 그 자체로서 어떤 해석을 위한 의미를 주지 못하기 때문이다.

한 검사에서 측정되어 나온 소점은 규준에 비추어 의미있게 해석할 수 있다. 규준은 "검사에서 얻은 소점을 의미있게 해석할 수 있도록 비추어 볼 수 있는 자(尺)"로 정의된다. 이것은 한 검사의 원점수를 의미있는 표준적인 척도로 옮겨 해석을 도와 주는 방법이라 할 수 있다.

(2) 규준척의 작성

규준을 만들 때에는 전집을 잘 대표할 수 있는 표준집단에 검사를 실시하고 거기서 얻은 결과를 기초로 하여 소점 아닌 다른 점수로 변환해 놓는 작업을 한다. 이 변환된 점수척도가 규준인 것이다. 그러면 같은 검사지를 사용하여 얻은 소점을 그 규준에 비추어 보아 정확히 어떤 위치에 속해 있는가를 알 수가 있다. 이와 같은 규준은 첫째, 개인이 규준집단에 비추어 어떤 위치에 있는가를 알게 하고, 둘째, 한 개인이 여러 검사에서 얻은 여러 가지 점수를 직접 비교할 수 있는 준거(criteria)가 되는 것이다.

(3) 규준점수척도의 종류

규준척으로서는 앞에서 공부한 Z점수, T점수, C점수, Stanine점수, H점수, 그리고 백분위점수 등이 이용되고 있다. 따라서 여기서는 이들 규준척도들의 설명을 되풀이하지 않겠다.

(4) 규준점수척도의 성질

시판 중인 검사지들은 일반적으로 규준참조적(norm-referenced)이다. 즉, 검사에 대한 학생의 성취수준은 어떤 규준집단의 규준점수상의 성취수준과 비교되어 해석된다. 즉 한 학생의 득점은 성별 또는 지역별 등의 규준점수와 비교하여 어느 정도인지를 의미하거나, 또는 어떤 비교집단 내에서의 서열이나 석차를 의미하기도 한다. 기본적으로, 규준점수는 측정된 각 행동특성별로 한 개인이 다른 사람들에 비해서 잘 하는지 못하는지를 알 수 있게 해 준다.

준거참조적인 득점의 해석은 자동적이라 할 수 있으며, 득점 자체가 한 학생이 실지로 할 수 있는 것이 무엇이며, 아직 습득되지 않은 기능이나 내용이 무엇인지를 표시해 주고 있다. 이와는 반대로, 규준참조적인 득점의 의미와 그 활용은 규준집단의 성격에 따라 다라질 수밖에 없다. 예컨대 학업에 냉담하고 학구적 관심이 빈약한 집단에서의 백분위점수 90점은, 학업에 열중하고 학구

열이 높은 집단에서의 백분위점수 40점보다 별로 의미가 없을 수도 있다.

따라서 규준점수의 작성을 위해서 표집되는 규준집단은 신중을 기해야 하는 것이다.

그리고 또한 한 검사에서 얻어진 원점수는 일반적으로 절대영점이 없는 비동간적인 서열척도의 일종이기 때문에 이런 종류의 원점수 자체에 절대적인 의미를 부여할 수는 없다. 또한 이런 원점수들은 가감승제하거나 상호 비교하여 해석할 수 없는 단점을 가지고 있다. 이와 같은 이유 때문에 엄밀한 검사에서는 검사의 점수를 비교적 동질적인 연령집단에서 얻은 전체점수분포 속에서 차지하는 한 점수를 상대적으로 해석하게 되는 것이다.

2) 규준척의 내용점수

규준척의 내용점수로는 연령규준(age norm)점수, 학년규준(grade norm)점수, 성규준(sex norm)점수, 지역규준(local norm)점수, 전국규준점수, 행동목표 규준점수, 학기규준점수 등이 있다. 다음에 몇 가지를 예로 들어 보기로 한다.

(1) 연령규준점수

연령규준은 한 원점수가 해당하는 평균연령으로 환산된 것이다. 예컨대 어떤 검사에서 10세 아이들의 평균점수가 32점이었다면 32점을 10세점이라고 따진 척도다. "평균치"로 하지 않고 "중앙치"로 하는 경우도 있고, 또는 "60%점" 혹은 "70%점"을 따지는 수도 있다. 즉 10세 아이들의 분포에서 60%점에 해당하는 것이었다면, 이 60%점을 10세점으로 하는 수도 있다. 대개 지능검사는 연령척으로 규준이 나오고 있다.

(2) 학년규준점수

학년규준은 연령규준과 비슷하다. 다만 아이들의 연령이 아니라 학년이 초점이 될 따름이다. 어떤 검사에서, 75점은 초등학교 4학년에 해당하는 점수식으로 표시된 것이다. 짐작할 수 있듯이 이것은 학력검사에서 많이 사용된다.

정신연령, 성적연령 등 연령규준에서 한 아이의 점수의 연령점수를 마치 그 아이의 발달단계의 정도를 지시하는 것처럼, "먹은 나이" 연력연령에 대하여 ○○연령이라는 표시를 많이 한다. 지능검사에서는 이것을 정신연령이라고 부르고 있는데, 기타 각 검사에서 산수연령, 국어연령, 독서연령 혹은 검사 외에서도 생리적 발달의 정도에 의해서 골격연령, 기관연령 등으로 흔히 부르곤 한다.

이런 연령척, 학년척에는 측정이론적으로 좀 단점이 있어, 엄격한 규준에서는 백분위 표준점수(그 중에서는 T점수)의 척도를 취한다.

다음 〈표 8-1〉은 영어학력에 관한 지역별 · 학년별 규준점수의 일례다.

(3) 지역규준점수

예컨대 한 국가의 여러 지역에 따라, 지능이나 성적에 집단적으로 상당한 차가 있는 것이 보통이다. 서울지방에서의 평균점수가 시골에서는 상당히 높은 위치에 있을 수 있다. 규준이란 본래 결과의 해석을 도우기 위한 것인데 그렇다면 한 학생의 위치를 판단함에는 한국 전체의 규준도 도움이 되지만, 또 그 학생의 지역에서의 위치를 표시해 주는 지역규준도 퍽 유용하다. 이러한 지역규준에 비해 전국규준이 있을 수 있다.

(4) 집단규준점수

비단 지역별이 아니라, 표준집단에 소집단적으로 차가 있을 때에는 전체규준과 동시에 집단규준도 작성해 두면 도움이 된다. 가령 남녀별, 혹은 직업별, 혹은 전공별 등이다.

〈표 8-1〉은 지역별 · 학년별 규준점수를 〈표 8-2〉는 남녀별 규준점수를 나타낸 본보기다.

표 8-1 지역별 · 학년별 규준점수의 예

[2학기] 지역별 · 학년별 규준점수 영어

T	P	원점수 1학년 도시	1학년 지방	1학년 전국	2학년 도시	2학년 지방	2학년 전국	3학년 도시	3학년 지방	3학년 전국	T	P
80	99.9	-	-	54	50	37	48	54	45	53	80	99.9
79	99.8	-	39	53	49	-	47	53	44	52	79	99.8
78	99.7	55	38	52	48	36	46	52	43	-	78	99.7
77	99.6	54	-	51	47	-	45	51	-	51	77	99.6
76	99.5	53	37	50	-	35	-	-	42	50	76	99.5
75	99.5	52	36	49	46	34	44	50	41	49	75	99.4
74	99.2	-	-	48	-	-	43	49	49	48	74	99.2
73	99	51	35	47	45	33	42	48	39	47	73	99
72	99	50	34	46	44	-	41	47	38	46	72	99
71	98	49	-	45	43	32	-	46	-	45	71	98
70	98	48	33	44	-	31	40	45	37	44	70	98
69	97	47	32	43	42	-	39	-	36	43	69	97
68	96	46	-	42	41	30	38	44	35	42	68	96
67	96	45	31	41	40	-	37	43	-	41	67	96
66	95	44	30	40	39	29	36	42	34	40	66	95
65	93	43	-	39	-	28	-	41	33	-	65	93
64	92	42	29	38	38	-	35	40	32	39	64	92
63	90	41	28	37	37	27	34	39	-	38	63	90
62	88	-	27	36	36	26	33	-	31	37	62	88
61	86	40	-	35	35	-	32	38	30	36	61	86
60	84	39	26	34	34	25	-	37	29	35	60	84
59	82	38	25	33	33	-	31	36	-	34	59	82
58	79	37	-	32	-	24	30	35	28	33	58	79
57	76	36	24	31	32	23	29	34	27	32	57	76
56	73	35	23	30	31	-	28	33	26	31	56	73
55	69	34	-	29	30	22	27	-	25	-	55	69
54	66	33	22	28	-	-	26	32	-	30	54	66
53	62	32	21	27	29	21	-	31	24	29	53	62
52	58	31	-	26	28	20	25	30	23	28	52	58
51	54	30	20	25	27	-	24	29	22	27	51	54
50	50	29	19	24	26	19	23	28	-	26	50	50
49	46	28	-	23	25	-	22	27	21	25	49	46
48	42	-	18	-	-	18	21	-	-	24	48	42
47	38	27	17	22	24	17	-	26	19	23	47	38
46	34	26	-	21	23	-	20	25	-	22	46	34
45	31	25	16	20	22	16	19	24	18	21	45	31
44	27	24	15	19	21	-	18	23	17	20	44	27
43	24	23	14	18	-	15	17	22	16	19	43	24
42	21	22	-	17	20	14	-	21	-	18	42	21
41	18	21	13	16	19	-	16	20	15	17	41	18
40	16	20	12	15	18	13	15	-	14	16	40	16
39	14	19	-	14	17	12	14	19	13	15	39	14
38	12	18	11	13	16	-	13	18	12	14	38	12
37	10	17	10	12	15	11	12	17	-	13	37	10
36	8	16	-	11	-	-	11	16	11	-	36	8
35	7	15	9	10	14	10	-	15	10	12	35	7
34	5	-	8	9	13	-	10	14	9	11	34	5
33	4	14	-	8	12	9	-	13	-	10	33	4
32	4	13	7	7	11	8	9	-	8	9	32	4
31	3	12	6	6	-	-	8	12	7	8	31	3
30	2	11	-	5	10	7	7	11	6	7	30	2
29	2	10	5	4	-	6	6	10	-	6	29	2
28	1	9	4	3	9	-	5	9	5	5	28	1
27	1	8	-	2	8	-	4	8	4	4	27	1
M		29.40	19.15	24.52	26.23	19.23	23.10	28.23	21.60	25.57		
S.D		9.33	6.84	9.75	8.47	6.09	8.26	8.64	7.65	9.27		

표 8-2 남녀별 규준의 예

표 준 학 력 진 단 표

학년　　반

이름　　　　　　　　남 · 여

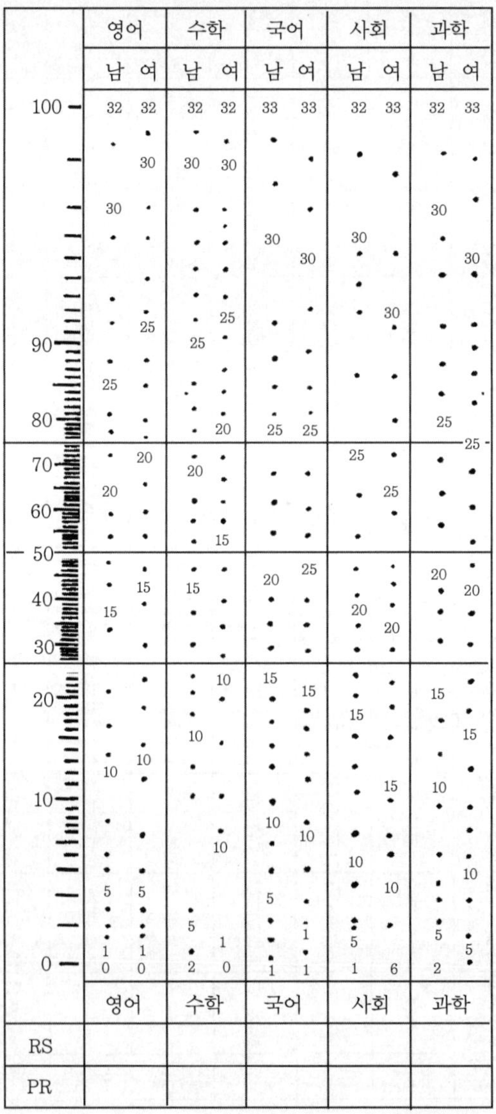

(5) 행동목표 규준점수

이는 규준척의 내용점수가 지식, 이해력, 적용력, 분석력 등의 행동목표로 구성된 규준점수를 말한다. 즉 행동목표 중 중요한 하위목표들을 규준척의 내용으로 삼는 경우를 말한다.

제 9 장

교과학습의 평가기법

1. 평가도구 제작시의 유의사항
2. 평가도구 제작 절차상의 유의점
3. 주관식 검사
4. 객관식 검사
5. 수업목표의 평가기법
6. 각 교과별 평가의 기법

1. 평가도구 제작시의 유의사항

주어진 수업목표의 달성도를 측정하기 위한 방법으로는 교사제작의 필답고사 이외에도 관찰에 의한 방법, 면접, 평정법, 표준화검사에 의한 방법 등 여러 가지가 있으나, 여기서는 학생들의 지적 영역의 교과학습의 결과의 평가방법으로 가장 흔히 사용되는 교사제작의 필답고사에 대해서 언급하고자 한다.

1) 교사작성 검사의 역할과 기능

앞에서 우리가 평가가 수업활동의 일부분임을 알았다. 수업담당자인 교사는 최선의 교수방법을 투입하여 학생들을 가르쳐야 할 의무가 있는 반면 그들의 학습결과를 타당하고 신뢰롭게 평가해야 할 의무 또한 있다고 하겠다.

교실현장의 교사가 제작하는 검사는 전문가에 의해 제작된 표준화검사의 역할이나 기능과는 다른 역할과 기능을 갖는다.

(1) 교사작성 검사의 역할

Schwartz와 Tiedman은 이러한 교사작성 검사의 역할을 다음과 같이 강조하고 있다.

① 학생들의 학습진도를 파악하고 조절할 수 있다.

② 학생들의 학습동기의 유발에 도움을 준다.

③ 특정의 교수상황하에서의 학생 개개인의 강점과 약점을 파악하는데 도움을 준다.

④ 평가에 의해 수업의 어떤 부분에 수정이 필요한가를 확인할 수 있으므로, 그것은 교사에 대한 피드백 정보로 이용될 수 있다.

⑤ 수업이 전개되는 동안에도 계속적 평가를 가능하게 한다.

⑥ 수업목적의 도달도에 대한 정보를 제공한다.

⑦ 특별한 지도를 필요로 하는 학생을 확인하는데 도움을 주며, 교정학습이나 치료적인 지도계획의 수립에 도움을 준다.

(2) 교사작성 검사의 기능

Cronbach는 교사작성 검사의 기능을 다음과 같이 5가지로 열거하고 있다.

① 평가는 학습자에게 자기의 행동이 어떻게 변화 또는 발달하고 있는가를 이해시켜 준다.

② 평가는 학습자 자신이 원하는 정도로 학습이 이루어졌을 때 학습자에게 만족을 준다.

③ 평가는 학습자에게 장래의 결정을 위한 기초를 제시하여 준다. 예를 들면, 장래 어떤 방향으로 나아가야 하고, 어떤 치료적 방법이 필요하고, 어떤 직업 및 진학이 학생에게 적합한 것인가를 결정하여 준다.

④ 평가는 교사에게 자기의 교육방법이 어느 정도로 적합했던가를 가르쳐 준다.

⑤ 평가는 관리적 판단을 위한 정보를 제공하여 준다.

2) 교사작성 검사의 일반적인 문제점

학생들은 치른 시험문제에 대해서 항상 불평 불만을 털어놓는다. 문제의 뜻이 명료하지 못하다든지, 답을 어떻게 써야 할지, 교사가 무엇을 요구하고 있는지 등을 몰라서 쩔쩔맨다고들 한다. 심지어 어쩐 학생들은 중요한 대목을 철저히 공부했는데도 문제가 사소한 하찮은 대목에서 출제되었다든가 각주에서만 출제되었다고도 불평한다.

이와 같이 교사작성 검사는 표준화검사에 비하여 일반적으로 결함이 없지 않다. 이러한 결함 중 특히 유의해야 할 결함은 다음과 같다.

① 무엇을 재고 있는지 뚜렷하지 않은 검사가 많다. 즉 평가의 목표가 설정되어 있지 않은 상태에서 막연히 시험문제를 제작하고 있는 것이다. 사전에 이원분류표를 작성하여 출제를 해야 함에도 불구하고 이를 무시하고 주먹구구식으

로 출제하는 경향이 있다.

② 단순히 지식만을 평가하는 경향이 있다. 평가라고 하면, 으레히 학과지식의 양을 재는 것으로 알던 시대는 이미 지난지 오래다. 지식영역에는 지식 외에도 응용력, 추리력, 분석력, 종합력 등 말하자면 지적 기능(Intellectual skills)이 포함되는 것이다.

③ 평가의 방법이 자명하지 못하다. 교사작성 검사는 대체로 신뢰도가 얕고 타당도가 의심되는 방법을 쓰고 있다고 비판되고 있다. "사회과 시험"은 사실은 국어 시험일 때도 있고 과학적 사고력을 측정하는 시험이 실제로는 기억력을 재고 있는 수가 많다. 같은 학생의 수학 실력을 어떤 선생은 50점으로 매기고, 어떤 선생은 80점으로 매기는 일이 허다하다. 또한 문제가 애매하다든가, 과장적인 어투를 사용한다든가 정답을 암시한다든가 하는 측정도구 작성 그 자체가 잘못되어 있는 수도 많다.

3) 검사제작에 필요한 교사의 소양

바람직한 평가가 되기 위해선 열의만 가지고서는 안 되는 다음과 같은 기본적 소양이 필요하다.

(1) 측정이론의 소양이 필요

측정도구 작성 그 자체에 관한 전문적인 소양이 필요하다. 이원분류표를 작성할 줄 알아야 하고, 필답고사를 그럴듯하게 만들어 낼 줄도 알아야 하고, 도구의 양호도를 검증할 줄도 알아야 하는 등 무엇보다도 측정이론에 밝아야 한다.

(2) 통계적 소양이 필요

평가활동 중 여러 가지 잘못을 저지르는 원인 중 교사의 통계적 소양의 부족에 기인하는 수가 많다. 문항의 난이도, 변별도 지수의 산출이나 검사의 신뢰도계수의 산출, 성적분포곡선의 판독 또는 점수의 환산법…… 등 여러 가지 소양이 요청된다고 하겠다.

(3) 심리학적 소양이 필요

인간행동 발달이나 수험생 집단의 발달수준 또는 학습수준에 대해서 아는 바가 있어야겠다. 행동의 구체적 정의와 그 측정방안의 수립에는 불가결한 소양이다.

(4) 교육과정의 내용과 원리에 관한 소양이 필요

교사가 교육과정의 내용과 원리에 밝을 때 교육평가의 각 단계의 문제는 물론 평가목적의 설정에서나 검사상태의 구안에서나 그리고 특히 결과 해석 및 활용의 단계에서 체계적으로 해결해 나갈 수 있다.

2. 평가도구 제작 절차상의 유의점

1) 사전 검토 사항

교사작성 검사의 제작을 앞두고 사전에 어떤 일을 준비하고 계획할 것인가에 대해 Mehrens와 Lehmann(1993)은 다음과 같은 항목을 열거하고 이에 대해 답할 수 있어야 한다고 주장한다.

① 검사의 목적은 무엇인가? 나는 그 목적의 설정 이유를 설명할 수 있겠는가?

② 기능, 지식, 태도 등 교육목표 중 내가 측정하고자 하는 것은 무엇인가?

③ 나는 나의 수업목표를 교사의 행동이 아닌 학생의 행동으로 명확하게 정의하고 진술할 수 있겠는가?

④ 나는 이원분류표를 마련할 수 있겠는가?

⑤ 내가 원하는 평가방식(문항형식)은 어떤 유형의 것이며 그것을 원하는 이유는

무엇인가?

⑥ 검사의 길이는 어느 정도로 정할 것이며 그 이유는?

⑦ 시험문제는 어느 정도 어렵게 만들 것인가?

⑧ 내가 만드는 검사 문항들의 변별도수준은 어느 정도로 해야 할 것인가?

⑨ 시험문제 출제에 있어서 여러 가지 문항형식을 적절히 배합 정리 반영할 수 있겠는가?

⑩ 각각의 문항형식에 따라서 문항들을 적절히 배열할 수 있겠는가?

⑪ 시험을 앞두고 학생들에게 준비시켜야 할 일은 무엇인가?

⑫ 객관식 문항의 경우, 학생들에게 답을 어떻게 쓰게 할 것인가? 답안지를 별도로 준비할 것인가?

⑬ 객관식 문항의 경우에 채점을 어떻게 할 것인가? 손으로 채점할 것인가? 아니면 채점반(cut-out key)이나 기계를 사용할 것인가?

⑭ 논문식 문제의 경우엔, 어떻게 채점할 예정인가? 총체적으로 채점할 것인가, 요소적 · 부분적으로 채점할 것인가?

⑮ 객관식 문제의 경우엔, 추측에 의해 답함을 허용할 것인지, 아니면 추측요인을 교정하는 절차를 적용할 것인가?

⑯ 채점된 점수는 어떻게 정리될 것인가? 도표화할 것인가?

⑰ 학생 개개인의 점수(서열, 성취수준 등)는 어떤 방식으로 분류되고 평정될 것인가?

⑱ 검사 결과는 어떻게 정리되고 활용될 예정인가? 또한 어떻게 보고서를 쓸 것인가?

2) 문항제작상의 유의사항

학급교사가 검사문항을 제작하는 일은 순간적이거나 무계획적으로 이루어져서는 안 되며 앞서와 같이 사전에 엄밀한 계획 아래에서 이루어져야 한다. 문항제작상 사전에 지켜져야 할 유의사항은 다음과 같다.

① 수업목표를 주의깊게 명확히 진술해야 한다. 수업목표의 명확한 정의 없이

는 타당한 검사 제작을 준비한다는 것은 불가능한 일이다.

② 문제를 출제하기 전에 반드시 이원분류표를 준비해야 한다. 이원분류표는 교과학습 목표와 교과내용으로 구성되어 있기 때문에 출제과정에 있어서 처음부터 끝까지 하나의 지표구실을 해 주며 검사문제의 내용타당도를 높여 주는 계기가 되는 것이다.

③ 문항 하나하나는 독립된 카드에 써 넣는 것이 좋다. 한 장의 8절지 종이 위에 한 문제를 출제하고 이어서 다른 문제를 출제하는 방식보다 한 장의 독서카드에 한 개의 문항을 제작하여 써 놓는 것이 문제 편집이나 결과분석에 도움이 된다.

④ 최종적으로 필요한 문항수보다 더 많은 문항이 제작되어야 한다. 33문항이 필요한 경우엔 약 50문항 정도를 제작하여 이를 충분히 검토한 후 엄선된 33문항을 최종적으로 확정하는 것이 검사의 타당도를 높일 수 있기 때문이다.

⑤ 언제 검사를 실시할 것인지 그 시기를 사전에 정해야 한다. 시기 문제는 어느 정도 학교의 규칙이나 학교계획에 의해 좌우되기도 하지만 언제 진단평가를 실시하며, 언제 형성평가를 실시하고 또 몇 번이나 실시할 것인지, 또 총합평가를 언제 실시할 것인지 하는 시기결정이 미리 계획적으로 이루어져야 한다.

⑥ 어떤 유형의 평가문항을 사용할 것인지를 사전에 결정해야 한다. 학생수준에 적합한 문항형식의 선정이 요구된다.

⑦ 평가문항의 수를 사전에 결정해야 한다. 평가문항의 수는 일차적으로는 검사시간을 어느 정도 허용하느냐에 의해 좌우되지만 동시에 평가의 목적에 따라서도 결정되어야 한다. 평가의 목적이 교과영역을 골고루 평가하는데 있다면 검사문항, 즉 검사의 길이는 길어야 할 것이고 제한된 범위의 학습내용을 평가하는 경우, 즉 형성평가의 경우는 검사시간을 짧게 결정할 수 있다.

⑧ 문항장면이 적절하게 제작되어야 한다. 이 조건은 이원분류표에 명시된 행동과 내용을 직접적으로 끄집어 내어 수집할 수 있는 문항이어야 한다는 것을 의미한다.

⑨ 문항형식이나 문항장면이 참신하게 제작되어야 한다. 참신도(degree of novelty)란 학생이 얼마나 새로운 경험을 주느냐의 정도에 의존한다. 가능하면 새로

운 자료에서 새로운 능력을 측정하는 새로운 문항형식이 요구된다. 그러나 지나치게 참신성만 구하다가 학생에게 전혀 생소한 퀴즈식 문제가 되어서는 안 된다.

⑩ 문제가 검사받으려고 하는 학생들에 비추어 보아 지나치게 어렵거나 지나치게 쉽게 출제되어서는 안 된다. 문제가 너무 어려우면 학생 개개인의 학습진전 상황을 밝히기가 힘들게 되므로 난이도가 조절되어야 한다.

⑪ 출제에 앞서서 교사는 문항제작에 대한 특별한 지식 · 기술 · 기능을 습득하거나 준비되어 있어야 한다. 문항의 여러 가지 유형, 그 유형이 갖는 장점과 단점, 좋은 문항이 요구하는 일반적인 조건, 문항제작에 흔히 빠지기 쉬운 오류 등에 관한 깊은 이해가 있어야 한다. 그러나 보다 중요한 것은 평가목표를 정확하게 평가할 수 있는 출제형식을 인출해 내는 창의력 · 발명력이라 하겠다. 이 같은 능력은 단지 문항제작에 관한 지식에 의해서만 얻어지는 것이 아니며 계속적인 제작의 경험에 의해서만 체득할 수 있는 능력이기 때문에 교사 스스로의 노력이 요구된다고 보겠다.

3. 주관식 검사

1) 문항의 형식과 제작요령

(1) 문제의 형식

[1] Mehrens와 Lehmann의 분류

Mehrens와 Lehmann은 주관식 검사의 답안작성에 있어서 어느 정도의 범위와 자유를 허용하는가에 따라 확장형(extended response type)과 제한형(restricted response type)으로 분류하고 있다.

확장형은 논의할 내용의 범위나 조직 또는 제시 방식에 있어서 아무런 제한을 두지 않는 형태로서 보통 2~3 페이지 정도의 답안구성을 요구하고 있다.

확장형에 있어서 학생은 ① 사실적인 지식(factual knowledge) 내용을 회상할 수 있어야 하고, ② 이 지식을 평가할 수 있어야 하며, ③ 그의 사고와 아이디어를 조직하고, 또한 ④ 논리적 · 체계적인 형태로 이를 제시할 수 있어야 한다.

따라서 확장형은 문제를 종합하고 평가하는 수준의 고등정신 능력을 측정하는데 크게 공헌한다.

반면에 제한형은 응답의 범위와 제시방식을 제한함으로써 채점의 신뢰도를 높이고 또한 채점상의 편의를 도모할 수 있지만, 어떤 문제에 대하여 논리적 · 체계적으로 사고하여 이를 종합적으로 표현할 수 있는 능력은 측정하기가 어렵게 된다.

이 제한형은 보통 반 페이지 정도의 답안구성을 요구한다.

2 Weidemann의 분류

Weidemann은 11개의 항목으로 분류하고 있는데 단순한 수준에서 고등정신 능력을 요구하는 수준으로 정리하면 다음과 같다.

① 무엇을, 누가, 언제, 어떻게, 그리고 어디서
② 목록 열거(list)
③ 요점제시(outline)
④ 묘사 또는 기술(describe)
⑤ 대조 · 대비(contrust)
⑥ 비교
⑦ 설명
⑧ 논의(discuss)
⑨ 전개(develop)
⑩ 요약
⑪ 평가

3 Monroe와 Carter의 분류

Monroe와 Carter는 학생들의 질문에 답하기 위해 회상하는 정보의 성질에 따라 20개의 항목으로 분류하고 있는 바 여기에는 확장형과 제한형이 모두 포함되고 있다.

① (어떤 기초를 전제로) 선택적 회상(selective recall)

〈고려시대 외적의 침입을 받은 역대 임금의 이름을 들어라〉

② (어떤 전제를 기초로) 회상의 평가(evaluating recall)

〈미국에서 수소폭탄 제조에 가장 공이 큰 세 물리학자 이름을 들어라〉

③ (하나의 기준하에) 두 특징의 비교

〈극단의 점수가 평균치와 중앙치에 주는 영향을 비교하라〉

④ (여러 개의 기준하에) 두 특징의 비교

〈규준지향적 평가와 준거지향적 평가를 비교하라〉

⑤ (찬반의 입장에서) 결정(decision)

〈사형집행제를 폐지해야 되는지에 대해서 당신의 의견을 말하라〉

⑥ 원인 또는 결과(causes or effects)

〈전제주의가 이탈리아와 독일에서 발달된 반면에, 영국이나 미국에서는 그렇지 못한 이유는 무엇인가?〉

⑦ 한 주어진 문장에서 어떤 문구나 진술된 내용의 정확한 의미나 용법에 대한 설명

〈위의 문장에서 '경험중심'이란 무엇을 의미하는지 설명하라.〉

⑧ 교과서의 어떤 단원이나 논문의 요약

〈주관식 검사의 장점을 200자 원고지 3매 이내로 요약하라.〉

⑨ 분석(analysis)

〈베트남전쟁에 한국의 참전 이유를 분석하라〉

⑩ 관계의 진술(statement of relationships)

〈타당도가 있다는 것은 신뢰도가 있다는 것을 의미하지만, 그 반대는 성립되지 않는다. 그 이유는?〉

⑪ 언어의 구조 또는 과학이나 기타 교과에 있어서 원리의 적용에 관한 실례나 예증(illustrations of examples)

〈관성의 법칙을 이용한 실례를 3개만 들어라〉

⑫ 분류(보통 11항의 반대가 됨, classification)

〈피아노와 오르간은 어떤 악기군에 속하는지를 설명하라〉

⑬ 새로운 사태에서 원리나 법칙의 적용(application)

〈"일반의지"와 합치하는 "법률"은 자유와 양립할 수 있다고 하는 루소의 일반화가 있다. 이 일반화의 난점은 무엇인가?〉

⑭ 논의(discussion)

〈다음의 주제하에 대학원 교육의 개선점을 논하라.〉

㉠ 입시제도와 방법 ㉡ 교육과정

㉢ 교수방법 ㉣ 종합시험제도

⑮ 목적의 진술(자료의 선정이나 조직에 있어서 저자의 의도)

〈저자가 각 장마다 연습문제를 많이 제시하고 있는 의도는 무엇인가?〉

⑯ 비판(어떤 진술에 대한 정당성, 정확성 또는 타당성에 대한 비판)

〈"인간은 만물의 척도이다"라는 명제를 비판하라.〉

⑰ 요점의 명시(outline)

〈이명박 정부의 외교정책을 개괄하라.〉

⑱ 사실의 재조직(reorganization of facts)

〈교육의 기회균등의 입장에서 의무교육제도를 비판하라.〉

⑲ 새로운 문제의 제기(formulation of new questions)

〈우리나라가 산업사회를 지향하면서 직면하고 있는 도덕적 · 윤리적 문제를 세가지 이상 들어 설명하라.〉

⑳ 새로운 방법과 절차(new methods or procedures)

〈여태껏 우리나라는 정부주도하의 경제발전이 시도되었다. 앞으로 민간주도하에 경제를 발전시킨다면 어떤 방략들이 있겠는가 실례를 들어 설명하라.〉

4 논술형 문제의 예문

구체적으로 좋은 논술형 문제 예문을 몇 가지 들어보면 다음과 같다.

예문 ①

사회발전의 근본요인이 되는 것은 정신이 아니라 물질이다.
① 이 주장을 분석하고, ② 주장에 찬성하는 논문을 쓰고, ③ 주장에 반대하는 논문을 쓰고, ④ 자신의 결론을 쓰고 해명하라.
답안지는 ㄱ) 자료의 조직(30점) ㄴ) 내용의 타당성과 명확성(30점) ㄷ) 내용이나 주장을 분명하게 예시하였는가(40점)의 세 가지 점에서 채점된다.

예문 ②

고교생의 교복과 두발문제를 중심으로 '자유'와 '자율'에 관하여 60분 500자 이내로 논하라. 단 글씨를 비롯, 맞춤법과 띄어쓰기 등은 채점되지 않는다.

예문 ③

남녀간의 임금격차와 업종에 따른 임금격차의 관련성에 대한 의견을 논술문 형식으로 쓰고, 중요하다고 생각하는, 또는 특별히 강조하고 싶은 어귀나 문장에 밑줄을 그어 표시하라. 90분 이내에 완성하고 답안지 전면에만 쓸 것.

예문 ④

과학의 발달이 인간에게 도움을 주는 측면과 인간생활을 파괴하는 위험한 측면을 열거하라. 내일의 인류를 위한 과학의 발전방향을 제시한 논문 또는 평론(A4용 4페이지 정도) 배부.
위의 글을 읽고 다음 물음에 답하라(90분).
① 읽은 내용을 신문 문화면에 발표한다고 가정하고 400자 이내로 요약하라.
② 자연개발과 생태계의 보존방안에 대한 구상의 타당성을 500자 이내로 써라.
③ 유전공학을 잘못 이용하면 인간사회에 큰 혼란을 야기시킬 우려가 있다는 주장을 찬성하는 내용의 글을 실례를 들어 700자 이내로 써라.

예문 ⑤

'만화의 매력'과 '만화의 해독'이라는 글을 각각 제공
두 글을 읽고 아래에 지시하는 내용의 글을 써라. 주어진 시간은 90분이고 착상 · 내용의 타당성 · 글의 구성과 전개 · 논리 전개의 적절성 · 결론의 타당성 · 표현능력 등이 주로 채점에 반영된다.
〈두 글 중에 어느 하나의 주장을 지지하고 다른 것은 반대하는 글을 500자 이내로 써라.〉

예문 ⑥

대입논술고사 기출문제의 예문

〈서울대〉
제시문을 읽고 사물에 대한 올바른 인식에 어떻게 도달할 수 있는가를 논술하시오 (2500자 내외).

※ 제시문(가 – 국문)은 조선 후기 실학자 박지원이 쓴 「열하일기」의 한 부분으로 그가 하룻밤에 강을 아홉 번 건너면서 자신의 마음상태에 따라 동일한 사물이 어떻게 다르게 인식될 수 있는지에 대해 기술.
제시문(나 – 국문)은 외국의 한 우화를 각색한 것으로 무지의 상태에 놓여있던 우물안 개구리들이 몇 단계를 거치며 새로운 세계에 대해 인식을 확대해 가는 과정을 설명. 제시문은 원고지 30장 분량.

〈연세대〉
다음 제시문에 담긴 '세월이 흘러감'에 대한 생각을 '욕망'과 연관시켜 분석하고 자신의 의견을 논술하시오(첫머리에 자신의 주장을 반영한 제목을 달 것. 1800자 안팎).

※ 제시문은 총 5개로 4개는 국문, 1개는 그림. (가)는 이명한의 문대(問對) '백주집' 20권, (나) 성경전서 전도서 2장, (다) 아리스토텔레스의 수사학, (마) 티치아노의 '인간의 세 시기' 그림, (바) W. B. 예이츠의 '나이들면 철이 드는 법' 시(詩). 제시문은 원고지 10장 분량.

〈고려대〉

(1) 제시문 (가－국문), (나－영문), (다－영문), (라－영문)의 내용을 각각 요약하시오(120～140자).

(2) 네 개의 제시문은 모두 하나의 공통된 주제와 관련된 글입니다. 각 제시문의 관계를 밝히고, 공통 주제에 관한 자신의 생각을 논술하시오(110～140자).

※ 제시문 (가)는 조선 중기 이후 지배적인 정치형태였던 붕당에 대해 기술. (나)에서는 서로 다른 종족으로 구성된 국가에서 국민적 정체성의 확보가 어려운 과제라고 지적하며 남아프리카 공화국을 예로 설명. (다)에서는 신흥 종교집단과 같은 소수집단의 가치관이 주류사회의 가치관과 다를 때 발생하는 갈등적 상황에 대해 서술. (라)에서는 전쟁의 예기치 않은 긍정적 효과에 대한 글. 제시문은 200자 원고지 10장 분량.

〈프랑스 Baccalaurét의 논술고사 문제〉

· 역사가 심판할 것이라고 말하는 것은 정당한가?
· 법은 가끔 무시해야 하는가?
· 행복은 모든 행동의 목적인가?
· 정상적인 것과 비정상적인 것의 경계선을 규정할 수 있을까?
· 행복은 단지 한순간 스치고 지나가는 것인가?
· 우리는 자기 자신에게 거짓말을 할 수 있나?
· 행복은 인간에게 도달 불가능한 것인가?
· 역사가는 객관적일 수 있는가?
· 예술 작품은 반드시 아름다운가?
· 예술이 인간과 현실의 관계를 변화시킬 수 있는가?
· 우리는 과학적으로 증명된 것만을 진리로 받아들여야 하는가?
· 자유는 주어지는 것인가 아니면 싸워서 획득해야 하는 것인가?
· 노동은 욕구 충족의 수단에 불과한가?
· 다름은 곧 불평등을 의미하는 것인가?

〈영국 대학입시 A레벨 영문학 서술형 문제〉

· 예이츠의 시는 항상 구어적인 것과 형식적인 것이 조화를 이룬다는 주장에 대해 논하라.
· '뜨거운 양철지붕 위의 고양이'에서 가족들 개개인은 서로 간에 이질감을 느끼면서, 자기 스스로부터도 소외된 모습이라는 견해가 있다. 등장인물 3～4명을 자세하게 묘사함으로써 이러한 주장에 대해 논하라.

(2) 문항의 제작요령

① 학생집단의 성질을 고려해야 한다.

교사가 가르친 학생을 대상으로 할 때와 입학시험에서와 같이 이질적인 학생의 집단을 대상으로 할 때와는 경우가 좀 달라진다. 비교적 동질적인 집단에서는 그리 얼토당토않은 다른 대답은 안 나오지만, 이질적인 집단일수록 아주 딴판의 답이 나올 수 있다.

주관식 검사는 그 형식이 반응의 자유도를 최대한으로 허용하고 있기 때문에 학생집단의 성질에 따라 반응이 다양해질 가능성이 있다는 사실을 잊지 말아야 한다.

② 수업목표에 비추어 그에 적합한 행동목표를 측정할 수 있도록 주관식 검사의 진술양식을 적절히 표현해야 한다.

주관식 문항은 단답형이나 선택형 형식으로 도저히 평가하지 못하는 행동목표에 한하여 사용하는 것이 좋다.

우리는 앞에서 주관식 검사의 문항형식을 여러 가지로 분류하였는데 이것은 검사문항의 진술을 어떻게 표현할 것인가에 대한 지침이 될 수 있을 것이다. 따라서 주어진 수업목표에 따라 검사문항의 표현방식을 달리 할 수 있을 것이며, 수업목표에 부합되는 특징의 정신작용을 정확하게 요구하는 설문을 만들어야 할 것이다.

③ 지식보다 고등정신 기능을 측정하도록 만들어야 한다. 주관식 검사는 사고력, 추리력, 종합력, 비판력, 분석력, 표현력, 창의력, 응용력, 평가력과 같은 정신기능을 비교적 쉽게 측정할 수 있는데 그 특징이 있다. 그러므로 단순한 기억력의 측정에 주관식 검사를 사용할 필요는 없는 것이다.

④ 여러 문항 중에서 몇 개를 선택해서 답하도록 해서는 안 된다.

여러 개의 문제를 주고 이 중에서 몇 개를 임의로 선택하여 답하게 하면, 서로 다른 질문에 답하게 되어 사실상 그들간의 비교는 불가능하게 된다. 즉 능력의 표본이 다르기 때문에 나온 결과의 가비교성(可比較性)을 상실하기 쉬운 것이다.

Meyer의 연구에 의하면 선택하게 한 점수와 모든 학생에게 동일한 문제를 답하도록 했을 때와의 상관은 아주 낮다고 한다.

특히 이런 식으로 자주 출제하면 학생들은 적당히 부분적으로 공부하게 될 가능성이 없지 않다.

⑤ 응답의 범위나 정도를 알맞게 고려해서 규정해야 한다.

주관식 문항은 "마음대로 아무것이나 써라"는 식으로 완전한 자유를 줄 수도 있고 적절히 응답의 범위를 제한할 수도 있다.

질문내용이 광범위하고 복합적인 경우에는 채점이 상당히 어려워질 뿐만 아니라, 신뢰성이 적어지고 또한 질문내용이 학생에게 불명료해지므로서 타당한 검사문항이 되지 못할 우려가 있게 된다. 그러므로 대개의 경우엔 지나친 자유를 주는 것은 바람직하지 못하다.

"민주주의를 논하라", "한국 현대사를 논하라" 등의 문항들은 큰 자유를 주고 있는 문항들인데, 평가의 입장에서 보아 대개 시언찮은 문항들이다. 역시 채점하기가 대단히 곤란하다. 대개의 유용한 문항들은 반응의 자유를 상당히 일정한 범위로 제한하고, 모든 학생으로 하여금 이 일정한 범위를 동일하게 인식케 하는데 유의하고 있다.

반응의 자유를 제한하는 방법으로 응답내용의 길이를 "몇 행 이내에" 혹은 "몇 자 이내로" 등으로 지시하거나 각 문항 뒤에 소요배당 시간을 알린다든지 아니면 각 문항에 그 배당점수를 기입해 주기도 한다.

⑥ 문항수를 적절히 조정해야 한다.

주관식 검사에서는 많은 문항을 출제할 수는 없지만 너무 적어도 곤란하다. 너무 적으면 학생의 학습내용을 고루고루 표집할 수 없기 때문이다.

그러므로 한정된 시간 내에 학생이 학습한 것은 고루 평가할 수 있을 정도로는 출제되어 야 한다.

⑦ 학생이 어떻게 답하여야 할런지, 즉 무엇을 묻고 있는지 그 한계를 명료히 규정하도록 해야 한다.

검사가 무엇을 묻고 있는지, 어떤 근거하에서 답을 해야 하는지에 대한 한계를 학생에게 명료히 제시하여야 한다. 그렇지 않으면 퀴즈게임이 되는 셈이 되고 만다.

⑧ 난이도를 조절하여 제한된 시간 내에 모든 문제에 답할 수 있도록, 문제를 쉬운 것부터 배열해야 한다.

첫 문항부터 어려워서 좌절감에 빠지게 하거나 응답하는데 시간이 오래 걸리면 능력을 제대로 발휘할 수 없게 된다. 그러므로 쉬운 문항부터 어려운 문항으로 배열해 주는 것이 바람직하다.

⑨ 가능하면 채점기준을 미리 제시하면 좋다.

채점기준을 미리 제시하면 학생들이 응답하는 데 공통적으로 사용되는 의거점 탓으로 답안을 하나의 방향으로 구성하게 하는데 도움을 주며, 학생들이 어떻게 응답하는 것이 유리한 것인지 그 기준을 알리는데 도움이 된다. 구체적으로 문제 예를 하나 들겠다.

> 문제 : "사회발전의 근본요인이 되는 것은 정신이 아니라 물질이다."
> ① 이 주장을 분석하고, ② 주장에 찬성하는 논문을 쓰고, ③ 주장에 반대하는 논문을 쓰고, ④ 당신 자신의 결론을 쓰고 해명하시오.
> 답안지는 ㄱ) 자료의 조직(30점) ㄴ) 내용의 타당성과 명확성(30점) ㄷ) 내용이나 주장을 분명하게 예시하였는가(40점)의 세 가지 점에서 채점됩니다.

2) 주관식 검사의 장 · 단점

(1) 검사의 장점

1 특징적인 장점

객관식 검사에 대해 주관식 검사만이 갖는 장점을 Mehrens와 Lehmann은 다음 세 가지를 들고 있다.

① 주관식 검사는 피검사자의 태도나 가치관 및 의견 등을 간접적으로 측정하는데 유용하다.

Sims의 연구에 의하면 확장형 검사는 투사법(prejective technique)의 한 가지 방법으로서도 사용될 수 있다고 한다.

② 주관식 검사는 객관식 검사보다 그 준비가 용이하다. 그러나 이 말은 같은 검사시간에 대하여 고등정신 기능을 측정하는 검사를 만드는 것이 객관식 검사보다 비교적 용이하다는 말이며, 결코 좋은 주관식 검사를 만드는 것이 쉽다는 것을 의미하지는 않는다. 예컨대, 어느 고등학교에서 2시간 동안 시험을 치루는데, 주관식의 경우엔 6개의 확장형 문제를 제시할 수 있고, 객관식의 경우엔 90문항의 5지선다형 문제를 제시할 수 있다고 하자. 고등정신 기능을 측정하기 위한 좋은 주관식 문제 하나를 만드는 데 평균 1~2시간이 소요되었다면 전체를 만드는 데 소요되는 시간은 6~12시간이 요구된다. 반면 사실적인 회상보다 고등정신 기능을 측정하기 위한 5지선다형의 객관식 문제 하나를 만드는데 평균 1시간이 소요되었다면 전체문항을 만드는데 90시간이 요구된다. 이와 같이 주관식 검사 문항의 제작이 객관식 문항의 제작에 비해 시간과 노력 또는 비용이 적게 드는 장점이 있다.

③ 주관식 검사는 학생에게 좋은 학습경험(good learning experiences)을 시킨다고 할 수 있다.

즉 주관식 검사를 통하여 자기의 생각을 선정하여 조직하고 종합하여 이를 체계적으로 표현하는 기회를 갖는다는 것은 하나의 좋은 학습경험이 되는 것이다. Vallance의 연구에 의하면, 교사가 논문을 읽고 논평을 해 주는 경우에는 대단히 좋은 학습경험이 된다고 한다.

이런 점에서 Ebel과 Damrin은 주관식 검사를 일컬어, 자기가 응답할 내용을 적절한 문장으로 구성하여 제시하는 피검사자의 능력을 평가할 수 있는 유일한 수단이라고 주장하고 있다.

2 타당치 못한 장점

주관식 검사가 갖는 장점이라고 흔히 지적되고(이미 간행되어 있는 책들 속에서 자주 발견된다) 있지만은 지금까지의 연구에 의하면 이러한 주장은 타당한 것이 되지 못한 것으로 증명되고 있다(Mehrens & Lehmann, 1993).

① 주관식 검사는 조직력, 분석력 및 평가력 등 고등정신과정(Higher mental processes)의 측정에 사용될 수 있는 유일한 도구이다.

이러한 생각은 교사들에 널리 상식적인 신념으로까지 받아들여지고 있다. 그러나 지금까지의 연구에 의하면 이것이 반드시 보장될 수 없는 주장이며, 오히려 중요한 것은 주관식이냐, 객관식이냐하는 것이 아니다. 검사문항의 제작 기술이 문제가 되며, 이 두 가지 검사문항간에 근본적 차이는 있다고 볼 수 없다는 점이다. 단지 주관식 검사의 특징으로는 문장력에 관계되는 조직력 및 표현력을 측정하는 데 있다. 또한 이해나 분석 등의 능력은 객관식 검사가 비교적 더 적절한 반면에 사고를 종합하고 평가하는 능력의 경우에는 주관식 검사가 일반적으로 더 적절하다는 것을 들 수 있을 뿐이다.

② 주관식 검사가 객관식 검사보다 보다 바람직한 학습습관(More effective study habits)을 조장시킨다.

이러한 생각 역시 잘못된 것이다. 주관식 검사의 경우 인지보다는 기억의 회상을 요구하고 있는 것은 사실이지만, 그러나 지금까지의 연구 특히 Hakstian(2004)에 의하면, 객관식 검사와 비교할 때 주관식 검사가 공부하는 데 보낸 시간, 학습자료의 조직 및 학습방법 등에서 서로 차이가 없다는 것이다.

(2) 검사의 단점

1 특징적인 단점

① 주관식 검사에서 가장 문제가 되는 점은 내용표집(content sampling)의 제한성이다. 예를 들어 아무리 주관식 검사문항이 잘 제작되었다 하더라도 6개의 주관식 문제보다는 90개의 선다형 검사가 교과내용을 더 철저하게 골고루 표집하여 측정해 줄 수 있다. Young(1992), Godshalk(1996) 및 Gosling(2003) 등의 연구에 의하면, 일반적으로 문제 수가 적을 때에는 어떤 학생은 어떤 문제에서 더 좋은 점수를 받는데 비해 다른 학생들은 다른 문제들에게서 더 좋은 점수를 받는다고 한다. 이것은 문제 수가 적기 때문에 요행에 의해서 점수가 좋아질 수도 있고 낮아질 수도 있는 것이다. 따라서 검사수가 많으면 많을수록 한 피검사자가

받을 점수의 오차는 적어지게 된다. 이런 점에서 한두 개의 긴 확장형보다는 여러 개의 제한형 검사문항이 더 바람직한 주관식 검사라 하겠다.

② 채점의 비객관성 · 비신뢰성을 들 수 있다.

주관식 검사의 경우 채점자간의 점수의 불일치는 큰 단점이라 하겠다. 예컨대, Falls(2008)의 연구에 의하면, 100명의 영어교사에게 한 고등학교 졸업반 학생이 응답한 주관식 문제를 채점하게 하였더니 점수가 60점부터 90점까지 주어졌으며, 또 응답한 학생의 학년수준을 알아맞혀 보라고 하였더니 초등학교 5학년으로부터 대학 2학년까지 나오더라는 것이다. 이와 같이 주관식 검사의 경우 응답의 질(The quality of the written exposition)보다는 누가 채점하였느냐 또는 언제, 어떤 조건하에서 채점하였느냐에 따라 상당히 검사점수가 달라지게 되어 점수의 신뢰도가 낮아지게 된다.

③ 주관식의 단점으로서, 흔히 피검사자는 검사문제가 무엇을 물어 보고자 하는지를 정확히 이해 못하여 어떻게 답하여야 할지를 모를 때가 있게 되는 단점이 있다(이 문제는 객관식 검사에서도 일어나지만 주관식 검사보다는 덜하다).

④ 학생의 응답내용을 읽고 채점하는 데 걸리는 시간 부담이 크다는 점을 들 수 있다.

비록 주관식 검사에서 신뢰할 만한 채점을 할 수 있다고 할지라도 여기에 투입되는 시간과 노력은 상당한 것이다. 객관식 검사는 기계나 채점반에 의해서 누구나 채점할 수 있지만, 주관식 검사의 경우에는 사무원이나 교사조원에게 맡길 수 없으며 오직 교사 자신이나 전문가에 의해서만 채점되어야 한다는 문제가 있다.

2 제한된 용도

지금까지 주관식 검사의 장 · 단점을 살펴보았다. 이를 근거로 하여 주관식 검사를 사용하는 것이 보다 적절한 검사상황인 경우를 들면 다음과 같다.

① 검사를 해야 할 집단의 수가 적고 또한 같은 검사를 다시 사용할 필요가 없는 경우

② 문장에 의한 표현능력을 강조하고 이를 배양하고자 할 때

③ 학생의 학업성취의 측정보다는 그의 태도나 의견을 알아보는 데 더 관심이 있을 때

④ 객관식 검사를 만드는 것보다 주관식 검사를 비판적으로 읽고 채점하는 데 더 자신이 있는 경우

⑤ 검사를 채점할 시간보다는 검사를 제작할 시간적 여유가 더 없을 경우

4. 객관식 검사

1) 문항제작의 일반적 준거

(1) 기본적 준거

문항의 기본적 준거(basic criteria)는 이 조건이 만족되지 않으면 문항으로서의 역할을 할 수 없는 기본적인 조건을 뜻한다. 즉 한 개의 문항으로 성립하기 위해 필수적으로 갖추어야 할 최소의 필요조건이다.

① 문항은 가능한 그 뜻을 명확하게 진술하라.

물건을 재는 자의 눈이 흐리멍텅하지 않고 명확해야 하는 것처럼 검사의 문항은 무슨 질문을 하고 있는지 또는 어떤 방식으로 대답할 것인지가 모호해서는 안 된다.

예컨대,

(i) **나쁨** : 고교시의 학업적성검사 점수와 대학 입학 후의 재학 성적간의 상관도는 높다. (맞음, 틀림)

좋음 : 고교시의 학업적성검사 점수와 대학 입학 후의 재학 성적간의 상관도는 약 0.50이다. (맞음, 틀림)

위의 나쁜 문항의 예는, "높다"라는 뜻이 매우 불명료하기 때문에 이를 어떻게 해석하느냐에 따라 응답 내용이 다르게 된다. 즉 상관도 0.50만 하더라도 갑돌이에겐 높게 판단되고 갑순이에겐 낮게 판단될 수도 있다. 또한 그 역도 가능한

것이다. 심지어 언어적 표현인 "높다"라는 뜻은 너무나 추상적이며 모호한 말이라 하겠다.

(ii) **나쁨** : 한국에서 큰 도시 이름은? ________

좋음 : 한국에서 가장 큰 도시 이름은? ________

위의 나쁜 예에 있어서 서울, 대구, 부산 등 큰 도시 중 어느 도시 이름을 써 넣어야 할지 모호하기 때문에 학생은 큰 고민을 하게 된다. 심지어 어떤 학생은 서너 개의 도시 이름을 적어 넣는 수도 있다.

② 될 수 있는 한 정확한 의미를 가진 단어를 사용하라.

예컨대,

나쁨 : 광주는 인구가 많다 (맞은, 틀림)

좋음 : 광주는 공주보다 인구가 많다 (맞음, 틀림)

위의 나쁜 예에서와 같이 "많다"라는 단어는 이 경우에는 정확한 뜻을 갖지 못한다. 진주는 부산이나 인천보다는 인구가 적기 때문에 정답이 달라질 수도 있기 때문이다.

우리가 별 주의없이 쓰는 말에는 대단히 부정확한 말이 많은 것이다.

③ 정답의 판별에 필요한 조건은 빠짐없이 다 진술되어 있어야 한다.

예컨대,

나쁨 : 물은 보통 100°에서 끓는다 (맞음, 틀림)

좋음 : 물은 보통 100℃에서 끓는다 (맞음, 틀림)

위의 나쁜 예에선, 100°가 화씨인지, 섭씨인지가 진술되어 있지 않아 정답을 판단하기가 곤란하다. 더 엄밀히는 기압조건도 진술되어 있어야 할 것이다.

(2) 일반적 준거

일반적 준거는 기본적으로 필요한 조건은 아니지만 좋은 문항이 되기 위한 조건들이다. 그래서 이 조건이 만족되지 않더라도 문항으로서는 사용될 수는 있다.

① 교과서에 있는 말 그대로 문항을 만들지 말라.

교과서에 있는 말 그대로(Verbatim from the text) 문항을 만들면 학생들로 하여금 책이나 강의 노트를 무조건 외우는 식의 학습습관을 조장하기 쉽다. 다시 말하면 의미는 몰라도 돌돌 외기만 하면 되는 문제를 만들지 말라는 말이다. 이런 문항이 많은 검사는 교육목적 평가의 타당한 척도가 못되려니와, 또 학생을 이런 방향으로 공부하게끔 나쁜 자극을 주는 셈이 된다.

예컨대,

나쁨 : 내용타당도란 평가도구가 그것이 평가하려고 하는 내용을 어느 정도로 충실히 측정하고 있는지를 분석 측정하려는 타당도다. (맞음, 틀림)

좋음 : 수학고사의 경우, 평가목표와 내용을 이원분류표에 의해서 검증하는 타당도 유형은?

㉠ 내용 ㉡ 예언 ㉢ 공인 ㉣ 구인

② 상투적이며 언어적 관련성이 많은 말(interrelated items)로서 문항을 만들지 말라.

'중세-암흑시대', 'Hegel-정신철학', 'Dewey-진보주의 교육'식의 언어적 연관이 짙은 상투적인 표현을 사용하면, 말의 의미는 모르지만 낱말만 맹목적으로 암기하고 있는 학생도 정답을 하게 된다. 교수-학습과정에 이런 피상적인 상투적 연관이 범람하고 있기 때문에 이런 문제를 만들어 내기가 쉽다.

예컨대,

나쁨 : 자유를 존중하는 것은 ?

㉠ 민주주의 ㉡ 독재주의 ㉢ 공산주의 ㉣ 전제주의

좋음 : 국민의 복지를 우선적으로 생각하는 것은?

㉠ 민주주의 ㉡ 독재주의 ㉢ 공산주의 ㉣ 전제주의

위의 나쁜 예에서, '민주주의-자유', '민주주의-평등', '자유-평등' 등 연관어는 평상시에 상투적으로 너무나 많이 사용하기 때문에 잘 몰라도 맹목적으로 정답을 택하기 쉽다.

③ 검사목적 뿐 아니라 피검사자의 연령이나 능력 수준에 합당한 난이도를 지닌 문항을 만들라.

검사대상자의 연령이나 능력수준, 검사의 목적, 용도 등에 비추어서 각 문항이 적절한 큰 난이도를 지니고 있어야 한다. 너무 쉬워서 피검사자 전원이 다 풀거나, 반대로 지나치게 어려워서 한 사람도 못 푸는 문항은 있으나 마나다. 저학년에선 '사실에 관한 지식', '이해력', '단순한 응용력' 등을 측정하는 문제가 좋겠고, 고학년에선 복잡한 자료의 분석이나 평가력을 묻는 문항이 좋을 것이다.

④ 문항을 간결하게 표현하라.

문항의 문장은 간결하고 필요한 내용만 진술해야 한다. 답의 판단에 아무런 영향과 도움을 주지 않을 소용없는 말을 너저분하게 집어 넣어서는 안 된다.

예컨대,

나쁨 : 개척정신으로 유명하며 재임시에 암살된 케네디 대통령은 미국의 몇 대째 대통령인가?

좋음 : 미국의 죤 F 케네디는 몇 대째 대통령인가?

⑤ 정답은 반드시 하나가 되도록 만들라.

교사 작성검사에 있어서 흔히 발견되는 예이지만, 학생이 이 답도 맞지 않느냐고 항의를 하는 경우에 교사가 그것도 정답으로 처리하겠다고 수긍하거나 그것은 정답이 아니라고 고집하게 될 때 어느 경우에 있어서나 교사와 학생간의 관계나 교실의 분위기가 깨지기 쉬운 것이다. 과거의 '무즙 사건'이나 '창칼 사건'의 재발을 막아야 할 것이다.

⑥ 가능한 부정적인 질문(negative question)은 하지 말라.

부정적으로 물어 보는 문항은 학생들의 사고를 혼란시키기 쉽다. '아니다', '아닌', '틀린', '없는', '아니', '않는', '못한', '반대', "……이 아닌 것은……아니라"라는 부정어나 부정문은 피검사자에게 판단의 혼돈을 줄 위험이 개제되기 때문에 비교육적이라 하겠다.

예컨대,

나쁨 : 국회의원 선거는 매 2년마다 선거하지는 않는다.

좋음 : 국회의원 선거는 매 2년마다 선거한다.

⑦ 지나친 특수도는 피하라.

예컨대,

나쁨 : 현재 한국에는 농민이 전 인구의 몇 %나 되는가?

ㄱ 44.7%   ㄴ 53.6%   ㄷ 61.4%   ㄹ 66.3%

좋음 : 현재 한국에는 농민이 전 인구의 약 몇 %나 되는가?

ㄱ 약 40%   ㄴ 약 50%   ㄷ 약 60%   ㄹ 약 70%

위의 나쁜 예처럼 문제를 내기 때문에 학생은 맹목적으로 특수한 숫자, 지명, 인명, 연대만 외우려 든다. 어떻게 보면 이런 종류의 시험에서 두각을 나타내는 학생이 못 알아내는 학생보다 우둔한 학생일 수도 있다.

⑧ 정답에 대한 단서를 주지 말라

주의하지 않으면, 학생이 잘 몰라도 정답을 알아낼 수 있는 단서가 문항에 들어가 있을 때가 있다. 이런 단서는 여러 가지 모양으로 문항에 끼어 들어간다. 정답에 대한 단서는 문항전체를 쉽게 답하게 하거나 못쓰게 만들어 버린다.

정답의 단서가 되는 요인에는 다음과 같은 형태가 있다.

(i) 문법적 구조에 의한 단서(grammatical clues)가 있다.

'……이', '……가'라는 토씨는 위에 오는 명사의 받침에 의해 결정된다.

따라서 받침없는 말 다음에 '가'가 올 때 자연히 정답의 단서를 주게 된다.

(ii) 어떤 문항의 정답이 다른 문항의 단서가 된다.

예컨대, 1번 문항의 정답을 9번 문항에서 알려 주는 수가 있다. 즉 9번을 읽으면 저절로 1번의 정답을 짐작할 수 있게 되는 단서이다.

(iii) 정답의 길이(The length of the correct answer)가 단서가 된다.

정답을 오답보다 길고 자세하게 쓰는 경향 때문에 주는 단서이다. 특히 선다형의 경우, 답지 중 정답만이 길고 자세하다든지 하는 경향은 문항 제작 초보자에서 흔히 발견되는 현상이나, 이러면 어림 짐작으로 학생은 정답을 고를 수 있게 된다.

(iv) 언어적 연상(verbal association)이나 교과서에서 그대로 따오는 말(using text-book language verbatim) 때문에 주는 단서가 있다.

(v) 정답의 위치나 순서(the position and pattern)가 고정적인 경향 때문에 주는 단서가 있다.

대개 문항제작자는 정답을 위치나 순서를 일정하게 놓는 버릇이 있는데 이것을 학생이 눈치채면 정답의 단서로 삼는다. 정답의 위치나 순서가 언제나 비슷한 경향을 나타내거나 주기가 있으면 정답의 좋은 단서가 되는 것이다.

(vi) 절대적인 어구들인 '모두', '결코', '반드시', '절대로', '언제나', '확실히' 하는 말이 정답의 단서가 된다.

보통 이런 어구들은 오답지에 많이 들어 있다.

(vii) 전문적인 특수용어(technical jargon)의 사용이 단서를 제공한다.

(viii) 선다형의 경우, 문항(item stem)과 답지(options) 사이에 유사성의 부족(lack of parallelism)이 단서가 된다.

⑨ 제작된 검사문항들은 다른 동료교사의 검토를 받도록 하라.

같은 학년의 같은 교과목을 가르치는 동료 교사들에게 문항검토를 받음으로써, 문항의 난이도 수준이나 내용표준의 적절성 여부, 또는 문항제작의 기술적 문제 등에 대한 조언을 얻게 되고 문항의 타당성을 높이는 계기가 되어 주기 때문에 이런 절차를 밟는 것이 꼭 필요하다.

2) 단답형

(1) 문항의 형식

단답형은 서답형(supply type)으로 단어, 숫자, 그밖의 다른 부호를 보충하여 답을 직접 써 넣는 형식이다. 문항 속에 제시되어 있는 답들 중에서 정답을 골라 뽑는 선택형(selection type)과 대립되는 것이다.

대개 직접질문이나 "……을 들어라", "……쓰라"와 같은 명령문으로 되어 있다. 단답형의 형식에는 다음과 같은 것들이 있다.

1 질문형(question variety)

① 누가 처음으로 지능검사를 제작하였는가? ________

② 미국의 수도 이름은 무엇인가? ________

2 완성형(completion variety)

① 불교는 (   )가 시작한 종교다.

② 물을 전기분해 하면 음극에는 (　), 양극에는 (　)라는 기체가 생긴다.

3 **연상형**(association variety)

① 다음의 각 도시들은 어느 도에 속하여 있는지 그 도 이름을 써라.

진주 ________, 공주 ________, 전주 ________

② 각 나라의 이름 다음에 그 수도의 소재지를 적어라.

일본 ________, 파키스탄 ________, 쿠바 ________

4 **열거형**(enumeration variety)

① 피카소의 그림의 특징을 세 가지만 들어라. ________

② 잎의 녹말실험에 필요한 물건을 넷 써라. ________

5 **해답형**(solution variety)

① $x+2=4$, $x=$________

② $(x^3)^4 \times x^5$를 간단히 하여라. ________

(2) 문항의 제작요령

① 대답은 간단히 표현할 수 있도록 하라.

요구하는 정답이 길고 복잡하거나 문장으로 대답하게 하면 단답형이 될 수 없다. 답이 간단한 단어, 어구, 수, 수식 등으로 대답할 수 있도록 해야 한다.

예컨대,

나쁨 : 셰익스피어의 작품 중 유명한 것은 무엇이냐? ________

좋음 : 셰익스피어의 작품 중 비극작품으로 가장 유명한 것은 무엇인가? ________

이렇게 묻는 것이 답을 한정시킬 수 있고 간단히 대답할 수 있다.

② 계산문제(computational problems)에 있어서는 답을 기대하는 정도(degree of precision)나 단위를 명백히 밝혀 주어라.

수학이나 과학계통의 시험문제에 있어서는 정확한 단위를 사용하게끔 문제가 출제되어야 한다.

예컨대,

나쁨 : π 의 값은 얼마인가 ? ________

좋음 : π 의 값은(소수점 이하 6자리까지) 얼마인가 ? ________

나쁜 예에선 3.1, 3.14, 3.142 등 여러 종류의 답이 나올 수 있으나 좋은 예에선 3.141593의 한 가지 종류의 답만이 기대되고 있다.

③ 질문의 듯은 명확히 일의적으로 해석 되게끔 진술하라.

예컨대, 금강산은 어디에 있느냐? ________

이 문항의 답은 '북한', '강원도', '한국' 어느 것이라도 정답이 된다. 어디라는 질문의 뜻이 불명료해서 학생들은 다의적으로 해석하게 된다. 따라서 "어느 도에 속하느냐"라고 물어야 한다. 따라서 객관도도 보장된다.

④ 가능한 정답은 한 개가 되도록 물어라.

원칙적으로 단답형에는 정답이 하나가 있어야 한다. 그러나 어쩔 수 없이 몇 개의 답이 나올 경우에는 2~3개로 제한해야 한다.

예컨대,

나쁨 : 임진왜란이 일어난 주된 원인은 무엇인가? ________

좋음 : 한국에서 가장 큰 항구 도시는 어디인가? ________

전자의 경우엔, 주된 원인이 여러 개 일 수 있고 그 원인에 대한 논쟁까지 있을 수 있음에 비추어 후자의 문항은 한 개의 답에 논쟁이 있을 수 없는 좋은 문항이다.

⑤ 답을 쓸 수 있는 여백(answer space)을 적절히 주어라.

학생들은 보통 주어진 여백에 맞추어서 답의 길이를 조절하려고 하기 때문에 답을 쓸 여백을 너무 좁혀서도 안 되며(Don't skimp), 반대로 지나치게 넓혀서 공연히 혼란을 야기시켜서도 안 된다. 단답형의 문제가 여러 개일 때에는 답을 써 넣는 여백의 길이가 비슷하게 통일되는 것이 바람직하다.

⑥ 어떤 술어(technical terms)에 대한 지식이나 이해력을 물을 때에는 술어를 제시해 주는 정의(definition)를 대답하게 하라.

보통 어떤 술어에 대한 정의는 짧은 말로 표현하기가 어렵기 때문에 단답형으로는 적절하지 않을 수 있다.

만약 사용시에는, 질문에 술어를 두고 학생이 그 정의를 답하도록 하는 것이 바람직하다.

예컨대,

나쁨 : 편차의 제곱합의 평균의 평방근을 무엇이라고 하느냐?

좋음 : 표준편차란 무엇인가?

3) 완결형

(1) 문항의 형식

이 형식은 진술의 일부분 또는 몇 부분을 비워 놓고 거기 들어갈 적합한 단어, 어구, 기호 등을 써 넣어서 문장의 뜻을 완결시키는 방법이다.

짧은 답을 요구한다는 면에서는 단답형과 근본적인 차이가 없지만 그 형식에는 차이가 있다. 문항의 형식은 빈 칸에 보충할 자료를 제시하지 않고 자유롭게 답을 쓸 수 있도록 하는 자유완결형과 미리 보충할 자료를 제시하고 그 중에서 선택하도록 하는 제한완결형 두 가지가 있다.

[1] 자유완결형-불완전문장형

① 실험이란 (　　)와 (　　), 양변인간의 관계성 구명을 말한다.

② 집중경향치에는 (　　), (　　), (　　)의 세 가지가 있다.

③ □ 편포에서는 Mdn〉M으로 나타나고, □ 편포에서는 Mdn〈M으로 나타난다.

[2] 자유완결-불완전도표형

① 다음의 빈 칸에 적절한 답을 써 넣으시오.

비		1 : 10	1 : 100	1 : 1000
소 수	1	0.1	0.01	
분 수		$\frac{1}{10}$	$\frac{1}{100}$	$\frac{1}{1000}$
보 합	10할	1할		1리
백분골	100%	10%	1%	

② 다음은 불규칙동사표다. 빈 칸에 알맞은 단어를 써 넣으시오.

현 재	과 거	과거분사
teach	taught	
	threw	thrown
fall		fallen

3 제한완결형

※ 다음 문제의 빈 칸에 해당하는 답을 보기에서 찾아 그 번호를 빈 칸에 써 넣으시오.

① 사회통제의 원동력은 ☐ 와 ☐ 이다.

보기 : ① 정치 ② 교육 ③ 종교 ④ 도덕

② 미국은 동부의 (   )과 서부의 (   )을 5대호의 수운이 연결하여 세계적인(   ) 공업지대를 형성하였다.

보기 : ① 철광석 ② 석탄 ③ 자본 ④ 농산물 ⑤ 전력

(2) 문항의 제작요령

① 문장 중에서 중요하고 의의있는 부분만을(omit important word only) 공란으로 빠뜨리게 하라.

문법이나 철자법 검사가 아닌 이상 부사, 형용사, 동사, 토씨 등 별로 중요하지 않은 부분을 빠뜨리게 해서는 안 된다. 만약 이런 것들을 빠뜨리면 검사의 타당도가 낮아진다. 주로 빠뜨리는 것은 의도하는 목표에 관계된 중요한 말이나 핵심내용(important or key words)에 한해야 한다.

예컨대,

나쁨 : 콜럼버스는 1942년에 미국을 ☐하였다.

좋음 : 콜럼버스는 ☐년에 ☐을 발견하였다.

② 하나의 문항 속에 빈 칸을 너무 많이 집어 넣지 말라.

너무 많은 빈 칸(blanks)을 집어 넣으면 수수께끼 문제가 되어 아무것이나 써 넣어도 문장이 될 수 있는 결과가 된다. 이때 "교사가 생각하고 있는 답만이 정답"이라고 우기게 되면 신문방송국의 퀴즈문제꼴의 문항이 되고 만다.

예컨대,

나쁨 : (　　)의 (　　)은 (　　)로 한다.

좋음 : 교육공무원의 정년은 (　　)로 한다.

③ 한 문항 속에 공란이 두 개 이상 있을 때에는 공란의 길이를 적절히 조절 제한하라.

학생들은 대개 주어진 공란의 길이에 맞추어서 답을 쓰는 경향이 있기 때문에 요구하는 정답이 짧은 것은 짧게, 긴 것은 길게 공란을 주면 정답의 단서(clue)를 주는 결과가 된다. 정답의 길이에 구애됨이 없이 공란의 길이는 꼭 같도록 해 주어야 한다.

예컨대,

나쁨 : 교육위원회는 (　　)학예에 관한 사무를 집행하기 위해 (　　)에 의해 설치된 합의제(　　　)이다.

좋음 : 교육위원회는 (교육)학예에 관한 사무를 집행하기 위해 (교육법)에 의해 설치된 합의제(집행기관)이다.

④ 한 개의 공란에는 하나의 정답만이 있도록 하라.

완결형은 어디까지나 객관식 검사에 속하기 때문에 공란 하나에는 절대적인 한 개의 정답만이 있어야 채점의 객관성이 보장된다.

예컨대,

나쁨 : 1년은 (　　)이다.

좋음 : 3주간은 ( )일이다.

전자는 '열두달', '365일', '4계절' 어느 것이나 정답으로 간주해야지만 후자는 21일이라는 한 개의 정답이 가능하다.

⑤ 문장 속에 답을 암시하는 내용이 들어 있지 않도록 하라. 문장제시 자체가 정답의 단서가 되는 수가 있기 때문이다.

⑥ 문장을 교과서의 습관적인 문구를 그대로 인용하지 말라.

만약 교과서의 문장을 그대로 옮겨 놓으면 학생은 쉽게 정답을 알아맞출 위험이 있다.

⑦ 빈 칸은 가능한 문장의 마지막에 오도록 하라.

4) 배합형

(1) 문항의 형식

배합형은 흔히 왼쪽에 전제(premise)들이 주어지고 바른 쪽에는 이와 관련된 선택지, 즉 답지가 나열되어 있어서 각 전제와 관련된 답지를 골라 그 번호를 왼쪽에 관련된 전제의 주어진 빈 칸에 기입하도록 하는 방식이다. 즉 배합형은 일련의 전제와 일련의 답지, 그리고 전제와 답지를 어떻게 배합시킬 것인가의 지시문(direction)의 세 가지로 구성되는 것이 문항형식상의 큰 특징이다.

이 방법은 주로 이름, 사건의 일시, 외국어와 그의 해석, 원리와 그의 적용, 기계의 각 부분과 그의 기능 등 두 가지 또는 그 이상의 문항간의 관련성을 알고 있는가를 측정하는 데 적합하다. 전제와 답지에는 단어, 어구, 문장, 기호 등 무엇이든지 사용될 수 있다.

1 단순배합형(simple matching)

가장 전통적인 형식으로서 전제의 답지가 하나의 묶음 속에 있는 단순한 배합형식의 문항이다.

예컨대,

지시 : 다음에서 A항에 관계되는 것을 B항에서 찾아 그 번호를 A항의 뒤에 있는 ( ) 속에 써 넣어라.

〈A〉	〈B〉
① 지식 ( )	ⓐ 고증
② 이해력 ( )	ⓑ 기뻐하는 것
③ 적용력 ( )	ⓒ 주의 집중
④ 분석력 ( )	ⓓ 재구성
⑤ 종합력 ( )	ⓔ 인과관계
⑥ 평가력 ( )	ⓕ 민주이념에 헌신
⑦ 감수 ( )	ⓖ 결론의 도출
⑧ 반응 ( )	ⓗ 가치체계의 조직
⑨ 가치화 ( )	ⓘ 작문능력
⑩ 인격화 ( )	ⓙ 일관성 있는 인생 철학
	ⓚ 재생 및 재인

2 복합배합형(compound matching)

이 형식은 한 개의 전제에 대해 두 개 이상의 답지가 배합되도록 하는 방식이다.

예컨대,

지시 : 다음에 든 인명에 대하여 A에서 사상을 고르고 B에서 저서를 가려내어 A, B의 ( ) 속에 해당하는 기호를 기입하여라.

A	B		(A)	(B)
( )	( )	1) 루소	ㄱ 진보주의 교육사상	ㄱ 구안법
( )	( )	2) 브라멜드	ㄴ 자유주의 교육사상	ㄴ 에밀
( )	( )	3) 킬패트릭	ㄷ 국가주의 사상	ㄷ 교육철학의 유형
( )	( )	4) 에렌케이	ㄹ 재건주의 사상	ㄹ 아동의 세기
			ㅁ 자연주의 사상	ㅁ 민주주의와 교육

3 **분류배합형**(classification matching)

이것은 어떤 원리, 조건, 사실 등을 전제로 삼고 이를 기준으로 주어진 답지를 분류시키는 방법이다.

예컨대,

지시 : 다음에 제시한 내용들을 A, B, C의 시대구분에 따라 분류하라.

A. 삼국시대	B. 고려시대	C. 조선시대

( ) 1) 경당
( ) 2) 오부학당
( ) 3) 독서출신과
( ) 4) 4학
( ) 5) 4문학
( ) 6) 종학
( ) 7) 섬학전
( ) 8) 국자감
( ) 9) 서원

4 **관계분석배합형**(relational analysis matching)

이것은 답지에 제시된 두 개의 진술문(사실 또는 주장과 설명 또는 이유) 사이에 인과관계가 있는지 여부를 분석해서 주어진 전제에 따라 분류시키는 방법이다.

예컨대,

지시 : 다음 문제에는 주장과 그 주장에 대한 이유를 들고 있다. 다음 요령에 따라 답하시오.

〈답하는 요령〉

·만일 주장과 이유가 모두 옳고, 그 이유가 주장에 대한 옳은 이유가 될 때에는 1
·만일 주장과 이유가 모두 옳기는 하나, 그 이유가 주장에 대한 옳은 이유가 되지 못하였을 때에는 ……2 를
·만일 주장은 옳으나 이유가 옳지 않을 때에는 ……3 을
·만일 주장은 옳지 않으나 이유가 옳을 때는 ……4 를
·만일 주장과 이유의 두 가지가 다 옳지 않는 말이라면 ……5 라
고 각각 답안지에 표하시오.

주장		이유
1) 결핵을 예방하려면 어렸을 때 BCC 왁찐을 주사한다.	왜냐하면	결핵 박테리아는 공기 중에 있다가 숨쉴 때에 몸안으로 들어온다.
2) 코일에 전기를 통하면 그 주위에 자장이 생긴다.	왜냐하면	전자석에는 N극과 S극이 있다.
3) …………………………………	………	………………………………

⑤ **관계조건배합형**(both-neither classification matching)

이것은 하나의 전제에 대하여 두 개의 조건이 제시되는 데 그것이 어떻게 문항과 관계되는 것인지(어느 쪽 하나 만인가? 양방 모두인가, 양방 다 아닌가)를 밝히는 방법이다.

예컨대,

지시 : 다음에 두 개의 진술문(A · B)이 있다. 각 문제를 푸는데 어느 것이 옳은지 다음 요령에 따라 결정하고 (　) 속에 답을 넣어라.

·그 문제가 A에만 관계가 있다면 ………………… 1

·그 문제가 B에만 관계가 있다면 ………………… 2

·그 문제가 A와 B, 둘에 다 관계가 있다면……… 3

·그 문제가 A와 B와도 관계가 없다면 …………… 4 라고 답하라.

1) 삼각형 중 어떤 것이 정삼각형이 되는가? ………………(　)

A. 세 변의 길이가 같다. B. 세 각이 다 같다.

2) 문항의 신뢰도를 높이기 위해서는? ………………………(　)

A. 문제의 수를 늘린다. B. 객관도를 높인다.

3) ……………

⑥ **양적비교배합형**(quantitative comparison matching)

이것은 한 사상에 관계되는 두 가지 사실간의 대소관계를 비교하는 방법이다.

예컨대,

지시 : 다음 문제들에는 두 개의 사실(A, B)이 제시되어 있다. 그 두 개의

크기를 비교하여 다음 요령대로 (　　) 속에 답을 기입하라.

· 만일 A가 B보다 크다면 ……………………………………… 1

· 만일 B가 A보다도 크다면 ………………………………… 2

· 만일 A, B가 같거나 비슷하면 …………………………… 3

· 만일 A와 B를 서로 비교할 수 없는 것이라면………4라고 답하라.

1) 지구 표면의 전체 넓이…………………………………… (　　)

A. 바다　　　　　B. 육지

2) 뼈 속의 아교질……………………………………………… (　　)

A. 어른　　　　　B. 어린이

3) ……………

7 공변관계배합형(variation relationship matching)

이것은 4와 6의 형태를 합친 것으로 변인간 양적 관계를 묻는 방법이다. 예컨대,

지시 : 다음 문제들은 A와 B의 두 조건으로 구성되어 있는 바 이들 조건간의 관계를 다음 요령대로 합하라.

· 만일 A가 늘어나면 B도 늘거나, A가 줄면 B도 준다면………………… 1

· 만일 A가 늘어나면 B가 줄거나, A가 줄면 B가 늘어난다면 ………… 2

· 만일 A가 변해도 반드시 B가 거기에 응하여 변하는 것이 아니라면……3 이라고 답하라.

1) 공기의 부피(A)와 압력(B)의 관계 ……………………………………(　　)

2) 모터의 힘(A)과 코일의 굵기(B)와의 관계 ……………………………(　　)

3) ……………………

8 충분조건배합형(sufficient condition matching)

이것은 어떤 문제를 푸는데 있어서 필요한 충분한 조건이 무엇인가를 밝혀내는 방법이다.

지시 : 다음 문제들은 두 조건 A, B로 구성되어 있다. 다음의 요령에 의해

답하라.

- 만일 문제를 푸는데 조건 A만으로 충분하다면 ……………………………… 1
- 만일 문제를 푸는데 조건 B만으로 충분하다면 ……………………………… 2
- 만일 조건 A와 B가 다 있어야 충분하다면 …………………………………… 3
- 만일 이밖의 다른 조건이 필요하다면 ………………………………………… 4

라고 답하라.

① 두 학급의 성적을 비교하려고 할 때 필요한 통계치는? (　　)

A. 집중경향치　　　　B. 변산도치

② 학습내용의 조직은 어떤 원리에 의해서 이루어지는가? (　　)

A. 계속성의 원리　　　　B. 계열성의 원리

③ 표준화 흥미검사지를 선정하여 사용하려고 할 때 선정기준이 되는 것은? (　　)

A. 신뢰도　　　　B. 타당도

④ ………………………

(2) 문항의 제작요령

① 전제와 답지는 가능한 짧은 문구나 단어, 숫자 등으로 구성하도록 하라. 진술된 단어나 어구들이 길게 되면 학생들은 그 뜻을 읽어 나가는 데 혼란을 받을 위험이 있다. 따라서 간결하게 표현하도록 노력해야 한다.

② 전제는 전제대로, 답지는 답지대로 서로 동질적인 문항(homogeneous items)이 되도록 진술하라.

예컨대,

나쁨 :

	전제	답지
(　)	1) 미국을 발견한 사람	A Newton
(　)	2) 페니실린을 발견한 사람	B Fleming
(　)	3) 만유인력을 발견한 사람	C Washington
		D Columbus

이 문항에서는 전제가 동질적이지 못하고 이질적(heterogeneous)이다. 서양사, 의학, 물리학 등 성질이 서로 다른 세 개의 문항구실을 하기 때문에 전제간의 변별이 쉬워져 배합의 본래 뜻이 없어진다. 또한 답지들도 이질적이다.

좋음 :

	전제	답지
( )	1) Spearman	A 다요인설
( )	2) Thorndike	B 지적 구조설
( )	3) Thurstone	C 군집요인설
		D 이요인설

위의 문항은 전제는 심리학자로 구성되고 답지는 지능에 관한 학설들로 구성되어 있어서 고도의 동질성을 시사하고 있다.

③ 전제와 답지의 수가 너무 많지 않도록 하라.

문항구성은 전제와 답지가 각각 너무 많거나 너무 적어져선 안 된다. 보통 배합되는 수의 범위는 5~12개 정도가 알맞다. 저학년의 경우엔 5~6개 정도이고 상급학년에선 10~12개 정도가 되도록 해야 할 것이다.

④ 일대일의 대응배합을 피하라(Avoid having an equal number of premises and responses)

전제의 수와 답지의 수가 같으면, 맞추어 나갈수록 쉬워지는 셈이며, 최종의 짝은 '거저먹기'가 된다. 따라서 전제의 수와 답지의 수를 다르게 하는 것이 제작의 원칙이며, 배합되지 않는 것을 하나 둘 더 집어 넣는 것이 보통이다. 또 답지의 하나가 전제의 여러 개와 배합되게 하는 수도 있다.

⑤ 전제나 답지를 보기 쉽고 알기 쉽게(in some systematic fashion) 배열해 놓아라.

알고 있어도 맞추어 나가기가 어지러운 형식으로 전제와 답지가 배열되어 있어서는 안 된다. 전제끼리 답지끼리 서로 무슨 논리적 순서나 체계가 있다면 그 순서대로 배열해 두는 것이 좋다.

예컨대,

지시 : A항에 적혀 있는 학교가 요구하는 법정 수업일수를 B항에서 찾아 그 번호를 A항 앞의 ( ) 속에 써 넣어라.

〈A〉	〈B〉
(　　) 1) 유치원	① 170일 이상
(　　) 2) 초등학교	② 200일 이상
(　　) 3) 중학교	③ 210일 이상
(　　) 4) 고등학교	④ 230일 이상
(　　) 5) 대학	⑤ 250일 이상
	⑥ 270일 이상

위의 예는, 전제는 학교수준별로 답지는 수업일수가 적은 쪽에서 많은 쪽으로 체계있게 진술되어 있어 학생들에게 편의를 제공하고 있다.

특히 전제의 경우엔 학교수준별이 아닌 가나다 순서로 배열할 수도 있겠으나 위 문제에선 학교수준별이 더 바람직한 배열법이라 하겠다.

⑥ 어떤 관계로 배합할 것인지가 명백히 지시되어야 한다.

흔히는 아무런 지시없이 전제와 답지만 써 놓고 "맞춰라" 하는 식인데 간단한 배합문항에서는 자명(self-evident)할 때도 있지만 경우에 따라서는 이렇게 늘어 놓는 것만으로는 배합할 기준이 명백하지 않을 때가 있다. 이런 경우에는 어떤 기초에서 배합할 것인지가 지시되어야 한다. 지시문은 별도의 문장으로 독립되게 진술하는 것이 좋다.

⑦ 문법적인 일관성(grammatical consistency)을 유지하라. 단어나 어구들이 복수면 복수, 단수이면 단수로 통일되어야 한다. 여자들 인명 속에 남자 인명이 끼어 있다든가 해서도 안 된다. 과학자 속에 예술가 이름이 끼어 있는 것도 피해야 한다.

⑧ 답지 하나하나는 모든 전제에 연관이 있는 것처럼 꾸며서 학생들에게 그럴듯한 답(plausible answer)으로 간주되어 정답으로 선택되게끔 매력있게 만들어야 한다.

⑨ 하나의 배합형 문제는 동일한 페이지에 오도록 편집해야 한다.

5) 진위형

(1) 문항의 형식

진위형검사 문항이란 하나의 선언적 진술문(a declarative statement)에 대하여 그 진위(true or false)를 학생들로 하여금 판단하게 하는 방법으로서 흔히는 이자택일형(alternative-response type)이라고도 불리운다.

1 **진위형**(true-false variety)

이것은 어떤 표현이 진실이냐 허위이냐를 가리게 하는 방법이다.

예컨대,

1) 모든 인간은 숨을 쉰다. (맞는다, 틀린다)

2) 산업혁명은 13세기에 일어났다. (ㅁ, ㅌ)

3) 한글은 소리글자이다. (○)

위의 예에서와 같이 진위형은 대답하는 방식을 여러 가지로 꾸밀 수 있다. 흔히 하는 식으로 맞으면 "○"표, 틀리면 "×"표를 하라고 할 수도 있고, "ㅁ", "ㅌ"를 인쇄라 놓고 맞으면 "ㅁ"에, 틀리면 "ㅌ"에 ○표를 치라고도 할 수 있고, "맞는다, 틀린다"라는 문장 위의 해당란에 ○표를 치게 할 수도 있다.

2 **예-아니오형**(yes-no variety)

직접적인 질문(a direct question)이나 선언적인 질문에 "예" 또는 "아니오"로 답하게 한다.

예컨대,

① 석유가 한국에서 산출되는가? (예, 아니오)

② 운명은 베토벤이 작곡하였는가? (예, 아니오)

이 형식은 또한 태도, 신념, 의견, 가치관 또는 흥미 등의 측정에 많이 사용되기도 한다.

(예, 아니오) 나는 바둑두기를 좋아한다.

(예, 아니오) 학생데모는 다시는 일어나지 않도록 근절시켜야 한다.

③ **정오형**(right-wrong variety)

이것은 옳게 판단되었느냐를 가려서 정오를 표시하게 하는 방식이다.

예컨대,

지시 : 다음 글을 읽고 비슷한 말끼리 짝지어져 있으면 ( ) 속에 정, 의미가 전혀 다르면 ( ) 속에 오자를 써 넣으시오.

(정) 1) 어버이–부모

(정) 2) 나라–국가

(정) 3) 달무리–월식

④ **군집형**(cluster variety)

이것은 하나하나가 진위로 판단될 문장을 모아놓은 방식이다. 보통 불완전한 전문장의 문항으로 시작한다.

예컨대,

·산술평균이란

(○) (a) 하나의 집중경향치다.

(×) (b) 중앙치보다 극단의 점수의 영향을 덜 받는다.

(×) (c) 상관계수로 사용된다.

( ) ....

⑤ **수정형**(Correction Variety)

틀린 곳이 있으면 수정하라는 방식인데, 보통 틀린 곳 밑에 밑줄을 긋고 틀린 내용을 바르게 고쳐 써 넣게 된다.

예컨대,

(×) 1) 64의 평방근은 $\frac{9}{8}$이다.

(○) 2) 이순신은 조선시대 장군이다.

(×) 3) 진주는 경기도에 속하는 도시다.
경상남도

( ) 4) ……………

이 수정형의 변형으로서 특히 외국어나 국어시험에서 사용하는 형식을 들어 보겠다.

예컨대,

(A) (B) (C) (D) A B C D

Doesn't / them children know / it ain't right / to steal ? ■■■ | |
Don't those isn't

위와 같이 하나의 문장을 제시하고 문장 뒤에는 ABCD의 네 개의 | |표를 인쇄해 놓고, 틀린 곳이 있으면 그곳 밑에 밑줄을 긋고 내용을 수정 기입해 놓으며 또한 문장 앞의 틀린 부분의 | |표 사이를 까맣게 칠해 놓게 한다.

이 형식은 A, B, C, D 네 부분의 진위형을 합쳐 놓은 즉 ④형식과 ⑤형식을 절충한 방식이다.

(2) 문항의 제작요령

① 간결하고 명확한 언어를 사용하라. 불명료한 진술은 때때로 진위형을 망치는 원인이 되고 있다.

가능한 한 질적 표현보다는 정확한 수량의 표현의 방법을 사용하는 것이 좋다. 질적 표현을 나타내는 단어들인 '대다수', '거의', '많은' 등의 표현은 사람마다 그 정도의 의미와 해석이 다르므로 오해를 가져오기 쉽다. 따라서 이런 경우에는 70%라든가의 양적 표현을 가능한 사용하도록 해야 할 것이다.

예컨대,

나쁨 : (○) 한국에는 많은 사람이 농업에 종사하고 있다.

좋음 : (○) 한국에는 전 국민의 약 40%가 농업에 종사하고 있다.

위에서 '많은 사람'은 얼마를 가리키는 뜻일까, 이것은 40% 또는 50% 또는

60% 중 어느 것에 해당되는지 불명료하다. 따라서 진술되는 문장은 명확한 뜻인 수량적인 표현이 되어야 한다.

② 조건이나 예외없이 절대적으로 맞거나 틀리는(clearly true or clearly false) 진술문을 사용하라.

어떤 진술문은 교사의 단순한 의견이나 내용전개에 관한 절차일 수도 있고 또한 한 문구를 전체적 관계 속에서 따로 떼어 문항에 사용함으로써 그 의미가 전연 상실될 수도 있기 때문에 반드시 진(true) 아니면 반드시 위(false)인 문장만을 사용해야 한다. 특히 위인 문항은 근본적으로 부정확한 개념이어야 한다. 논쟁거리가 될 수 있는 내용은 절대로 삼가야 한다.

예컨대,

나쁨 : (   ) 지적 결함 경계선(borderline)은 IQ 70~79이다.

좋음 : (○) WAIS(웩슬러 성인용 지능검사)에 의하면 지적 결함 경계선은 IQ 70~79이다.

지적 결함 경계선은 고정된 것이 아니고 지능검사의 종류에 따라 다르게 표현되기 때문에 전자의 진술방식은 피해야 하는 것이다.

③ 어떤 특수한 수식어(specific determiners) 사용은 피하라.

'반드시', '절대로', '결코', '~뿐', '모두', '항상', '전연' 등의 수식어가 있는 경우에는 대개 위(false)인 문장이 많다. 모두, 절대적으로 맞는 상황이나 조건은 그리 흔하지 않기 때문이다. 반면에 '흔히', '보통', '때때로' 등과 같은 수식어를 가진 진술문은 진(true)인 경우가 많다. 따라서 진위형 검사받는데 익숙한 학생은 정답을 모르더라도 이러한 단서에 의해서 정답할 가능성이 크게 된다.

④ 맞는 문장의 진술이 틀린 문장(false statements)보다 길지 않도록 하라.

틀린 문장의 경우에는 수식어나 조건의 첨가를 반드시 해야 할 필요는 없으므로 이를 소홀히 하는 반면에, 진(true)이 되는 문장의 경우에는 맞는다는 것을 확실히 하기 위해서 많은 수식어나 조건이 첨가될 가능성이 크므로 문장의 길이가 길어지고 또한 이것이 정답의 단서를 주게 됨에 유의하여야 할 것이다.

⑤ 교과서에서 그대로(verbatim from text) 혹은 조금 고쳐서 따온 문장을 쓰지 말라.

이것은 ②에서도 지적하였지만 교과서에서 혹은 기타에서 아무 생각없이 따온 문장은, 그 문장의 전제조건이 없어지기 때문에 대개는 절대적으로 진(true) 혹은 위(false)인 문장이 되지 못한다.

⑥ 가능한 한 부정문장을 사용하지 말라.

학생이 대답을 하는데 혼돈을 일으키기 때문에 부정문장은 삼가야 하지만, 꼭 사용해야 하는 경우에는 '~아니다', '아니', '반대', '않는', '틀린', '못한', '관계없는' 등의 부정어 밑에 줄을 긋거나 고딕체로 인쇄해 주는 것이 학생들의 실수나 판단의 위험을 방지할 수 있다.

⑦ 복잡한 문장구조나 조건이 많이 붙은 문장은 쓰지 말라.

이런 것도 학생을 괴롭히게 되고 문제가 무슨 뜻인지 판단 못하게 한다. 때에 따라서는 내용보다 독해력 시험이 되기 쉽다.

⑧ 개념을 한 문항에 하나씩만 집어 넣어라.

한 개의 진술문에는 진(true)이거나 위(false)인 아이디어가 한 개만 들어가야 한다. 두 개의 개념이 들어가면 한쪽은 진이고 다른 한쪽은 진이 아닌 경우가 생길 수 있다.

예컨대,

나쁨 : 부산은 항구도시로서 한국에서 가장 큰 도시이다.
(전반은 진, 후반은 위)

좋음 : (○) 1) 부산은 항구도시이다.
(×) 2) 한국에서 가장 큰 도시는 부산이다.

전자의 경우에는 진이라고도 할 수 없고 위라고도 할 수 없는 경우다.

⑨ 진의 문항수와 위의 문항수를 대략 서로 비슷하게 출제하도록 하라.

어떤 학생들은 진으로 응답하는 경향이 있는가 하면 다른 학생들은 위라 응답하는 경향이 있기 때문에 서로의 문항수를 비슷하게 하는 것이 검사의 타당도를 올리는 계기가 된다.

그런데 진과 위의 문항수를 정확하게 같게 하면 눈치 빠른 학생에겐 정답의 단서를 제공하게 된다.

Ebel(1995)에 의하면 틀리게 진술된 문항에서 학생들이 더 변별력을 쉽게 발휘한다고 한다.

⑩ 속임수의 질문(tric question)은 피하도록 하라.

가끔 교사들이 수박 겉핥기식으로 공부하거나 시험문제를 소홀히 읽는 학생의 버릇을 고칠겸 혼줄나게 해 주려고 다음과 같은 속임수를 쓰는 경우가 있다.

(×) 물은 100°F에서 끓는다.

여기에서의 속임수는 100℃을 100°F로 바꾸어 써 놓은 것인데 까불거나 경솔한 학생, 대충 읽고 빨리 시험을 치루는 학생 또는 기초가 철저하지 못한 학생들은 보통 속아서 "○"표를 치고 만다.

이러한 속임수가 자주 있게 되면 교사와 학생간의 정의적 관계가 위태롭게 될 가능성이 커지며 또한 검사의 타당도를 낮게 만드는 계기가 된다.

6) 선다형

(1) 문항의 형식

선다형은 문두(item stem)와 이에 따르는 세 개 이상의 답지(responses, alternatives, options)로 구성된다.

문두는 대개 의문문이나 불완전문장으로 되어 있다. 이 형식은 문제의 상황이나 조건을 제시해 주는 문두를 읽고 정답과 오답이 섞여 있는 답지 중에서 정답을 골라내게 하는 방식이다. 답지는 보통 4개로 구성되어 있어 이를 특히 4지선다형이라고 부른다. 그러나 답지가 3개 또는 5개로 구성된 경우도 있다.

예컨대,

① 고려의 첫 임금은 누군가? (의문문)

ㄱ 이성계　　ㄴ 왕건　　ㄷ 홍경래 (3지형)

② 한국에서 가장 큰 도시는? (불완전문장)

ㄱ 광주　　ㄴ 서울　　ㄷ 진주　　ㄹ 포항 (4지형)

1 **최선답형**(Best Answer Variety)

이것은 답지들이 다소간에 알맞은 것인데 그 중에서 '가장 중요한 것' 하나만을 고르게 하는 방식이다.

예컨대,

1) 다음 중 통계적으로 가장 신뢰로운 변산도치는?

ㄱ 범위　　ㄴ 사분편차　　ㄷ 평균편차　　ㄹ 표준편차

위에서는 ㄱ보다는 ㄴ이 ㄴ보다는 ㄷ이 ㄷ보다는 ㄹ이 가장 신뢰로운 변산도치이다. 따라서 이 방식은 고도의 변별력을 요하는 형식이자 만들기가 힘든 방식이다.

2 **정답형**(One Correct Answer Variety)

이것은 하나의 정답만이 절대적으로 옳고 나머지 답지는 오답으로 되어 있는데 그 한 개의 정답을 골라 내라는 형식이다. 비교적 많이 사용되고 있다.

예컨대,

·라디오를 발명한 사람은?

ㄱ 스티븐슨　　ㄴ 싱거어　　ㄷ 에디슨　　ㄹ 화이트

1과 2의 형식에 있어서 정답이 다같이 하나 뿐이다.

이 두 형의 차이는 정답형에서는 객관적, 역사적 사실을 취급하기 때문에 정답에 딴 의견이 있을 수 없으나 최선답형은 이런 의미에서 정답을 정하기 어려운 경우에 사용된다.

3 **다답형**(Multiple-Response Variety)

이것은 정답이 두 개 이상 들어 있어 그것을 모두 선택하게 하는 방식이다. 분명한 정답이 여러 개 있고 그것을 한 문항 속에 담고 싶을 때 사용되는 형식이다.

학생에게는 반드시 답지 중에서 정답인 것을 '여러 개' 골라야 한다는 것을 주지시키지 않으면 함정이 될 수도 있다.

예컨대,

나쁨 : 1) 변산도 계산에 사용되는 것은?

ㄱ 평균 ㄴ 표준편차 ㄷ 범위 ㄹ 최빈치

좋음 : 2) 변산도를 알고 싶을 때 다음의 어느 것들이 이용될 수 있는가?

ㄱ 평균 ㄴ 표준편차 ㄷ 범위 ㄹ 최빈치

전자의 경우엔 어떤 학생은 ㄴ과 ㄷ 모두를 답할 수도 있고 어느 하나만 답할 수도 있다. 문두에 답이 있는대로 여러 개를 골라라는 시사가 없어 혼란이 야기되나 후자의 경우에 있어선 '어느 것들이'라는 문두상의 지시가 표현되어 있어 혼란이 일어날 까닭이 없다.

4 불완전문장형(Incomplete Sentese Variety)

이것은 문두가 불완전 문장으로 진술되어 있고 답지가 후속하면 완전한 문장이 되는 형식이다.

예컨대,

① 낙타가 샘을 잘 발견하는 것은?

ㄱ 물을 좋아하기 때문이다.

ㄴ 물냄새를 잘 맡기 때문이다.

ㄷ 저수포가 있기 때문이다.

ㄹ 눈이 예민하기 때문이다.

② 연탄냄새를 맡으면 두통이 생기는 것은 _______ 때문이다.

ㄱ 산소 ㄴ 탄산가스 ㄷ 일산화탄소 ㄹ 질소

5 부정형(Negative Variety)

이것은 정답이 몇 개 있을 때에 정답이 아닌 것, 즉 위(false)인 것 하나를 고르게 하는 방식이다.

예컨대,

① 선택형 문항에 포함되지 <u>않는</u> 것은?

ㄱ 진위형 ㄴ 배합형 ㄷ 선다형 ㄹ 완결형

② 국민의 의무가 <u>아닌</u> 것은?

ㄱ 교육　　ㄴ 국방　　ㄷ 노동　　ㄹ 납세

6 대입형(substitution)

이것은 표현 방법의 정확성, 유효성 등을 측정하는데 사용된다. 문장 중의 일부를 틀리게 진술해 놓고 거기에 어떤 것을 대입시키면 좋을지를 물어 보는 방식이다.

예컨대,

① She lived to Pusan

ㄱ in　　ㄴ on　　ㄷ for　　ㄹ with

② 어디선가 멀리서 힘차게 울려오는 종소리

ㄱ 웅장하게　　ㄴ 처량하게　　ㄷ 은은히　　종소리

7 합답형(Combined Response Variety)

이것은 정당한 정답의 조합을 요구하는 방식이다. 정답의 답지가 많을 때 사용된다.

예컨대,

· 중앙치(mdn)가 사용되는 경우는?

ㄱ 분포의 순서상의 위치를 알고 싶을 때

ㄴ 분포가 편포되어 있을 때

ㄷ 분포가 정상분포일 때

ㄹ 신뢰로운 대표치를 구할 때

① ㄱ, ㄴ, ㄷ　　② ㄱ, ㄴ　　③ ㄴ, ㄷ　　④ ㄷ, ㄹ

8 기호형(incomplete-alternative Variety)

이것은 정답을 그대로 기입해 두면 너무 정답이 들어나게 될 때에 좀 정답의 명백성을 감추고 싶을 때 쓰이는 방식이다.

예컨대,

① Thurstone의 군집요인설에 등장하는 요인이 아닌 것은?

ㄱ D　　ㄴ M　　ㄷ N　　ㄹ P

② 다음 중 성적자료가 정상분포임을 전제로 취급되는 것은?

ㄱ σ　　ㄴ Mdn　　ㄷ Q　　ㄹ M_0

③ 「격몽요결」을 쓴 사람의 이름은 ________ 으로 시작된다.

① ㅂ　　② ㅇ　　③ ㅈ　　④ ㅎ

9 유사형(Analogy Variety)

이 형식은 보통 교사작성 검사에서보다 표준화검사인 적성검사나 학력검사에서 많이 발견되는 선다형의 변형이라 할 수 있다.

예컨대,

① 제외되는 항목(Excluded Term)

지시 : A항에 적은 항목 중 그 성질이 다른 것 하나를 골라 내고, 그 이유를 B항목에서 찾아라.

문제 1.

〈A〉	〈B〉
ㄱ 대전	ㄱ 항구도시
ㄴ 대구	ㄴ 도청소재지
ㄷ 인천	ㄷ 군청도시
ㄹ 전주	ㄹ 관광도시

문제 2.

〈A〉	〈B〉
ㄱ 진위형	ㄱ 선택형
ㄴ 단답형	ㄴ 서답형
ㄷ 배합형	ㄷ 주관형
ㄹ 선다형	ㄹ 논문형

② **다답완성형**(multiple completion)

이것은 앞에서 들은 합답형과 기본적으로 같은 것인데, 고정된 틀(set)을 만들고 그것으로써 모든 문항을 통일시키는 방식이다.

지시 : 다음 각 문제에는 하나 또는 몇 개의 답지가 정답이다. 어느 답지가 옳은지를 결정하고 다음 요령에 의하여 답을 답안지에 표하여라.

· 만일 ㄱ, ㄴ, ㄷ 셋이 옳으면 ……………………………1
· 만일 ㄱ, ㄷ이 옳으면 ……………………………………2
· 만일 ㄴ, ㄹ이 옳으면 ……………………………………3
· 만일 ㄹ만이 옳다면 ………………………………………4 라고 표하시오.

문제 1. 진보주의 교육사상의 특징이 되는 것은?

ㄱ 아동중심 교육
ㄴ 흥미중심 교육방법
ㄷ 지식중심 교육
ㄹ 장래 생활의 준비 교육

문제 2. 상관계수는?

ㄱ 동간척도에 해당된다.
ㄴ .50는 .25의 두 배의 상관도를 나타낸다.
ㄷ 백분율을 소수로 나타낸 계수이다.
ㄹ 측정치가 아닌 일종의 지수이다.

③ **역형**(reverse type)

이것은 답지들을 전제로 둔 다음 각 진술문에 대하여 관계되는 답지의 번호를 써 넣게 하는 문항형식이 거꾸로 된 방식이다.

A. 평균치　　B. 중앙치　　C. 최빈치

___① 분포상의 상위와 하위의 각 50로 나누는 점수이다.
___② 극단의 점수의 영향을 받는다.
___③ 가장 신뢰로운 집중경향치이다.
___④ 가장 빈도가 많은 점수이다.

(2) 문항의 제작요령

① 문두는 직접 질문형이거나 불완전문장으로 제시하라. 문항의 뜻이 명확하다는 입장에서 볼 때 일반적으로 직접적인 질문(The direct question) 형식이 좋다.

② 불완전문장으로 문두를 제시할 때는, 그 자체가 의미있고 직접 질문을 암암리에 표명하는 것이라야 하고, 아무 상관없는 진위형식의 문장을 주워 모은 것에 연결하지 않도록 하라.

예컨대,

나쁨 : 한국은

ㄱ 1억의 인구를 가지고 있다.

ㄴ 석유를 많이 생산하고 있다.

ㄷ 농토가 국토의 8할을 차지한다.

ㄹ 반만년의 역사를 가지고 있다.

좋음 : 한국인이 가장 많이 종사하고 있는 산업은?

ㄱ 수산업 ㄴ 임업 ㄷ 공업 ㄹ 농업

③ 문두는 문제의 핵심적인 것만을 포함하도록 하고 또한 읽기 쉽고 이해하기 쉽도록 간결하게 표현하라.

문두의 표현이 지리멸렬하거나 복잡하면 오해하기 쉽고 읽는데 시간이 걸릴 수 있다. 따라서 문두의 문장 표현에 깊은 관심을 가져야 할 것이다.

④ 답지에서 계속적으로 반복되는 말은 문두에 넣어 답지의 표현을 간결하게 하라.

예컨대,

나쁨 : 케네디는 누구였니?

ㄱ 미국의 대통령이었다. ㄴ 프랑스의 대통령이었다.

ㄷ 영국의 대통령이었다. ㄹ 독일의 대통령이었다.

좋음 : 케네디는 어느 나라 대통령이었나?

ㄱ 미국 ㄴ 프랑스 ㄷ 영국 ㄹ 독일

⑤ 답지에는 반드시 타당한 정답 또는 최선답이 들어 있도록 하라. 답지 속에 권위자들이 합의할 수 없는 것을 자기 혼자 정답이라고 집어 넣어서는 안 된다.

⑥ 문두와 답지는 그 내용이나 형식에 있어서 문법적으로나, 의미상으로 적절히 연관되게끔 구성하라.

예컨대,

나쁨 : 중상주의에 반대되는 것은?

ㄱ 중농주의　　ㄴ 중공주의　　ㄷ 공산주의　　ㄹ 자본주의

답지에 중상주의와 반대되는 답지가 없다. 본래 중상주의의 반대란 생각할 수도 없다.

⑦ 문두의 길이는 일반적으로 답지의 길이보다 길게 만들라.

예컨대,

나쁨 : 한국은

ㄱ 많은 식민지를 가진 나라다.

ㄴ 반만년의 역사를 지녔다.

ㄷ 아시아에서 가장 후진국이다.

ㄹ 유목민이 많은 나라이다.

좋음 : 한국에서 가장 높은 산 이름은?

ㄱ 한라산　　ㄴ 지리산　　ㄷ 백두산　　ㄹ 태백산

⑧ 답지 중 오답을 소홀히 정하지 말 것이며, 실력이 부족한 학생들은 정답보다도 오답지에 매력을 느껴서 오답을 선택하게끔 만들어라.

오답지가 매력있다는 것은 정답처럼 느껴지거나 정답과 같은 개념에 관계되거나 합리적이고 자연적인 것을 말한다. 선다형의 생명은 어떻게 보면 답지 중에 어떤 오답을 정하느냐에 달려 있다.

오답지를 매력있게 하는 한 방법은 그들을 교과서에 있는 문구로 표현하고 정답은 보통문구를 쓰는 것이다. 정답을 모르더라도 오답지가 너무 뚜렷하므로 정답할 수밖에 없는 경우가 생겨서는 곤란하다.

⑨ 답지는 연대순이나 크기의 정도 등 어떤 논리적인 순서로 배열하라.

이것은 답지의 배열이 무질서할 때 이로 연하여 실수로 학생이 오답을 하게

되지 않도록 하기 위한 교육적 배려이다. 불필요한 기교를 써서 재고자 하는 능력 이외에 학생의 부주의한 성격 특성이 시험결과에 영향을 준다는 것은 바람직한 일이 못된다.

예컨대,

나쁨 : $\sqrt{16}$ 은 얼마냐?

ㄱ 5　　ㄴ 2　　ㄷ 6　　ㄹ 4

좋음 : $\sqrt{16}$ 은 얼마냐?

ㄱ 2　　ㄴ 4　　ㄷ 5　　ㄹ 6

⑩ 답지의 중첩(overlapping options)을 피하라.

예컨대,

나쁨 : 농작물의 몇 %가 매년 충해를 입고 있는가?

ㄱ 20% 이하　ㄴ 30% 이하　ㄷ 50% 이상　ㄹ 70% 이상

이 문제에서는 30% 이하라면 20% 이하도 말하는 것이며, 50% 이상이라면 70% 이상도 말하는 것이 된다. ㄱ이 맞으면 ㄴ도 맞는 것이 되며 ㄹ이 맞으면 ㄷ도 맞는 것이 되어 결국은 양자택일의 문제가 되고 만다.

좋음 : 농작물의 몇 %가 매년 충해를 입고 있는가?

ㄱ 약 10%　ㄴ 약 20%　ㄷ 약 30%　ㄹ 약 40%

⑪ 어떤 술어의 정의를 요구하는 문항에선, 술어를 문두에, 정의를 답지에 두도록 하라.

예컨대,

나쁨 : 물이 대기 속으로 들어가는 과정을 무엇이라고 하는가?

ㄱ 삼투작용　ㄴ 여과작용　ㄷ 압축작용　ㄹ 증발작용

좋음 : 증발작용은 어떤 작용인가?

ㄱ 수증기가 액체로 변하는 것

ㄴ 액체가 수증기로 변하는 것

ㄷ 고체가 액체로 녹는 것

ㄹ 기체가 고체로 변하는 것

⑫ 특수한 경우를 제외하고는 문두를 부정문으로 하지 말라.

⑬ 문두에는 정답을 할 수 있는 충분한 근거와 정보가 주어졌는가를 검토하라.

⑭ 가능한 복잡한 말 대신에 그림, 도표, 수표 등을 사용하여 문항을 만들도록 하라.

⑮ 답지의 길이는 비슷하게 만들라.

대개 정답의 길이는 길고 자세하고, 오답은 짧게 되는 경향이 있다. 정답에의 단서를 주지 않기 위해서는 오답도 정답의 길이와 비슷하고 자세히 만들어야 할 것이다. Chase(1994)의 연구에 의하면 교사작성 검사에서 정답의 길이가 오답의 길이보다 더 길게 만들어진다고 한다.

⑯ "정답이 없다" 또는 "이상 모두 맞는다"(All of the above) 등의 답지는 특별히 주의하여 사용하라.

"정답이 없다"라는 답지를 사용할 때는 특히 어떠한 답지의 정답이 있다든가 그렇지 않으면 전연 다른 답지들이 완전히 틀린다는 확신이 있어야 한다. 특히 수학이나 과학분야가 아닌 인문사회과학 분야에서 최선답이 있을 가능성이 있는 경우에는 이와 같은 답지는 학생에게 혼란을 주게 된다.

한편 "이상 모두 맞는다"라는 답지는 별로 그 사용을 장려할 것이 못된다. 예를 들어 다섯 개의 답지 중에서 어떤 두 개가 맞는다는 것을 알면 더 이상 생각할 필요없이 무조건 마지막의 "이상 모두 맞는다"라는 답지에 답하게 될 것이다. 또한 "이상 모두 틀린다"(None of the above)라는 답지도 마찬가지라 하겠다.

⑰ 습관적인 문구의 관련성으로 정답을 암시하거나 한 문항의 내용이 다른 문항의 정답을 암시하는 일이 없도록 하라.

⑱ 한 문항 속의 모든 답지들은 동질적으로(Plausible and homogeneous) 구성되도록 하라.

예컨대,

나쁨 : 알키메데스의 법칙은 어느 것에 관한 것이냐?

ㄱ. 낙하하는 물체　　ㄴ. 액체를 배제한 물체

ㄷ. 가열한 물체　　ㄹ. 발광체

좋음 : 알키메데스의 법칙에 의하면 물에 뜬 물체는?

ㄱ. 자체의 수준을 유지하려 한다.

ㄴ. 물체의 크기만한 물의 무게를 배제한다.

ㄷ. 물로부터 압력을 받는데, 그 방향은 모두 같다.

ㄹ. 수면과 그릇의 밑바닥 사이에 떠 있을 수 없다.

⑲ "나는 모르겠다"라는 답지의 구성은 신중히 취급하라.

Finley와 Berdie(2000)의 연구에 의하면 이 답지에 대해 우수학생들이 열등학생들보다도 더 많이 자주 선택하고 있음을 보고하고 있다. 우수학생들이 추측에 의해 답하는 것보다 신중히 반응하고 있음을 시사하는 연구결과이지만 총합평가나 진단평가 등에서는 이 답지는 사용되어서는 안 된다. 어디까지나 형성평가에서만 이용가치가 있다고 하겠다.

⑳ 답지의 수는 가능한 한 4내지 5개로 하라.

학생의 연령수준 또는 허용된 시험시간 나아가서는 검사의 목적에 따라 답지의 수가 달라질 수 있겠으나 적정수준의 답지수는 4~5개로 연구 보고되고 있다 (Ahmann과 Glock, 1991 : Hedges, 1994 : Thorndike & Hagen, 2001 : Torgerson & Adams, 1984).

7) 자료해석형

(1) 문항의 형식

자료해석형(Context-Dependent Item Type) 또는 문제문항형(Problem Situation Item Type)으로 불리우는 이 형식은 학생들에게 어떤 자료를 제시하고 주어진 자료에 비추어 적절한 해석과 결론을 지을 줄 알고, 자료의 의미를 정확히 캐내어 판단할 것을 요구하는 방식이다. 자료는 아무 자료라도 좋다. 과학적인 것, 사회생활적인 것, 문학기행적인 것, 연설문, 논설문, …… 기타에서도 문제를 따올 수 있고, 또한 자료가 문장이라도, 수표, 도표 또는 지도 혹은 악보라도 좋은 것이다.

일반적으로는 문장의 문맥(context)을 통한 문항구성이 많이 이용된다. 몇 가지 자료와 문항 예를 들면 다음과 같다.

1 악보자료

다음은 '파란 가을 하늘' 의 일부분이다.

① 위의 가락 첫째 마디의 화음은? ································ (　)

ㄱ 으뜸화음　　　　　ㄴ 버금딸림화음

② 위의 가락 (가) 부분은 어떻게 연주하게 되는가? ········· (　)

ㄱ 가락을 연주한다.　ㄴ 화음을 연주한다.　ㄷ 리듬을 연주한다.

③ 위의 가락 셋째마디 높은 가락으로 맞는 것은? ········· (　)

㉠　㉡　㉢　㉣

④ 멜로디언에 대해 잘못 말한 것은? ······························ (　)

ㄱ 건반 모양은 오르간과 같다.

ㄴ 입으로 불어서 바람을 넣는다.

ㄷ 숨쉬기는 아무렇게나 해도 좋다.

2 국문자료

(①~⑤) 다음 글을 읽고 물음에 답하라.

> 문학 작품을 하나의 [   ]로 본다면, 작가는 Ⓐ 언어를 특수하게 사용하여 그 의미들이 긴밀한 상호 연락을 가지게 함으로써 하나의 완결된 의미의 덩어리를 이루도록 짜야 할 것이다. 이렇게 짜인 전체, 다시 말하면 치밀한 내부 조직을 가지고 있는 하나의 완성된 형체를 구조라고 한다. Ⓑ 우리는 흔히 권력구조니 의식구조니 하는 말을 듣거니와, 이 구조의 개념은 21세기의 여러 학문에서 공통적으로 쓰이며, 문학을 하나의 언어 구조라고 보는 것 또한 우리 시대의 한 특징이라고 할 것이다.
>
> 우리는 흔히 구조를 형식이나 조직과 혼동하는 일이 있는데, Ⓒ 사실은 형식이나 조직도 구조를 이루는 하나의 요소인 것이다. 따라서, 구조는 형식이나 조직보다 포괄적인 개념이다. 좀 쉽게 말하면, 구조는 하나의 전체를 이루는 모든 요소들 — 형식과 조직을 포함한 — 의 총합이라고 할 것이다. 그러나 이렇게만 말하고 말기엔 좀 부족한 감이 있다. 왜냐하면, 우리가 어떤 구조를 분석해서 그것을 이루는 요소들을 다 떼어 낸다 해도 Ⓓ 그 구조를 전부 설명할 수는 없는 까닭이다. 그래서, 구조는 그 요소들의 단순한 총합보다 크다는 말을 하기도 한다.

① 이 글의 주제로 올바른 것은?

ㄱ) 구조의 개념 ㄴ) 문학의 본질 ㄷ) 구조의 원리 ㄹ) 구조와 언어

② 윗 글의 [   ] 안에 보충되어야 할 가장 알맞은 구절은?

ㄱ) 필연성 있는 사실

ㄴ) 개연성 있는 허구

ㄷ) 진실성 있는 구조

ㄹ) 현실성 있는 허구

③ 구조의 개념을 체계화함으로써 오늘날 여타의 제(諸) 학문에 크게 기여를 한 것은?

ㄱ) 문학 ㄴ) 언어학 ㄷ) 철학 ㄹ) 시학

④ 허구로서의 문학을 구축하는 데 필요한 재료로서 가장 이질적인 것은?

ㄱ) 운율 ㄴ) 수사학적 문채 ㄷ) 문학적 전통 ㄹ) 인생관

⑤ 다음 구절을 넣어서 문맥이 자연스러운 곳은, Ⓐ~Ⓓ 중 어느 곳이 알맞은가?

> –이것은 거의 불가능한 일이지만–

ㄱ) Ⓐ ㄴ) Ⓑ ㄷ) Ⓒ ㄹ) Ⓓ

3 영문자료

(①~⑤) 다음을 읽고 물음에 답하라.

Our present day system of recording ⓐ is a hodgepodge inherited from many sources. We acquired our 60-minute hour from the Baby-lonians, our 24-hour day from the Egyptians and the seven-day week from the Hebrews. Our months came from the ancient Greeks, via the Romans, ⓑ who made a thorough mess of them. Julius Caesar and his successor, the Emperor Augustus, renamed "July" and "August" in their own honor; for prestige, each stole a day from February to make his month 31 days long. To account for the extra quarterday of the solar year, Julius added an extra day to February every four years.

The Julian Calendar served Europe for the next 1600 years. But it had a ⓒ flaw. The length of the solar year is actually 11 minutes and 14 seconds shorter than 365 1/4 days, which meant that the calendar kept getting more out of step with the seasons. In 1582 Pope Gregory XIII corrected the error by dropping ten days, declaring what would have been October 5 to be October 15. To average out the year, Gregory added an extra day to years that are evenly divisible by four, but not ⓓ centennial years unless they are exactly divisible by 400. hodgepodge : mixture

① ⓐ에 윗 글의 내용에 맞는 가장 적합한 말은?

ㄱ) time ㄴ) man ㄷ) history ㄹ) sources

② 밑줄 친 ⓑ 부분과 뜻이 같은 것은?

ㄱ) who put them in complete disorder.

ㄴ) who measured them thoroughly.

ㄷ) who calculated them faithfully.

ㄹ) who counted them precisely.

③ 밑줄 친 ⓒ와 뜻이 같은 것은?

ㄱ) defect ㄴ) merit ㄷ) advantage ㄹ) credit

④ ⓓ에 적당한 전치사는?

ㄱ) on ㄴ) in ㄷ) to ㄹ) for

⑤ 윗 글의 내용에 일치하는 것을 골라라.

ㄱ) The ancient Greeks threw our months into confusion.

ㄴ) It seems that the Julian Calendar was a perfect one.

ㄷ) According to the Gregorian Calendar, an extra day was added to the year of 1700.

ㄹ) According to the above passage, February was made short for the prestige Julius Caesar and the Emperor Augustus.

4 도표자료

다음 그림은 방위판의 눈금을 나타낸 것이다. 이 방위표를 자세히 보고 아래 물음에 답하라.

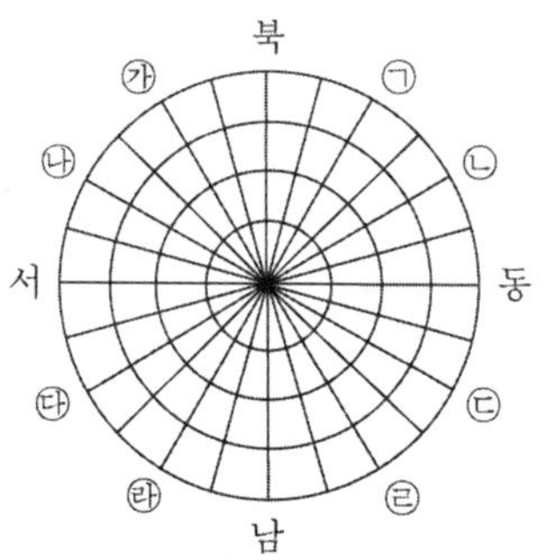

① 위 방위판의 한 눈금은 몇 도이겠는가?

ㄱ 10도 ㄴ 15도 ㄷ 20도 ㄹ 30도

② 위의 답은 어떻게 계산해 낸 것인가?

ㄱ 360÷180 ㄴ 180÷6 ㄷ 360÷24 ㄹ 180÷12

③ 동에서 남으로 30도 되는 곳의 기호는? ································ ( )

ㄱ ㉠ ㄴ ㉡ ㄷ ㉢ ㄹ ㉣

④ 북에서 서로 30도 되는 선은 서에서 북으로 몇 도 되는 곳인가? ( )

ㄱ 15도 ㄴ 30도 ㄷ 45도 ㄹ 60도

⑤ 북에서 동 사이는 몇 도나 되는가? …………………………………… ( )

ㄱ 45도 ㄴ 60도 ㄷ 90도

⑥ 북에서 남 사이의 각도는 ( )도이다.

⑦ 위 방위판의 ㉯선의 바른 설명은? ( )

ㄱ 북에서 서로 30도 ㄴ 서에서 북으로 30도

ㄷ 북에서 동으로 60도 ㄹ 서에서 북으로 60도

⑧ 학교 안의 여러 곳의 방위를 알아보려고 한다. 잘못 말한 것은? ( )

ㄱ 각도로 잰다.

ㄴ 운동장 가운데 방위판의 중심을 맞춘다.

ㄷ 북쪽을 방위판의 북쪽과 맞춘다.

ㄹ 북쪽을 맞추는 데에는 나침반을 사용하고 한 번 맞춘 방위는 움직이지 말아야 한다.

(2) 문항의 제작요령

① 문제자료는 교과목적이나 내용을 잘 반영시킬 만한 유의한 것(significant and representative)을 선정하라. 문제자료는 교과서에 실려 있고 교실에서 다루어 본 것을 직수입해 오는 것은 대금물이다. 문제라면 반드시 일종의 신기성이 포함되어 있어야 하기 때문이다.

② 문항은 반드시 선정제시하는 자료의 내용 범위에 국한시켜 작성하라. 제시되는 자료와 관계없는 질문은 학생들을 혼돈시키기 쉬우며 본래의 취지에 어긋나는 것으로서 검사의 타당도를 떨어뜨리는 계기가 된다.

③ 자료해석에 관한 문항형식은 가능한 선다형과 진위형을 사용하라.

④ 문제자료는 정도에 맞는 한 다형다종일 수 있다. 문제자료의 자원은 신문, 잡지, 여러 기록, 여러 단행본 …… 등 무수하다. 흔히 이런데서 따온 것을 그대로 문제자료로 사용하지 말고 적절히 수정 내지 재편집할 필요가 있는 것이

보통이다.

⑤ 해석이나 분석에 필요한 사실, 개념, 원리의 기억을 어느 정도로 요구할 것인가를 정하라.

문제문항은 지식의 기억검사는 아니로되, 원하는 정도에 따라 그것을 검사할 수도 있다. 한편으로는 문제해결에 필요한 거의 모든 지식을 문제자료 속에 포함 기술해 두어, 순전히 해석력, 응용력만을 검사하는 문항을 만들 수도 있고, 또 다른 한편으로는 이런 해결에 필요한 지식이나 원리를 전연 기술해 놓지 않고, 그 기억을 모조리 동시에 요구하는 문항도 만들 수 있다. 이 양극단 사이에서 원하는 단계를 정해야 한다.

⑥ 문제자료에 따르는 각 문항은 가능한 한 실험적으로 그리고 협의적으로 결정 작성하라.

학생들이 보통 평상시에 과대판단, 과소판단, 과오판단을 하는 경향이 있다는 것이 판단되면, 교사는 이런 오류에 잘 빠지는 문항들을 많이 만들어야 할 것이며, 맹신적인 태도나 그릇된 가정에 빠지기 쉬운 사고방식이 어떤 것인지를 실험적으로 조사해 보아 이런 결과들을 타교사와 협의해서 문항에 반영시키는 것이 바람직하다.

⑦ 도표나 수표등 그림자료(The pictorial materials)를 사용할 때에는 고도로 선명 정확한 자료를 선정 제시해야 된다.

지도, 다이아그램(diagram), 차트 등은 명확하게 잘 그려져 있어서 피검사자에 의해서 손쉽게 읽혀질 수 있어야 한다. 엉성한 자료(sloppy materials)는 학생을 혼란시키고 검사의 타당도에 영향을 미친다.

8) 객관식 검사의 장 · 단점

(1) 검사의 장점

[1] 일반적 장점

① 채점의 객관성, 신뢰성이 높다.

객관식 검사의 문항은 모두 정답이 자명하기 때문에 채점에 비객관성이나 주관적 판단이 개입될 가능성이 거의 없다. 또한 채점자의 편견, 기분, 인상 등에 의한 채점의 오류는 제거된다.

즉 누가 채점하더라도 또한 한 교사가 똑같은 답안지를 몇 번 채점하더라도 채점의 결과에 오차가 일어나지 않을만큼 객관도가 대단히 높다. 객관도가 높으니까 신뢰도는 자연히 높아진다.

② 주관식 검사에 비해 보다 광범위한 내용의 표집을 통하여 학생의 성취도를 평가할 수 있다.

즉 문항의 내용타당도가 높다는 것이 큰 장점이다. 왜냐하면 일정시간 동안에 많은 문제를 다룰 수 있기 때문에 학습한 내용과 목표영역을 골고루 표집해서 포괄적인 검사를 할 수 있기 때문이다.

마치 10개의 눈금을 가진 자보다는 50개의 눈금이 표시된 같은 길이의 자가 길이를 더 정확히 측정할 수 있는 이치와 같다고 하겠다.

③ 채점의 통계적 분석이 쉽다.

채점에 소요되는 시간과 노력이 주관식 검사에 비해 엄청나게 적어진다. 더욱이 컴퓨터로도 채점할 수 있어 시간과 노력의 절약은 큰 장점이 된다.

특히 기계를 사용하지 않는 경우라도 출제자가 아닌 비전문적인 대리자가 채점할 수도 있다. 그리고 문항분석을 위한 통계적 처리가 간편하다는 점도 장점이라 하겠다.

이상과 같이 객관식 검사는 주관식 검사의 단점인 내용표집의 제한성, 채점의 비신뢰성, 채점에 소모되는 시간과 노력부담 등 결점을 보완할 수 있다.

2 단답형과 완결형의 장점

① 교수목표에 따라 어떤 사실의 회상을 요구하는 경우에 도움이 된다.

단답형과 완결형은 수학, 과학 등의 교과에서 필요로 하는 어떤 수치나 계산이나 방정식의 해답에 특히 요구된다. 또한 철자법이나 외국어 평가에 유용하게 사용될 수 있고 단편적 지식이나 사실에 관한 평가에 도움이 크다.

② 문항제작이 쉽게 이루어지는 장점이 있다.

③ 비교적 광범위한 학습내용을 표집할 수 있다.

3 배합형의 장점

① 배합형은 용어, 정의, 연대나 일자, 사건 등의 단순히 지식수준을 평가하는데 적절하다.

② 두 가지 또는 그 이상의 문항간의 관련성을 파악하고 있는가를 측정하는데 도움을 준다.

③ 진위형이나 선다형처럼 기계적으로 채점될 수 있으며, 손으로 직접 채점하더라도 주관식 검사보다는 시간과 노력이 훨씬 적게 든다. 또한 누구에게나 채점을 시킬 수도 있다.

4 진위형의 장점

① 진위형은 측정영역상의 용도가 다양하다. Jenkins와 Deno(1991)의 연구에 의하면, 문항이 신중히 만들어지면, 사실적인 지식, 이해력, 응용력, 문제해결, 추론(deduction) 등의 측정에 도움이 된다고 한다.

② 독해력이 낮은 초등학교 저학년이나 독해력이 부족한(poor reading habits) 학생에겐 매우 효과적이다.

③ 주어진 시간 안에 다른 객관식 검사형보다 더 많은 양의 교과문제를 언급할 수 있다.

Frisbie(2002)의 연구에 의하면, 학생들이 보통 선다형 문제 2개를 푸는 시간에 진위형 문제는 3개를 답할 수 있다고 한다.

④ 시험시간 단위당 신뢰도는 매우 높게 나타난다.

⑤ 모든 내용영역의 측정에 사용될 수 있다.

5 선다형의 장점

① 선다형은 사실적인 회상(factual recall) 뿐만 아니라 학생들의 비판력, 판단력 및 자신을 정확하게 효율적으로 표현하는 능력까지 측정할 수 있다.

② 기계, 사무직원, 조교는 물론, 심지어 학생 자신에 의해서도 정확하게 빨리

채점할 수 있다.

③ 검사문항의 난이도는 답지의 동질성의 정도(degree of homogeneity of the responses)의 변경에 의해서 조절 · 통제될 수 있다.

④ 진위형에 비해, 선다형은 우연에 의한 정답의 가능성, 즉 추측에 의해 정답을 고를 확률이 상대적으로 적다.

⑤ 만일 학생들이 그들이 아는대로만 답하게 된다면 선다형은 교사들에게 가치있는 진단적 정보(diagnostic information)를 제공할 수 있게 된다.

교사는 이런 정보에 의해서 학습의 결손을 치료할 수 있을 것이며 다음 단계를 위한 학습처방을 내리는 데 기준자료로 활용할 수도 있다.

⑥ 선다형은 항상 진위형보다 한 개의 문항당 검사신뢰도를 크게 높여 준다.

⑦ 선다형은 진위형문항보다 쉬우며 학생들이 더 좋아하는 경향이 있다.

⑧ 선다형은 모든 선택형 객관식 문제(selection-type objective items) 중 답지형식이 가장 자유로운 방식이다.

선다형은 유형도 많지만 쉽게 자유로이 문항형식을 변형시킬 수 있는 것이다. Cronbach(1972)에 의하면 개인에 따라선 완전히 알지 못하는 경우에는 같은 내용이라 하더라도 다른 형태로 물으면 다른 대답을 하는 경우가 있다고 하는데 선다형은 이런 가능성을 뒷받침해 준다.

⑨ 선다형은 특히 사회, 경제, 정치 등에 관한 문제에는 하나의 정답이 있기보다는 어떤 기준에 비추어 비교적 보다 나은 최선답이 있으므로 이러한 분야의 학업성취를 측정하는데 보다 적합한 방법이다.

6 자료해석형의 장점

① 자료해석형 중 문제문항은 주요한 교육목적 특히 사고력에 관계되는 여러 가지 능력을 측정하는 좋은 수단이 된다.

② 문제문항은 자료해석력, 원리응용력, 논리적 사고력과 같은 일반적 능력도 요구하지만 동시에 특수한 면의 지식, 개념, 사실, 원리를 이해하거나 기억할 것도 요구할 수 있다.

③ 문제유형은 구체적 학습내용이 서로 다른 여러 집단의 학생의 일반적 교육

목적의 도달도 평가에 특히 유용하다.

(2) 검사의 단점

1 일반적인 단점

① 일반적으로 자기표현을 평가의 목적으로 하는 경우에는 부적당하다. 즉 자기 생각을 문장으로 표현함으로써만, 행동의 증거를 나타낼 수 있는 교육의 목적의 평가에서는 반응의 자유가 없고 오직 선택만 하게 되는 객관식 검사의 사용은 부적절하다고 하겠다.

② 객관식 검사는 주관식 검사에 비하여 문항을 제작하는 데 상당한 시간과 노력이 요구된다.

주관식 검사문항은 시험보기 전일 혹은 시험시간 직전에도 출제할 수 있겠지만 객관식 검사의 문항을 제작할 때에는 충분한 시간을 두고 숙고해서 만들지 않으면 십중팔구 반드시 빈약한 나쁜 문항이 작성되고 만다.

③ 종이가 많이 든다. 문제가 많다 보니 한 시간의 시험내용이 보통 A4 용지로 3~4면 이상이 요구되며 인쇄 복사에 비용이 많이 든다.

이 단점은 이론적 단점이 아니고 실용적인 단점이라고 하겠다.

④ 추측요인(guessing factors)을 제거하기 힘들다.

객관식 검사는 주어진 답에서 선택을 하기 때문에 추측요인이 작용하기 쉽다. 정답을 모르고서도 아무렇게나 선택한 답이 정답일 가능성을 완전히 배제하기란 힘든 것이다. 극단적으론 대학에서의 객관식 검사 문제를 초등학교 1학년 학생이 모든 답지의 ①번 답지를 정답으로 고르더라도 0점은 나오지 않을 것이다. 이것이 객관식 검사의 큰 단점인 것이다.

2 타당치 못한 단점

흔히 객관식 검사는 이것이냐 저것이냐의 흑백의 사고를 요하는 소위 OX적인 인간과 투기성을 조장할 가능성이 있으며, 또한 단편적인 지식의 암기만을 조장한다고 하여 객관식 검사를 전적으로 부인하는 사람도 있으나 이런 비난은 객관식검사의 진정한 특징을 이해하지 못한 처사라고 할 수 있다.

주관식 검사의 질이 채점에 달려 있다고 본다면 객관식 검사의 질은 주로 검사제작기술에 달려 있다고 하겠다. 고등정신 기능을 측정할 수 있는 객관식 검사문항이 교실현장에서 많이 만들어져 나와야 할 것이다.

3 제한된 용도

주관식 검사와 비교하여 객관식 검사를 사용하는 것이 보다 적절한 상황을 들면 다음과 같다.

① 검사할 학생수가 많거나 또는 동일한 검사를 재사용할 가능성이 많을 경우

② 보다 신뢰로운 검사를 바랄 때

③ 평가의 공정성 · 객관성을 지향하고자 하는 경우

④ 주관식 검사의 답안을 채점하는 것보다 객관식 검사를 제작하는 데 더 자신이 있을 경우

⑤ 성적결과를 분석하여 보고해야 하는 경우

4 단답형과 완결형의 단점

① 하나의 단어, 문구, 기호, 숫자 등으로 대답할 수밖에 없기 때문에 질문이 제한된다.

② 하나의 답만을 정확히 요구하기 때문에 종합적이고 해석적인 능력을 표현할 것을 요구하는 문제는 불가능하다.

③ 고도로 특수한 사실들(연대, 인명, 장소, 단어)의 측정에 지나치게 사용하다 보니 학생들에게 기억중심의 나쁜 학습습관을 배양하기 쉽다.

④ 채점에 어느 정도 주관적 판단이 개입될 여지가 있다.

5 배합형의 단점

① 단순한 지식수준의 측정에는 알맞지만, 이해, 적용 등의 상위수준의 학습결과를 측정하기가 어렵다.

② 사전에 충분한 주의를 하지 않으면, 배열항목들은 학생들에게 연상

(association) 보다 기억을 조성하기 쉽다.

③ 때로는 배합형에 적절한 동질성을 가진 일련의 내용구성이 쉽지 않다.

6 진위형의 단점

① 학생의 점수가 추측요인의 작용으로 그날의 운(good or poor luck)에 따라 크게 (unduly) 좌우된다.

② 객관식 검사 중 검사문항의 내적 합치도가 가장 낮다.

③ 커닝(cunning)하기 쉽고 시험준비를 약화시키기 쉽다.

④ 선다형에 비해 문항변별력을 저하시키기 쉽다.

⑤ 다른 객관식 검사보다 그 의미가 불명료하여(not unequivocally true or false) 학생이 잘못 해석할 가능성이 크다.

7 선다형의 단점

① 선다형은 그 제작(construct)이 어렵다.

오답을 그럴듯하게 만들어 정답처럼 느껴지게 만드는 것은 많은 경험과 기술을 요한다.

② 객관식 검사의 선택형 중 학생이 답하는데 가장 시간이 많이 걸리며, 특히 답지문의 엄밀한 구별을 요구하는 경우에는 더욱 그렇다.

8 자료해석형의 단점

① 문제문항의 제작에 시간이 많이 걸린다. 즉 여러 자료를 조사하고, 그 적절성 여부를 판단하고, 목적하는 반응이 나오도록 문항을 만들기 위해서는 보통 문항의 작성에서보다 시간과 노력이 요구된다.

② 문항제작에 따르는 목적설정, 학생의 행동의 조사분석, 이에 따르는 타당한 문항의 초안 등에 상당한 고도의 기술과 훈련이 요구된다.

5. 수업목표의 평가기법

1) 지적 영역

(1) 지식목표의 문항예시

여기서는 몇 가지의 주요 문항형식을 예시하고 있는데 이에 알맞은 측정행동이 어떤 것인지를 시사하고자 한다. 바람직한 실제 문항들은 Gerberich의 '객관식 검사문항 실예집'과 Bloom의 '교육목표분류학'에 많이 수록되어 있는 바 이를 참고하면 큰 도움이 될 것이다.

① 삼각형의 합동조건을 말하라.

② 기체의 온도, 압력, 부피의 관계를 나타내는 법칙을 기술하라.

③ 미국의 초대 대통령의 이름은 ______이다.

④ 2에다 2를 곱하면, 답은 ______이다.

⑤ 미국의 초대 대통령은 누구인가? ································( )

ㄱ 제퍼슨 ㄴ 와싱톤 ㄷ 잭슨 ㄹ 매디슨

⑥ 왼쪽에 열거한 각 책의 저자를 오른쪽에서 고르고, 그 기호를 책명의 앞에 있는 빈 칸에 기입하라. 단, 한 사람의 작자가 여러 개의 작품을 쓸 수도 있고, 해당되는 작품이 없을 수도 있다.

________1. 에밀	a. Fröbel
________2. 백조의 노래	b. Rousseau
________3. 아동의 세기	c. John Dewey
________4. 학교와 사회	d. Ellen Key
________5. 민주주의와 교육	e. Herbart
	f. Pestalozzi

⑦ 다음의 각 기술에 대하여 그것이 맞으면 ○표, 틀리면 ×표를 빈 칸에 기입하시오.

a. ________ 정약용은 교민에 힘쓴 실학파 사상가이다.
b. ________ 실학파 사상가들은 성리학을 강조하였다.
c. ________ 박지원은 과학사상의 계몽에 힘썼다.

(2) 이해력 목표의 문항예

1 교육영구법의 강의를 들을 때, "가설", "과학적 방법", "과학적 태도" 등의 술어를 자주 들을 수 있다. 이들 각 술어가 의미하는 바를 일상경험에 비추어 여러분 자신의 말로 차례로 기술하시오. (변환의 평가문제)

2 중 3학년에게 중1 문제로 시험이 실시되었다. 시험성적 결과는 다음 중 어떤 분포로 나타나리라고 생각되는가? (변환문제)

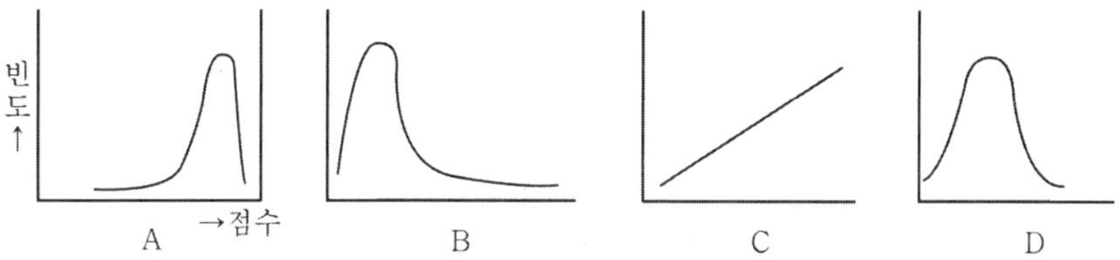

3 자유경쟁하에 있는 상품의 공급예상을 가장 잘 나타낸 그래프는? (변환문제)

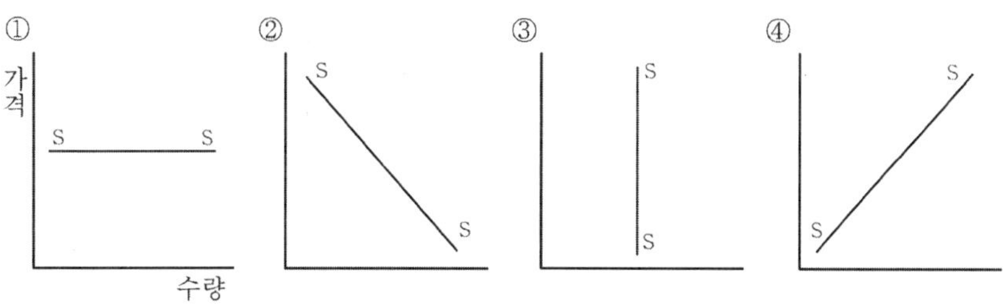

4 다음의 그래프에 관한 기술에 대하여, 다음의 네모 속의 지시에 따라서 판단을 내리시오. (해석문제)

그래프는 부산시의 교통안전협회가 발표한 것이다. 각 시간마다 표시된 정보는, 2009년에 표시시간의 1시간 30분 전부터 1시간 30분 후 사이의 매 3시간에 발생한 교통사고의 총수를 가리킨다. 예컨대, "오전 3시"의 점은, 그 해 동안에, 오후 1시 30분부터 오전 4시 30분 사이에 발생한 교통사고의 총수를 나타낸다. 부산시의 등록운전자 중에서 남자는 70%이며, 여자는 30%이다.

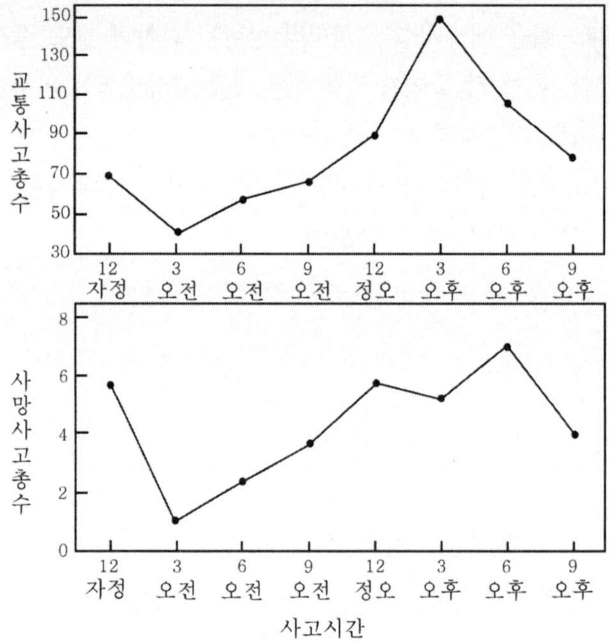

위의 정보와 그래프에 입각하여, 다음의 각 기술에 관한 판단을 하시오. 판단을 다음과 같은 요령으로 답안지에 기입하시오.

1. 그것은 참이다.
2. 그것은 아마 참일 것이다.
3. 기술이 어느 정도 참일지 또는 거짓일지를 결정하기에, 주어진 사실만으로는 불충분하다.
4. 그것은 아마 거짓일 것이다.
5. 그것은 거짓이다.

① 교통사고의 총수는 자정과 오전 3시 사이에 급격한 감소를 보인다.

② 자정과 오전 3시 사이에 발생한 사고의 대부분은 음주운전 때문이다.

③ 오전 10시의 사고율은 오전 11시보다 낮다.

④ 사망사고수는 자정에 가장 높다.

⑤ 정오와 자정 사이에 사고를 일으킨 운전기사의 반 이상은 남자이다.

⑥ 매시간당 사고수는, 오전 1시보다 오전 5시에 더 많다.

⑨ 부산시의 경찰서는 교통순경의 수를 늘려야 한다.

....

5 다음은 서울특별시의 연간 총지출액(1989~2000년)을 나타낸 표다.

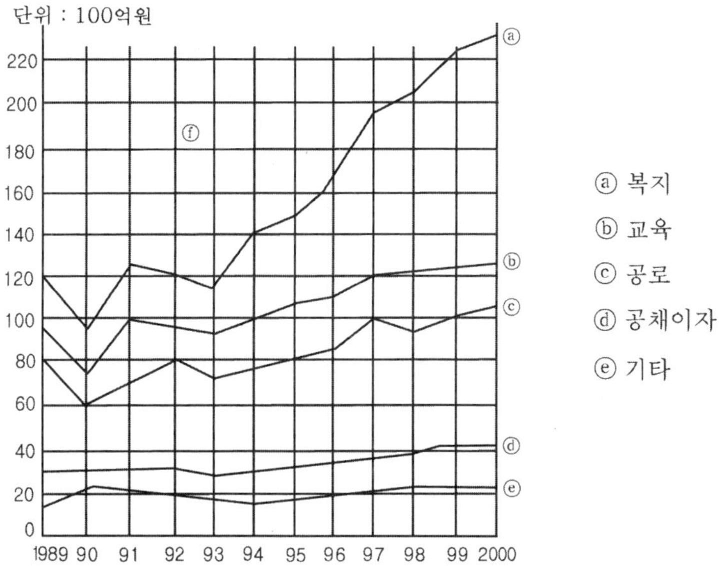

위 표에서 나타난 사실 중 다음 글이 확실히 맞다고 하기에 충분하다면 A를, 아마 맞을 것이라고 생각되어지면 B를, 진위의 정도를 밝히기에 충분하지 못하면 C를, 아마도 틀린 것이라고 하기에 충분하면 D를, 확실히 틀린다고 하기에 충분하다면 E라고 답을 써 넣으시오. (추론문제)

① 복지 및 교육을 위해 쓴 돈이 1900년도에는 1989년도 이전보다 적었다.

② 1991년 및 1992년에 공로건설을 위해 돈을 지출한 것은 분명히 불경기를 극복하기 위한 수단이었다고 생각된다.

③ 만약 2001년에 한강개발을 시작하지 않았더라면 2002년도의 복지를 위한 지출은 2000년도 보다 많았을 것이다.

④ 2000년에는 총지출 중에서 복지를 위한 지출이 차지하는 비중이 2002년 보다도 컸었다.

⑤ 주가 1989년부터 2000년까지 사이에 여러 가지 목적으로 사용한 총 금액의 증가액은 차입금 이외의 출처에서 마련된 것이다.

⑥ 1990년의 이 주의 지출이 1989년보다 적었던 것은 전적으로 공로건설을 위한 지출을 축소한데 그 원인이 있을 것이다.

⑦ 1991년에는 1992년보다도 공로를 위한 지출이 적었다.

⑧ 이 주에서는 1997년에서 1999년에 이르는 동안에 실업자가 증가하였다.

(3) 적용력 목표의 문항예시

1 전기다리미(220볼트, 1,000왓트)를 얼마 동안 사용해 왔다. 그런데 플러그 접촉이 타버려서 부가적인 저항을 가져오게 되었다. 이것은 그 다리미의 발열량에 어떤 영향을 미치겠는가?

지시 : 주어진 사실과 가장 일치한다고 믿어지며 또 당신이 가진 지식에 비추어 보아 가장 합리적이라고 믿어지는 결론을 A항에서 선택하고 그 이유를 B항에서 찾아 그 번호를 답안지의 해당란에 표하시오.

A. 결론 : ① 그 다리미는 처음보다 더 많은 열을 낼 것이다.

② 그 다리미는 처음과 똑같은 열을 낼 것이다.

③ 그 다리미는 처음보다 열을 덜 낼 것이다.

B. 이유 :

① 전기기구에서 생기는 열은 항상 그 기구의 동력정격(power rating)에 의해서만 측정되는 것이며, 그것은 어떤 접촉저항과도 무관하다.

② 같은 전압(volt)의 전류는 항상 같은 발열량을 가지며 플러그 접촉이 탔다고

해서 다리미로 들어가는 전기의 양이 줄어드는 것은 아니다.

③ 다리미 속을 흐르는 전류는 저항이 증가되면 줄어든다.

④ 전기회로에서의 저항의 증가는 전류의 증가를 가져온다.

⑤ 전기저항의 증가는 발열량을 증가시킨다.

⑥ 전기다리미 제조업자는 플러그 접촉을 최대의 능률을 지속할 수 있도록 항상 깨끗이 해야 한다고 주장한다.

⑦ 전선온도의 증가는 흔히 저항의 증가에서 오는 것이다.

⑧ 플러그 접촉이 타면 마치 자동차의 브레이크에서 마찰이 증가하면 그만큼 열을 많이 내는 것과 마찬가지로 전기다리미의 발열을 증가시킨다.

2 다음 글을 읽고 물음에 답하여라.

> 2010년 2월 8일 목요일에 서울 사람인 최미리라는 부인이 영하 11°의 온도에 밤새도록 유기되어 작은 골목길에서 의식을 잃고 있는 것이 발견되었다. "그 여인은 글자 그대로 꽁꽁 얼어 있었다."
>
> 그 여인의 체온은 전례가 없는 화씨 30°로 떨어져 있었다. 서울대병원에 도착한 지 20시간 후에 그 여인의 체온은 34°로 올라갔다. 금요일 아침에는 36.5°였었고 그날 오후에는 36°였었다. 토요일도 36°였었다.
>
> 처음 발견되었을 때 그 여자의 호흡은 1분에 3회 정도로 느렸었다. 토요일까지 그 여자의 호흡은 1분에 24회로 올라갔다.
>
> 그 여자의 혈압은 목요일에 0이었었다. 토요일까지는 80을 넘어서 132가 되었다. 목요일에 그 여자의 맥박수는 1분에 12회였고 토요일에는 100이었었다. 코오티손(Cortisone)을 일찍이 투약했다.

① 체온이 30°인 때에는

A. 피는 정상적인 때보다 더 많은 산소를 세포에 공급하는데 그것은 체온이 높을 때보다 낮을 때에 더 많은 가스가 액체에 용해되기 때문이다.

B. 피부의 혈관이 팽창되는 데 그것은 혈관수축근육이 이완되기 때문이다.

C. 심장의 고동이 빨라지는데 그것은 연수 안에 있는 심장 중심부를 냉기가 자극하기 때문이다.

D. 대부분의 활동이 늦어지는데 그것은 체온 하락에 따른 화학적 활동의 감소 때문이다.

② 최미리 부인이 의식을 잃게 된 직접적인 원인은 아마도

A. 뇌세포에서의 산소가 부족했던 데 있을 것이다.
B. 바깥 온도가 내려간 데 있을 것이다.
C. 맥박수가 줄어든 데 있을 것이다.
D. 근육의 힘이 감소되었기 때문일 것이다.
E. 호흡수가 적어졌기 때문일 것이다.

③ 최미리 부인이 처음 영하기온에서 발견되었을 때 심장의 고동수는

A. 1분에 12회였다.
B. 1분에 3회였다.
C. 1분에 0회였다.
D. 분당 고동수는 정상적이었지만 그 강도가 정상적이 아니었다.
E. 정상 이하였지만 몇 번이라고 지적할 수 있는 자료가 주어지지 않았다.

3 다음은 일본문화에 관한 기술이다. 각 기술의 다음에는 일본인의 성격이나 행동특성을 설명하는 논평과 질문이 나온다. 우선, 각 기술을 일본인에 대한 설명이라고 생각하고 읽고, 각 논평의 다음에 나오는 물음에 답하라.

A. 일본의 어린이들은 부모로부터 놀림을 잘 받는다. 실제로, 어린이들은 놀림감이 되면서 훈육을 받는다.
B. 일본의 남자 아이들의 양육에는 커다란 불연속성이 있다. 유아시에는 마치 작은 신처럼 다루어지며 모든 만족이 허용된다. 그러나 6, 7세 무렵이 되면 차츰 엄격한 책임이 주어지고, 이 책임은 가장 치열한 희생에 의해서 확인된다.
C. 일본인의 생활에서는 아무리 무해하다 하더라도 감정의 발산이 허용되는 일은 거의 없다. 감정을 닫아버리고 억누르고, 좌절시키고, 질식시키는 모든 것이 거기에 있다.

D. 남자 아이가 스승에게 경의를 표하지 않을 경우 가족은 그 아이를 추방할 수 있다. 남자 아이는 자기가 세상에 대해서 가족의 대표자라는 점을 깨닫게 만든다.
E. 일본의 어린이는 부모에게 큰 은혜를 입고 있다는 가르침을 받는다.

논평 : 일본에서는, 개인은 다른 집단으로부터 인정을 받는 한, 자기가 속한 집단으로부터도 지지를 받고 있다고 확신할 수 있다.

① 이 논평의 근거가 되는 것은 위의 어떤 기술인가?

논평 : 일본인이 도덕적인 문제로 의사결정을 하는 경우의 기준은 개인의 내적 의식에서의 선악의 투쟁이 아니라, 개인적인 욕망과 사회적인 의무 사이의 대립에 의존한다.

② 일본인의 생활 속에서 논평에 나타난 현상이 일어나기 쉽게 하는 사실을 말하는 기술은 무엇인가? 두 개를 골라라.

논평 : 일본에서는 "외적 세계"의 인정이 다른 어떤 사회에서보다 더 중요한 의미를 지닌다.

③ 이 논평을 가장 강하게 예증하고 있는 기술은 무엇인가?

논평 : 일본인의 행동은 모순에 가득 차 있으며 이원론적 사고가 깊이 뿌리박혀 있다.

④ 이 논평에 나타나는 행동을 만들어 내기 쉬운 조건을 말하는 기술은 어느 것인가?

논평 : 조소에 대한 공포는 가장 강력한 사회적 구속의 하나다.

⑤ 이 논평에 나타나는 태도를 만들어 내기 쉬운 사실을 말하는 기술은 어느 것인가?

4 불황을 극복하는 수단으로서, 세율의 변화에 주로 의지하는 데에 대한 반론 중에서 가장 중요한 것은 어느 것인가?

A. 소득세나 영업세의 세율의 인상은 "투기자본"의 투입을 억제하는 경향

이 있다.

B. 세율을 내려도 기업가나 소비자의 구매력은 그대로 높은 채로 있기 때문에 인플레이션을 일으키기 쉽다.

C. 세율을 내리면 대중의 수중에 있는 구매력은 커지지만, 그 자금이 지출될 것이라는 보장은 없다.

D. 소득세나 영업세의 세율을 높이면, 생산가를 높이게 되어 물가가 뛰어오른다.

E. 불황일 때에 세율을 내릴 필요는 없다. 어차피 세수입은 줄어들기 때문이다.

5 다음의 ① 항에서 가장 좋은 방법을 하나만 고르고, ② 항에서 가장 좋은 이유를 하나만 골라라.

① 별의 광속을 측정할 때에는

A. 서로 다른 두 시점에서 별을 촬영한다.

B. 별의 스펙트라를 실험실에서 얻을 수 있는 스펙트라와 비교한다.

C. 시차의 각도의 변화를 측정한다.

② 이 방법의 기초가 되어 있는 원리는

A. 광선의 움직임은 대단히 미세하다.

B. 그와 같은 먼 거리에 있는 물체의 운동은 작게 보인다.

C. 광원과 관측자의 상대적인 움직임은 빛의 진동수를 변화시킨다.

D. 시차를 측정하면 별까지의 거리를 알 수 있다.

E. 별의 복사선은 온도에 따라서, 즉 스펙트라의 유형에 따라 변화한다.

6 경제를 안정시키는 유일한 수단으로서, 은행정책이나 금융정책을 적용하는 경우에 일어나기 쉬운 약점을 말하고 있는 것은 어느 것인가? 2개의 답을 골라라.

① 금융정책은 투자자본의 실제의 수익률에 영향을 주지 않는다.

② "저리" 정책은 비관적인 기업가나 세대주의 예금을 장려하기에 충분치 못하다.

③ 인플레이션의 경향은 고용이나 경기의 상태가 만족스러운 수준에 도달하기 이전부터 시작된다.

④ 전체 유효수요의 누적적 변화의 원인으로서, 자금유통속도에 비하여 자금량은 중요하지 않다.

⑤ 채권자는 인플레이션 정책을 추진하도록 정치적 압력을 가하려고 하며, 채무자는 디플레이션화하려고 노력한다.

(4) 분석력 목표의 문항예시

분석력 목표 평가를 위한 문항제작에 있어서는 꼭 유의해야 할 점은 분석되어야 할 문제사태, 문헌자료 등은 반드시 새롭고 생소하며, 수업에서 사용된 것과는 어떤 점에서든 달라야 한다는 점이다.

1 다음 [ ] 속의 글을 읽고 물음에 답하라.

대학생들이 두 개의 성적 표시법의 상대적인 장·단점을 논의하고 있었다. 종래 사용해 오던 A-B-C-D-F 제도보다 가부만을 쓰는 것이 좋다는 설이 나왔다. 한 학생이 다음과 같이 말했다. "사람들이 대학에 가는 것은 배우려 가는 것이지 학점을 따러 가는 것이 아니다. 학점은 학습한 정도를 절대적으로 나타내는 것이 아니고 단지 상대적이고 대개는 우연이나 확률(추측, 선다형 문제 등에서)에 의하여 결정된다. 학생은 교수보다 자기가 얼마나 잘 알고 있는가를 더 잘 판단할 수 있다. 그러므로 가부제도가 학점간의 차이를 줄이고 그 학생이 어떻게 했는가를 더 잘 설명해 주니까 더 좋다고 생각한다."

① 이 주장에 포함되어 있으면서 언급되지 않은 중요 가정은?

A. A-B-C-D-F제의 정확성은 현저하게 개선될 수 없다.

B. 사람들은 배우려고 대학에 간다.

C. 학생은 교수보다 자기가 얼마나 잘하고 있는가를 더 잘 판단할 수 있다.
D. 가부제도가 더 좋다.
E. 학점이 중요한 것은 아니다.

② 이 학생이 주장한 결론은?
A. 학점제도를 없애야 한다.
B. 학생들은 학점에 무관심하다.
C. 학생들 스스로 학점을 정해야 한다.
D. 지금 제도 대신에 새로운 성적 표시제가 채택되어야 한다.
E. 현재의 성적 표시제가 새로 제안된 대안보다 좋다.

③ 이 결론은 근원적으로 다음 어떤 전제에 의하여 성립되는 것인가?
A. 사람들은 단지 학점을 따기 위하여 대학에 다니는 것은 아니다.
B. 학생은 자기가 얼마나 잘 했는가를 가장 잘 판단할 수 있다.
C. 학점은 학생이 공부한 것을 나타내는 지표로서는 아주 부정확하다.
D. 현 성적 표시법이 다른 것보다 더 낫다.
E. 학점을 정하는데 선다형 검사가 사용되고 있다.

④ 이 주장에서 가장 덜 중요한 글은 어느 것인가?
A. 학점은 학습의 절대적인 정도를 나타내는 것이 아니다.
B. 가부제도는 학점간의 차이 정도를 줄인다.
C. 가부제도는 학생이 얼마나 잘 했는가를 보다 잘 나타내어 준다.
D. 학점은 우연과 확률에 의하여 정해진다.
E. 학생은 교수보다 자기가 얼마나 잘 알고 있는지를 더 잘 판단한다.

2 아래의 각 기술에 대하여 A~E의 기호를 해당문항 앞의 빈 칸에 기입하라.

① 그것이 사실에 관한 것이며, 실험이나 관찰에 의하여 참으로 판명된 것인 경우

② 그것이 사실에 관한 것이며, 실험이나 관찰에 의하여 거짓으로 판명된 것인 경우

③ 그것이 공인된 이론의 일부인 경우

④ 그것이 공인된 이론과 모순되는 경우

⑤ 그것은 정의에 의해서만 모순되는 경우

____a 물은 섭씨 0°에서 언다.

____b 원자의 안쪽은 거의 아무것도 없는 공간이다.

____c 기체에 의한 압력은 분자의 무게 때문이다.

____d 철은 산소와 결합함으로써 녹슨다.

____e 같은 기온과 압력 하에서 동질적의 기체는 같은 무게를 갖고 있다.

____f 직렬로 된 두 개의 전도체의 저항은 병렬로 된 것보다 크다.

3 다음 [ ] 속의 시를 읽고 물음에 답하라.

Poem II

Go, go, quaint follies, sugared sin,
Shadow no more my door;
I will no longer cobwebs spin,
I'm too much on the score.

For since amidst my youth and night
My great preserver smiles,
We'll make a match, my only light,
And join against their wiles;

Blind, desp'rate fits, that study how
To dress and trim our shame,
That gild rank poison, and allow
Vice in a firer name;

① "quaint follies(이상한 우행)"이나 "sugared sin(설탕과 같은 죄업)"이라고 하는 것은 다음의 어떤 목적으로 표현한 것인가?

A. 노령이라고 하는 신체적 한계를 달게 받는다.
B. 젊었을 때에 사랑의 시를 쓴 사실을 부정한다.
C. 근면하고 건설적인 활동을 위하여 젊었을 때의 습관을 부정한다.
D. 죄악에 대한 이전의 너그러운 태도를 버리고, 곡발의 방침을 채택한다.

② "great preserver(위대한 보호자)"의 웃음이라는 것은 다음의 무엇을 상징하고 있는가?

A. 하느님을 믿고 하느님의 적을 미워하면서 보낸 인생에 대한 하느님의 인정과 수용
B. 죽음(하늘의 지복)이 가까이 왔다는 것
C. 하느님의 인간에 대한 사랑과 그 결과로서 하느님이 영원의 파멸로부터 인간을 구제하려 하는 것.
D. 이 시의 저자에 대한 미지의 후원자의 자비로운 태도.

③ Poem II를 지을 때에 사용한 "match"의 의미 중에서, 지은이가 특히 생각하고 있는 두 가지의 의미는 무엇인가?

A. "계약이나 동의"와 "빛을 내는 것"
B. "경쟁이나 경기"와 "빛을 내는 것"
C. "계약이나 동의"와 "유사성이나 동일성"
D. "경쟁이나 경기"와 "유사성이나 동일성"

(5) 종합력 목표의 문항예시

종합력 평가문항을 제작함에 있어선 ① 학생들이 과제나 문제를 스스로 설정할 수 있거나 또는 문제의 재정의에 있어서 상당한 자유를 가질 수 있어야 하며, ② 종합의 결과로서의 성과는 평가대상이 되고 있는 특정수업목표에 알맞은

것이어야 하고, ③ 최종적 성과의 적절성은, 과제를 달성하는 방법의 적절성을 나타내는 증거 등에 의해서 평가되도록 유의함이 필요하다.

1 다음 시를 음악으로 작곡하시오.

① 단순선율로 작곡하시오.

② 단순조의 베이스로 작곡하시오.

③ 두 개의 조성으로 작곡하시오.

2 다음 시의 2절을 써 보시오.

물고기처럼
인간은 수영할 수 없다.
고난의 길을 걷는
노예일 뿐이다.

3 한국에 있어서의 사유재산제도의 미래에 있어서, 그 제한되어야 할 측면에 관한 글을 써라. 사적 소유의 어떤 형태를 지지하는 것으로도 또는 비판하는 것으로도 좋지만, 다음과 같은 사항을 반드시 고려하며 써야 한다.

① 지지 또는 비판하려고 하는 소유양식의 도덕적 기반이나 사회적 영향을 반드시 논할 것. 예컨대, 어떤 것에 대한 자기소유를 주장하기 위한 최종적 권리는 무엇이며, 그 권리는 어떻게 달성되며, 보호되며 제한되어야 할 것인가? 그와 같은 정책이 사회에 끼치는 영향은 무엇인가?

② 찬성 및 반대의 논의는 반드시 당신의 주제와 관련되어야 한다. 자신의 입장을 전개하는 과정에서, 그것을 지지하는 논의는 이용하되, 반대되는 논의는 배제할 것.

③ 당신의 경험이나 관찰, 또는 독서로부터 얻은 사유재산권에 대한 예를 하나 이상 들고, 당신의 이론적 입장을 예증하여야 한다. 예컨대, 다음과 같은 예를 들 수 있다. 사유재산, 자기소유가옥, 독립 또는 협동조합제의 상점, 은행이나 광산이나 철도의 국영화 등

④ 논문의 형식은 반드시 주장의 형식을 취할 것. 자신의 의견을 다만 주장하지만 말고, 지지 또는 비판의 이유를 들며, 논리적으로 전개할 것.

⑤ 논의는 명쾌하고 흥미 있어야 하며, 이 논문의 독자들이 받아들일 수 있는 것이어야 한다. 마음 속에 생각하고 있는 독자의 특성을 간단히 여백에 기술할 것.

⑥ 논문은 반드시 잘 조직되어야 한다. 위에서 열거한 사항을 그대로 이 글의 개요로 사용해서는 안 되지만, 그것을 무시해도 안 된다.

⑦ 이 논문 속에 표시되는 의견의 내용 자체는 채점과 관계가 없다. 논문은 학생의 이름을 떼어낸 뒤, 담당 교수가 채점하게 된다.

(6) 평가력 목표의 문항예시

1 "물리학이나 화학은 기초과학이며, 천문학이나 지학은 응용과학이다"라고 흔히 말한다. 이 말의 해석으로서 다음의 어느 것이 적절한가?

① 물리학과 화학은 증명된 법칙이라고 하는 확고한 기초 위에 서 있다. 천문학이나 지학의 대부분은 순수한 추식이다.

② 천문학이나 지학이 발전하는 데에는 물리학이나 화학의 이용이 필요하다. 그 역은 참이 아니다.

③ 천문학이나 지학의 모든 주관은 물리학과 화학의 법칙이나 방법으로부터 도출된다.

④ 물리학과 화학은 천문학과 지학보다도 인간의 활동에서 보다 기본적이고 중요하다.

⑤ 물리학이나 화학은 실험실에서의 실험이 가능하지만, 천문학이나 지학에서는 그것이 불가능하다.

2 다음은 어떤 주제를 다룬 두 가지씩의 명제의 짝이다. 각 짝에서, 대립점이 되어 있는 사항을 A~E 중에서 골라서 지적하라.

① (a) "과학적 발견은 항상 그 기원을 더듬을 수 없는 행운의 사고에 의존하며, 모든 법칙을 초월하는 지성의 행운이다."

(b) "나대로의 발견방법에 의하면, 과학은 인간의 의지를 훨씬 넘어서는 것이며, 개인의 우수성에 의지할 부분은 거의 없다."

이 두 명제의 대립점은 무엇인가?

A. 단순히 표면상의 것이다.

B. (a)는 "과학적 발견"에, (b)는 "과학의 발견"에 언급하고 있다는 점이다.

C. (a)는 귀납에, (b)는 연역에 관계되어 있다는 점이다.

D. 자료와 관념간의 관계에 관한 기초적인 사고의 차이에 있다.

E. 관찰과 실험의 관계에 관한 기초적인 사고의 차이에 있다.

② (a) "다른 어떤 경우에도, 가설로부터 현상을 연역할 수 있다는 것이 그 해설의 진실성의 증거가 될 수는 없다."

(b) "연역적 사고의 가설인 그 학설은 귀납적 과정의 추론에 해당한다. …… 그래서, 이런 방식으로 연역이 귀납을 확립한다. 사실로부터 얻은 원리는 진실이다. 왜냐하면, 엄격한 증명을 통해서 사실이 원리로부터 연역될 수 있기 때문이다."

이 두 명제의 대립점은 무엇인가?

A. 단순히 표현상의 것이다.

B. (a)에서 시사된 현상과 원인간의 차이에 있다.

C. 감각과 지성의 관계에 관한 기초적인 사고의 차이에 있다.

D. 연역적 진실과, 관찰되지 않은 경우의 예측과의 관계에 관한 기초적인 사고의 차이에 있다.

E. "발견의 과학"에서의 증명의 본질과 역할에 관한 기초적인 사고의 차이에 있다.

2) 정의적 영역

(1) 면접에 의한 평가 방법

면접법은 교사(면접자)와 학생(피면접자)이 대면하여 행하는 것으로서 구조화된 것과 구조화되지 않는 것으로 구분할 수 있다.

구조화된 면접의 경우에는, 질문의 순서나 표현법이 엄격히 고정되어 있다. 오해가 있을 때나 모호할 때 반문을 하거나, 기준이 충족되었을 때 다른 질문항목으로 옮긴다든가 하는 경우를 제외하면 교사는 미리 정해진 질문내용 순서로부터, 이탈할 수 없게 되어 있다. 교사가 해야 할 일은 학생에게 질문을 제시하고, 대답을 기록하는 것 뿐이다.

구조화되지 않은 면접법은 실시와 처리에 있어 많은 시간이 걸린다. 보통 이 방식은, 구조화된 항목을 작성할 때의 참고가 되며, 구조화된 면접에서 얻은 자료를 보완하기 위해 사용된다. 이와 같은 면접과정에서는 면접표의 활용이 필수적으로 요청된다.

(2) 자유기술식 질문에 의한 평가방법

자유기술식 질문이란, 반응자가 여러 가지 길이의 문장을 써서 대답해야 하는 질문항목으로 구성되어 있다. 태도, 신념, 활동, 가치 등을 밝히는 데에 효과적인 자유기술식 질문항목을 예시하면 다음과 같다.

① 10,000원이 생긴다면, 나는 ______________________

② 다음 주말이 3시간의 연휴라면, 내가 하고 싶은 것은 ____________

③ 나의 가장 친한 친구에게 기대할 수 있는 것은 ______________

④ 내가 가장 우울한 날은 ______________________

⑤ 내가 기다리가 어려운 것은 ______________________

⑥ 나의 자녀들이 할 필요가 없는 것은, ______, 왜냐하면 ____________

⑦ 나의 기분이 가장 상할 때는 ______________________

(3) 투사적 질문에 의한 평가방법

J. W. Getzels와 J. J. Walsh는 반응자가 자신의 정말 신념보다도 좋은 반응을 보이려는 경향을 감소시킬 수 있다는 입장에서 '직접적' 질문항목과 '투사적' 질문항목을 짝지어 병용하는 방법을 제시하고 있다. 직접적 질문항목은 1인칭

으로 진술된 항목이며, 투사적 질문항목은 3인칭으로 진술된 항목이다.

직접적 질문에 반응하는 경우 학생은 자기의 반응이 자기노출적이며 다분히 평가적인 성격을 띠고 있다는 점을 의식하고 있다. 그 때문에, 그의 반응은 "사회에 알려도 좋다고 생각되는 행동수준"을 나타내게 된다. 이에 반해서, 투사적 질문은 자신과 직접적인 관련이 없기 때문에, 반응자의 신념을 그대로 측정할 수가 있는 장점이 있다. 예시하면 다음과 같다.

1. 놀다가 유리창을 깨었을 때, 나는 ________________	1a. 놀다가 유리창을 깨었을 때, '갑돌이'는 ________________
2. 부탁을 받게 되면, 나는 언제나 ________________	2a. 부탁을 받게 되면, '차돌이'는 언제나 ________________
3. 시험에서 부정행위를 하다가 선생님께 들키면, 나는 ________________	3a. 시험에서 부정행위를 하다가 선생님께 들키면, '갑순이'는 ________________

(4) "예-아니오"식의 질문에 의한 평가방법

독서를 예로 다음과 같은 4개의 정의적 목표를 선정하면 그 내용은 다음과 같다.

① 평생을 통해서 소설과 비소설의 명작을 읽는 습관을 형성시킨다.

② 독서를 지식습득의 도구로 사용한다.

③ 양서를 읽음으로써 안정과 즐거움을 발견한다.

④ 자기의 독서 프로그램을 평가하고 계획하는 일의 중요성을 인식하는 감각을 형성시킨다.

이러한 정의적 독서목표를, 목표분류학의 내면화의 4가지 수준에서 측정할 수 있다. 예컨대, 목표 3인 "양서를 읽음으로써 안정과 즐거움을 발견한다."를, 다음과 같은 질문항목에 의하여, 각각의 내면화 수준을 측정하고 있다.

1 감수

여러 가지 책에 관한 토론을 위하여 자주 모임을 갖는 클럽에 지금 가입하고 싶은 생각이 있습니까?

2 반응

지치지 않고 적어도 한 시간 정도, 책 읽기를 할 수 있습니까?

3 가치화

때때로 독서에 깊이 몰두하여, 당신 주변에서 무엇이 일어나고 있는지를 전혀 모르는 경우가 있습니까?

4 조직화

어떤 책이나 기사를 읽음으로써 다른 새로운 취미나 흥미를 갖게 된 일이 있습니까?

(5) 강제선택식 질문에 의한 평가방법

목표분류학의 내면화수준에 따라 정리한 다음의 항목들은 음악의 정의적 목표의 여러 가지 측면을 측정하기 위하여 선택한 강제선택식 질문(그렇다-그렇지 않다)의 예들이다.

1 감수

① 음악회에 가고 싶은 때가 한 번도 없었다.

② 음악을 듣기 위하여 라디오를 트는 경우가 거의 없다.

③ 만약에 부모나 친구들이 음악을 듣기 위하여 라디오를 켜면, 나는 오히려 그 방을 떠난다.

④ 나의 음악 이해력을 높이고 싶은 생각을 해 본 적이 한 번도 없다.

⑤ 좋은 음악을 듣기 위하여 시간을 좀 할애하고 싶다.

2 반응

① 친구와 함께 있거나 파티에 갔을 때, 고전음악을 듣자는 제안을 대개의 경우 환영한다.

② 대단히 좋아하기 때문에, 여러 사람의 다른 음악가들이 연주하는 것을 듣고 싶은 곡이 몇 가지나 있다.

③ 나는 2시간이나 계속해서 음악을 듣는 때가 거의 없다.

④ 나는 적어도 일년에 한 번은 음악회에 간다.

⑤ 내가 음악회에 간다면, 그것은 대개 다른 사람(부모나 친구들)의 권유에 의해서이다.

3 가치화

① 흔히 음악과 관련된 주제를 가지고 토론을 한다.

② 내가 좋아하는 음악이 있으면, 나는 흔히 친구들에게 그 음악을 들어 보라고 권한다.

③ 나는 내 친구들에게 음악 감상 시간을 가져 보라고 여러 번 설득하려고 한 일이 있다.

④ 나는 음악에 관한 기사를 항상 큰 관심을 가지고 읽는다.

4 조직화

① 음악을 들을 때, 나는 언제나 연주의 질을 판단해 보려고 노력한다.

② 같은 음악을 여러 다른 음악가들이 연주하는 것을 비교해 보는 일이 있다.

③ 같은 음악 프로그램을 들은 사람들과 연주의 질에 관해서 의견을 나누기를 좋아한다.

④ 연주에 관한 의견을 형성할 때, 나는 연주자의 기법을 고려한다.

(6) 행동발달 상황에 의한 평가방법

이 문제는 10장에서 독립적으로 다루고자 한다.

6. 각 교과별 평가기법

1) 국어과의 평가

(1) 주요 평가목표

1 읽기능력의 평가

읽기는 보통 단어의 이해와 문장독해력으로 구분되어 평가된다. 그리고, 문장독해력의 평가에는 어휘가 포함되는 것이 보통이다.

어휘는 객관적으로는, 일방적으로 유사어(동의어), 반대어, 적합어(완결형)의 형식으로 검사한다.

또한, 어휘력은 주관식으로는 "단문짓기"의 형식을 사용할 수 있다.

E.T.S(2003, Educational Testing Service, 미국 교육검사연구소)에서의 문장 독해력 검사를 위한 검사자료(문장) 선정의 기준은 다음과 같다.

첫째, 흥미가 있어야 하고 불쾌한 것이어서는 안 된다.

둘째, 일상생활에서 보통 읽는 것과 비슷한 것이어야 하지만, 익숙한 것이어서는 안된다.

셋째, 가치가 있어야 한다.

넷째, 여러 가지 내용, 여러 가지 종류가 있어야 한다.

전기 ETS의 STEP검사(Sequential Tests of Educational Progress)에서는 읽기 능력의 평가목표를 다음 다섯 가지로 분류하고 있다.

① 저자의 직접적인 진술을 이해하는 능력
② 문장을 해석하고 요약하는 능력
③ 저자의 동기를 이해하는 능력
④ 문장의 구성적 특징을 이해하는 능력
⑤ 생각, 목적, 표현에 관하여 그 문장을 비평하는 능력

2 듣기능력의 평가

STEP에서는 듣기 능력을 평가하는 목표로서 다음의 셋으로 분류하고 있다.

① 사실적인 이해 : 읽기의 그것과 비슷하다.

② 해석 : 고음의 의미파악

③ 판단과 적용 : 주된 생각의 타당성과 적합성, 사실과 가설과의 구별, 내용들이 목적에 맞는가를 판단 등

3 쓰기능력의 평가

쓰기는 언어기능(language art)과 작문(essay writing)으로 분류된다. 전자는 표현의 제규칙 등을 정당하게 사용하는가이고 후자는 자기의사를 효과있게 표현하는가이다.

① 언어기능에 관한 평가목표

a. 철자법 및 띄어쓰기

b. 구두점, 의문부(물음표), 따옴표 등의 각종 부호 사용법

c. 존경어의 관습

d. 어법상의 적합성

e. 문장구조의 분석

② 글짓기 능력에 관한 평가 목표

a. 자기생각을 논리적으로 글로서 표현하는 능력

b. 문장에 있어서 내용을 조직하는 능력

c. 목적, 경우, 독자에 맞게 쓰는 능력

d. 효과적으로 쓰는 능력(즉, 단어의 선택, 강조, 이유, 인용, 비교, 정확성, 간결, 상상 등)

e. 쓰는 관례의 용법, 기본적인 형태에 관한 형식, 구문, 어법 등

(2) 평가의 요령

1 독해력 평가를 위한 질문형식

① 사실적인 이해

a. 글쓴이가 가장 적게 말하고 있는 것은 다음 중 어느 것인가?

b. 둘째 줄의 "야망"의 뜻은?

c. 12년된 개는 사람의 몇 살 먹은 것과 비슷하나?

② 해석력

a. 마지막 글에 의하면 소년단원들은 무엇을 할 수 있는가?

b. 이 글에서 그려진 여행자의 모습은?

c. 이 글에 제목을 붙인다면?

③ 저자의 동기

a. 이야기의 목적은?

b. 아들에게 글을 쓸 때의 아버지의 모습은?

c. 이 글을 쓴 이가 독자에게 바라는 것은?

d. 생생한 묘사는 어느 문장인가?

④ 문장구조

a. 이 공고문이 씌어진 특징은?

b. 글의 순서는 어느 쪽으로 정해졌는가?

c. 만일 전체를 둘로 나눈다면 두 번째 문장의 처음은?

d. 제일절은? (설명이냐, 변명이냐, ……)

⑤ 문장비판

a. 다음 중 작문모집의 설명을 어떻게 더 첨부하면 중학생이 더 응모하게 될 것인가?

b. 당신이 글쓴이를 도와서 이 문장을 고치려 한다면 어느 일을 하겠는가? (구체적인 시사점을 적기)

c. 셋째절 문장에 나타난 생각은 일반적으로 옳은 것이 아니다. 그 이유는?

2 듣기능력 평가를 위한 문장 작성 요령

듣기 능력을 객관적으로 검사하려면 선택 답지만을 인쇄하여 주고 기록하게 한다. 주문과 묻는 말은 일회한 들려주는 것이 보통이다. 교실사태에서는 이러한 방법과 아울러 소감을 적어 내게 하는 것이 쓰기교육 및 평가에 있어서 좋은 방법일 것이다. 문항형식은 읽기에 준한다.

듣기 검사의 소재는 듣는 사태에 알맞은 것, 학교경험 지식, 간단한 설명해설, 논쟁, 설득, 정서적 소재 등을 선택하는 것이 바람직하다. 또 거기에 사용되는 언어는 현실적인 구어체이어야 함은 물론이다. 설문은 중요한 것은 선택적인 기억과 들은 것을 기초로 해서 생각하는 것을 주로 해야 한다.

3 쓰기능력 평가를 위한 문항형식

① 문장구조를 묻는 것

단위사상을 전달할 만한 문장(paragraph)을 순서를 바꾸어서 4~5개 늘어 놓고 ⓐ 제일 처음 올 것은? ⓑ 문장 A 다음에 올 것은? ⓒ 문장 B 다음에 올 것은? …… 등으로 묻는다.

② 종합적인 쓰기 문제

객관적인 방법으로 쓰기 능력을 종합적으로 평가하려면 우선 비판거리가 많은 문장을 골라서, 그 문장의 각 글월(sentence)에 번호를 붙인 다음, ⓐ 글 A와 글 B는 어떻게 하는 것이 좋은가? (선택지 제공) ⓑ "저는 아버지 어머니를 모시고 잘 있사오니 안심 하십시오."라는 글을 넣으려면 어느 곳이 가장 좋은가? ⓒ 글 C에는 고쳐야 할 말이 있다. 다음 중 어느 것을 고치겠는가? ⓓ 다음 어느 글 속에 틀리게 쓴 말이 두 개 이상 있는가? 등으로 일일이 수정하게 한다.

③ 자유수정형식

종래에는 "교정" 비슷한 형식으로 옳지 못한 글자 등을 고치게 하였는데, 이것은 물론 언어기능에 속한 문제에 속하고, 단어나 표현의 적절성까지도 자유롭게 수정하는 형식이 시도되고 있다.

이는 행간을 충분히 띄어 놓은 문장에 마음대로(단어, 구, 순서) 수정을 하게 한다.

④ 논문(essay writing)

작문 평가의 본 궤도는 역시 소정의 제목이나 자유제로 작문을 짓게 해 그것을 여러 관점에서 평정하는 일일 것이다. 논문에는 물론 어떤 논단이나 주장에 대한 논평도 포함된다.

2) 수학과의 평가

(1) 주요 평가목록

1 ETS에서 설정한 목표와 내용 영역

미국대학입시 공통출제위원회(ETS 내에 있음)에서는 수학과의 평가목표를 다음과 같이 분류하고 있다.

① 연산기능
② 공식, 정리, 수학적 용어에 관한 지식과 이해
③ 문장으로 표현된 것을 대수나 도표형식으로 바꾸는 능력 또는 이의 역기능
④ 주어진 자료에서 결론을 추출하는 능력
⑤ 문제해결에 어떤 사실이나 과정이 필요한가를 인식하고 그것을 정확하게 해결하는 데 사용하는 능력
⑥ 형과 관계를 입체적으로 시각화하고, 대수, 평면기하, 삼각법의 지식을 거기에 적용하는 능력

그리고 내용영역의 분류는 다음과 같다.

① 수와 연산
② 기호
③ 측정과 기하
④ 함수와 상호관계
⑤ 증명 : 연역적 및 추론적 추리
⑥ 확률과 통계

2 우리나라 교육과정상의 평가목표

우리나라 초 · 중 · 고 전반에 걸친 교육과정상의 일반목표에 나타난 내용을 살펴보면 다음과 같다.

① 수학적 대상(mathematical objects)은 개념, 용어, 기호 등이 포함된다.

② 수학적 문장(mathematical sentences)은 수학적으로 표현하기, 이를테면 문제의 내용을 방정식으로 고치는 것이다.

③ 논리적 사고(logical thinking)

④ 수학적 구조(mathematical structures)은 크게는 대수적 구조, 공간구조 등의 이론체계다.

⑤ 수학적 기능(mathematical techniques)

⑥ 응용(applications)

오늘날의 수학교육은 수학의 구조구명에 역점을 두고 논리적 사고의 훈련을 통하여 독창력, 응용력의 계발에 주요목표를 두고 있기 때문에 수학과의 평가목표는 상기내용의 목표들을 우선적으로 고려해야 될 줄 믿는다.

3 Bloom의 평가목표모형

Bloom(1971)은 수학분야(중학교 수학)에 관한 학습과제에 있어서 학생이 도달해야 할 목표로는 4종류의 지적 행동(cognitive behaviors)이 있다고 보고 있다. 즉, A. 계산, B. 이해, C. 응용, D. 분석, E. 흥미와 태도 및 F. 음미(appreciation)로 구분하고, 다시 각 항목을 세분하고 있다. 그리고 이들 행동목표 사이에는 위계관계가 성립함을 주장하고 있다.

Bloom은 학습평가를 다음의 이원적 분류에 의거해야 함을 시사하고 있다.

행동목표 / 내용(content)	행동(behaviors)					
	지적 행동				정의적 행동	
	A. 계산 (computation)	B. 이해 (comprehension)	C. 응용 (application)	D. 분석 (analysis)	E. 흥미와 태도 (attitude)	F. 음미 (appreciation)
1.0 수체계 (number system)						
2.0 대 수 (algebra)						
3.0 기하 (geometry)						

위의 분류표에서 지적 행동은 다시 다음과 같이 세분되어 있다.

구분	영역	세부 행동
지적 행동	A 계산	사실에 관한 지식(knowledge of specific facts)
		술어에 관한 지식(knowledge of terminology)
		계산을 하는 능력(ability to carry out algorithms)
	B 이해	개념에 관한 지식(knowledge of concepts)
		원리, 법칙, 일반화에 관한 지식(knowledge of principles, rules, and generalizations)
		수학적 구조에 관한 지식(knowledge of mathematical structure)
		한 양식에서 딴 양식으로 문제를 전환하는 능력(ability to transform problem elements form one mode to another)
		일련의 논증과정을 이해하는 능력(ability to follow a line of reasoning)
		문제를 읽고 해석하는 능력(ability to read and interpret a problem)
	C 응용	기계적인 문제를 해결하는 능력(ability to solve routine problems)
		비교할 수 있는 능력(ability to make comparisons)
		자료를 분석하는 능력(ability to analyze data)
		양식, 동형성, 대칭성을 아는 능력(ability to recognize patterns, isomorphisms, and symmetries)
	D 분석	기계적이 아닌 문제를 푸는 능력(ability to solve non-routine problems)
		관계를 발견하는 능력(ability to discover relationships)
		증명을 해 내는 능력(ability to construct proofs)
		증명을 비판하는 능력(ability to criticize proofs)
		일반화를 수행하고 그것이 옳음을 확인하는 능력(ability to formulate and validate generalizations)

(2) 평가의 요령

Adams와 Torgerson은 수학검사 문항작성에 필요한 몇 가지 요령을 다음과 같이 말하고 있다.

① 가능한 한 기억보다도 이해력을 측정하도록 하라.

② 객관식 검사로 가능한 것은 단답형이 가장 좋다.

③ 선다형이 사용될 때에는 오답지가 ① 충분히 매력이 있어야 하고, ② 깊은 이해가 없는 학생이 정답지보다도 더 많이 선택할 수 있고, ③ 학생들이 잘

이해하지 못하고 있는 점을 밝히도록 마련되어야 한다.

④ 이해력이나 적용력을 측정하는 문제에는 계산력 부담을 최소한으로 줄여라.

⑤ 때로는 학생들이 주어진 여러 가지 조건 중에서 문제해결에 필요한 것만을 고르도록 하여야 하고, 또 다른 조건이 더 있어야 하는 것을 지적시켜야 한다.

실제생활 문제에는 필요충분조건만 배열되어 있는 것이 아니기 때문이다(문제 예 : 반지름이 R, r인 두 개의 원이 있다. 첫째 원의 넓이는 둘째 원의 4배이다. 두 원의 지름의 관계를 나타내는 식은?).

⑥ 전개나 전환과정에 사용되는 기능이나 능력을 묻도록 하라.

3) 외국어(영어)과의 평가

(1) 주요 평가목표

여기서는 단순 능력, 복합능력 및 비언어학적 요인의 평가목표만을 다루고자 한다.

1 단순능력의 평가

① 외국어의 분절음소를 식별해 들을 수 있는 능력

② 분절음소의 발성능력

③ 초분절음소의 인지능력(강세, 고저, 억양)

④ 초분절음소의 발성

⑤ 문법구조의 인지능력

⑥ 문법구조의 생성

⑦ 어휘의 인지능력

⑧ 어휘를 적절히 사용하는 능력

2 복합능력의 평가

복합능력이란 위에서 언급한 단순능력들을 복합적으로 동원해야 하는 능력을 말한다. 이 안에는 주로 인지작용인 듣기와 읽기, 생성작용인 말하기와 쓰기가 포함된다.

① 이야기를 듣고 그 내용을 정확하게 말하는 능력
② 문장전환을 구두로 하는 능력
③ 발음을 정확하게 이야기하는 능력
④ 문법적으로 말할 수 있는 능력
⑤ 짧은 시간에 문장을 읽고 그 내용을 파악하는 능력
⑥ 읽은 것을 우리 말로 번역할 수 있는 능력
⑦ 우리 말을 외국어로 옮기는 능력
⑧ 외국어로 작문짓는 능력
⑨ 관용적인 표현으로서 단문을 짓는 능력

3 비언어학적 요인들의 평가

① 특정 외국에서의 인사법을 이해하고 구사하는 능력
② 외국 사람들의 식사법이나 소개법의 파악
③ 일상생활에서 찾아볼 수 있는 특정문화의 이해

(2) 평가의 요령

1 단순능력의 평가요령

① 개별적인 음소의 인지를 평가하는 가장 초보적인 방법 중의 하나는, 두 개의 단어를 제시하고 그 중 어느 하나를 발음을 하고 학생들로 하여금 어느 단어인가를 맞히게 하는 방법이다.

예컨대,	1	2
	work	walk
	warm	worm
	......	

② 단어 셋을 발음해 주고 그 중 같은 두 단어를 학생들로 하여금 찾게 한다.

③ 어떤 문장을 읽어 주고 맞고 틀림을 판정시킨다.

④ 한 쌍의 단어를 주고 그 때 자음이나 모음이 같은가를 물어 본다.

예컨대, boat bought

⑤ 우리 말을 주고 외국어로 발음하게 한다.

⑥ 완성되지 않은 빈 칸이 있는 문장을 제시하고 학생에게 구두로 완성시킨다.

⑦ 교사가 단어를 읽어 주고 학생이 인쇄된 단어의 해당 음절에다 강세의 표를 하게 한다.

⑧ 문장을 읽어 주고 억양을 곡선으로 나타내게 한다.

예컨대, Where did you meet him?

⑨ 어떤 문장을 읽어 주고 가능한 억양곡선을 미리 그려 주고 그 가운데 하나를 고르게 하는 방법이다.

예컨대, Good evening!

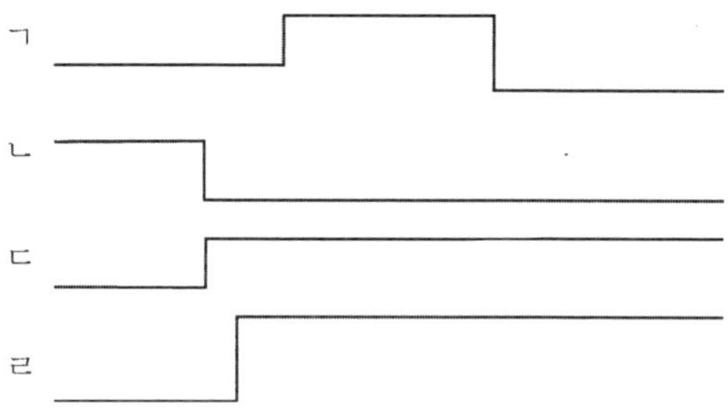

⑩ 미리 강세를 표시해 주고 그 중 틀린 강세 표시를 선택시킨다.

예컨대, ⓐ éducate ⓑ mechánism

⑪ 강세와 분절음소의 발음을 혼합하여 평가한다. 문항의 양식은 대개, 어떤 단어를 주고, 그 단어의 강세가 있는 모음과 같지 않은 모음을 강세모음으로 갖고 있는 것을 고르게 한다.

예컨대, mechanism

ⓐ pretty ⓑ telephone Ⓒ natural ……

⑫ 그림을 보여주고 그림의 내용에 알맞은 문장을 고르게 한다.

⑬ 옳고 그른 문장을 섞어 제시하고 문법적으로 바른 것(틀린 것)을 고르게 한다.

⑭ 틀린 문장을 올바르게 고치게 한다.

⑮ 문답을 통해 우리말 질문을 외국어로 답하게 한다.

⑯ 수동태 등 문장전환을 요구한다.

⑰ 순서없이 주어진 단어들을 문장이 되도록 재배열시키는 방법이 있다.

⑱ 어휘 인지검사로서 동의어(또는 반대어)를 묻는다.

⑲ 문맥 속의 어휘의 뜻을 묻는다.

⑳ 주어진 문장에 빈 칸을 두고 거기에 들어갈 것을 선택시킨다(기술시킨다).

2 복합능력의 평가요령

① 짤막한 이야기를 들려주고 그 내용에 대해서 묻는다(외국어로).

② 듣고난 이야기에 대해 교사가 묻고 거기에 학생이 답한다.

③ 교사가 지시하는대로 학생들로 하여금 동작하게 한다(저학년에 좋음).

예컨대, Fold your arms.
Open your book.

④ 그림을 보여주고 교사가 물으면 학생은 외국어로 답하게 한다.

예컨대, Where is bird ?

⑤ 외국어로 면접한다.

⑥ 읽기의 속도를 측정한다.

⑦ 읽을거리를 주고 거기에 대한 여러 가지 질문을 한다.

⑧ Cloze 방법을 사용한다(읽을거리에서 일정한 간격을 두고 단어를 생략하는 것이다. 이 생략된 단어를 학생에게 채우게 한다).

⑨ 우리말을 외국어로 번역시킨다.

⑩ 문장 안의 빈 칸을 채우게 한다.

⑪ 주어진 문장을 지시대로 바꿔 쓰게 하거나(수동태 또는 부정문) 두 문장을 하나로 (그 반대로) 만들게 한다.

⑫ 특정의 제목을 갖고 작문을 짓게 한다.

3 비언어학적 요인의 평가요령

① 외국문화상식(information), 가령 영어를 사용하는 국가의 관습이나 중요한 문화적 지식을 묻는다.

② 사람을 소개하거나 악수를 하거나 식사와 관련된 간단한 회화를 통해 외국 특유의 관습적인 화순, 어순을 묶어 본다.

4) 사회과의 평가

(1) 주요 평가목표

1 기초기능의 평가

STEP에서는 사회과의 평가목표를 기능과 이해로 구별하여 다음과 같이 분석하고 있다.

① 사회과의 자료(지도, 도표, 그림, 사진, 문서, 만화 등)를 해석하는 능력

② 기초적인 사실, 용어, 경향, 개념간의 상호관계의 인식력

③ 통칙, 요점, 논의의 중심점의 인식력

④ 잠재적인 가치, 태도, 가정의 확인, 비교와 대조능력

⑤ 사실을 의견과 상상으로부터 구별하고 선전을 간파하는 능력

⑥ 타당도, 충분도, 증명 가능성, 일관성의 관점에서 자료의 적합도를 평가하는 능력

⑦ 자료를 비교하고 대조하는 능력

⑧ 적당한 외적인 지식과 준거를 적용하는 능력

⑨ 타당한 통칙과 결론을 도출하는 능력

2 기초이해의 평가

① 사회 변천의 본질과 그것이 인간의 생활방식에 미치는 영향(역사)

② 지리 환경이 인간의 제도와 생활방식에 미치는 영향(지리)

③ 오늘날 우리가 살고 있는 양식을 설명하는 주요 요인으로서 자연의 힘을 통제하는 것(과학과 산업)

④ 민주사회와 자유인의 권리, 특권, 그리고 책임의 본질(법).

⑤ 사회가 그 구성원의 행동을 지도하고 조절하는 수단(정치).

⑥ 인간의 경제적 욕망과 그것을 만족시키는 방법(경제).

⑦ 인간이 그 환경과 우주 내에서의 위치를 이해하고 그에 적응하려고 시도하는 방법(종교)

⑧ 개인, 지역사회, 국가간의 상호의존(사회학)

⑨ 인간성과 개선의 원천(심리학)

이와 같은 입장에서 E.T.S에서 작성한 2003년 미국대학입시의 이분분류표에 나타난 능력의 분류(행동요소)는 다음과 같다.

① 기본적 용어와 개념의 이해

② 기본적 사실의 지식

③ 개념을 사실에 관련시키는 능력

④ 기본적인 경향의 이해

⑤ 원인-결과 관계의 이해

⑥ 수단-목표 관계의 이해

⑦ 태도와 동기의 이해

⑧ 자료처리 능력(ⓐ 이해하고 파악하는 힘, ⓑ 분석, 추론, 해석하는 힘, ⓒ 적합한 외부지식을 적용하는 힘, ⓓ 외적인 준거에 의하여 평가하는 능력)

(2) 평가의 요령

구체적인 기법은 앞에서 많이 다루었기 때문에 여기에선 몇 가지 요령만 제시하고자 한다.

1 지식과 이해를 측정하는 문제

① 사실, 개념에 관한 지식이나 이해를 측정하기 위해서는 진위형을 쓸 수 있다. 진위형은 비교적 단순하여 기본적인 지식이나 사항을 알고 있는지를 측정하는 데 편리하다는 장점이 있다.

② 진위형 문제도 단순한 암기보다는 이해력이나 추리력을 측정하는 문제를

출제할 수 있다.

③ 일반화나 개념의 이해를 측정하기에는 선다형이 또한 적합하다.

④ 용어나 경향, 법칙 등을 알아보려는 데는 단답형 또는 배합형이 이용될 수 있다.

2 기능이나 사고력을 측정하는 문제

① 사고력은 정보를 탐색하고 자료를 해석하는 능력, 중심개념을 재빨리 파악하는 능력, 증거를 평가하고 결론을 도출하는 능력, 가설을 형성하는 능력 등을 포함한다. 즉 사고력을 갖는다는 것은 자료를 해석하고, 논리적으로 생각하며, 논의에서 가정(assumption)이 무엇인지 이해하고, 가설을 형성하며, 증거에 따라 결론을 내리고, 원칙을 새로운 환경에 적용할 줄 알게 된다는 것을 의미하는 것이다. 그러므로 이런 것의 능력을 측정 · 평가하기 위해서는 자료해석형 문항이 가장 적절하다고 볼 수 있다.

② 자료해석력과 증거에 따라서 결론을 내릴 수 있는 능력 측정에는 배합형과 선다형을 절충한 문제나 논문형의 주관식 문제를 출제하는 것이 합당하다.

3 태도나 가치를 측정하는 문제

태도나 가치를 측정하기 위해서는 어떤 상황을 서술하는 문장에 대한 반응이나 선택의 결과를 분석하는 방법을 많이 쓴다. 이런 방법으로는 Osgood의 의미판별법, Likert의 태도측정법, Guttman의 척도법, Thursotone의 등현간격법 등이 이용될 수 있다(10장 행동발달 상황의 평가란 참조).

5) 과학과의 평가

(1) 주요 평가목표

1 과학적인 능력의 평가

전기 STEP에서는 다음과 같은 능력을 과학적 능력으로 정의하고 이들을 평가의 목표로 잡고 있다.

① 기본적 · 과학적 개념에 대한 지식과 이해

② 새로운 사태에 과학적 지식을 적용하는 데에 필요한 문제해결 능력

③ 과학적인 문제를 확인하고 정의하는 능력, 한 문제를 주어진 자료의 덩어리 속에서 추려 내는 능력

④ 가설을 시사하거나 추려내는 것, 판단을 보류하는 것, 인과관계를 인식하는 것, 가설의 일관성을 인식하고 그것을 법칙, 사실, 조작, 실험 등에 비추어 보는 능력

⑤ 검증 절차를 선택하는 능력, 즉 실험을 고찰하는 능력, 적합한 자료의 수집을 계획하는 능력

⑥ 자료를 해석하고 결론을 내는 능력, 즉 타당한 결론을 짓는 것, 알려져 있거나 주어진 자료에서 통칙을 인식하거나 추출하는 것

⑦ 사실을 가정과 의견 가운데서 식별해 내는 능력

⑧ 양적으로 또는 기호를 써서 추리하는 능력, 즉 숫자를 쓴 연산, 기호로 표시된 것의 관계가 도표 등에 나타난 사실을 이해하고 사용하는 것

2 Bloom의 평가목표모형

Bloom, Hastings 그리고 Madaus(1971)는 학습과정의 복잡성이나 난이도의 수준에 따라 행동수준의 목표위계를 다음과 같이 분류 정의하고 있다.

① 용어의 지식

"용어"란, 학생이 학습해야 할 교과의 특정 어휘이다. 학생들은 용어를 정의하고, 그 예를 이해하며, 그것이 바르게 사용되었는지의 여부를 판단하며, 동의어를 인지하도록 기대될 수 있다.

② 사실의 지식

"사실"이란 학생에게 기억하도록 기대되고 있는 특정유형의 정보이며, 연대, 인물, 사상의 명칭 등이 포함된다. 일반적으로 사실이라고 하는 것은 그 자체가 중요하거나 또는 다른 종류의 학습에 중요하다는 이유로 알고 있어야 하는 특정사항이며, 학생들은 이런 것들을 개별적인 내용요소로서 재생하거나 기억하도

록 기대되는 것이다. 학생들에게는 특정정보를 기억하는 일, 정확한 기술과 부정확한 기술을 구별하는 일, 또 비교적 직접적인 질문을 받았을 때 올바른 사실을 기억하는 일 등이 기대되고 있다.

③ 법칙과 원리의 지식

이 분류목은 교과영역 내의 여러 현상과 관념을 조직해 주는 주요개념이나 구조나 형태의 상기(想起)를 포함하고 있다. 법칙과 원리는 수많은 사실들을 서로 묶어 주거나, 많은 사실간의 상호관계를 학생들이 경제적인 방법으로 조직화할 수 있도록 기술한 것이라고 할 수 있다. 학생에게는 법칙과 원리를 아는 일, 수업에서 사용된 그 예를 상기하는 일, 적용할 수 있는 상황을 상기하는 일, 그것을 적용할 수 있거나 또는 적용할 수 없는 조건을 상기하는 일 등이 기대될 것이다.

④ 절차나 과정을 밟아 나가는 기능

어떤 절차나 조작을 정확하고 빠르게 사용하는 능력은, 학생들이 적절한 순서에 따라 학습해야 하는 어떤 과정 속의 일정한 단계인 경우가 많다. 학생들에게는 어떤 절차를 식별하는 명칭이나 법칙을 배우기 전에, 때로는 절차 자체를 학습하는 것이 가능하다. 예컨대, 문법적인 법칙을 배우기 전에 올바르게 말하는 학습이 가능하며 또는 그 조작을 설명하는 법칙이나 원리를 알기 전에 올바른 순서를 밟아 평방근을 계산해 낼 수도 있는 것이다. 이 분류목에서는 학생들이 정확하게 어떤 절차나 수순을 이용할 수 있어야 한다는 것이 강조된다.

⑤ 변환하는 능력

이 분류목에는, 용어, 사실, 규칙이나 원리, 절차나 수순을 한 형태에서 다른 형태로 변환하는 능력이 포함된다. 학생들은 변환에 의하여 어떤 개념을 자신의 말로 표현할 수 있다. 또한, 어떤 양식이나 형식으로 표현된 현상이나 사상을, 그것과 동등한 양식이나 형식으로 재표현 할 수도 있다. 예컨대, 언어적인 것으로부터 상징적인 형태로, 구체적인 것으로부터 추상적인 형태로, 일반적인 것을 특수적인 예증으로, 또는 이 모든 것을 그 역으로 표현형태를 변환하는 것이 가능하다.

⑥ 적용력

"적용력"이라고 하는 것은, 학생에게 새롭거나 생소한 사태에서 제시된 문제를 해결하기 위하여 법칙이나 원리를 사용하는 능력이다. 적용의 수준에서 요구되는 주요 행동은, 어떤 한 맥락에서 이미 학습한 법칙이나 원리를 새로운 맥락 속에 제시된 문제의 해결을 위하여 사용한다는 점이다. 만일에 그 문제라는 것이 자료만 새로 바꾸어 끼웠을 뿐, 학생이 이미 여러 번 겪어 본 것이라고 한다면, 그때 나타나는 행동은 적용이라기 보다는 변환으로 분류해야 할 것이다.

(2) 평가의 요령

여기서는 고등정신 기능을 측정하는 시범적 문항 몇 가지를 들어 봄으로써 문항 작성의 요령을 시사하고자 한다.

1 적용력 평가의 문항예

지시 : 아래의 각 사실을 설명하는 데에 가장 유용한 원리를 하나만 선택하여 그것에 대응하는 해답(ABC…… 중)을 골라라.

설명원리 :

A. 힘은 질량과 가속도를 곱한 값과 같다.
B. 물체의 운동량은 일정하다.
C. 역율이나 힘의 회전효과는 회전축으로부터의 거리에 비례한다.
D. 서로 접해 있는 두 물체간에는 마찰이 일어난다.
E. 한 닫혀진 계 속에서 운동에너지와 위치에너지의 힘은 일정하다.

사실 :

① 철판을 자르는 가위에는 긴 손잡이가 있다.
② 운전사가 브레이크를 밟는 힘은 브레이크 드럼에 작용하는 힘보다 훨씬 적다.
③ 로켓은 진공 속에서도 추진할 수 있다.
④ 빨리 회전하는 회전숫돌이 부서진다면, 파편은 직선방향으로 날아

간다.

⑤ 자동차의 모양을 유선형으로 만든다면, 시속 60마일의 속도를 내는 데에 드는 힘을 줄일 수 있다.

2 분석력 평가의 문항예

공기 중에서 물질의 연소를 설명하는 두 가지의 이론이 제시되어 있다. 두 가지의 이론이 다 같이 질량 또는 비중이 부적일 수는 없다고 가정하고 있다.
이론 A : 연소 중, 연소물질은 공기 속의 어떤 성분과 결합한다.
이론 B : 연소 중, 연소물질로부터 어떤 물질이 주위의 공기 속으로 달아난다. 이 달아나는 물질을 둘러싸는 공기의 용량은 한정되어 있다.

지시 : 다음의 각 사실이 어느 한쪽의 이론을 증명하는 것인가, 두 이론을 다 같이 증명하는 것인가, 또는 어느 쪽의 이론도 증명하지 않는가를 판단하라. 다음의 요령으로 답하라.

A－그 사실이 이론 B보다 이론 A를 직접적으로 지지하는 경우
B－그 사실이 이론 A보다 이론 B를 직접적으로 지지하는 경우
C－그 사실이 양이론을 똑같이 지지하는 경우
D－그 사실이 어느 쪽의 이론도 지지하지 않는 경우

사실 :

① 공기가 들어 있는 밀폐된 항아리 속에 촛불을 켜 두면, 초가 다 타기 전에 불이 꺼진다.

② 공기 중에서 철을 태워서 얻은 물질은 원래의 철보다 무겁다.

③ 연소의 산물을 연소 불가능이 된 공기 중에서 가열하면, 공기는 원래의 성질을 회복한다.

④ 촛불은 움직이지 않는 공기 중에서 보다 미풍이 있는 곳에서 더 밝게 탄다.

⑤ 조명용 가스는 공기 중에서보다 염소 속에서 더 밝게 탄다.

3 종합력 평가의 문항예

다음의 실험은 실지로 행해진 것으로서, 세포가 비자발적으로 또는 극도로 느린 속도이기는 하나 자발적으로 화학적 변화를 일으키는 방법을 설명하는 이론에 기초를 둔 것이다. 실험 뒤에 나오는 물음에 답할 것. 이때 포터(Potter)와 딕슨(Dixon)과 같은 세포생리학자들이 사용한 용어로 실험결과를 해석하면서, 이 실험결과를 이용하라. 이 실험에서 사용된 방법을 이해하기 위해서는 다음과 같은 정보가 필요할 것이다.

> 정 보 : 메틸렌(Methylene)의 청은 합성염료이며, 약한 환원제를 사용하면 청이 사라진다. 수소가스만으로는 청이 사라지지 않는다. 사라진 메틸렌청용액에 공기나 산소가스를 넣어서 흔들면, 용액이 산소를 흡수하여 다시 청색이 된다. 흡수된 산소는 환원된 메틸렌청의 수소와 결합하여 물이 된다. 그래서, 메틸렌청은 어떤 경우에는 수소수용자로서의 기능을 하며, 수소를 받아들인 뒤에는 수소를 산소로 끌고 가서 물을 만든다.
>
> 주 의 : 실험에 필요한 세부적인 기술적 사항은 진술하지 않았다. 예컨대, 중성의 완충제를 사용한 사실 등은 생략하였다.
>
> 실험 A : 메틸렌청 용액을 부활성기체인 헬륨을 넣어 밀봉한 플라스크 속에 넣었다. 플라스크를 밀봉한 채로 유산용액이 가해졌으나, 빛깔은 변하지 않았다. 표본을 분석한 결과, 유산은 그대로 남아 있었다.
>
> 실험 B : 살아 있는 개구리의 목을 떼고, 긴 다리를 하나 잘라서 생리적 식염수로 씻고, 그 다리의 근육을 실험 A에서와 같이 헬륨 기체 속에 들어 있는 메틸렌청 용액과 섞었으나, 빛깔은 변하지 않았다.
>
> 실험 C : 실험 A의 혼합물을 실험 B의 플라스크에 가했더니 빛깔이 사라졌다. 분석한 결과, 실험 A의 경우보다 유산이 줄어 있었다.
>
> 실험 D : 동일한 근육을 끓는 점까지 가열한 뒤에 잘랐더니, 실험 C와 같은 검사상황에서 빛깔의 변화가 일어나지 않고 유산도 사라지지 않았다.

① 어떤 종류의 원소가 유산에 대해서 가해졌거나 또는 제거되었을까?

② 살아 있는 조직에 관한 당신의 지식을 사용하여, 실험 A, B, C, D의 결과에 나타나는 차이를 설명하라.

4 평가력 평가의 문항예

"물리학이나 화학은 기초과학이며, 천문학이나 지학은 응용과학이다."라고 흔히 말한다. 이 말의 해석으로서 다음의 어느 것이 적절한가?

A. 물리학과 화학은 증명된 법칙이라고 하는 확고한 기초 위에 서 있다. 천문학이나 지학의 대부분은 순수한 추론이다.
B. 천문학이나 지학이 발전하는 데에는 물리학이나 지학의 이용이 필요하다. 그 역은 참이 아니다.
C. 천문학이나 지학의 모든 주제는 물리학과 화학의 법칙이나 방법으로부터 도출된다.
D. 물리학과 화학은 천문학과 지학보다도 인간의 활동에서보다 기본적이고 중요하다.
E. 물리학이나 화학은 실험실에서의 실험이 가능하지만, 천문학이나 지학에서는 그것이 불가능하다.

6) 음악과의 평가

(1) 주요 평가목표

1 기능적 표현 능력의 평가

우리나라 각급학교 교육과정으로는 평가영역의 표현(가창, 기악, 창작)과 감상으로 대별하고 있다.

기능적 표현능력을 각 영역별로 세분하여 고찰하면 다음과 같다.

① 가창

a. 바른 발성으로 노래 부를 수 있는 능력
b. 성악곡의 특징에 따라 익숙하게 표현할 수 있는 능력
c. 제창, 돌림노래, 합창 등의 표현기능

② 기악

a. 각 악기를 바른 주법으로 연주할 수 있는 능력

b. 기악곡의 특징에 따라 익숙하게 표현할 수 있는 능력

c. 독주, 제주, 합주, 중주 등의 표현기능

③ **창작**

a. 가락이나 화성 리듬 등을 듣고 가리거나 적을 수 있는 능력

b. 가락을 지어 적을 수 있는 능력

c. 악곡의 형식과 구성에 대한 이해와 표현

④ **독보력**

a. 악보를 보고 제 힘으로 연주(가창, 기악)할 수 있는 능력

b. 리듬, 가락, 화성 등을 듣고 가리거나 적을 수 있는 능력

⑤ **신체적 표현 능력**

a. 음악에서 받은 느낌을 신체적인 동작으로 혼자서 표현할 수 있는 능력

b. 음악에서 받은 느낌을 신체적인 동작으로 협동하여 표현할 수 있는 능력

[2] 지적 이해에 관한 평가

① **악곡에 관한 지식**

다섯줄, 음표, 쉼표, 박자표, 세로줄, 음자리표 등

② **음악의 요소와 구성에 관한 지식**

리듬, 음정, 화성, 음계, 형식 등

③ **연주 형태에 관한 지식**

성악과 기악의 여러 가지 연주 형태

④ **음악의 종류에 관한 지식**

성악곡 및 악기곡의 여러 종류

⑤ **기타의 지식**

악기, 음악가, 국악 등에 관한 지식

③ 감상능력의 평가

① 음악을 바로 듣고 판단할 수 있는 기능적 능력
② 악곡에 대한 음악의 구성요소에 대한 지적인 이해
③ 음악적 감각을 토대로 미적 감각을 감수하는 감성적 파악
④ 음악에 대한 관심과 태도
⑤ 감상태도의 습관을 발달순서에 따라 단계적으로 측정하는 과정

(2) 평가의 요령

음악과 평가에 있어서 특히 유의해야 할 네 가지 사항을 들어 보기로 한다.

① 기능적 표현능력의 평가

가창기능, 악보기능, 연주기능, 합주기능, 기보기능, 가락의 작곡, 태도와 습관 등은 관찰평정법에 의해서 평가하는 것이 바람직하다.

② 지식 또는 이해에 관한 평가

가능한 한 악보나 도표를 통해서 물어 보는 방식을 사용하는 것이 좋다. 이는 측정 효과를 높일 수 있기 때문이다.

예컨대, "애국가" 노래의 일부분이다. 다음 악보를 오르간으로 모두 치면 검은 건반을 몇 번이나 치게 되는가?

① 3번　　② 4번　　③ 5번　　④ 6번

3 감상능력에 관한 평가

① 감상력을 행동적으로 측정하기 위해서 어떤 작품을 청취시키고, 이에 대한 음악적 느낌을 구두로 답하거나 또는 종이 위에 진술하게 할 수 있다.

② 지필검사에 의해 감상력을 간접적으로 측정할 수 있다.

예컨대, 다음 리듬 중에서 우리들이 행진할 때 가장 힘찬 느낌과 발 맞추기에 알맞은 리듬은?

4 정의적 목표의 평가

간행된 수많은 교육과정을 조사한 뒤에, Lewy는 음악분야에 대한 다음과 같은 3개의 가장 공통적인 정의적 목표를 진술하고 있다.

① 좋은 음악으로부터 지속적인 즐거움을 얻는다.

② 좋은 음악에 대한 감상력을 기른다.

③ 음악이 우리의 문화유산의 중요한 부분이라고 인식한다.

Lewy가 이러한 음악의 정의적 목표를 4개의 내면화 수준에서 측정하기 위하여 사용한 항목들은, 이 목표들이 의미하는 바를 보다 명확하게 정의해 주고 있다. 예컨대, "음악을 우리의 문화유산의 중요한 한 부분이라고 인식한다."라고 하는 목표 3은, 다음과 같은 질문항목으로 구체화된다. 처음의 3항목은 "그렇다" "아니다"로, 마지막 항목은 "예", "아니오"로 대답하게 되어 있다.

1.0 감수

□ 나의 음악 이해력을 높이고 싶은 생각을 해 본 적이 한번도 없었다.

2.0 반응

□ 흔히 음악과 관련된 주제를 가지고 토론을 한다.

3.0 가치화

□ 연주된 음악에 관한 설명이나 토론이 담긴 음반을 듣기 좋아한다.

4.0 조직화

□ 당신은 "무엇이 한 음악작품을 불멸의 것으로 만드는가?"라는 문제에 관하여 설명하거나 토론한 적이 있습니까?

7) 미술과의 평가

(1) 주요 평가목표

여기서는 교육과정에 진술되어 있는 미술과의 일반목표를 그대로 옮겨 놓기로 한다.

1 초등학교의 평가목표

① 조형적인 흥미와 욕구에 관련된 미적 정보

② 조형활동을 통한 미적 감각과 창조적인 표현능력

③ 조형능력을 생활에 활용하는 태도

④ 조형활동에 필요한 기초적인 기법과 재료와 용구를 유효하게 사용할 수 있는 능력

⑤ 우리나라 및 다른 나라의 조형품을 감상할 줄 알며 아울러 조형품을 수호 보전하는 태도

2 중학교의 평가목표

① 조형능력

② 미적 직관력을 통한 창의적인 표현에 필요한 기초적인 능력과 태도

③ 조형능력을 일상생활에 활용하는 태도와 습관

④ 우리나라 및 다른 나라의 미술품에 대한 심미성을 감상하는 태도

⑤ 우리 미술 문화의 애호 및 보존의 태도

③ 고등학교의 평가목표

① 생활에 필요한 미술의 이해와 이에 관련된 미적 정서
② 조형활동을 통한 창의적인 표현능력
③ 환경을 미화 개선할 수 있는 능력과 태도
④ 우리나라 및 다른 나라의 우수한 미술작품을 감상할 수 있는 능력
⑤ 조형품의 가치와 의의, 전통과 동향에 관한 이해
⑥ 민족 미술 문화를 애호 존중하는 태도

(2) 평가의 요령

지식이나 이해를 평가하기 위해서는 앞에서 공부한 객관식검사법의 활용하는 것이 좋다.

실제의 작품을 평가하기 위해서는 일대비교법 등 평정척도법을 활용하는 것이 바람직한데, 다음에 몇 가지 예를 들기로 한다.

① 일대비교법

이 방법은 작품 2점 중 어느 것이 우수한가를 비교하여 우열을 가리고 그 중 우수한 것을 다른 작품과 또 비교한다. 이와 같은 방법에 의하여 차례로 비교하여 가장 우수한 작품이 어느 것인가 결정하는 것이다.

② 선별법

전체를 우선 상 · 중 · 하로 나누고 상의 상 · 중 · 하, 중의 상 · 중 · 하, 하의 상 · 중 · 하, 이와 같이 각 부분을 상 · 중 · 하로 나누어 나간 후 전체에 대한 순위를 정하는 것이다.

③ 병립비교법

좋은 그림과 나쁜 그림을 두 개씩 묶은 것을 여러 가지로 분류하여 각각 두 개 중 우수한 것을 고르게 하는 방식이다.

④ 순위비교법

3개 이상의 작품을 놓고 비교하여 우열로 순위를 정한다. 즉 미적 가치를 평가하는 방법이다.

⑤ 비교유별법

이 방법은 감상력을 평가하기 위한 목적으로 실시한다면 감상교육의 한 방법으로도 효과를 가진다. 특히 이 방법은 많은 작품을 놓고 비교하는 것이기 때문에 작품의 품질(양식, 내용 기법)을 평가하기에 적당하다.

⑥ 품등평정척

표준이 될만한 작품을 척도(다음 보기와 같이)로 만들어 놓고, 학생의 작품을 이것에 비추어 평정하는 것이다. 어떤 학생의 그림이 C에 비슷하다면 그 평점은 C가 된다.

예컨대, 다음 그림은 3개의 척도를 나타낸 것이다.

A　　B　　C

8) 체육과의 평가

(1) 주요 평가목표

① 운동기능적 영역의 목표

Bloom(1956)의 목표분류학에선 지적 영역(cognitive domain)과 정의적 영역(affective domain)의 여러 목표는 제시되고 있으나 운동기능적 영역(psycho motor domain)의 목표는 아직껏 연구되지 못하고 있었는데 Harrow(1972)가 "운동기능적 영역의 목표분류학"(a taxonomy of the psychomotor domain)에서 6개 수준으로 명세화하고 있어서 체육교육의 좋은 지침이 되고 있다.

1.00 반사동작
  1.10 분절 반사
  1.20 분절간 반사
  1.30 초분절 반사
2.00 기본적 기초동작
  2.10 이동 동작
  2.20 비이동 동작
  2.30 조작적 동작
3.00 지각적 능력
  3.10 운동지각 변별
  3.20 시각적 변별
  3.30 청각적 변별
  3.40 촉각 변별
  3.50 협응 능력
4.00 신체적 능력
  4.10 지구력
  4.20 근면
  4.30 유연성
  4.40 민첩성
5.00 숙련동작
  5.10 단순 적응 기능
  5.20 복합 적응 기능
  5.30 복잡 적응 기능
6.00 동작적 의사 소통
  6.10 표현 동작
  6.20 해석 동작

2 지적 영역의 목표

지적 영역의 평가목표의 설정은 Bloom의 지식, 이해력, 적용력, 분석력, 종합력 및 평가력 등 목표를 바탕으로 삼고 각급 학교 교육과정에 진술되어 있는 일반목표를 평가대상으로 삼아야 할 것이다.

3 운동기능적 목표의 내용요소

Harrow(1973)는 운동기능적 목표를 달성하는 데 필요한 내용요소를 다음과 같이 들고 있다.

A. 신체적 수행요인
- a. 근력
- b. 속력
- c. 순발력
- d. 지구력
- e. 민첩성
- f. 평형성
- g. 유연성
- h. 조정력
- i. 운동감각
- j. 손-눈-발-눈 조정력

B. 기초적 기능

C. 일반적 능력
- a. 운동소질
- b. 운동 학습 능력
- c. 운동 능력
- d. 적성

D. 특수화된 능력

E. 지각운동 학습 및 수행

F. 구조적 요인
- a. 자세
- b. 영양
- c. 체형

(2) 평가의 요령

① 체육에 대한 지식이나 이해의 정도는 객관식 필답검사로 평가한다.

② 운동기능이나 신체적 기능은 관찰평정법에 의한 평가가 이루어져야 한다.

③ 각종 체격, 체력 및 운동기능 등의 신체적 소질이나 기능에 대한 측정은 표준화된 검사도구를 사용해야 한다.

④ 관찰에 의한 평정시에는 관찰기록표를 세밀히 만들어서 활용하여야 한다.

⑤ 검사의 목적에 따라서는 상대평가와 절대평가가 병용되어야 할 것이다.

⑥ 지각적 운동능력 평가가 강조되어야 한다. 즉 실제 동작을 시켜 봄으로써 신체적 기능이나 조직적 운동기능을 평가해야 할 것이다.

⑦ 고도로 개발된 측정기술을 활용해야 한다.

⑧ 체육활동을 통한 사회적 행동형성이나 태도변화에 관한 문제도 평가되어야 한다.

9) 가정과의 평가

(1) 주요 평가목표

1 가정과의 주요 평가목표

① 가정의 일원으로서의 역할과 책임의 인식

② 영양과 식품 · 위생 · 조리에 관한 지식과 이해

③ 가족을 위한 식사계획 및 관리 능력

④ 식품의 생산 및 유통과정에 대한 이해

⑤ 의복의 기능에 관한 바른 인식

⑥ 의복의 재료에 대한 기초지식과 이해

⑦ 세제와 옷감에 관한 지식

⑧ 섬유의 생산과 유통, 가계지출에 있어서의 의복비의 문제 등의 인식

⑨ 가정에서 사용하는 기기와 전기에 관한 구조 · 다루기의 원리 이해

⑩ 간단한 기기의 정비 기능

⑪ 여성의 생리상의 특성 · 임신 · 분만 · 어린이의 생리와 양호에 관한 기초지식

⑫ 모자보건의 증진을 꾀할 수 있는 태도와 능력

⑬ 어린이와 아동을 바르게 지도 · 보육할 수 있는 능력
⑭ 주택과 가구의 기능에 대한 인식
⑮ 공간의 계획 · 설계에 관한 기초지식
⑯ 시간 · 노력 · 금전의 생활자원으로서의 가치에 대한 인식
⑰ 시간 · 노력 · 금전의 합리적 관리에 관한 기본원리의 이해
⑱ 가족의 의의 인식
⑲ 한국 가족제도에 관한 지식
⑳ 가족계획 등에 관한 기본원리의 이해
㉑ 한국의 전통적 생활양식과 그 변천의 배경, 가정의 의례와 연중행사 등에 관한 지식과 이해
㉒ 음식만들기 · 상차리기 · 옷만들기 · 장식품 만들기 등의 기초적 기능

(2) 평가의 요령

여기에선 지적 영역의 평가는 생략하기로 한다.
실기학습평가를 위한 평정세목을 예시하면 다음과 같다.

실기학습평가를 위한 평정표

학생명 : ______________

평정	평 가 목 표
ABCDE 1.	자주적으로 자기의 임무를 효율적으로 처리한다. 특별한 감독을 받지 않아도 자기가 맡은 책임을 다할 뿐 아니라 책임 밖의 일까지도 자진해서 완수한다.
ABCDE 2.	작업계획이나 지시를 잘 따른다. 지시를 잘 듣고 또 세심하게 읽으며 확정된 계획이나 지시는 잘 순종하고 완결한다.
ABCDE 3.	여가를 선용하고 제작활동을 좋아한다. 취미활동을 통한 제작활동에 열심이고 실습장에서 일하기를 좋아하고 취미제작 또는 가정작업을 잘 한다.
ABCDE 4.	훌륭한 솜씨 및 고안품을 이해하며 자기의 제작활동에 응용하고 작품을 재고안하고 개선할 줄 안다.

평정	평 가 목 표
ABCDE 5.	공업생산품을 선택하여 사고 사용하며, 수리 · 관리할 줄 알고 구매할 때, 구조적 특징을 살피며 상품명을 알고 물품의 관리법과 정확한 사용법을 안다.
ABCDE 6.	바람직한 사회와 인간관계를 가진다. 여러 가지 활동이나 협동작업에서 능동적 역할을 맡고 협동하며 자진해서 협조와 조언을 한다.
ABCDE 7.	신체적 외형을 단정히 하는 데 세심하다. 몸을 청결하게 가짐과 아울러 작업에 적합한 복장과 단정한 자세를 가지고 타인에 혐오감을 주는 행동을 하지 않는다.
ABCDE 8.	그는 자기나 학교의 재료 및 기구를 잘 보살피고 물자를 소중하게 여기고 재료나 기구의 낭비나 불필요한 사용을 삼가고 차용한 공구 등의 적기반환 및 손상된 비품이나 재료의 손실을 즉시 보고한다.
ABCDE 9.	창의성이 현저하다. 새로운 작품을 고안하고 제작한다. 올바른 공정을 생각하고 구성방법을 해결하는 새로운 방법을 시도한다. 여러 가지 재료를 다루는 솜씨가 능숙하고 자기 독자적으로 문제를 해결하려는 의식이 강하다.
ABCDE 10.	안전작업 태도를 가진다. 공구나 기계를 안전하게 다르고 다른 사람의 안전에까지 충고해 주고 불완전한 공구 · 기계 등의 사태를 보고한다.

제 10 장

행동발달 상황의 평가

1. 평가의 필요성과 절차
2. 관찰법
3. 평정법
4. 면접법
5. 질문지법
6. 태도측정법
7. 사회성 측정법
8. 인물추정법

1. 평가의 필요성과 절차

1) 행동발달 상황의 평가의 필요성

(1) 행동발달 상황 평가의 실패

Smith가 지적한 바와 같이 "어떤 개념과 원리와 이론을 가르친다는 것은 그에 대한 이해만을 가르치는 것이 아니라, 그것을 유용하다든가, 믿을 만하다든가 등으로 수용 또는 거부하는 비지적인 태도까지도 가르치고 있는 것이다." 만약 인지적인 것과 관련된 가치나 태도에 관하여 그것을 가르치지 않는 것을 Scriven은 "비겁할 뿐 아니라 무능한"일이라고 비판하고 있다.

그러나 학교교육의 실제에 있어서는 정의적인 목표나 행동발달을 위한 교육은 희생되고 언어개념적인 인지적 교육만이 최우선의 자리를 차지하고 있는 점은 부인할 수 없을 것이다.

교사가 정의적 행동발달을 위한 교육을 강조하지 못한 큰 이유 중의 하나는 정의적 성과나 행동발달 상황을 평가하지 못하는 데서도 유래한다. 교사들이 만든 자작검사는 거의가 다 인지적 성과만을 측정하기 위한 것이다. 학교에서 사용하는 표준화 검사도 학생들의 성취도를 전국 규준집단의 성취도와 비교하며, 이미 습득한 지식의 재인이나 재생, 또는 이러한 지식을 출제된 문제의 해결을 위해서 적용할 수 있는가와 같은 지적 과제에 그 강조점을 두고 있다.

행동발달 상황의 평가에 실패하고 있는 몇 가지 설득력 있는 설명이 있다.

첫째로, 대부분의 행동발달 상황은 인지적 목표와는 달리 주, 월, 학기 또는 학년이라는 비교적 짧은 교육기간 동안에 달성될 수 없는 것이기 때문에 학교상황에서는 평가될 수 없다는 가정을 흔히 한다. 이러한 생각은 행동발달 상황은 명확히 규정하기 어렵거나 너무 장기간에 걸치는 것이어서 교사가 학생들에게 가르치고자 노력하는 태도, 즉 자주성이나 협동성 등은 학교 교육이 끝나고 먼 훗날에 나타나는 것이라고 주장하는 교사들의 말 속에 잘 암시되고 있다.

행동발달 상황의 평가를 주저하는 두 번째의 이유는, 이런 종류의 특성은 학업성취력과는 달리 공적인 것이라기 보다 사적인 일로 간주된다는 데에 있다. 자주성, 또는 지도성이나 근면성 등은 사적 관심사이며, 개인생활의 사적 성질 때문에 교사들은 이런 영역에서 평가적 판단을 내리기를 주저하게 되는 것이다. 이 문제와 밀접히 관련된 것은, 대부분의 교사는 학생들의 행동발달 상황 등에 점수를 매기는 것이 온당하지 못하다고 생각하고 있다는 사실이다. 따라서, 비록 행동발달 상황이 학생들의 인지적 학력고사의 점수에 때로는 유리하게 때로는 불리하게 비공식적으로 영향을 미치지만, 대부분의 교사들은 "행동발달 수준"을 직접 측정하는 평가란 상상밖의 일로 생각한다.

세 번째 이유로선, 학교에서의 주요교육 활동이 월말고사, 기말고사, 학년말 고사, 특히 입학시험 준비에 집중되다 보니, 학생의 학력 향상의 정도를 확인하는데 열중하여, 그의 행동발달에 관한 관심이 도외시될 수밖에 없었던 점을 들 수 있겠다. 따라서, 비지적인 학습성과의 평가는 사무적이고 하찮은 잡무수준에 머물게 된 것이다.

마지막 이유로는, 행동발달 상황을 평가할 평가도구가 거의 없다는 것이다. 학생의 지적 학력을 평가하기 위한 평가도구는 오히려 지나칠 정도로 너무 많은 것이 염려된다. 그러나 학생의 행동발달 상황을 평가하기 위하여 검사를 만들어 실시하는 학교는 전국에 과연 몇이나 있을 것인가? 아마도, 그 수는 극히 적을 것이다.

(2) 행동발달 상황 평가의 필요성

이와 같이 주저하거나 실패하는 이유는 있지만, 학교가 인지적 목표 뿐만 아니라, 근면성, 지도성, 준법성 등의 행동발달 상황도 그 교육목표 속에 포함하고 있다면, 교육과정이 얼마나 효과적으로 이러한 행동을 형성하고 있는지를 평가할 의무가 있다. 만약에 이런 평가를 외면한다면, 교육과정과 학습지도 방법을 수정할 수 있는 정보를 얻을 수 없게 될 것이다.

더욱이 앞에서도 언급한 바와 같이, 이러한 평가를 하지 않는다면 결국에는 학생들의 행동발달은 무시하고 언어-개념적 수업을 지나치게 강조하는 결과를 초래하게 될 것이다.

평가를 점수로 매기고 시험을 치는 일과 동일시해서는 안 된다. 왜냐하면 평가는 개인이나 집단의 성취도의 질이 무엇인지, 또는 진술된 목표에 비추어 한 교육과정이 어느 정도로 성공적인지를 밝히는 데에 도움이 되는 광범한 증거 수집 방법을 동원하는 보다 넓은 개념이기 때문이다.

행동발달에 평점을 매긴다는 것은 좋은 일이 아닐지도 모르지만, 행동발달을 형성적으로 평가한다는 것은 매우 바람직하다. 이러한 평가는 바람직한 행동발달을 위해 자기가 얼마나 나아가고 있는가를 학생들에게 알려 준다는 점에서 진단적이다. 또한, 예컨대 근면성이나 협동성의 프로파일을 학생들에게 제시할 수 있을 때, 그것은 교육적일 수도 있다. 요점은 점수를 매기는 것이 아니다. 학생에 대한 피드백이 행동발달에 대한 형성평가의 목적이 되어야 한다는 것이다.

한 교육과정의 목적이 행동발달을 성취하는 데 있다면, 그에 따른 형성평가와 총합평가는, 각각 그러한 성과를 지향하는 진행상태의 평가이거나, 그러한 성과의 최종적의 성패를 밝히는 것이어야 할 것이다. 어떤 태도를 수정하기 위하여 사용한 기술이나 방법에 대해서 학생들이 어떻게 반응했는가에 관한 정보는 그 방법을 개선하기 위한 형성적 정보가 될 것이다. 어떤 교과나 행사가 끝났을 때에 그 교과나 행사의 목적과는 반대로 아직도 상당수의 학생들이 목적에 비추어 바람직하지 못한 태도를 유지하고 있다면, 그것은 그 교육과정의 효율성에 관한 총합적인 정보를 제시하고 있는 셈이다.

2) 행동발달 상황의 평가의 절차

(1) 평가목표의 정의와 분류

1 행동발달의 정의

행동발달이란 "특정한 사물, 인물, 또는 사건에 대한 개인적 '행위의 선택'에 영향을 미치는 학습된 내재적 발달상태"로 정의된다. 이 정의가 시사하는 "학습된 발달상태"란, 학생이 특정 자극에 대하여 일관성 있게 반응을 산출하는 상태의 정도를 말한다. 학습된 태도란 장면에 따라 변하는 행위 그 자체를 뜻하지 않고, 다양한 장면에서 일관성 있게 나타나는 행위경향을 말한다. 따라서 학생이 취하는 행위의 한 사례만 가지고는, 그가 특정한 대상에 대하여 긍정적 또는 부정적 태도를 형성하고 있다고 판단할 수는 없다. 따라서 행동의 다양한 장면 사례의 표집이 요구된다.

그리고 "내재적 상태"란, 이 행동을 외현적인 행위의 선택과 관련시켜서 보아야 한다는 뜻이다. 행동의 학습여부는 실제 장면에서 학생이 전에 않던 행위를 선택하는지 여부로 미루어 판단해야 한다는 것이다. 예컨대, 한 학생이 근면한 태도를 배웠는지 여부는, 그가 실제로 주어진 일을 끝까지 끈기있게 열심히 하는지 여부를 확인함으로써 알 수 있다는 것이다. 이 정의는 "……에 대한" 행동이 아니라, "……을 하는" 행동, 즉 학생 개개의 선택하는 행위에 초점을 두고 있음을 유의해야 할 것이다.

2 행동발달 평가목표의 분류

여기서는 여섯 가지 행동특성에 따라 분류하고 각각 목표의 정의와 하위목표를 배열하기로 한다.

① 근면성

주어진 일을 자발적으로 끈기 있게 하는 행위를 의미한다.

- 자기 스스로 기꺼이 하는 행위
- 중단없는 꾸준한 행위
- 시간을 효용하는 부지런한 행위

② 협동성

남을 이해하고, 공익을 앞세우며, 집단생활에 즐겨 참여하고, 또 집단의 의사에 준수하는 행위를 뜻한다.

- 남의 처지를 알아주는 행위

·집단의 이익을 나의 이익보다 더 중요시 하는 행위
·집단생활에 즐겨 참여하는 행위
·집단이 결정한 사항을 지키는 행위

③ 책임감

자기의 의무와 책임을 완수하고, 자신의 과오를 인정하는 행위를 뜻한다.
·자기가 해야 할 일을 끝까지 하는 행위
·자기가 맡은 일을 끝까지 하는 행위
·자기가 잘못한 일을 정직하게 인정하는 행위

④ 자주성

모든 일을 자발적으로 계획 · 실천하고, 자신의 의견을 정당하게 주장하는 행위를 뜻한다.
·스스로 계획하는 행위
·스스로 실천하는 행위
·자신의 의견을 정당하게 주장하는 행위

⑤ 준법성

규칙, 규범을 자발적으로 지키고, 남들에게도 이를 지키도록 권장하는 행위를 의미한다.
·교칙을 스스로 지키는 행위
·사회적 규범이나 법률을 지키는 행위
·남들에게도 교칙, 규범, 법률들을 지키도록 권장하는 행위

⑥ 지도성

집단운영의 방법과 기술에 익숙하며, 집단을 잘 이끌어 가는 행위를 뜻한다.
·남을 설득하는 행위
·집단을 이끄는 행위
·남의 신뢰와 존경을 받는 행위

(2) 평가장면의 분류

한 행동의 학습 또는 발달 여부는 특정 행위의 한두 사례만을 가지고는 판단하기 어렵다. 이 한두 사례는 얼마든지 우연적으로 발생될 수 있기 때문이다. 행동 발달 상황을 정확하게 평가하기 위해서는, 특정 행동이 빈번하게 또는 반복해서 일어날 장면들을 포괄적이고 다양하게 표집해야 한다. 학교에서 근면성, 책임감, 협동성 등 6개 행동들이 일어날 수 있는 장면들은, 크게 교과학습 장면과 비교과활동 장면의 둘로 분류할 수 있다.

1 교과학습 장면

학생들이 각 교과를 배우는 학습활동과 관련된 장면들은 구체적으로 대략 다음과 같이 열거될 수 있겠다.

- 질문하는 장면
- 대답하는 장면
- 예습하는 장면
- 복습하는 장면
- 연습하는 장면
- 실습하는 장면
- 실험하는 장면
- 토의하는 장면
- 문제해결의 장면
- 노작하는 장면
- 노트에 기록하는 장면
- 조작하는 장면

2 비교과활동 장면

① 학급활동

- 학급회 장면
- 리크리에이션 장면
- 조회 · 종회 장면
- 청소 장면
- 점심시간 장면
- 쉬는 시간 장면
- 위원활동 장면
- 당번활동 장면
- 방과 후 활동 장면

② **학생회활동**

- ·학예활동 장면 ·위원회 장면
- ·보건 · 체육활동 장면 ·방호훈련 장면
- ·환경미화작업 장면 ·집회 장면
- ·생활반성 장면 ·봉사활동 장면

③ **동아리활동**

- ·체육을 위한 동아리활동 장면 ·창의적 체험활동 장면
- ·취미활동을 위한 동아리 활동 장면 ·자기계발을 위한 동아리활동 장면

④ **학교행사 활동**

- ·조회, 입학식, 졸업식, 개교기념식 등 학교주관 의식 장면
- ·국경일 의식 장면
- ·음악회, 영화감상회, 각종 전시회 등 학예행사 장면
- ·운동회, 신체검사, 예방접종, 중간체조 등 보건체육 행사 장면
- ·소풍, 여행 등 소풍행사 장면
- ·안전사고와 공습, 화재 등 안전지도 행사 장면
- ·단체, 지역사회 등을 위한 봉사활동 장면

(3) 평가의 절차

1 행동발달 평가를 위한 이원분류표 작성

평가계획을 짜는데 있어서 가장 먼저 해야 할 일은 이원분류표의 작성이다. 행동발달 평가에 있어서 하위목표 수준을 Bloom의 정의적 영역별로 세분해서 평가한다면 다음과 같은 분류표가 작성될 수 있다.

표 10-1 평가행동 이원분류표

행동장면 \ 행동특성		근면성				책임감				협동성				준법성				자주성				지도성			
	행동수준	감수	반응	가치화	조직화	감수	반응	가치화	조직화	감수	반응	가치화	조직화	감수	반응	가치화	조직화	감수	반응	가치화	조직화	감수	반응	가치화	조직화
교과학습 장면	토 의																								
	연 습																								
	예습복습																								
	………																								
특별활동 장면	학급활동																								
	동아리활동																								
	학교행사																								
	………																								

2 평가방법의 선정

이원분류표가 작성되면 이에 따라 구체적으로 평가가 이루어지도록 적절한 평가방법이 선정되어야 한다.

행동발달의 평가방법으로서는 관찰에 의한 방법이 중심을 이루어야겠으나 이 밖에도 면접법, 자기보고식 방법 등 여러 가지 방법이 활용될 수 있다. 다음에서부터는 행동발달 상황의 평가에 도움이 되는 여러 가지 방법들을 소개하고 있다.

3 결과처리와 판정

① 평가목적별 처리법

어떤 평가방법에 의해서 어떤 결과를 얻든지 간에, 그 결과는 계량화되어야 할 것이다. 교사는 이들 점수를 근거로 해서 학생들의 행동발달 상황을 "상", "중", 또는 "하"로 판정하게 된다. 문제는 평가결과를 어떻게 계량화하고, 또 이들 점수를 어떤 기준에 비추어서 "상", "중", 또는 "하"로 판정할 것인가 하는 점이다.

평가결과의 계량화 문제는 두 가지 관점에서 생각할 수 있다. 그 하나는 행동평가의 결과를 총합적 평가의 한 목적으로, 즉 행동발달의 정도를 학기말이나 학년말에 성적화하고자 한다면, 그 결과를 단일점수로 나타내는 것이 바람직하다. 다른 하나는 평가 결과를 학생들의 형성적인 자기평가나 생활지도를 위하여 이용코자 한다면, 그 결과는 단일한 점수체제보다는 다분화된 점수, 즉 복수점수로 제시되는 것이 이상적일 것이다.

② 평가기준별 처리법

평가 결과를 "상", "중", "하"(가, 나, 다 또는 A, B, C)로 분류 · 판정하는 기준은 절대적 기준과 상대적 기준으로 나누어 생각할 수 있다. 절대기준은 여러 교사들이 협의해서 만드는 합의기준으로서 학생 개개인의 행동이 이 합의기준에 어느 정도로 도달하고 있는가를 판정하는 것을 의미하며, 상대적 기준이란 개개인의 평가 결과를 학급 전체의 서열로 나타내어 그 결과를 바탕으로 한 가(15%), 나(70%), 다(15%)식의 비율할당제판정법을 의미한다. 절대적 기준의 사용은 형성적 평가의 목적에 유용하고 상대적 기준은 총합적 평가의 목적에 더 유리하다고 할 수 있다.

2. 관찰법

1) 관찰법의 특징

(1) 관찰법의 장 · 단점

1 관찰법의 정의

관찰법이란 "시각 · 청각 등의 조사자의 감각을 통하여 직접적으로 피조사자나 사물의 특성을 과학적으로 관찰하여 분석하는 방법"이라고 말할 수 있다.

관찰법의 특색은 직접성과 현재성에 있다. 지금 일어나고 있는 사태 또는 피조사자의 행동이나 언어가 다른 사람의 개입없이 관찰자에게 직접 수집되어진다는 점이 다른 방법과는 다른 특색이 있다.

2 관찰법의 장·단점

① 장점

(i) 어떤 문제의 사태나 피조사자의 행동이 발생함과 동시에 기록되어질 수 있다는 점이다. 가령 질문지법의 경우에는 피조사자의 반응에 피조사자의 기분·성격·저항감·협조심 등이 개입하기 쉽지만 관찰법의 경우에는 어떤 사태나 행동 그 자체를 아무런 매개를 필요로 하지 않고 직접적으로 그 사태나 행동이 발생하는 현장에서 포착·파악할 수 있게 된다.

(ii) 피조사자, 즉 피관찰자의 고의적인 방해를 받지 않는 잇점이 있다. 즉 관찰의 성패 여부는 피험자의 능력·협조심·저항감 같은 조건에 의해서 좌우되지 않고 다만 관찰자 자신의 관찰 능력에 의해서만 좌우된다.

(iii) 관찰법은 피관찰자의 연령이나 교육 정도에 제한받지 않는다는 점이다. 남녀노소 그리고 유식·무식을 막론하고 어떠한 대상에게도 적용될 수 있는 방법이다. 즉 언어적 표현의 능력이 없는 어린이까지도 좋은 연구의 대상이 되는 것이다.

(iv) 백문이 불여일견(百聞而 不如一見)의 특징을 지니고 있다.

관찰법은 교사 자신이 학생의 행동이나 징후를 자신이 직접 눈으로 보고 추정한 사항을 자료로 삼는 특징이 있는 것이다.

② 단점

(i) 관찰은 관찰의 대상이 되는 행동을 현장에서 포착하는 것이므로 통제된 관찰이 아니라면 그러한 행동이 일어날 때까지 기다려야 한다는 애로점이 있다. 심지어 어떤 행동은 관찰불가능한 것도 있다. 계획성 있는 관찰을 하기 위한 준비가 없이는 실패하기 쉽다.

(ii) 관찰은 동일한 현상도 사람에 따라 상이한 의미를 갖는 것이므로 관찰자의 편견이나 선입견이 개입하기가 쉽다. 즉 객관적인 관찰이 여간 어렵지 않다.

(iii) 관찰 당시의 환경 조건이 바로 그때에만 그러한 행동을 일으키게 하는 수가 있다. 행동 그 자체가 환경조건으로 마음에도 없는 엉뚱한 방향으로 일어

날 가능성이 있으며, 같은 행동이라 할지라도 환경조건에 따라서는 그 해석이 달라질 수 있다. 관찰할 때에는 환경조건을 아울러 기록해 둘 필요가 있다.

(iv) 하나의 행동이 그 이전 이후의 행동과 단절된 상태에서 독립적으로 이루어지지 않는 것이므로 그 행동 하나만을 가지고 해석한다는 것은 위험스럽기 짝이 없다. 하나하나의 행동은 모두 어떤 목표를 향해 움직이는 일련의 행동 중 일부분이라는 것을 잊지 말아야 하는 것이다. 그리고 하나의 행동을 보다 신뢰성 있게 해결하기 위해서는 행동의 추이를 계속해서 관찰해야 한다. 그러나 하나의 행동을 장기간에 걸쳐 관찰한다는 것은 보통 어려운 일이 아니다.

(v) 관찰 결과의 신뢰성 · 타당성을 결정하는데 어려움이 있다. 근래에는 녹음기나 녹화촬영 등 기계를 사용한 간접적 관찰로서의 재생법을 이용할 수 있게 되었지만 아직도 문제는 남아 있는 것이다. 타당성의 문제에 대하여는 관찰자가 "관찰해야 할 바로 그것을 관찰했는지의 여부"에 대하여 종래에는 검토가 이루어지지 않았다. 그것은 관찰의 대상이 원래 행동 · 동작 · 표정 · 징후 등이 외부로 나타난 외현적 행동이므로 정말로 어떤 행동을 하였는가의 여부를 결정하기란 여간 어렵지 않다. 요즈음은 기계의 힘으로 재관찰이 어느 정도 가능해지고 있다.

(vi) 관찰된 외현적 행동은 그 사람의 내면적 의식과 동일하다고 볼 수 없으며, 동일한 경우라도 그 의미가 반드시 같지는 않다. 마음 속으로는 싫으면서도 겉표정으로는 웃음을 띠우고 친절한 행동을 하는 사람의 경우에는 역시 문제시 되지 않을 수 없는 것이다.

(2) 관찰법의 종류

관찰법에는 비조직적 관찰(non-systematic observation; 단순관찰 〈simple and uncontrolled observation〉)과 조직적 관찰(systematic observation; 통제관찰〈controlled observation〉)이 있다.

1 비조직적 관찰

비조직적 관찰은 관찰자에게 특별한 지시를 하지 않고 상당히 자유로운 관찰을 허용하는 경우이다. 따라서 이 방법에서는 관찰자에게 상당한 기술과 학식을 필요로 하는 것이다. 또 조사대상 집단의 특색이나 거기에 내포되고 있는 문제가 명확하지 않거나 또는 너무 관찰에 제약을 받게 되면 도리어 그 제약 때문에 핵심적인 문제에서 벗어날 가능성이 있는 경우에는 비조직적인 관찰이 유효하다.

2 조직적 관찰

조직적 관찰은 관찰자에게 관찰할 사항이나 시간 등을 지시하고 조직적 · 계통적으로 실시하는 것을 말한다. 조직적 관찰은 이미 상당히 연구가 진행되어온 영역의 문제 또는 그 문제는 비교적 상세히 논증되어 있는 분야의 연구에 사용된다. 여기서는 이미 얻어진 정보를 통해 관찰체계나 절차를 만들어 낼 수도 있다. 따라서 관찰자에게는 비조직적 관찰의 경우만큼의 학식이나 기술 내지 경험이 필요하지는 않다.

그리고 비조직적 관찰이건 조직적 관찰이건 각기 관찰자가 관찰상대 속에 참여를 하면서 관찰하느냐 또는 눈에 띄지 않는 국외자로써 관찰하게 되느냐에 따라서 이를 다시 참여관찰(participant observation)과 비참여관찰(non-participant observation)로 분류한다.

이 밖에도 비슷한 개념으로 불리어지는 관찰법이 많으나 모두 위의 네 가지 종류에 유사하다. 이를 예시해 보면 〈표 10-2〉와 같다.

표 10-2 관찰법의 분류

분 류 기 준	유(有)	무(無)
관찰자에 대한 지시 유무	조직적 관찰 systematic ob.	비조직적 관찰 non-systematic ob.
피관찰자의 피관찰 의식 유무	직접적 관찰 direct ob.	간접적 관찰 indirect ob.
인과관계 조작의 유무	실험적 관찰 experimental ob.	자연적 관찰 natural ob.

분 류 기 준	유(有)	무(無)
관찰계획의 유무	구조적 관찰 structured ob.	비구조적 관찰 non-structured ob.
통제 유무	통제관찰 controlled ob.	비통제관찰 non-controlled ob.
관찰자의 대상 참여 유무	참여관찰 participant ob.	비참여관찰 non-participant ob.

3 참여관찰과 비참여관찰

참여관찰법이란 조사자 자신이 관찰대상 속에 한몫끼어 그들과 더불어 같이 활동을 하면서 관찰하는 것이고, 이와는 반대로 어디까지나 외부인으로서의 객관적 관찰을 하는 방법이 비참여관찰이다.

이 두 가지 방법을 비교해 보면 〈표 10-3〉과 같다.

표 10-3 참여관찰과 비참여관찰의 비교

	참여관찰	비참여관찰
장 점	① 관찰의 기회가 상당히 많다. ② 조사대상자가 피관찰 의식을 갖지 못하므로 자연스런 행동(natural behavior)을 관찰할 수 있다. ③ 조사대상의 심층적 내면성을 어느 정도 파악할 수 있다.	· 보다 객관적으로 관찰할 수 있다.
단 점	① 일반적으로 조사에 시간이 많이 소요된다. ② 감정적 · 정서적으로 쏠리기 쉽다. ③ 객관성이 손상당하기 쉽다. ④ 일정한 역할을 맡고 있기 때문에 집단을 전체적으로 관찰하기가 어렵게 된다.	① 피관찰 의식을 갖게 되므로 조사대상자의 행동이 인위적이기 쉽다. ② 관찰자가 긴장을 하기 쉽다. ③ 관찰의 기회가 적다. 따라서 얻어낼 수 있는 정보가 적다. ④ 심리적으로 떨어져 있기 때문에 조사대상의 심층적 내면성이나 미묘한 변화를 파악하기가 어렵다.

	참여관찰	비참여관찰
유의사항	① 너무 정서적이거나 감정적으로 일체감(一體感)을 갖게 되므로 관찰의 객관성이 손상당하지 않도록 힘쓴다. ② 언제나 날카로운 관찰력을 발휘하여 관찰자로서의 역할과 입장을 망각해서는 안 된다.	① 외부의 낯선 방관자가 있다는 의식이 피조사자에게 주어지지 않도록 힘써야 한다. ② 관찰되어질 행동이나 사태가 자연상태 그대로 진행되도록 노력해야 한다.

2) 관찰의 절차와 방법

(1) 관찰의 절차

1 사전계획에 필요한 절차

실제로 관찰에 들어가기 전에 관찰계획을 세워 그 절차에 따른 능률적인 관찰이 이루어져야 한다. 주요한 사전계획에 필요한 절차는 다음과 같다.

① 평가목표에 관계되는 관찰대상의 선정기준을 결정해야 한다.

② 관찰대상 집단을 위해서 필요한 조건을 선택하고 배치할 준비를 한다.

③ 관찰기간이나 관찰횟수 또는 관찰시간 간격 등을 결정한다.

④ 관찰자의 위치와 피관찰자에 미칠 영향을 고려해서 참여관찰 또는 비참여관찰 등 관찰형식을 결정한다.

⑤ 관찰하려는 행동이나 사태의 항목을 결정한다.

⑥ 관찰내용의 범위를 결정한다.

⑦ 기록내용과 기록형식을 결정한다.

⑧ 관찰자들을 훈련시킨다. (보조자가 필요할 때)

⑨ 관찰결과를 판단 해석할 기준을 결정한다.

2 관찰계획시의 유의사항

효율적인 관찰을 시도하기 위해서는 다음 사항을 반드시 준수하고 있어야 한다.

① 관찰은 특정의 대상에 한정되어야 한다. 즉 특정목적을 달성하기 위해서는 관찰대상을 명확히 규정해 두어야 한다.

② 관찰은 계통적 체계성이 유지되게 계획해야 한다. 우연적 관찰이 아니라 사전에 엄밀한 계획이 있어야 한다.

③ 관찰은 양적이어야 한다. 즉 통계적 처리가 가능하게 계획되어야 한다.

④ 관찰의 기록은 즉시 이루어지도록 계획하여야 한다.

⑤ 관찰의 결과는 재검토되고 또 보충되도록 하여야 한다.

3 관찰자 자신의 유의사항

관찰법의 성패는 관찰자 자신에게 달려 있다고 해도 과언이 아니다. 관찰계획의 단계에서부터 결과의 해석에 이르기까지 관찰자 자신이 주의해야 할 사항을 들어보면 다음과 같다.

① 관찰자는 감각기관의 장애를 받지 않아야 한다. 청력이 부족하거나 시력이 좋지 못한 것은 관찰에 지장을 가져온다. 감각기관에 지장이 있는 관찰자는 관찰결과의 해석에 있어서 그와 같은 점은 고려하여야 할 것이다.

② 관찰자는 자신의 개인적인 편견이나 선입견을 통제할 수 있어야 한다. 즉 관찰자는 자신이 관찰한 사실 그대로를 기록해야 하며, 자신이 마음 속으로 원하고 있다거나 과거에 있었던 어떤 특정한 행동과 관련지어서 해석적인 기록을 해서는 안 된다.

③ 관찰자는 신체적인, 즉 건강 조건이 좋은 때보다 정확한 관찰을 할 수 있다. 즉 관찰자가 너무 피로하거나 신경이 약간 예민하거나 수면이 부족하거나 흥분된 상태에 있다거나 할 때에는 역시 정확한 관찰을 기하기는 어렵다.

④ 관찰자는 관찰된 결과를 정확하게 바로 기록할 수 있어야 한다. 관찰된 사실은 바로 기록해 두는 것이 최선의 방법이며, 뒤로 미루거나 했을 때에는 착오를 일으키기 쉽다.

⑤ 관찰자는 몇 가지의 사실을 동시에 관찰할 수 있어야 한다. 어떤 현상을 관찰할 때에 어떤 부분을 보고 다른 어떤 주요한 부분을 보지 못하는 경우가 있어서는 안되겠다. 관찰하는 현상이 복잡할수록 이와 같은 오류가 생기기 쉽다.

⑥ 관찰자는 관찰된 사실(fact)과 해석적 의견(opinion)을 혼동해서는 안 된다. 관찰에 있어서는 사실을 수집하는 것이 중요한 것이며 해석적 의견은 그 다음의 문제이다.

(2) 관찰의 방법

1 비조직적 관찰의 방법

비조직적 관찰(비통제적 관찰)의 기본 특징은 관찰대상이나 관찰방법에 대해서 거의 조작을 가하지 않고, 오히려 있는 그대로의 모습을 관찰한다는 점에 있다. 그렇기 때문에 관찰결과가 관찰자의 주관적 조건에 의하여 영향을 많이 받을 위험이 있다.

비조직적 관찰에서는 다음 사항들을 특히 유의해야 한다.

첫째로, 문제를 분명히 설정해 두어야 한다.

비조직적 관찰은 관찰장면에 아무런 통제를 가하지 않기 때문에 관찰대상은 그 자체의 방식으로 행동해 나간다. 이 때에 초보적인 관찰자는 조사에 대한 불안과 탐구욕 때문에 되도록 많은 것을 관찰하려고 하는 나머지 조사에 직접 관련이 없는 것도 필요 이상으로 관찰하게 된다. 이것은 관찰자의 시간과 노력을 낭비하게 할 뿐 아니라 관찰의 초점을 흐리게 하거나 혼란스럽게 해서 도리어 필요한 관찰의 질적 저하를 초래하게 된다.

둘째로, 관찰목적에 부합된 장면을 선택해야 한다.

즉 평가목표와 관련된 현상이 가장 많이 발생할 수 있는 장면을 선택하여야 한다. 이것은 효율적인 관찰을 하기 위한 필수적인 절차인 것이다.

셋째로, 전체와 부분을 관련지으며 관찰해야 한다.

미시적 관찰뿐 아니라 거시적 관찰도 있어야 하며, 이 두가지 관점의 조화 속에서 부분 상호의 관계, 부분과 전체의 관계를 총체적 · 합리적으로 파악하도록 해야 한다.

넷째로, 피상적 관찰이 되지 않도록 해야 한다.

즉 관찰은 관찰현상의 조건이나 요인도 아울러 살펴보면서 이루어질 때 관찰의 타당성이 높아지게 되는 것이다.

다섯째로, 관찰기간의 길이는 짧게 하면서 계속적 · 반복적 관찰을 시행해야 한다.

관찰은 대상에 대한 집중적인 주의를 가해야 하고 또 기록 등을 해야 하기 때문에 관찰자의 종합적 심신활동을 요청하게 된다. 그리고 1회의 장시간 관찰은 관찰자의 피로 때문에 생기는 관찰상의 오류뿐 아니라 관찰현상의 포괄적인 파악을 위해서도 바람직하지 못하다.

2 조직적 관찰의 방법

조직적 관찰(통제적 관찰)에 있어서 관찰자는 두 가지 과제에 유의해야 한다.

첫째로, 관찰하려는 행동을 카테고리별(유목별)로 분류할 것

둘째로, 분류된 행동에 숫자적 지표를 맞추어 놓을 것

우선 관찰하려는 행동의 윤곽을 규정할 필요가 있다. 그것은 행동만 관찰할 것인지 또는 지껄이는 말까지도 포함할 것인지 아니면 그 행동이 발생하는 주위 환경이나 조건도 포함하는 것인지 등을 결정할 일이다. 또 특정의 대상만을 취해서 관찰하는 것인지 아니면 모든 현상을 망라해서 관찰하는 것인지를 결정해야 한다.

특히 중요한 것은 관찰의 단위이다. 이 때는 하나의 행동, 하나의 문장과 같은 자연적인 단위인지 시간적 단위인지를 정하는 것이 보통이다.

조직적 관찰에 사용되는 카테고리 세트(category set)에는 여러 가지가 있을 수 있다.

3 관찰기록의 방법

① 관찰기록에 있어서의 유의사항

관찰기록은 객관적 자료가 되어야 하기 때문에 타당하고 정밀하고 객관성이 있게 되어야 한다.

관찰기록을 할 때에는 다음과 같은 몇 가지 사항을 특히 유의해야 한다.

첫째로, 관찰대상을 한정시키고 사실과 의견을 나누어 기록하려면 기록방법 자체에 특별한 고안을 하도록 해야 한다. 특히 비통제적 관찰에 있어서는 대상

의 복잡한 모습을 관찰 목적에 따라 생생하게 포착해야 하므로 중요 사항 또는 중요 용어(key word)를 부호화 내지 약자화하는 방안이 필요하다. 이러한 부호화나 약자화의 시도는 관찰 능력을 높이는 수단이 되기도 한다.

둘째로, 관찰결과의 기록, 특히 비통제적 관찰에 있어서는 객관적으로 관찰한 것과 주관적 해석을 분리해서 기록하도록 해야 한다.

관찰자는 관찰사태에서 어떤 판단이나 해석을 내리려고 하기 때문에 그 판단의 기초가 되는 객관적인 사실의 기록보다 무의식 중에 자기의 주관적인 판단이나 해석을 기록하기 쉽다.

셋째로, 관찰표(observation schedule)를 미리 작성하도록 해야 한다. 비통제적 관찰의 경우에는 객관성을 높이는 데 목적이 있고, 통제관찰에 있어서는 관찰조건의 통제화를 기하는 수단이 되기 때문이다. 관찰표의 작성은 관찰평가의 목적에 따라 그 치밀성에 차이가 있겠지만 일반적으로 관찰하는 대상의 활동을 기록하는데 있어서 기록분류의 획일화를 시도하기 위해 필수적인 것이다.

넷째로, 관찰기록을 보충하기 위해서 가능한 관련되는 보조기구 또는 방법을 사용해야 한다. 특히 사진이나 녹음기 등은 관찰표와 더불어 휴대할 수 있는 간편한 기구임으로 큰 효과를 기대할 수 있고 이러한 기구들은 관찰의 공정성 · 정밀성 · 직시성 · 사진성(authenticity) · 객관성 등을 보장하는 계기를 마련해 주는 장점이 있다.

② 관찰기록 방법의 유형

(ⅰ) 행동묘사법 : 이 방법은 피관찰자의 행동 특성을 될 수 있는 한 정확하게 묘사 기록해 가는 방법이다. 이 방법을 쓸 때는 기록의 사실적 측면과 주관적 · 해석적 측면을 명확히 구분하도록 해야 한다.

이와 같은 행동묘사법의 기록방식은 일화기록(anecdotal records)을 작성할 때, 대표적으로 쓰여지는 것이다.

일화기록법은 피조사자들의 성격 · 적응상태 등을 이해하기 위하여 구체적인 행동사례를 될 수 있는 한 상세하게 요약해서 기록해 나가는 방법이다. 즉 기록방법은 수량화가 아닌 질적인 기록이다. 쉽게 표현한다면 관찰대상자의 '중요한

에피소드의 기록'이라고 볼 수 있고 '중요하다고 판단되는 사건의 간략한 보고'라고도 말할 수 있다.

일화기록은 계속적으로 누가기록되어 보존되어야 한다. 하나만의 사건이나 사실(fact)만을 가지고는 행동의 진단이나 평가자료로서 부족하다. 그리고 기록되는 사건은 구체적인 사실을 기록하는 것이 좋다. 막연한 표현은 관찰자가 아닌 다른 교사들이 읽었을 때에는 아무런 의미도 나타내지 못한다. 이 경우 객관적인 기록의 필요성은 물론 사건 자체의 해석이나 진단도 따로 기록되어야 한다.

(ii) 행동목록법(check list, behavior inventory) : 행동목록법(또는 체크리스트)은 관찰하려는 행동을 미리 그러한 행동이 일어나리라고 예측되는 행동계열 속의 단위로 분류하고, 예측한 행동이 나타났을 때 체크해 나가는 방법이다. 이때 기록되는 것은 보통 체크되는 빈도수나 정도를 따지게 된다. 그리고 예측되는 행동은 바람직한 것이든 아니든 모두 기록해 놓는다. 교과실습에 있어서 학생들의 행동을 예로 들면 다음과 같다.

___① 과제를 자청해서 일한다.
___② 다른 학생들과 협조한다.
___③ 꾀를 부려 적당히 일한다.
___④ 가치 있는 제안을 한다.
___⑤ 다른 학생들과 마찰이 있다.
___⑥ 때로 다른 학생의 지도적 입장에 선다.

또한 체크리스트는 하나의 행동이 얼마만큼 일어났는가를 알기 위해 미리 시간을 정해 시간표집을 하면 더욱 유효하다. 즉 관찰하려는 행동이 나타날 전체시간을 기록하는 것이 바람직한 일이지만 그 관찰이 장시간에 걸친 때에는 시간표집법(time sampling method)을 사용하게 된다. 즉 장시간의 관찰 중에서 5분이나 10분 또는 더 짧게 1분씩 시간을 잘라서 그 사이의 관찰사항을 정리하면서 반복하는 방법이다.

시간표집법은 한 개의 행동장면에서만 관찰되는 것이 특징인데 비해, 같은 관찰대상자를 여러 가지 장면, 즉 평정자가 바라는 여러 개의 장면에서 어떤 일반성을 확보하기 위해서 교실 · 식당 · 기숙사 · 야유회 · 집담회 등의 장면에서 관찰하는 장면표집법(situational sampling method)을 사용한다.

(iii) 평정척도법(rating scale method) : 이 방법은 피관찰자의 어떤 특성을 일정한 표준에 의해서 척도를 만들어 각기의 행동을 이 척도에 맞추어 평정하는 방법인데, 관찰하려는 특성에 대해서 3~5개 정도의 차이를 둔 짧은 어구나 문장을 진술하여 관찰대상자들이 그 중 어느 하나의 척도단위에 연상시켜 평정하는 기술척(descriptive rating scale)과 숫자척(numerical rating scale) 그리고 이 두 가지를 합한 기술도표척(descriptive graphic rating scale)의 세 가지가 있다.

3. 평정법

1) 평정법의 특징

(1) 평정법의 의의

평정법(rating method)이란, 관찰결과를 어떤 척도상의 유목이나, 숫자에 의거해서 기록하고 정리하는 방법으로서, 교육평가의 모든 분야에서 널리 쓰이고 있는 비교적 기본적인 방법인 것이다.

평정법은 평가자의 주관이나 편견, 또는 가치관의 차이 때문에 이지러지기 쉬운 관찰결과의 평가를 보다 엄밀 정확하게 평정해 낼 수 있으며, 다른 방법으로 평가하기 어려운 복잡한 행동의 증거를 좀 더 세분해서 과학적으로 파악하고 평가할 수 있는 방법이다.

즉 검사자체로서는 재지 못하는 인간의 행동특성을 측정하고 수량화시키는 방법의 것이다. 예를 들어 학습태도, 운동기능적 또는 많은 정의적 영역의 문제들은 검사에 의해서 보다 관찰이나 기타 행동평가 방법에 의해 측정될 수 있는 것이다. 이 같은 특성들을 측정하여 수량화시키기 위해서는 검사에 있어서 요구되는 것과 같이 보다 세련되고 과학적인 도구가 되어야 한다. 평정법은 이와 같은 도구의 일종으로 교육평가의 모든 분야에 널리 사용되고 있다.

(2) 평정법의 장 · 단점

1 장점

① 평정법은 지적 또는 비지적 행동 등 여러 가지 검사사태에 적용될 수 있다.

교사가 학생의 여러 가지 행동을 검사하려고 할 때 평정법은 이러한 목적에 적용될 수 있다.

첫째, 학생이 실제로 어떤 행동을 하고 있는 것 혹은 실제로 행동을 시켜서 그것을 판단하는 데 사용될 수 있다.

둘째, 작품의 평가에서 평정법이 사용될 수 있다. 예컨대 회화, 붓글씨, 공작품, 실험기구 등의 모형, 수예 등, 또는 작문 혹은 앞의 장에서 말한 반응자유도가 많은 논문형 검사 등의 판정에서도 적용된다.

셋째, 일상생활에서의 행동을 관찰하고, 혹은 관찰해 온 결과에 입각해서 학생을 평가할 때도 평정법을 쓸 수 있다. 대부분의 정의적 · 사회적 특성은 이런 검사상태에서 평가되는 것이 보통이다. 물론 여러 인성적인 요인을 밝혀내는 심리적 방법은 많지마는, 이것은 비교적 전문 분야에 속하기 때문에 학급을 맡은 교사에게는 비실용적인 때가 많다.

넷째, 면접에서도 평정법을 사용할 수 있다. 계획적인 면접에서는 반드시 미리 조심스럽게 준비된 평정척이 사용되는 것이 보통이다.

② 평정법은 다양한 교육목표를 평가할 수 있는 도구이다.

필답검사는 주로 여러 가지 지적 능력을 다루게 된다. 물론 필답 검사 중에는 간접적으로 기타의 인성적 요인을 다루는 검사도 있지만 주로 지적이다. 그러나 교육목적 중에는 여러 가지 기능, 태도, 사회적 발달 등 주로 인성면에 관계되는 각종의 목적이 있다. 이런 목적들은 필답검사로는 능히 평가할 수 없다.

③ 평정법은 평정자체가 실제적 · 이론적 준거가 될 수 있다.

앞서 평가 방법의 타당도를 논했을 때 준거의 이야기를 했는데, 한 검사가 측정하려는 것을 어느 정도 측정하고 있느냐를 검증할 때, 그 검사의 결과를 어떤 준거에 비추어 보는 것이 보통이다. 가령 여기에 지도자에 필요한 지적 능력을 재는 검사가 있다면, 이 검사의 타당도를 검증할 때의 한 준거는 실제에 얼마나 훌륭한 지도자이냐는 그의 실지행동을 관찰하고 평정해서 판단하는 것이 보통이다. 따라서 준거척이 흔히 평정의 결과로 결정되는 바에는, 보다 나은 준거를 얻기 위하여, 엄밀한 평정법을 사용할 필요가 생긴다.

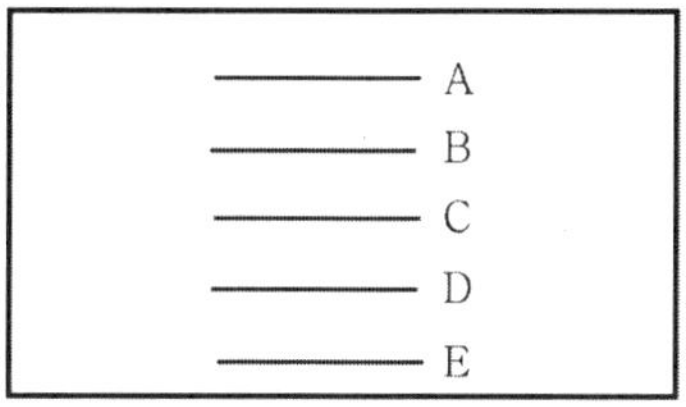

[그림 10-1] **기술평척**

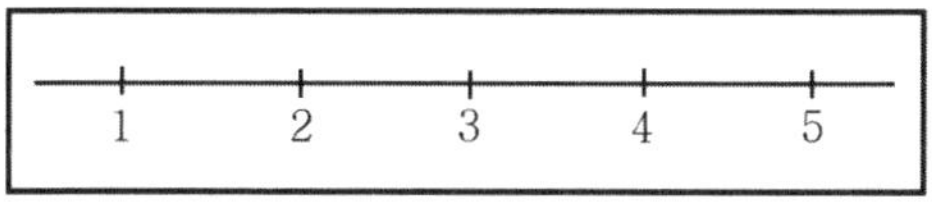

[그림 10-2] **수치평적척**

2 단점

① 평정이 주관적으로 이루어질 가능성이 없지 않다.

평정에서는 대개 [그림 10-1]이나 [그림 10-2]와 같은 평정척(rating scale)을 사용한다.

[그림 10-1]과 [그림 10-2]는 평정척의 예다. 평정에서는 학생의 한 특성 한 기능을 판단하여 평정척의 어디에 속하는가의 평정자의 의견을 정하는 것이다.

이런 평정에 있어서 여러 평정자가 합치 합의된 결과를 낸다는 것은 그리 쉬운 일이 아니다. 평정자간의 주관적 의견의 차이에 따라 같은 학생도 상이한 평정을 받기가 쉽다. 따라서 평정법에서는 평정척의 평어 평점의 의미를 명백히 할 것이 개관도 및 신뢰도를 올리는 주조건이 된다.

② 평정의 타당도를 높이기가 쉽지 않다.

평정법의 타당도는 주로 얼마나 충실하게 평정하려는 특성을 평정하고 있느냐로 결정되는데, 흔히 평정법의 타당도는 그것의 신뢰도 · 객관도가 높으면 타당도가 있는 것으로 간주한다. 따라서 타당도를 높이기 위해서는 역시 평정하려는 특성을 명확히 규정할 것과 평정자 자신이 훈련되어 있어야 할 것이 요구된다.

2) 평정의 절차와 방법

(1) 평정의 착오

평정에 있어서는 평정자에 따라 여러 차이가 생긴다. 이런 차의 원인을 평정의 착오(rating error)라고 부른다.

1 집중경향의 착오

평정할 때에 아주 좋거나 아주 나쁜 평점을 피하고 평점들이 평정척의 중앙부에 몰려 있는 경향이 있다. 이런 착오는 경험과 훈련이 부족한 평정자에게서 일어나기 쉽고 능숙한 평정자라도 평정할 특성이 무엇인지 그 의미가 막연하고 확실치 않으면, 평정에 이런 집중경향의 착오(error of central tendency)를 저지르게 된다.

[그림 10-3]은 어떤 평정자가 10명의 학생의 근면성을 9점 평정척으로 평정한 결과인데, 집중경향의 착오가 여실히 나타나고 있다.

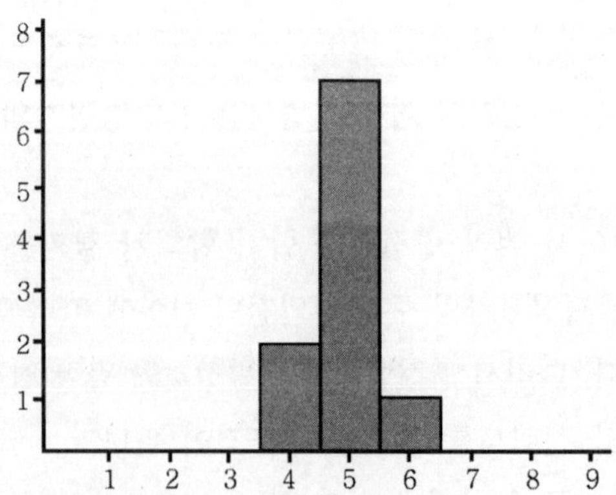

[그림 10-3] 집중경향의 평점 예

때로는 반대로 중앙부에 해당하는 평점은 아주 드물고, 양극단에 가서만 평점이 몰려 있게 평정하는 사람도 있기는 하나, 이런 경우는 퍽 드물다.

2 표준의 착오

어떤 평정자들은 다른 평정자보다 모두 낮게 혹은 높게 평정한다. 이런 현상은 평정자에 따라 그 표준이 다르기 때문에 일어나는 현상이다. 인간의 특성을 평정할 때에는 그 표준이 각 평정자에 따라 달라서 표준의 착오(error of standard)를 일으키기 쉽다.

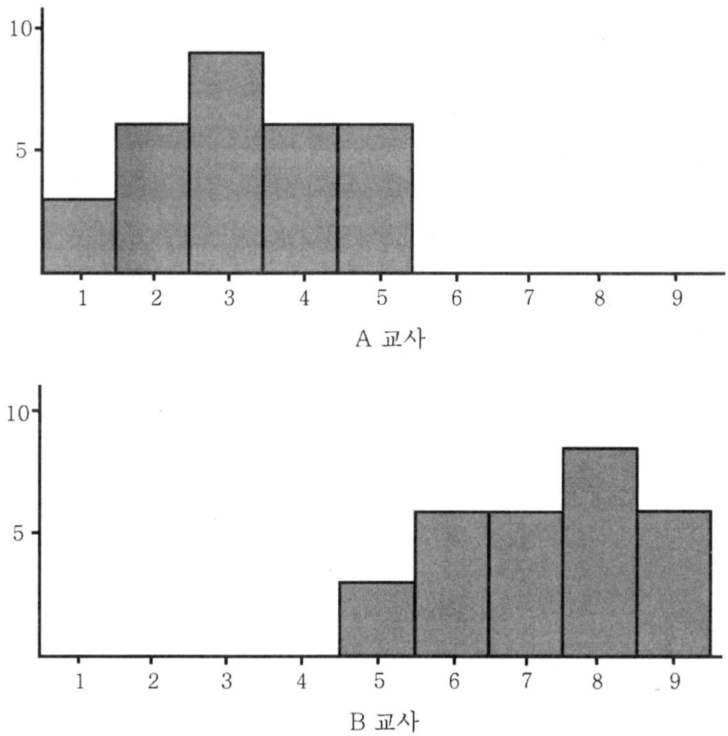

[그림 10-4] **표준의 착오의 예시**

평정의 경험이 많고 훈련을 받은 사람들의 평정 결과의 분포는 서로 잘 일치되며, 이렇게 서로 일치한다는 것은 바로 이들이 비슷한 표준을 사용하고 있다는 증거가 된다.

[그림 10-4]는 같은 30명의 학생을 그 자세가 좋으냐 나쁘냐를 9점 평정척을 사용해서 A, B 두 교사가 평정한 결과인데, 표준의 착오가 확실히 나타나고 있다.

3 인상의 착오

인상의 착오란 한 학생의 한 특성을 평정할 때, 평정자는 그 특성에 한해서만 평정하지 않고, 그 학생이 주는 다른 일반적 인상의 영향을 받아 평정하는 착오이다. 일반적으로 인상이 나쁜 학생에게는 자연히 평점을 나쁘게 주는 경향이 있다. 이렇게 평정할 특성에 관계없는 외적 · 일반적 인상의 영향을 받아, 그 인상의 방향으로 평점이 옮겨가는 현상을 인상의 착오라고 한다(영어의 error of halo 혹은 halo effect라는 말을 직역하면 달무리의 착오라고 할 수 있다).

인상의 착오는 어떤 학생에게는 좋은 쪽으로 어떤 학생에게는 나쁜 쪽으로 평점을 주게 된다. 이 점에 비추어 보면, 상대적으로 보아 비교적 같은 방향, 같은 양으로 영향을 받게 되는 집중경향의 착오, 표준의 착오보다, 인상의 착오가 좀 더 부정적이다.

인상의 착오와 비슷한 것으로 관대의 착오(error of leniency)가 있다. 이것은 표준의 착오와도 관계가 있지만, 일반적으로 자기의 친구 제자 등 가까운 처지에 있는 사람을 평정할 때, 혹은 가까운 처지에 있지 않아도 평점을 후하게 주는 수가 많다.

또 하나 비슷한 착오로서 상투선입견의 착오(error of stereotype)가 있다. 예컨대, 흔히 유태인은 인색군, 독일인은 건실하다든가, 서울 깍쟁이 등의 상투적인 선입견 때문에 평정이 영향받을 때가 있다.

4 논리의 착오

논리의 착오(logical error)란 여러 특성을 동시에 평정할 때에, 논리적으로 반드시 상관되어 있는 것은 아닌 두 특성을 상관이 있다고 오판해서 두 특성을 비슷하게 평정하는 착오이다(여기에 어느 정도 인상의 착오도 같이 작용한다고 볼 수 있다). 예컨대 근면성과 협동성이 관계가 깊다고 생각해서, 근면한 학생은 또 협동적이기도 하다고 생각하는 교사가 있을 수가 있다. 그러나 실상은 근면하다고 반드시 협동적은 아닐 것이다.

5 대비의 착오

대비의 착오(contrast error)란 이것은 평정을 할 때 평정자 자신이 피평정자와 비교하여 자기가 잘하지 못하는 일 또는 자기가 가지고 있지 않는 것을 피평정자가 잘하거나 가지고 있을 때는 이를 정도 이상으로 좋게 평가하고, 반대로 평정자 자신이 잘 하는 일을 피평정자가 못 한다든가 평정자가 가지고 있는 것을 피평정자가 가지고 있지 못할 때는 정도 이하로 나쁘게 평가하는 경우다. 이런 경우는 근본적인 의미에서 일종의 인상의 착오와 비슷한 현상이다. 평정자 자신이 보다 의식적으로 객관적 평정을 하기 이해 노력을 하지 않으면 사실보다 과대 또는 과소평가할 우려가 있다.

6 근접의 착오

근접의 착오(approximative error)란, 이것은 평정하려는 비교적 동질적인 항목들이 거의 가까이 나열되어 있을 때 이들 항목들은 비슷한 평점을 주게 되는 경우다. 시간적으로나 공간적으로 가깝게 평정하는 특성 사이에 평점의 상관이 높게 나오는 경우를 의미한다.

예를 들어 '성실하다'와 '부지런하다'는 원래 구별되는 다른 특성인데도 이 2개의 항목이 4번과 5번으로 가까이 묶여져 있을 때는 성실하면 부지런하다는 식으로 거의 같은 평점을 하게 된다. 그러나, 이 2개의 항목을 거리를 멀리 하여 따로따로 떼어 놓는 경우에는 가까이 접해 있던 경우보다 평점에 현저한 차이가 나타나는 것이다.

(2) 평정법의 분류와 작성법

평정법은 분류의 기준에 따라 여러 가지로 나눌 수 있으나, 여기서는 상대적 평정법과 절대적 평정법으로 나누어 고찰한다.

1 상대적 평정법

평정법은 상대적 평정법과 절대적 평정법으로 나눈다. 상대적 평정법은 주로 개인과 개인을 상대적으로 비교함으로써만 평가되며, 절대적인 방법에서는 비교도 비교려니와 그 보다는 개인을 어떤 기준에 비추어 평가하게 된다.

① 등위법(rank order method)

어떤 능력이나 특성에 비추어, 각 개인을 그 집단의 다른 사람들과 비교해서 그 순서를 정할 때, 우리는 등위법을 쓰고 있다. 보통 학생의 수대로 등위가 나온다.

등위를 정하다가 아무리 생각해도 같은 등위에 속하는 학생이 둘(혹은 셋)이 있다면, 그 때에는 다음과 같이 해야 한다. 즉 예컨대 1, 2, 3번을 정하고 다음에 4번을 정하려는 데 차이를 볼 수 없는 두 명의 학생이 있을 때에는, 둘 다 4번 4번으로 하지 않고 4.5, 4.5로 해야 한다. 즉 두 명의 학생 사이에 등위가 있는 것처럼 가정하고, 그 평균을 그 학생들의 등위로 해야 한다(위에서 4.5=(4+5)/2).

등위법에서는 집중경향의 착오와 표준의 착오를 제거할 수 있다. 집단의 여하를 막론하고 등위법에서는 반드시 첫째가 있고 꼴찌가 있고 해서, 평점이 중앙에만 모일 가능성은 없고, 그 집단에서의 첫째, 꼴찌는 평가자의 표준의 상하를 막론하고 대개 첫째, 꼴찌가 되기 때문에 표준의 착오가 나타날 수도 없다.

그러나 등위법에는 한 집단에서의 등위와 다른 집단에서 정해진 등위와 직접 비교를 할 수 없는 난점이 있다. A학급의 일등과 B학급의 일등이 반드시 같은 것은 아니다.

다음으로는 숫자상의 차가 사실상의 능력 혹은 특성의 차를 표시하지 못하는 난점이 있다. 알기 쉬운 예로 한 학급 학생을 키의 순서로 등위를 정했을 때, 1등과 2등과의 차가 10등과 11등의 차와 같지 않을 수가 많다.

② 유사동간법(equal appearing interval method)

이 방법에서는 모든 학생에게 등위를 평정하지 않고, 평정할 학생을 우선 대략 살펴본 다음, 비교적 각기의 차의 간격이 비슷하다고 느껴지는 몇몇 소집단으로 나누어 둔다. 그래서 같다고 생각되는 학생은 같은 소집단에 속하게 된다. 다만 소집단과 소집단 사이의 능력차 특성차가 다 비슷하고 동간적일 것이 요구된다. 이 방법은 평정한 학생수가 많을 때, 등위를 너무 많이 자세히 지우는 것이 어렵거나 무의미할 때 사용된다.

③ **조합비교법**(paired comparison method)

상대적 평정법 중에서는 이것이 가장 치밀한 방법이라 할 수 있다. 그 이유는 이 방법에서는 평가자가 한 학생을 일일이 모든 다른 학생들과 비교 판단해야 하기 때문이다.

[그림 10-5]는 5명(A, B, C, D, E)의 정직성을 조합비교법으로 평정한 결과다.

학생	A	B	C	D	E
A		×	×	○	×
B	○		○	○	×
C	○	×		○	×
D	×	×	×		×
E	○	○	×	○	
계	3	1	2	4	0

[그림 10-5] **조합비교법에 의한 평정**

한 학생을 다른 모든 학생과 짝을 지어서 우열을 판단하고, 그 결과를 종합하는 것이다. 우선 A와 B를 비교하여, A가 나오면 A행 아래 B열에 ○를 기입한다. 동시에 이것은 B가 A보다 못하다는 말이 되니, A열에 ×를 기입한다. 다음에 A와 C를 비교한다. 여기에서도 A가 나오면 A행 C열에 ○ 따라서 C행 A열에는 ×를 기입하게 된다. 이렇게 해서 AD, AE의 비교가 끝나면, 그 다음에는 BC를 비교하고 …… 최후로 DE를 비교하게 된다. 그 결과 각행의 ○를 1로 세어서 가하면 각 학생의 등위가 나온다.

한 학생의 등위를 그 집단에 비추어 대략적으로 결정하는 것이 아니라, 일일이 비교해서 종합하기 때문에, 이 방법은 상당히 엄밀하고 신뢰로운 결과를 준다. 그런데 난점은 학생의 수가 많으면 비교할 짝이 많아지기 때문에 비실용적이라는 점이다.

[2] 절대적 평정법

절대적 평정법은 남과 비교한다기 보다는 어떤 사실적 기준에 비추어, 일종의 절대적인 의미를 평점이나 평어에 부여하는 방식이다. 따라서 여기에서는 평정하는 특성이 명백히 규정될 것과 평정자의 경험과 훈련이 충분할 것이 더욱 필요하게 된다. 대개는 고정된 의미를 가진 여러 가지 척도가 사용된다. 이런 것을 평정척(rating scale)이라고 부른다.

① 숫자척

가장 간단한 평정척은 숫자척이다. 평정한 특성이 규정되면, 나머지는 흔히 선상에 적당한 수의 점을 정해 놓는다.

점의 수를 몇 개로 하느냐에 일정한 규칙은 없다. 다만 척도의 평균점이 정수로 나타날 수 있도록 평점의 수를 기점(3, 5)으로 하는 것은 상례다.

숫자척은 보기에 간단하고 과학적인 것 같으나, 각 숫자를 여러 평정자가 달리 취급할 위험이 있는 것이 단점이다.

② 기술척

기술척은 숫자 대신 능력이나 특성의 정도를 단어, 구, 문장 등으로 기술하는 방식이다. 다음에 예를 든다.

a. 이 학생의 구두 발표력은,

□ 아주 능난하다	□ 수	□ A
□ 능난한 편이다	□ 우	□ B
□ 보통이다	□ 미	□ C
□ 좀 부족하다	□ 양	□ D
□ 아주 부족하다	□ 가	□ F

예컨대 간단히 ABCDE로 하는 대신에 좌측처럼 기술해 놓으면 좀 구체적이

다. 또 집단이 일반적으로 구두 발표력이 좋은 집단일 때에는(즉 위에서 "좀 부족하다", "아주 부족하다"에 속할 만한 학생이 없는 집단에서는) 척도를 다음과 같이 할 수 있다.

b. 이 학생의 구두 발표력은,

□ 비상하게 능난하다

□ 대단히 능난하다

□ 퍽 능난한 편이다

□ 충분하게 능난하다

□ 보통이다

기술척에서는 여러 평정자가 비교적 같은 의미와 정도로 해석할 수 있는 교구를 작성할 것이 문제의 초점이 된다.

③ 기술도표척

이것은 숫자척과 기술척을 결합한 방법이며, 가장 많이 쓰이는 방법이다. 이것은 기술척과 숫자척의 집단을 상보한 셈이 된다.

기술도표척은 대개 3부분으로 구성되어 있는데, 첫째, 평정할 것의 지시와, 둘째, 숫자 척도와 셋째, 점수에 따르는 기술 문구이다. 일반적으로 지시는 평정할 특성을 규정함으로써 인상의 착오, 논리의 착오를 더는 데에 공헌한다. 다음에 예를 든다.

(i) 근면성 : 일상생활에서 여러 가지 과업과 책임을 어느 정도로 열심히 하고 있는가?

1	2	3	4	5
게으르다	무관심하다	보통으로 잘 한다	부지런하다	정력적이다

(ii) 지시를 어떻게 받아들이느냐?

1	2	3	4	5
매우 반항적이다	약간 반항적이다	보통이다	약간 복종적이다	완전히 복종적이다

④ **표준척도법**(standard scale)

이 방법은 사전에 엄밀한 통계적 방법에 의해 평정표준을 만들어 두고, 이 표준에 비교하여 평정하는 방법이다. 이것은 지금까지와 같은 행동특성을 평정하는 것이 아니고, 주로 붓글씨, 그림, 수예, 공작품 등과 같은 구체적인 제작품을 평정할 때 사전에 마련된 표준작품과 비교하여 평정하는 것이다. 이 때 만든 것이 작품일 때는 표준작품과 비교하게 되는데, 이것을 품등평정척(product rating scale)이라 부르고, 인물인 경우는 대인평정척(man to man rating scale)이라고 한다.

(ⅰ) 품등평정척 : 예를 들어 작품인 경우, 미리 표준작품으로 A, B, C, D, E의 5가지 종류의 표준을 만드는데, 이 때 A는 가장 잘 만든 작품, 반대로 E는 가장 잘못 만든 작품, C는 중간 정도의 작품 등으로 객관성 있게 표준작품을 만든다. 그리고 나서 학생들이 만든 작품을 이 5단계의 객관적 표준작품에 비교시켜 평정하는 것이다.

즉 한 학생의 습자지가 보다 A에 비슷하다면, 그 평점은 A가 된다. 이 방법은 응당한 조심만 하면, 평정의 착오를 거의 모두를 제거할 수 있다. 누가 만든 작품인지 그 학생을 알 필요 없으니, 인상의 착오도 제거될 것이요, 구체적인 표준이 서 있으니, 집중경향, 표준, 논리의 착오도 덜어진다. 세심한 조심이 필요한 곳은, 표준이 될 만한 여러 단계의 작품을 선택 혹은 제작하여 품등척을 꾸밀 때이다.

(ⅱ) 대인평정척 : 품등척의 장점은 평정에서 구체적 표준물이 있다는 점이다. 이 점을 모방해서 행동이나 특성의 평정에서도 비슷한 척도를 만드는 수가 있다. 다만 이 경우에는 표준이 물건이 아니라, 구체적 인간으로 나선다. 가령 한 학급의 학생들을 지도 통솔력에 비추어 평정할 때, 지도력이 각 단계를 대표하는 5명의 학생의 이름을 척도에 기입하고, 다른 학생 각인을 이 5명과 비교해서 그 평점을 정하는 것이다.

보기에 대인평정척은 품등평정척과 비슷하나, 좀 난점이 있다. 즉 각 단계에 알맞은 표준 인물을 정하기가 그다지 쉽지 않고, 인상의 착오가 이중으로 작용할 수 있는 점이다. 그러나 구체적 표준을 제시하고 있다는 이점에서 많이 사용되고 있다.

⑤ **강제선택법**(forced-choice technique)

이 방법은 최근에 발달된 방법으로서, 두 개의 다 좋은 형용문 중 어느 것이 한 학생에 더 들어 맞느냐를 평정자에게 판단시키는 방법이다. 혹은 두 개의 다 좋지 못한 형용문 중에서 선택시키는 수도 있다. 예컨대,

(i) □ A. 모든 일에 부지런하다.
□ B. 일상생활에서 예의가 두텁다.

(ii) □ A. 남과 싸움을 잘한다.
□ B. 일에 책임감이 없다.

이 방법의 요점은 어떤 특수한 여러 특성을 내놓고, 선택을 강요하는 것이다. 이 방법에서는 인상의 착오도 작용치 않고, 집중경향, 논리표준의 착오도 적어진다.

⑥ **검목표**(check list)

검목표란 근본적으로 일련의 2단계 평정척으로 구성되는 것이다. 한 특성이나 행동이 관찰되었으면 체크(✓)한다. 다음은 목공기능 검목표의 일부다.

〈목공기능 검목표 예〉

_____1. 톱으로 예정대로 똑바로 자른다.

_____2. 대패의 조절을 할 줄 안다.

_____3. 대패나 끌을 잘 갈 줄 안다.

_____4. 예정대로 대패질한다.

_____5. 자를 똑바로 사용한다.

....

이런 검목표는 여러 기능, 행동, 특성을 평가함에 작성 사용할 수 있다. 특히 일정한 절차를 밟아 나가야 할 기능이나 행동의 평가에 유용하다. 원래가 2단계의 판단을 요구하는 것이기 때문에, 다른 평정척보다는 신뢰도가 흔히 높다.

(3) 평정의 요령

① 관찰자는 관찰의 착오에서 벗어나도록 노력하라.

첫째, 어떤 현상을 관찰할 때, 그 형상 중 어떤 부분은 보고 어떤 부분은 못보든지 안보든지 하는 것이 보통이다.

둘째, 관찰자 자신이 선입견적인 관찰과 해석을 하는 수가 많다. 부모라면 자기 아들의 좋은 점이 더 눈에 뜨일 것이다.

셋째, 관찰자에 따라서 중요하다고 생각하는 점이 다를 수가 있다. 같은 상태에서 어떤 관찰자는 보다 말의 문법성을 보고, 어떤 사람은 말의 억양에 주의하곤 한다.

넷째, 관찰자는 흔히 사실과 해석을 혼동한다. "눈쌀을 찌프린다"라는 사실을 즉시로 "불쾌히 여기고 있다"라고 해석하고 보고하곤 한다. 관찰시에 사실과 그것의 주관적 해석과를 혼동해서는 안 된다.

마지막으로 관찰이 과거의 기억 때문에 영향을 받는 수가 많다. 현재에는 동등하게 책임 있게 일을 잘 하는 두 학생을 봐도, 한 학생이 과거에 좀 무책임한 일을 했다는 기억이 있으면, 그 학생을 덜 좋게 보는 경향이 있다.

② 평정척의 모든 평점 단계를 사용하라.

잘 제작된 평정척은 그 모든 평점 단계에 다 의미가 있는 것이며, 웬만한 집단에는 다 적용되게 되어 있는 것이다.

모든 단계를 다 사용하라는 뜻은 반드시 모든 단계의 평점이 나와야 한다는 뜻은 아니다. 도리어 모든 단계가 다 고려된다는 뜻이다. 그러나 해당하는 학생이 있으면, 극단의 평점도 아끼지 말아야 한다.

③ 한 특성의 평정에서 일반적 인상이나 다른 특성의 평정의 영향을 받지 않도록 온갖 조심을 하라.

여러 학생을 여러 특성에 비추어 평정할 때에는, 위선 한 특성만에 비추어 모든 학생을 평정하고 나서, 그 다음에 둘째 특성만을 평정하고 그 다음에 셋째 특성의 식으로 따로따로 평정해 가는 것이 좋다. 이렇게 함으로써 한 특성 한 문항에서의 인상이 다른 것에 영향 주는 것을 방지하는 셈이 되어, 인상의 착오, 논리의 착오를 많이 제거할 수 있게 된다.

④ 가능한대로 여러 평정자가 같이 평정하고, 그 결과를 평균하라.

바쁜 일선 교육상태에서는 이것이 그리 가능한 일이 아닌 것은 안다. 그러나 대개 여러 평정자의 평점의 평균이 한 사람의 것보다는 훨씬 신뢰도도 높고, 평정의 여러 착오도 덜하다. 물론 이렇게 여러 평정자의 평점을 합계 평균할 때에는, 각 평정자의 질이 같아야 한다.

⑤ 평정척도에는 평정될 행동의 특성이 명백히 정의되어 있어야 한다.

평정할 행동의 특성이 평정자마다 다르게 해석되어서는 곤란하다. 어떠한 행동의 특성을 어떤 방법으로 평정한다는 정의가 뚜렷이 세워져야 객관적이고 신뢰로운 평정을 할 수 있다. 따라서 평정하려는 행동의 특성은 쉽게 관찰될 수 있어야 한다. 관찰이 불가능하거나 곤란한 행동 특성은 평정을 할 수 없는 법이다.

⑥ 평정특성과 평정척에 대한 올바른 이해를 하라.

평정자가 자기가 가지고 재고 있는 도구의 내용이나 성질을 잘 모르고는 평정할 수 없다. 몇 mm까지 정확히 재어야 할 길이를 cm의 표시 밖에 없는 자를 가지고 재려는 경우, 이 평정자는 곧 자의 내용이나 성질에 대해서 잘 모르고 있는 경우이다.

그러므로, 먼저 평정하려는 특성을 정확히 이해하고 그 특성에 합당한 평정척을 제작 및 선택해야 하는 것이다.

특히 여러 명의 교사가 한 학생의 행동 특성을 평정하고자 할 때에는 사용하는 평정척의 내용을 모든 평정자가 다 명백히 공통적으로 이해해야 한다. 즉 여러 가지 평정척의 사용법을 자세히 알고 나서 평정에 들어가야 한다. 또 무슨 특성 무슨 능력을 평정할 것인지 모든 평정자가 명백히 공통적으로 이해하고 합의하여야 한다.

4. 면접법

1) 면접법의 특징

(1) 면접법의 장 · 단점

1 면접법의 정의

면접법(interview method)이란 피조사자와 대화를 나누면서 필요한 자료를 모으는 방법이다. 즉 얼굴과 얼굴을 맞댄 접촉(face to face contacts) 상황하에서 피조사자에게 직접 자료를 수집하는 방법을 뜻한다. 그러나 요즈음에 와서 면접은 그 이상의 의미와 가치를 가진다고 믿어지고 있다. 그것은 면접이 단순히 상대로부터 어떤 정보(information)나 자료를 얻기 위해서만 이루어지는 것이 아니라 면접의 과정(process) 중에서 치료적 가치를 발견할 수 있기 때문이다. 그러므로 단순히 정보를 얻기 위한 면접만이 아니라 보통 면접상담(counseling interview)이라고 부르는 치료적인 면까지 이해하고 있어야 한다.

2 면접법의 장 · 단점

① 장점

(i) 읽고 쓸 능력이 없는 자에게는 질문지의 적용이 불가능하다. 또한 능력이 있다고 하더라도 일반적으로 말하는 것보다는 쓴다는 것이 개인에게 부담이 커서 쓰는 데에는 피조사에게 인내와 노력이 필요하므로 협조를 얻기가 그만큼 어렵다. 그러나 면접법은 벙어리를 제외하고는 누구에게나 적용할 수 있다. 즉 구두질문자(oral questionnarie)의 구실을 하게 된다.

(ii) 직접 조사대상자를 만나서 응답을 구하는 것이기 때문에 피조사자의 응답에 제삼자가 개입하는 것을 막을 수 있고 본인의 의견만을 구할 수가 있는데, 이러한 것을 질문지법에서는 기대하기 어렵다. 즉 질문지법의 큰 단점의 하나가

면접에 의해서 해결되고 있다. 특히 이점 때문에 질문지 조사의 경우에도 보완된 방법으로 면접법이 아울러 사용되고 있다.

(iii) 피상적인 응답 뿐만 아니라 심층으로 추구해 갈 수 있고, 융통성이 있기 때문에 공식적 태도를 지양하여 성경험과 같은 매우 내밀스럽고 사적인 사실에까지 파고 들어갈 수가 있다.

「성생활 보고 연구서」는 그 좋은 예라고 보겠다.

(iv) 반응이 자연스러워 인위적인 데가 적고 격식에 사로잡히지 않고 진실을 파악할 수 있다. 특히 조사자는 피조사자를 현장에서 직접 만나는 것이므로 그의 인상 표정을 통하여 응답의 진실성 여부를 쉽게 판단할 수가 있다.

(v) 의견이나 태도 뿐 아니라 그 응답의 근원에 뿌리박고 있는 특성을 파악할 수도 있다.

(vi) 면접과정에 있어서는 피면접 조사자에게 정보를 제공하고 피면접자에게 어떤 태도를 가지도록 지도교정 치료할 수 있는 기회를 마련해 준다. 이러한 것은 질문지법 등에서는 불가능한 일로서 서로의 생각과 정보를 교환할 수 있다는 것은 면접법만이 가지는 가장 큰 특징이라 할 것이다.

② **단점**

(i) 면접을 실시할 때에는 많은 비용과 시간을 소비하게 된다. 피면접자의 시간을 빌리기가 어렵고 약속을 해도 그 약속 이행이 보장되기가 어려운 것이다. 왜냐 하면 약속시간에 찾아가면 급작스런 방문객 때문에 피면접자를 오랫동안 기다려야 할 때도 있고, 때로는 방을 비우고 없을 때도 있기 때문이다. 그리고 피면접자가 여러 지역에 흩어져 있을 때에는 교통비 · 숙식비 등 비용이 필요하게 된다. 이러한 시간과 비용의 제한 때문에 일시에 많은 대상에 대해서는 실시하기가 어렵고 조사자 자신의 부담이 크다.

(ii) 누구나 곧 훌륭한 면접자가 될 수 있는 것이 아니기 때문에 일정한 훈련을 통해서 면접절차와 기술 등 방법면의 지식과 숙달이 요청된다. 그리고 필요할 때에 즉시 면접조사자를 얻기도 어렵다. 그렇다고 연구자 혼자서 그 많은 피면접자를 만나 볼 수도 없는 것이다.

(iii) 면접자가 자칫 잘못하면 면접에 따른 편견 또는 편파(bias)의 발생을 피하기 어렵다. 즉 자료의 정확성 · 객관성 · 신뢰도를 떨어뜨릴 위험이 도사리고 있다.

(iv) 면접자료는 익명으로 한다고 하더라도 면접대상자가 면접자에게 서로 대면했을 때 자기의 정체가 들어나는 것이므로 중요한 문제에 대해서는 언급을 회피하는(진실을 말하기 어려워하는) 경우도 생긴다.

(v) 면접에서는 한 곳에서 일어났던 면접장면과 다른 곳에 있었던 면접장면간의 획일성(uniformity)을 유지하기가 어렵다. 동일한 말투로 동일한 면접절차에 의존한다고 해도 피조사자에 따라서는 그 말투를 다른 각도에서 듣게 되어 면접장면에 따라서는 질문의 말투나 순서를 바꾸어야 하는 경우도 생긴다. 이런 경우가 많아지면 객관성을 잃게 되는 것이다.

(vi) 응답결과를 수량적인 자료로 처리하기가 어렵다. 왜냐하면 응답내용이 천태만상이고 그 해석도 다양화해지기 때문이다.

(vii) 면접을 위한 장소 물색 등 조사계획 특히 시간계획이 어려운데, 이것은 사전에 예측할 수 없는 상황의 변동 때문이다.

(2) 면접법의 종류와 형태

1 면접법의 종류

면접에는 지시적 면접(directive interview)과 비지시적 면접(non-directive interview)이 있다.

① 지시적 면접법

전자는 이미 문제의 소재가 알려져 있어서 질문 항목을 사전에 결정하여 이에 입각한 면접을 행하는 경우에 쓰여지는 방법이며, 주로 통계적 방법으로 결과를 처리한다. 대표적인 것은 질문지를 사용하는 질문표면접(questionnaire interview) 또는 표준화면접(standardized interview)인데, 이것은 널리 쓰이고 있는 면접법의 하나다.

그러나 문제의 소재가 차츰 명확하게 되어 가고, 핵심적인 사항에 대하여 더 면밀한 이해를 위해서는 한 걸음 더 나아가서 특정의 사람 또는 대상에게 면접 절차에 따른 면접을 실시하는 일이 있는데, 이것을 초점면접(focused interview)이라고 한다.

② 비지시적 면접법

한편 비지시적 면접법이란 미지의 것을 발견하고자 한다든지 문제와 관련된 것을 광범위하게 고찰하려고 할 때에 쓰이는 방법이다. 물론 여기서는 면접 항목이 아직 정해지지 않고 있으며 될 수 있는 대로 자유스럽게 임기응변식으로 행하게 된다. 그런데 비지시적 면접은 앞서 말한 치료적인 조사에 널리 사용되고 있지만 고도의 기술과 경험을 필요로 하는 것이다.

2 면접법의 형태

면접의 형태를 분류하면 다음과 같다.

① 기능별로는 진단적 면접 · 처치적 면접, 연구적 면접으로 나눈다.

② 참여하는 사람수에 따라 개인적 면접과 집단적 면접으로 나눌 수 있다.

③ 접촉의 깊이에 따라 단시간 면접과 장시간 면접으로 나눈다.

④ 사회적 · 심리학적 상호작용 과정에 관련해서 면접자와 피면접자가 가지는 역할에 따라, 지시적 면접 · 비지시적 면접 · 초점면접 · 심층적(depth)면접 · 반복적 면접 등으로 나눌 수 있다.

⑤ 응답의 방식에 따라 자유기술식(open-end type) 면접과 선택형식(checking type) 면접으로 나눈다.

이상과 같은 면접 형태 중 임상적 성질을 띤 면접은 주로 진단과 치료에 그 목적이 있으므로 학생에 관한 정보를 얻는데 주로 이용되고, 집단적 면접은 피조사자로 하여금 억제(inhibition)를 해방케 하고 집단 내 상호작용에 의해서 과거의 행동 경험을 쉽게 상기시키는 데에 유효하다. 개인적 면접은 어떤 개인의 문제와 반응을 비교적 잘 이해할 수 있어서 그 개인을 위한 진단이나 치료에 유효한 자료를 수집할 수 있다. 집중면접은 어떤 특수한 사건이나 행동에 관심을 둘 때 이용되고, 비지시적 면접은 피면접자로 하여금 문제 행동에 대해서 자유롭게 말을 하게 하는 방법이며, 심층면접은 내밀적(감추고 숨긴 비밀)·심리적 요소에 역점을 두고 그 특성을 찾아보려는 방법이다. 자유기술식 면접은 피면접자의 응답이 불충분한 경우에 좀 더 구체적으로 물어 보며 추구해 가는 방법이다. 선택형식 면접은 피면접자의 응답의 범위를 제한해서 묻는, 즉 응답을 선택시키는 방법이다. 특히 선택형식 면접법은 질문지법처럼 선다형식(multiple choice type), 가부형식(dichotomous question type) 등으로 세분할 수 있다.

2) 면접의 절차와 방법

(1) 면접을 위한 사전계획

1 면접조사표의 구성절차

이 문제는 뒤에 질문지법에서 상세히 설명하기 때문에 여기서는 구성계획의 단계에서 유의해야 할 몇 가지 사항을 제시하고자 한다.

면접법의 성패는 조사표의 구성, 즉 도구구성의 세심한 주의가 요청된다. 이것은 면접결과의 균일성과 신뢰성을 보장하고 결과의 해석을 객관화시키기 위해서 매우 필요한 절차가 되기 때문이다.

조사항목은 조사목적에 공헌할 수 있는 것에 한해야 하고, 특히 응답자의 저항감을 자극시키는 항목은 빼는 것이 좋다. 표제나 제목은 자료의 종류를 충분히 이해할 수 있도록 완전히 진술해야 하며, 어법(wording)은 질문지법의 규칙을 따라야만 한다.

조사표의 규격은 크기와 모양을 다루기 쉽고 보기 좋게 정해야 하며, 처리에도 편리하게 해야 한다. 그리고 자료와 색깔은 보존의 필요성, 취급량, 필기의 용이성 등을 생각해서 해야 한다. 항목의 배열은 시간적인 편의를 고려해서 묶거나 배치하고 관련 있는 항목끼리는 같은 란에 배치하는 것이 좋다. 그리고 각 항목에 번호나 기호를 매겨서 비교하고 참조하는데 편리하도록 할 것이며, 항목을 너무 한 곳에 밀집시키지 말아야 한다.

2 면접환경과 장면계획

면접환경이나 장면은 면접자가 상대방을 찾아가서 면접하는 현장조사와 피면접자를 미리 정해 놓은 면접장소로 불러내어 면접하는 두 가지 경우가 있다.

면접의 환경조건은 물리적 측면과 심리적 · 정신적 측면으로 양분해서 생각할 수 있으나 실제로는 상호관련성이 있고, 대부분의 경우 생리적 · 육체적으로 쾌적하면 심리적으로도 안락한 환경이 될 것이다.

면접장소는 면접의 목적 · 내용에 따라 그 구성 또는 준비가 달라야 할 것이다. 환자의 심리적 치료를 위한 면접에서는 치밀한 구성과 적절한 설비가 필요하지만 일반적인 조사를 목적으로 한 면접장면에 있어서는 우선 실내면적이 그리 넓을 필요는 없고 오히려 아담한 분위기 조성에 도움을 주는 것만으로 족한 것이다. 그러나 비밀의 보장이나 정서적 안정감을 불어넣기 위해서 다른 사람의 말소리가 잘 들리지 않는 독립된 방을 쓰도록 해야 할 것이다.

실내에는 책상과 쌍방의 의자가 마련되어 있어야 하고, 채광과 통풍이 알맞게 되어 있으면 더욱 좋다.

피면접자의 불안감을 없애 주기 위해서는 딱딱한 의자를 피한다든지, 실내의 채색도 어둡거나 너무 밝은 색이 아닌 중간색으로 해야 하는 등 충분한 사전계획이 치밀하게 수립되어야 한다. 즉 면접환경이나 장면설정이 잘못되면 그 분위기가 피면접자에 부정적인 영향을 미치게 될 우려가 있기 때문이다.

3 면접절차상 요구되는 사전 유의점

실제 면접에는 일반적으로 다음과 같은 절차상의 주의를 사전에 특히 유의해 두어야 한다.

① 조사의 목적, 조사계획의 개요

② 조사의 일정

③ 조사의 일반적 주의

- 조사일 전에 할 준비
- 인사하는 방법

· 면접상의 주의
· 조사표의 기입방법
· 면접대상자의 거부 · 면접불능 때의 처리
· 면접 후의 점검, 기입 누락, 기타의 처리방법
· 조사종료 후 조사표의 제출방법
· 조사에 휴대해야 할 용구
· 사고발생시의 연락 및 처리방법
· 교통비 · 사례금의 계산방법, 청구 및 수령의 절차

④ 조사내용의 항목별 주의

면접자의 훈련은 일시적인 고용면접자에게만 필요한 것이 아니다. 조사평정자 자신이 면접에 임할 때에도 마찬가지이다.

(2) 면접의 방법

1 면접의 기술

면접의 기술은 기계적인 기술이라기보다는 경험적인 기술이며, 임상적인 체험의 결산인 것이다. 면접에 있어 경험과 융통성을 강조한다 하더라도 그것이 결코 무원칙적인 것이 아니기 때문에 면접기술상의 원칙을 제시해 보면 다음과 같다.

① 질문을 시작하기까지의 주의

(ⅰ) 먼저 피면접자와 친근한 대인관계를 맺어야 한다. 즉 면접은 바람직한 인간관계의 기초로 이루어진다. 무릇 모든 사회적인 접촉이 어떤 종류의 인간관계를 전제로 하고 이루어지는 것이나, 여기에서 말하는 인간관계란 보통 우리가 일상생활에서 맺는 인간관계와는 그 성질이 다르다. 어떤 면은 친한 친구지간의 관계와도 같고 또 어느 면은 부자지간의 관계와도 같으며 의사와 환자와의 관계와도 같다. 그러나 그 어느 하나도 같은 종류의 것은 아니다. 그것은 부드럽고 따뜻한 관계이어야 하고, 공포나 위협이나 차디찬 긴장감이 개입되어서는 안 된다. 마음놓고 긴장을 풀고 사귈 수 있는 인간관계가 성립되어야 하는 것이다.

면접대상자와 친밀한 인간관계가 이루어지지 않는 한 면접의 목적을 달성할 수는 없다. 면접을 시작할 때에는 부드럽고 맑은 음성으로 미소를 지어가며 상대편이 긴장하지 않도록 힘써야 한다. 즉 래포(rapport)가 면접 성패의 열쇠인 것이다.

(ii) 비밀이 보장됨을 확신시켜야 한다. 면접장소는 제삼자의 출입 때문에 예기치 않은 중단이 생기지 않아야 하고 방음장치가 꼭 되어 있어야 한다. 또한 면접이 본격적으로 시작되기 전에 비밀을 보장할 것을 굳게 다짐해 주어야 하는 것이다. 좀더 구체적으로는 비밀보장의 방법 및 누설할 필요성이 없음을 강조 확신시킬 필요가 있다. 그리고 조사목적 외는 조사결과를 다른 곳에 절대로 사용하지 않음을 밝혀 주거나, 피조사자가 면접 대상으로 선정된 이유를 설명하면 더욱 좋을 것이다.

(iii) 될 수 있는 대로 피면접자 한 사람만을 상대로 이야기하도록 되어야 한다. 피면접자 이외의 사람이 자리를 같이 하게 되면, 동석자의 의견이 회답에 영향을 주기 쉽다. 될 수 있는대로 피면접자만이 면접에 임하도록 되어야 한다. 실제의 경우 특히 학생 등을 대상으로 하는 경우에 그 학생의 친구들이 개입되기 쉽다. 취지를 잘 설명해서 자리를 비켜 달라고 부탁드리는 것이 좋다.

(iv) 방문의 취지를 상대편에게 충분히 납득시켰다고 생각되는 데도 불구하고 상대편의 태도나 인상이 비협조적으로 나타난다든지 야유조로 나오는 기세가 엿보이면 그 대상자는 면접대상에서 포기하는 것이 좋다.

② 질문 중의 주의

(i) 질문의 말투 : 질문식 면접이기 때문에 질문은 원칙적으로 조사표의 질문에 좇아야 한다. 자기 마음대로 질문순서를 바꾼다든지 해서는 안 된다. 그러나 대화가 끊어진다든가 응답을 늦춘다든지 할 때에는 독촉을 하지 말고 기분을 상하지 않게 하는 범위 내에서 간접적 독촉을 시도해야 한다. 그리고 심문조로 물어 보거나 빈정대는 어조, 따지는 어조, 사무적인 어조 등은 피해야 한다. 응답자가 흔히 쓰는 말투의 질문을 하는 것이 좋다.

(ii) 조사표의 취급법 : 조사표는 면접 상대편에게 보이지 않는 것이 원칙이

다. 상대편이 조사표에 신경을 쓰거나 관심이 많아지는 것은 대체로 면접자가 조사 내용을 충분히 알지 못하고 있기 때문에 빈번히 조사표만 들여다 보니까 면접대상자도 갑자가 호기심이 생기거나 보고 싶은 충동이 일어나게 되기 때문이다. 면접자가 조사표에 신경을 쓰지 않는 태도를 보이면 피면접자도 자연히 조사표에 관심을 기울이지 않게 되는 것이다.

(iii) 듣는 방식 : 면접은 상대편으로 하여금 충분하게 이야기를 하게끔 할 필요가 있다. 이를 위한 한 가지 방법은 면접자가 상대편의 말을 진지하게 들어주는 태도이다. 처음부터 상대편의 이야기를 흥미있게 듣도록 해야 한다. 상대편이 자기의 생각을 충분히 이야기하도록 끈기 있게 들어주어야 하는 것이다. 면접자 자신이 자기의 의견을 말해 준다든지 상대의 의견에 반론을 펴서 피면접자와 논쟁을 해서는 절대 안 된다. 면접의 목적은 정보를 얻어 들으려고 하는 것이지 의견을 제시하려는 것이 아닌 것이다.

(iv) 물어 보는 방식 : 면접은 상대편의 의견을 그대로 수집하려는 것이기 때문에 절대로 유도적인 질문을 한다든지, 회답이 없는 경우, 자기의 의견을 말해 준다든지 해서는 안 된다. 질문의 요점은 표준화되어야 하나 각 질문방식은 대상의 사회적 계층 및 교육적 배경에 따라서 조절하는 것이 좋다. 같은 질문도 사람에 따라서 다르게 해석하기 때문에 질문의 표준화가 반드시 반응(응답)의 표준화를 보장하지 못한다. 대상에 따라 용어의 조절을 통해서 정확한 의미의 질문을 할 수 있다는 점에서 면접법은 질문지법의 결점을 보완해 낼 수 있다. 그리고 상대방이 답하기 어려운 비밀을 요하는 사항을 질문할 때에 면접자 자신이 주저하거나 구차한 설명을 함이 없이 솔직히 질문할 필요가 있다. 즉 면접자 자신이 그 일을 부당시하거나 솔직히 표현하기 어려운 것으로 태도를 보일 때에는 응답자의 솔직한 표현을 기대할 수는 없는 것이다.

특히 질문에 있어서는 상대방이 부정적인 대답을 하게끔 물어 보아서는 안 된다.

(v) 회답의 음미 : 회답이 불명료할 때에는 질문을 되풀이해서라도 상대편의 회답을 명확히 하여 정확한 이해를 해야만 한다. 앞뒤가 모순적인 진술이 있을 때에는 더 물어 보아서 확실히 이해해야만 하는 것이다. 그러나 이 때에 그것을

면접자가 따지려고 하거나 모순점을 지적하는 일은 절대로 삼가야 한다.

만약 반응이 부정직하고 진실성을 보여주지 않을 때에는 단호하게 면접을 중단 거절해야 한다.

(vi) 회답의 기입 : 회답은 될 수 있는대로 상대편의 이야기를 그대로 기입할 필요가 있다. 물론 처음부터 회답 카테고리가 정해져 있는 경우에는 그 란을 체크하면 된다.

③ 질문이 끝날 때의 주의

(i) 상대편과의 관계 : 면접상대가 너무 피곤해 한다거나 급한 용무가 있을 때에는 무리하게 이끌지 말고 다음에 한 번 더 면접기회를 갖자고 약속하고 물러나는 것이 좋다. 결국 끝날 때에는 상대편과 더불어 친밀하고 협조적인 우호관계의 분위기를 유지해야 할 일이 절대 필요한 것이다.

(ii) 조사표의 점검 : 면접이 일단 끝나면 즉석에서 조사표를 처음부터 훑어보고 기입될 곳이 빠졌다든지 불명료한 곳은 보완하여 완전한 것으로 점검해 두어야 한다. 뒤에 이런 것들을 발견하고 재면접을 한다는 일은 곤란한 경우가 많다.

2 면접내용의 기록법

비지시적 면접에서는 일반적으로 노트에 기록을 할 수 있겠으나 기록된 것은 본래 평정자들의 공통재산이라고 말할 수 있다. 따라서 개개인이 자기 마음대로 노트를 준비할 것이 아니라 오히려 공통의 작은 카드를 사용하는 것이 좋을 것이다. 그리고 카드에는 기록자의 이름 · 면접 사항의 항목 · 면접상태 · 시각 · 장소 등을 기입하는 란을 설정한다.

한 카드에 한 가지 사항만 기입하는 방식도 있는데, 이것은 분석집계에 특히 유효한 방식이라고 보겠다.

그런데 면접을 시작하자마자 기록하는 것은 래포(rapport)라는 관점에서 볼 때 어느 정도 문제시된다. 역시 어느 정도 친밀한 분위기가 조성되고 난 후에 기록하는 것이 좋을 것이다.

기록된 것은 빠른 기회 안에 정리하지 않으면 안 된다. 면접 중에 기록한 것은 당연히 글자도 부정확하고 문장도 일부는 누락되어 있는 것이 보통이다. 빠른 시간 안에 정리하면 빠뜨린 문장 정도는 충분히 문맥을 붙여 문장화할 수 있는 것이다.

면접 중, 기록하는 일 자체에 정신이 빼앗겨서 면접을 중단한다든지 해서 면접상태의 기분을 산만하게 해서는 안 된다. 메모 정도라도 조사 후에 충분히 문장화할 수 있다는 자신감을 갖고 면접에 전력해야 하는 것이다. 단, 숫자 등은 정확히 메모해 두지 않으면 안 된다. 기록은 면접 상태가 말한 것을 자기의 의견 · 자가의 생각, 요약 등과는 명확히 구별해 두지 않으면 안 된다.

5. 질문지법

1) 질문지법의 특징

(1) 질문지법의 장 · 단점

1 질문지법의 정의

보통 회답자 자신이 질문을 읽고 회답을 직접 써 넣는 자기보고의 형식을 질문지(questionnarie)라고 하고, 면접에 사용되는 것을 조사표(schedule)라고 한다. 구체적으로 말한다면 평가하고자 하는 문제에 대해서 일정한 방식 및 내용의 질문을 작성하여 평가대상자에게 제시하여 그들의 반응, 주로 태도 · 의견 등을 알아보려는 것이 질문지이고, 어떤 명확한 설명없이 주로 사실적인 문제를 물어 보는 것이 조사표다.

질문지조사법은 '질문'을 작성해 가지고 피조사자에게 그에 대한 '반응'을 받도록 되어 있는 것이 그 기본 특징이 된다.

20세기에 들어서자 심리학자나 사회학자들 중에는 인간문제나 사회문제를 연구하는데 있어서 실험적 방법이나 면접법 · 관찰법만으로는 해결할 수 없는 문제가 많음을 알게 되어 이 질문지법을 광범위하게 이용하게 된 것이다. 특히 연구의 본질도 이해하지 못하는 사람들이 적은 인원과 경비로 소기의 목적을 이룰 수 있다는 단순한 동기에서 평가질문에 대한 해답을 얻기 위해서 질문지법을 쓰는 버릇이 생겨 요즈음은 질문지 조사의 홍수시대라고 할 만큼 많이 유행되고 있다.

따라서 우리는 맹목적으로 질문지법을 사용하지 말고 신중을 기해야 한다. 좋은 질문지란 만들기가 그리 간단하지도 않거니와 쉬운 방법도 아닌 것이다.

2 장점

① 질문지조사법은 면접조사법이나 관찰조사법보다 간편하다. 즉 질문지를 작성해서 평가대상자에게 배부하여 주는 것이므로 몇 사람의 평가자가 수많은 대상인원에 대한 조사를 동시에 행할 수 있고, 평가대상자 수에 비해서 짧은 시간에 적은 인원으로 간편하게 이루어지는 것이므로 조사경비도 다른 방법에 비하여 훨씬 적게 든다.

어느 특정한 집단을 고정된 장소에 모을 수 있을 때에는 집단실시를 할 수 있고, 조사대상자가 전국에 산재해 있다고 하더라도 질문지를 우송하여 회수하면 적은 경비로 빠른 시일 안에 조사될 수 있다. 질문지의 작성 자체는 고도의 전문적 지식과 세련된 기술이 필요하지만 조사에 동원되는 보조인들의 훈련에 있어서는 면접이나 관찰법보다도 훨씬 단순용이하므로 간편하다고 할 수 있다.

② 관찰법은 관찰자의 존재가 평가대상의 행동에 크게 영향을 주며, 면접법은 면접자의 인격(personality)이 상대편의 회답을 왜곡시킬 우려가 다분히 있다. 즉 평가대상에게 미치는 평가자의 영향은 질문지법의 경우에는 극히 적다.

③ 모으는 정보 · 지료에 따라서 피종사자가 자기의 신분을 밝히기를 싫어하거나 회답을 기피하는 경우가 많은데, 질문지에 대한 응답에 있어서는 익명으로 할 수가 있으므로 회답자가 안심하고 솔직하게 자신에 관한 사실이나 의견을 나타낼 수가 있다. 면접이나 관찰의 경우에는 익명으로 할 것을 평가자가 약속한다고 하더라도 서로 얼굴을 맞대고 있는 상태이기 때문에 최소한 평가자는 알게 되는 것이므로 피조사자가 심리적 구속을 받게 되어 솔직한 반응을 기대하기가 어렵다.

④ 관찰할 수 없는 지난날의 생활경험이나 평가대상을 장시간에 걸쳐서 관찰

하는 일은 거의 불가능에 가깝다. 따라서 자기의 눈으로 관찰할 수 없는 것에 대해서 다수의 자료를 조직적으로 모으기 위해서는 질문지법이 가장 유효하다. 특히 생활사상의 체험을 조사하기 위해서는 피조사자의 자기보고방식으로서의 질문지를 사용하지 않을 수 없는 경우가 많은 것이다.

⑤ 피조사자의 의견과 희망 등의 조사나, 평가대상의 행동에 직접 영향을 미치는 심리적 환경의 조사의 경우에는 자기의 내면세계를 언어를 매개로 하여 보고받을 수밖에 없다. 즉 관찰법보다 언어적 자기보고를 매개로 하는 질문지법이 더욱 효과적이다.

3 단점

① 질문지조사법은 언어능력 · 독해력 또는 문장표현 능력이 있는 조사대상을 전제로 하기 때문에 적용대상에 제한을 받아 유아 또는 언어를 달리하는 대상자에게는 적절치 못하다. 또 글은 읽을 수 있지만 문장의 어구를 이해하지 못하면 질문의 효과는 없다. 그리고 곡해 · 오해한 경우에는 각기 다른 해석에 바탕을 둔 반응이 나타나서 동문서답격의 조사가 되기 쉽다.

② 면접에 있어서는 질문자는 피조사자의 표정 · 태도 · 정서적 반응을 가지고 회답의 솔직성 여부를 검토할 수 있는데 비하여 질문지법은 조사자와 피조사자 간에 면대면(face to face)의 관계가 되지 못하므로 친밀성의 수립이 어려운데다 솔직한 반응 여부를 식별 검토할 방도가 없다. 즉 자료의 신뢰성 · 정확성을 높게 기대한다는 것은 질문지법에 있어서는 거의 불가능하다. 왜냐하면 피조사자가 거짓말로 응답한 것인지 또는 자기가 직접 응답하지 않고 타인을 시켜 대신 응답케 한 것인지를 조사자의 입장에서는 재확인할 도리가 없기 때문에 액면 그대로 진실된 본인의 응답으로 간주하여 타계처리하게 된다. 그러므로 이렇게 해서 나온 결론의 당연성은 거의 무시될 수밖에 없는 것이다.

따라서 질문지 반응의 신뢰도가 낮다는 사실은 질문지법의 큰 단점이며 함정이기 때문에 이에 대한 다른 방법의 보완이 필수적으로 요청하게 되는 것이다.

③ 질문지는 회답의 회수율이 나쁘다. 질문지의 회수 성적은 질문지 자체의 성격과 조사대상의 성질에 따라 다르게 되나 일반적으로 저조한 것이 통례로

되어 있다. 회수율이 낮다는 사실은 포괄적이거나 표본의 크기가 작아질 위험이 뒤따르게 마련이다. 그러므로 회수율을 높이기 위한 방법이 강구되어야 한다.

④ 질문지법은 피조사자의 저항감을 자극하기 쉽다. 즉 피조사자들은 자기들에 대한 어떤 조사행위에 대해서 방어적 본능의 입장에서 어느 정도 저항감이 일어나 장난삼아 응답한다든지 똑같은 란의 번호에만 응답한다든지 거짓 대답을 불러일으킬 가능성이 항상 도사리고 있다는 점이다. 아무리 익명으로 응답케 한다고 할지라도 저항감이 완전히 배제될 수는 없는 것이다. 특히 질문항목이 너무 많거나 자기들의 내면적 비밀에 관한 질문항목이 많을수록 저항감의 정도는 크게 나타난다고 보겠다.

(2) 질문지법의 종류

질문지조사법의 유형은 크게 셋으로 나누는데, 즉 우송조사, 조사용지를 배부하였다가 며칠 후에 회수하는 유치조사, 피조사자를 한 장소에 집합시켜 동시적으로 응답케 하는 집합조사 등이다. 그런데 이 세 가지는 서로 장 · 단점이 있는데, 이를 비교해 보면 다음 〈표 10-6〉과 같다.

표 10-6 각 질문지조사법의 장 · 단점

	장점	단점
우송조사	① 경비와 노력이 절약된다. ② 넓은 지역에 배포된다. ③ 무기명으로 실시될 수 있다.	① 본인이 기입했는지 확인이 불가능하다. ② 주위의 의견이 개입되기 쉽다. ③ 조사항목에 한계가 있다. ④ 회수율이 낮다. ⑤ 응답기피 또는 누락 항목이 많다.
유치조사	① 노력이 절약된다. ② 조사원이 적게 든다. ③ 특수한 계층의 사람들에게만 회답을 기대할 수 있다. ④ 회수율이 비교적 높다.	① 본인이 기입했는지 확인이 불가능하다. ② 주위의 의견이 개입되기 쉽다. ③ 조사항목에 한계가 있다. ④ 응답기피 또는 누락 항목이 많다.

	장점	단점
집합조사	① 충분한 설명이 가능하고 응답 기피가 적다. ② 조사원이 적게 든다. ③ 다른 사람의 의견이 개입되지 않는다.	① 출석률이 매우 나쁘다. ② 잘 모이지 않는다. ③ 일당 · 교통비 등이 필요할 때에는 비용이 든다.

2) 질문지법의 절차와 방법

(1) 질문지의 작성법

1 예비조사의 실시

조사표나 질문지는 보통 단 한 번에 만족스러운 것이 작성되기는 힘들다. 할 수 있는 한 면밀히 검토를 하고 어법상으로도 충분한 주의를 했다고 할지라도 피조사자에게 오해를 던져 준다든지 이해가 안 된다든지 그들의 문제감각을 자극하지 못하는 수가 생기기 쉽다. 따라서 질문지의 작성에 있어서는 예비조사용 질문지를 만들어 이를 시험해 보는 일이 필요하다. 본조사용 질문지 작성을 하기 전에 작업절차로서 꼭 필요한 일인 것이다.

예비조사는 물론 다수인에게 행할 필요가 없다. 이 보다는 직종 · 학력 · 연령 · 직무경력 · 직위 등 다양성 있는 조사를 행함이 중요하다.

실제로 예비조사가 불가능한 경우에는 약간의 자기 주변의 관련 인사들을 모아서 질문지나 조사표의 검토를 받은 후에 본조사용 질문지 내지 조사표를 작성하면 된다.

2 질문항목의 확정

질문지를 작성하기 위해서는 평가의 테마 또는 대상에 대한 충분한 지식과 논리적 기초를 갖고 있지 않으면 안 된다. 가장 먼저 해야 할 작업은 항목의 설정인데, 항목설정에 있어서 주의해야 할 것은 항목을 너무 많이 정하지 않는 일이다.

이왕 조사할 바에야 하는 생각에서 일반적으로 항목을 많이 선정하는 경향이 있다. 그러나 조사항목이 많으면 당연히 조사에 임하는 노력이나 비용이 증가되기 마련인데, 특히 문제시되는 점은 피조사자의 부담을 증대시키는 문제이다. 이 때문에 피조사자가 조사에 좋지 못한 감정이나 저항감을 갖고 엉터리 회답을 한다든지 회답을 거부하는 사태로까지 몰고갈 수도 있다.

한편 너무나 항목이 적거나 조잡하면 분석 · 해석이 불충분하게 된다. 분석 · 해석의 단계에서 "왜 그 문제를 들어보지 않았을까?", "이것만 물어 보았다면 관계의 정도가 한층 명확해질 것인데……"라고 후회하는 경우도 적지 않다.

조사항목은

① 피조사자에 관계된 실태나 상황에 관계된 것

② 그 실태나 상황에 대한 피조사자의 인지도에 관한 것

③ 그 실태나 상황에 대한 피조사자의 대응의식이나 태도에 관한 것

④ 이에 대한 의견이나 동기에 관한 것

⑤ 이에 대한 경험이나 활동상황에 관한 것

⑥ 앞으로의 대응책이나 마음가짐에 관한 것

등이 핵심을 이루고 있어야 한다.

3 어법(wording)상의 기초적 유의사항

설정된 질문항목은 구체적인 질문문으로 바꾸어야 한다. 질문문 속의 용어나 문장 자체의 원칙은 "간단 명료하고 정확한 질문이어서 피조사자가 이해될 수 있는 것"이어야 한다.

어법은 질문지 작성에 있어서 가장 중요한 것인데, 질문이 오해되거나 이해하기 어려운 표현이 있거나 다의적인 것이 들어 있으면 무가치한 것이 되고 만다. 결국 간단 · 명료 · 정확한 글귀(문)의 작성에 유의해야 한다. 즉 교육 정도에 관계없이 모든 사람에게 쉽게 이해되는 문장이어야 하는 것이다.

이 밖에 몇 가지 기초적 유의사항을 열거하면 다음과 같다.

① 질문문이 유도심문적 문장이 안 되도록 하는 것이 철칙이다. "~에 대해서 찬성입니까?"라고 물으면 한 가지 대답만을 기대하고 질문하는 형식이 되며, 따지거나 심문하는 투의 어조나 책임을 추구하는 어조는 피조사자의 저항감을

자극시켜 질문의 효과는 기대할 수 없게 된다. 따라서 문장의 설명, 어구의 강조 등에 조심해야 하는 것이다.

② 특수한 직업어 등에는 특히 주의해야 한다. 학생들에게 물어 보는 어떤 질문지의 질문문에서 "전인교육……" 운운하는 어구를 발견하게 될 때 과연 일반 학생들이 그 어구의 이해가 가능한가 하는 의문이 일어나게 된다. 특히 외래어나 번역어 등을 너무 많이 사용하지 않는 것이 좋다.

③ '언제나', '일반적으로', '평균적으로', '대부분' 등의 표현의 사용은 특히 주의를 요한다. '언제나'의 해석은 피조사자에 따라 엄격히 규정되거나 다소 융통성 있게 받아들여지기도 해서 그 차가 크게 나타날 때가 있다. '평균'도 마찬가지이다. "당신은 평균 텔레비전을 몇 시간 봅니까"라는 질문 역시 응답차의 폭이 커지기 쉽다. 왜냐하면 평일만의 평균인가 또는 토요일이나 일요일도 포함한 평균인가가 명확히 규정되어 있지 않기 때문에 피조사자는 자기 나름으로 응답하게 될 가능성이 많다. 즉 다의적인 응답이 가능하게 된다.

④ 부정적 어법의 질문은 오해를 사기 쉬우므로 피하는 것이 좋다. "당신은 교사 근무평정에 동료들의 상호 평가자체는 중요하지 않다는 데 대하여 찬성합니까, 그렇지 않으면 반대합니까"와 같은 질문은 의미도 명확하지 않고 오해를 불러일으킬 가능성도 많다.

⑤ 한 번호의 질문에는 하나의 응답만을 요구해야 한다. "당신은 유치원 교육과 대학원 교육이 필요하다고 생각하십니까"에서는 조기교육의 필요성 여부와 대학원 교육의 필요성 여부의 두 가지 사항을 물어 보고 있다. 두 가지를 물어 보려면 질문하는 형식을 고쳐서 물어야 할 것이다.

⑥ 뜻이 명백한 짧은 문장의 질문을 택하는 것이 좋은데, 이것은 저항감을 미연에 방지하기 위한 조치이다.

⑦ 편견을 가지지 않고 응답을 할 수 있는 것이어야 한다. 특히 종교관계나 사회적 · 경제적 계층, 학력 등 때문에 편견이 작용할 경우를 유의해야 한다.

⑧ 소용없는 말을 사용하지 말아야 한다. 즉 응답하는 데 아무런 도움을 주지 않는 어구는 빼고 간결한 표현을 해야 한다.

⑨ 응답하는 데에 관계없는 것이라 할지라도, 거짓 표현은 쓰지 말아야 한다.

"여학생들은 대체로 지도성이 낮은데……"하는 따위의 거짓, 즉 연구결과로 입증된 사실이 없는 표현은 금물이다.

⑩ 복잡하게 조건이 많이 붙은 긴 문장은 피해야 한다.

⑪ 문두는 미완결문의 의문형이 좋다. "귀하는 예비고사 제도에 대해서 어떤 생각을 갖고 있습니까"보다는 "귀하의 예비고사제도에 대한 생각은?" 문두에 응답란, 즉 '찬성이다', '반대이다' 등의 답지가 이어지도록 질문을 구성하는 것이 좋다.

⑫ 응답지간의 중복을 피해야 한다.

⑬ 응답지간에 어떤 논리적 순서가 있으면 그 순서대로 답지를 배열하는 것이 좋다.

⑭ 상투적(stereotype) 용어의 사용은 피해야 하는데, 이는 '봉건적', '민주적' 등은 말이 갖는 어떤 통념 때문에 주관적 해석이 가능하기 때문이다.

⑮ 응답 방법은 통계처리를 보다 쉽게 할 수 있느냐 하는 문제를 고려해서 결정해야 한다. 응답자가 마음대로 자기 의견을 진술하게 하는 것은 좋지만 그 결과에 대한 통계처리에 힘이 들게 된다는 점을 고려해야 하는 것이다.

4 설문의 검토

질문문은 실제로 구체적으로 작성해 보지 않으면 이해하기 어려운 것이다. 앞서의 유의 사항은 잘 이해되지만 질문문 작성에 대한 자신감은 비교적 낮다고 봐야 할 것이다. 질문문은 대상 · 방법 · 내용에 따라서 달라야 하기 때문에 모범적인 예시가 불가능하다. 그래서 나쁜 예와 그 수정례를 들어 보면 다음과 같다.

표 10-7 질문문의 예시

설문의 나쁜 예	나쁜 이유	설문의 수정
① 당신은 오늘날 젊은이들을 어떻게 생각합니까?	질문문장이 극히 추상적이어서 응답이 기대한 대로 나오지 않고 천태만상을 이룰 가능성이 있다.	① 오늘날 청년들의 생활 태도는 다음 중 어느 것에 가장 가깝다고 생각합니까? 한 가지만 골라 ○표를 해 주십시오.

설문의 나쁜 예	나쁜 이유	설문의 수정
		(i) 현재의 생활을 즐기고 있다. (ii) 장래를 위해 노력하고 있다.

5 지식과 의견의 구분

의견조사의 경우 특히 유의해야 할 점은 지식과의 관계이다. 응답자는 주제에 관하여 아무런 지식을 갖고 있지 않고서도 찬성과 거부의 회답을 하는 경우가 있다. 충분한 지식을 갖지 않은 상태하에서의 의견과, 지식이 충분한 상태하에서의 회답을 같이 취급하는 것은 올바른 결과의 처리라고는 볼 수 없다.

이러한 상반된 의견을 식별해 주고 응답, 즉 신념의 강도까지 알아내는 질문양식으로서 오면법(quintamensional questioning)이 있다. 이 방법은 여러 가지 종류의 질문법을 뒤섞어 놓은 한 개의 질문양식을 동시에 사용하는 방법인데, 문제나 피조사자의 특성, 주의상황에 따라서 적절히 가감할 수 있게 되어 있다.

이 때의 5개의 질문양식은 다음과 같다.

① 여과형질문 : 주제에 대한 지식을 알아보기 위한 질문

② 개방형질문 : 주제에 대한 총괄적인 의견을 알아보기 위한 질문

③ 찬부형질문 : 주제에 대한 찬성 · 반대 또는 명확한 의견을 알아보기 위한 질문

④ 찬부의 이유 : ③에서 응답한 찬부의 이유를 묻는 질문

⑤ 강도의 측정 : ③에서 응답한 의견의 강도를 알아보기 위한 질문

즉 처음의 주제에 관해서 어느 정도 지식을 갖고 있는가를 알아보고 다음에 총괄적 · 전체적인 의견을 알아본다. 거기에서 차츰차츰 주제에 대한 찬성과 거부를 명확하게 물어 보고 다시 그 이유 · 신념의 강약을 알아보는 것이다.

모든 질문항목에 이런 일련의 질문을 할 수는 없겠으나 가설이나 주제에 따라서 극히 주요한 관계가 있는 항목에 대해서는 이 정도의 질문은 꼭 필요한 것이다. 지식을 가지고 회답하는 자와 그렇지 않은 자를 식별해 줄 뿐더러 질문지는 평면적인 회답밖에 얻지 못한다는 비판에 대해서도 어느 정도 공헌해 준다고 보겠다.

(2) 질문지의 구성법

1 회답형식

① 회답형식의 종류

질문의 용어나 문장이 중요한 것처럼 그 질문에 대한 회답형식도 중요한 것이다. 회답형식이라고 해서 회답형식만 다른 것이 아니고 질문형식도 물론 다른 것이다. 따라서 회답형식이라 말하지 않고 질문형식이라고 할 수도 있다.

일반적으로 회답형식으로부터 질문방법을 분류하면 다음과 같다.

(ⅰ) 자유회답 질문법(free answer question) : 이 형식은 문자 그대로 자유로이 피조사자에게 자기의 생각이나 판단을 응답시키는 것이다. 이 형식은 피조사자에게 많은 시간과 노력을 요구하기 때문에 엉터리 회답이나 문답자가 많아질 염려가 있다. 또 이 형식으로는 각양각색의 복잡한 회답이 나오므로 결과의 집계라든가 분류 · 정리에 많은 노력이 필요하고 자료정리자의 주관적인 해석이 개입될 위험성이 있다. 따라서 결과의 분류 · 정리 · 집계에 있어서는 사전에 명확한 기준을 마련할 필요가 있다. 특히 이 형식을 사용할 경우에는 특수한 연구로서 결과의 수량적 처리를 하고자 할 때에는 자료처리자의 사전 훈련이 요청된다고 하겠다.

이 형식은 사전에 정해져 있는 회답을 선택하는 형식에 비하여 피조사자의 특수한 제한을 받음이 없이 자유로이 회답할 수 있다는 장점을 지니고 있다. 따라서 피조사자가 조사에 적극적으로 협조해 줄 때에는 특정 사실에 대한 깊고 치밀한 의견 또는 정보를 얻어 낼 수가 있다. 일반적으로 이 형식은 문제를 질적(qualitative)으로 고찰하고자 하는 경우, 또는 회답 내용의 검토를 통해서 새로운 문제를 발견하여 연구를 진전시키고자 할 때에 크게 도움이 되는 형식이다.

[예] 당신은 장래에 어떤 직업에 종사하고 싶다고 생각하고 있습니까? 될 수 있는 대로 상세히 써 주십시오.

(ⅱ) 찬부법(Yes or No question) : 이 형식은 질문의 반응을 「예」 또는 「아니오」의 양자 중 하나를 택하는 방법인데, 이분질문법(method of dichotomous question)이라고도 한다. 때로는 예 · 아니오 이외에 「잘 모르겠다」와 같은 답란을 포함시킬

때도 있다.

이 형식은 너무 복잡한 문제를 조사하는 데에는 알맞지 않지만, 간단하게 '찬성이냐', '불찬성이냐', '좋아하느냐', '싫어하느냐', 또는 '지지하느냐', '반대하느냐'를 알고자 할 때에는 활용될 수 있다. 따라서 너무 추상적이거나 모호한 내용의 질문에는 적용하기 어렵고, 피조사자들의 일상생활 경험의 사태에서 직면하는 구체적인 문제를 가지고 물어 보도록 해야 한다.

이 형식을 약간 바꾸어서 쓰기도 하는데, 즉 피조사자에게 찬성 · 반대 등 기준을 미리 제시해 주고 질문항목을 나열해 놓고 분류시키는 방법도 있다.

[예] 당신은 고등학교에서의 남녀 공학의 실시를 찬성합니까 또는 반대합니까?

□ 찬성 □ 반대

(iii) 다지선택법(multiple choice question) : 이 형식은 하나의 질문에 대해서 조사자가 미리 상호모순이 되지 않는 세 가지 이상의 가능한 해답을 제시해 놓고 피조사자의 의견이나 태도에 맞는 것을 한 가지 가려 뽑게 하는 방법이다. 앞서의 찬부법과 더불어 이 방법은 제한 응답식 중에서도 가장 전형적인 선택법에 속한다.

이 형식은 간단한 예비조사의 결과 또는 이미 얻어진 자료를 활용해서 질문에 대한 응답의 종류를 미리 예상할 수 있는 경우에 많이 쓰여진다. 회답결과의 수량적 분석이 간편하게 이루어지기는 하나, 회답내용이 미리 결정되어져 있고 그 중에서만 선택해야 하므로 질문에 따라서는 무리한 선택을 강요하게 될 때도 있다. 이를 피하기 위한 방도로서 '기타' 항목을 첨가해서 그 기타란 속에 자유로이 써 넣게 할 수 있다.

다지선택법은 그 선택답지가 일차원적 연속체로 진술되어 있는 경우와 그렇지 않은 경우로 나누어 생각할 수 있는데, 전자를 양적선택법, 후자를 질적선택법이라고 부른다.

[예] a. 양적 선택법

당신은 지금까지 창의적 체험활동에 몇 번 출석했습니까?

□ 5회 이상 □ 3~4회

□ 1~2회 □ 한 번도 출석하지 않았다.

b. 질적 선택법

당신은 근무평가를 어디에 기준을 두고 평정하면 좋다고 생각합니까?

□ 출근성적 □ 역할수행 □ 인간관계

(iv) 적출적 질문법(checking question) : 다지선택법을 변형한 것으로서, 피조사자에게 하나만 선택하게 하는 것이 아니라 두 가지 이상 또는 무제한으로(정해진 만큼) 선택시키는 방법을 가리킨다.

[예] 당신은 배우자 선택의 조건으로서 어떤 조건을 중요시하는지 다음 중에서 골라 ○표로 표시해 주십시오. ○표 수는 제한이 없습니다.

□ 건강 □ 성격 □ 교양

□ 직업 □ 가정 □ 연령

(v) 분류적 질문법(classification question) : 이 형식은 회답항목의 전부를 일정한 규준에 따라 두 가지, 또는 세 가지로 분류하는 방법을 가리킨다. 즉 양자택일식을 변형시킨 방법으로서 피조사자의 심리적 경향 · 태도, 또는 의견과 같은 성질을 여러 가지 사실 및 행동에 대한 판단을 통해서 밝히고자 하는데 많이 적용되는 형식이다. 그 결과의 처리방법으로는 +1, −1 또는 +1, 0, −1과 같은 수치를 매겨서 수량적 처리를 시도하기도 한다.

[예] 다음에 적어 놓은 직업 중 당신이 좋아하는 직업에는 ○표, 싫어하는 것에는 ×표를 해 주십시오. 만약 좋지도 싫지도 않은 직업에는 △표를 해 주십시오.

....

(vi) 순위적 질문법(rank-order question) : 이 형식은 질문사항에 대한 회답에 있어서 어떤 제시된 기준에 따라서 순위를 붙여 배열하는 방법이다. 서열법이라고도 불리는 이 방법은 가능한 회답의 수가 너무 많으면 순위를 붙여 나가기가 어렵게 되고, 따라서 무리하게 많은 순위를 배열하는데 있어서는 그 신뢰도가 낮아지기 쉽다. 물론 이 말은 비교할 항목간의 특성차가 심한가 또는 그렇지 않은가에 따라서, 그리고 피조사자의 식별능력의 높고 낮음에 따라서 달라질 문제이지만 일반적으로 10항목 정도이면 무난하다고 할 수 있다.

[예] 당신은 직원을 채용하려고 할 때에 어느 것을 중요시 합니까? 다음에 열거해 놓은 항목 중 당신이 중요시하는 순위대로 번호를 매기십시오.

□ 성격 □ 용모 □ 교양 □ 직업적 능력
□ 학력 □ 취미 □ 건강 □ 가정
□ 연령 □ 사회계층 □ 출신학교 성적

(vii) 평정적 질문법(rating question) : 이 형식은 질문사항에 대하여 미리 정해 놓은 평정척도(rating scale)에 따라서 평정하도록 하는 방법이다.

척도는 보통 기수로 하고 3단계, 5단계, 7단계 등을 취한다. 척도는 보통 '매우 좋다', '조금 좋다', '보통이다', '조금 싫다', '매우 싫다', '상', '중', '하', 'A', 'B', 'C', 'D', 'E' 등의 기술척과, '4점', '3점', '2점', '1점', '0점', '+2', '+1', '0', '−1', '−2' 또는 '5', '4', '3', '2', '1' 등의 수량척, 그리고 기술척과 수량척을 함께 쓴 기술도표척 등으로 표현한다. 이 형식은 피조사자의 의견내용의 양적인 관계 또는 감정이나 의지의 강도, 기대나 확신의 강도를 조사하는데 자주 쓰여지고 있으므로 일종의 양적다지선택법이라고도 볼 수 있다.

[예] 당신은 이번의 교육과정의 개혁에 대해서 어떻게 생각하십니까?

□ 대단히 찬성 □ 조금 찬성 □ 뭐라고 말할 수 없다.
□ 다소 반대 □ 절대 반대

(viii) 조합비교적 질문법(questiona by paired comparison) : 이 형식은 일군의 조사항목을 모두 각기 두 개씩 짝을 지어서 일정한 기준에 따라서 비교시키는 방법이다. 조사항목 전체를 두 개씩 짝지어서 순차적으로 비교를 하는 것이므로 조사항목수가 늘면 필요한 조합의 수는 격증하게 된다. 따라서 피조사자들이 짜증을 내기 쉬우며 질문지조사법으로서는 잘 사용되지 않고 실험적 연구 등에서 널리 사용되고 있다.

그러나 한 번에 두 개씩을 비교하는 것이기 때문에 그 판단이 단순하고 명확하다. 그리고 그 결과로서 각 항목간의 상호관계나 간격 · 순위차 등을 알아낼 수가 있기 때문에 조사결과의 비교적 엄밀한 수량화가 가능하다는 점에서 질문지조사법의 형식 중에서 가장 신뢰로운 방법으로 알려져 있다. 조합의 공식은 ${}_nC_2$를 취한다.

[예] 다음에 있는 두 개씩의 학과의 조합 하나하나에 대해서 당신이 좋아하는 학과에 ○표를 하시오.

┌독어 └불어	┌국어 └수학
┌물리 └화학	┌음악 └미술

2 페이스 시트와 코딩

① 페이스 시트의 기능

질문지에는 일반적으로 질문항목 이외에, 회답 결과에 영향을 준다고 생각되는 피조사자의 특성을 조사하는 모든 사항이 포함되는 것이 보통이다. 이것을 페이스 시트(face-sheet) 또는 데이터 시트(data-sheet)라고 부른다.

질문항목을 종속변인이라고 본다면 페이스 시트 안의 항목은 독립변인적인 성격이 강하다. 일반적으로 피조사자의 연령 · 성 · 학력 · 직업 · 직무경력 · 수입 등이지만 조사내용에 따라서는 조사표적인 항목의 다수가 페이스 시트의 항목으로서 조사된다. 다시 말하면 가족구성 · 출신지 · 가정환경 · 문화환경 등도 페이스 시트로 조사된다. 페이스 시트는 질문지의 가장 처음 부분이 아니면 가장 뒤에 배치한다. 특히 질문항목에 영향을 미치기 쉬울 때는 가장 뒷부분에 배치한다. 페이스 시트의 구성은 질문지 중에서도 중요한 위치를 겸하고 있다.

② 페이스 시트 작성의 유의사항

페이스 시트는 일반적으로 질문문처럼 피조사자가 회답방식을 이해하고 있는 항목으로 구성되어야 하지만 이것이 원칙은 아니다. 예를 들면 연령을 만 몇 살이라고 기입할 것을 요구한다고 하더라도 현실은 보통나이로 통용되고 있기 때문에 피조사자에 따라서는 연령의 끝수처리를 무시해 버릴 수도 있는 것이다. 만약 연령을 엄밀히 취할 필요가 있을 때는 생년월일을 기입케 해서 조사 후에 조사자 자신이 환산하면 된다. 학력 · 직업 · 수입 등은 기입하기가 더 어렵다. 직업란에 아무런 규정이 없을 때는 '회사원'이라고 써 넣는 경우가 많다. 직업을 갖고서 피조사자의 어떤 문제를 알려고 할 때에는 이것은 아무런 뜻이 없다. 적어도 회사의 규모, 회사 내의 직종, 그리고 직위 등을 알 필요가 있는 것이며, 목적에 따라서 이정도까지 세밀히 적어 넣을 것을 제시해 두지 않으면 안 된다.

특히 피조사자들에게 아무런 저항감이 일어나지 않도록 작성해야 하는 것은 물론이고 통계처리에도 간편하도록 작성되어야 한다.

③ **코딩**(coding)

코딩이란 집계작업을 능률화하기 위해서 회답 결과를 부호화하는 일이다. 가령 남자를 1, 여자를 0, 핵가족을 1, 대가족을 2……와 같이 숫자나 다른 부호로 바꾸어 놓는 일이다.

물론 컴퓨터를 사용하여 조사결과를 집계분석하는 경우에는 코딩은 절대 필요하다. 보통 손으로 집계작업을 할 때에도 코딩해 두는 것이 훨씬 능률적인 경우가 많다.

조사결과를 코딩하려고 하는 경우에는 코드란을 조사표나 질문지에 인쇄해 두지 않으면 안 된다. 그리고 자유회답질문법의 경우에는 회답내용을 분류 개념화하고 이것을 부호화하여야 한다.

코딩란은 반드시 하나의 항목에 하나의 코딩란이 설정되는 것은 아니다. 하나의 항목을 세 개의 관점에서 고찰할 수 있는 경우에는 그 항목에 세 개의 코딩란이 정해지는 것이다. 따라서 코딩란을 작성하기 위해서는 미리 어떤 방식으로 결과를 집계 · 분석할 것인지의 계획이 서 있어야 한다.

이 코딩란을 정하는 작업과정은 불필요한 질문항목을 발견 배제하는 기능을 발휘하게 되기도 한다.

〈표 10-8〉의 오른쪽란이 코딩란이다. 번호는 코드 번호로서 가령 1은 연령별, 2는 학력별, 3은 근무경력별, 4는 직위별, 5는 혼인별을 나타내고 있다. 자료를 회수해서 자료 처리하는 경우에는 가령 연령은 1-1(20대), 1-2(30대), 1-3(40대)로 코딩하고, 학력은 2-1(4년제대학), 2-2(2년제대학)으로, 근무경력은 3-1(3년 미만),

3-2(3년 이상 10년 미만)로, 직위는 4-1(평교사), 4-2(주임교사)로, 혼인별로는 5-1(미혼), 5-2(기혼) 등으로 집계 분류한다.

표 10-8 페이스 시트와 코딩의 예

연령	20대(　) 30대(　) 40대(　) 50대(　)	이 밑의 난은 사용하지 마십시오	
학력	일반대학(　) 교육대학(　)	1	
근무 경력	3년 미만(　) 3년 이상(　) 10년 미만(　) 10년 이상(　)	2	
		3	
		4	
직위	교사(　) 주임교사(　) 교감(　)	5	
혼인	미혼(　) 기혼(　)		

3 질문지의 전체적 구성

질문지 조사는 피조사자의 협력에 의해서 비로소 성립된다. 될 수 있는 한 피조사자로 하여금 신뢰와 협력의 태도를 갖도록 노력해야 한다. 조사주체 · 인사란 등도 명확히 기입하고 체재 등이 갖는 품위도 고려해야 한다.

① 인사말

인사말은 질문지의 맨 처음에 '인사 또는 협력의 간청'의 목적으로 진술된 문장체로서 다음 사항이 포함되어 있어야 한다.

a. 조사의 주체
b. 조사의 목적
c. 기입자의 지시 및 피조사자로 선정된 이유 · 근거
d. 비밀의 준수
e. 기입상의 일반적 주의
f. 우송법 · 유치법 등에서는 반송하는 방법

조사주체는 피조사자의 신뢰감을 좌우하는 문제이므로 반드시 권위 있는 주체를 요한다고 볼 수는 없으나 주체명의 선택은 신중을 기해야 하는데, 이렇게 함으로써 회수율이 높아지고 진실된 회답이 기대되기 때문이다. 보통 개인의

이름으로 하는 것보다는 기관장 명의, 즉 대학원장 · 학과장 · 연구소소장 · 교장 등의 명의로 하는 것이 좋다.

질문지나 조사표의 마지막에는 "감사의 말씀[謝意]"이 진술되어 있으면 더 좋다.

② 체재구성

a. 소요시간을 짧게 구성해야 한다.
b. 체제가 적절하고 디자인이 아름다워야 한다.
c. 용지나 인쇄가 선명해야 한다(매력과 흥미조성).
d. 활자가 작거나 너무 크지 않고 적절해야 한다.
e. 표제 · 페이지 · 제목 · 번호 등을 꼭 붙여야 한다.

4 질문지의 신뢰도와 타당도

질문지 조사방법을 사용한 경우에는 최종보고서에서는 반드시 사용된 질문지의 신뢰도계수(reliability coefficient)와 타당도계수(validity coefficient)를 산출하여 제시하지 않으면 안 된다(신뢰도 및 타당도계수의 산출법 참조).

① 타당도의 검토기준

(i) 질문이 문제에 관계가 있는가?
(ii) 질문이 완전히 명확한가?
(iii) 질문에 개인에 따라서나 사태에 따라서 다양적으로 해석되지 않을 안전성이 있는가?
(iv) 질문이 판단의 정도를 식별해 낼 수 있는 힘이 있는가?
(v) 반응의 정도에 대한 개인차가 상당히 클 것인가?
(vi) 질문항목 구성이 일관성이 있는가?
(vii) 항목이 포괄적인가?
(viii) 타당도계수를 산출할 외적 준거(外的準據, external criteria)를 얻을 가능성이 있는가?

② 신뢰도의 검토 기준

(i) 회답자의 독해력이 충분한가?

(ii) 회답하는 방식에 익숙한가?

(iii) 질문지에 회답하는 태도가 진지한가?

(iv) 질문지에 회답하는 순간의 온도 · 동기 · 건강 · 피로 · 정서적 반응 등은 문제점이 없는가?

(v) 조사하려고 하는 항목은 하나도 남김없이 모두 물어 보았는가?

(vi) 회답방식이 통일되고 있는가?

6. 태도측정법

태도평가의 방법은 질문지법이나 면접법 등 여러 가지 방법이 있겠으나 대체로 다음과 같이 분류된다.

① 직접적 행동을 관찰하는 방법

② 생활사적 문서의 분석에 의한 방법

㉠ 자서전

㉡ 사례기록

㉢ 편지

㉣ 일기 또는 회상기

③ 구두면접법에 의한 평가

④ 질문지법에 의한 평가

⑤ 태도척도에 의한 측정 평가

㉠ Bogardus의 사회적 거리척도(social distance scale)

㉡ Thurstone의 등현간격법(method of equal appearing intervals)

㉢ Likert의 누적평정법(method of summated rating)

㉣ Guttman의 척도분석법(method of scale analysis)

㉤ Lazarsfeld의 잠재구조분석(latent structure analysis)

ⓑ Osgood의 의미변별법(semantic differentival technique, SD법)

⑥ 투사법(Projective Test)에 의한 방법

여기에서는 다섯 번째의 '태도척도'에 한해서 설명하고자 한다.

앞의 질문지법에서 설명한 것과 같이 보통 질문지로서 태도를 측정하는 경우에는 항상 그 작성상의 논리성에 대하여 불안감을 갖지 않을 수 없다. "이러이러한 질문문이기 때문에 이러한 결과가 나온 것이지, 다른 질문문에서는 다른 결과가 나올 것이 아닌가"라는 불안인 것이다. 또 동일문제에 대한 태도를 측정하기 위하여 몇 개의 질문문을 나누어 실시할 때 그것들을 종합적 · 전체적으로 취급해야 할 필요성을 느낄 때가 많다. 그러나 그러한 기대항목을 하나로 결합하는 논리적 체제는 보통의 질문지 작성 절차상으로는 기대하기 곤란하다. 개개의 질문문에 논리적인 안정성을 부여하고 몇 개의 질문을 하나의 전체로 통합할 수 있는 논리적 체계를 바란다는 것은 당연한 관점인 것이다. 태도척도란 이러한 요청에 부응하기 위해 마련된 것이다.

1) Thurstone의 방법

이것은 일명 등현간격법(method of equal appearing intervals)이라고 부르고 있다. 1929년 Thurstone과 Chave에 의해서 발표되어 그 후 곧 확립된 한 개의 태도척도이다. 이것은 다음의 절차에 의해서 척도화되었다.

(1) 의견의 수집

어떤 특정의 문제에 대한 의견을 될 수 있는대로 많이 수집한다. 보통 그 수는 100~150개이다. 수집된 의견 중 사실(fact)을 서술한 것(즉 의견이 아닌 것), 내용이 맞지 않는 것, 표현이 복잡해서 이해하기 곤란한 것, 어구나 말투가 지나치게 학술적 · 전문적인 것 등 의견의 찬부를 물어 보는 데에 부적당한 것들은 제외시킨다. 될 수 있는 대로 세세한 의견이 반영되게끔 노력한다.

(2) 판정자 그룹의 구성

여기에서 판정자라는 것은 태도측정을 해 본 적이 있는 전문가를 말한다. 그러나 이와 같은 사람은 그리 많지 않기 때문에 그 문제에 관하여 바람직한 의견인지 아니면 바람직한 의견이 아닌지를 단계적으로 식별하여 평정을 할 수 있는 사람이면 좋다. 단 그 경우에 자기가 갖고 있는 의견과 혼돈됨이 없이 객관적으로 판단할 수 있는 사람에 한해야 된다. 보통 대학교육 이상을 받았거나 교장, 교감, 주임교사가 아니면 심리학 · 교육학 · 사회학 전공자가 바람직하며 인원수는 30~50명이 되어야 한다.

(3) 판정자의 의견분류

판정자 한 사람한 사람은 (1)에서 수집된 하나하나의 의견에 대해서 그 의견이 주제에 관해서 바람직한 의견인지 아닌지를 몇 단계로 나누어 평정하게 된다. 이 때에 의견 하나하나는 각각 1장의 카드에 미리 인쇄해 두는 것이 좋다. 한편 11장의 카드를 준비하여 거기에 각각 A, B, C,……K라고 기입한 카드를 첨부하여 배부한다. A카드에는 "A에 가까울수록 ~의 가치를 가장 높이 평가하고 있음을 나타낸다", F의 카드에는 "F에 가까울수록 중립적 의견을 나타낸다", K의 카드에는 "K에 가까울수록 ~의 가치를 가장 낮게 평가하고 있음을 나타낸다"라고 쓰여져 있고, 다른 카드에는 B, C, D, E, G……의 문자가 쓰여져 있을 뿐이다. 그런 후에 분류자에는 다음의 지시가 주어진다(서스톤의 제시). 단 이 예에 있어서는 분류해야 할 의견이 130개 있다.

〈분류자에 대한 지시〉

① 여기에 130장의 카드가 있습니다. 각각 그 속에는 ~의 가치에 관한 의견이 1개씩 진술되어 있습니다. 이들 의견은 여러 사람으로부터 모은 것입니다.
② 이들 카드를 11단계로 분류하여 주십시오.
③ 별도로 A, B, C, D, E, F, G, H, I, J, K가 기록된 11장의 카드를 배부하겠사오니,

우선 이 11장을 알파벳 순으로 나란히 펴 주십시오. A라고 쓰여진 카드 위에 130개의 의견 중, ~의 가치를 가장 높이 평가하고 있는 의견이라고 생각되는 것을 골라서 두고, K의 카드 위에는, ~을 가장 경시하고 있는 의견이라고 생각되는 것을, 또 F의 카드 위에는 중립적인 의견을 두어 주십시오. 그 밖의 문자의 카드 위에는, 각 카드에 쓰여진 의견의 평가 정도에 따라 같은 방법으로 나란히 펼쳐 주십시오.

④ 결국 귀하는 최고 A에서 최저 K를 포함한 11단계에 130개의 의견을 순번대로 나란히 펼쳐 놓는 셈이 됩니다.

⑤ 각 카드에 분류하는 의견 카드를 같은 수만큼씩 두어 통일하려고 해서는 안됩니다. 의견 카드는 각 단계에 평균적으로 분산되는 것이 아닙니다.

⑥ 제일 처음에, 의견 카드를 한 번 읽어 보시고, 그 후에 닥치는대로 한 개씩 뽑아서 분류하는 쪽이 쉬울 것입니다.

⑦ 45분 쯤이면 전부 분류됩니다.

(4) 척도와 다의성의 계산

앞서 (3)에 의해 각각의 의견에 30~50개(판정자 수만큼)의 태도치가 주어지고 있지만 여기에서 척도치와 의견차의 비율(서스톤은 이것을 다의성 〈objective criterion of ambiguity〉이라고 부르고 있다)을 계산하게 된다. 척도치는 평균치도 좋지만 일반적으로는 중앙치(median)로 나타낸다. 의견차의 비율은 표준편차가 좋지만 보통 사분편차(quartile deviation)로 나타내고 있다.

지금 척도치의 계산과 의견치의 비율의 계산방법을 구체적으로 예시하면 다음과 같다.

의견 : 교회는 사람에게 행복감을 주게 된다.

이 의견에 대한 판정자 그룹의 판단 결과는 다음과 같이 나타났다고 하자(판정자는 50명).

표 10-9 어떤 의견에 대한 판정자의 판정빈도의 분포

단계 / 빈도수	←긍정적이며 바람직한 의견										바람직하지 못한 부정적 의견→
	1 A	2 B	3 C	4 D	5 E	6 F	7 G	8 H	9 I	10 J	11 K
판정빈도	8	20	14	5	2	0	1	0	0	0	0
누적빈도	8	28	42	47	49	49	50	50	50	50	50(명)

$$\text{중앙치}\ Mdn = L.L + \left(\frac{\frac{N}{2} - fc}{f}\right)i = 1.5 + \frac{\frac{50}{2} - 8}{20} \times 1 + \frac{17}{20}$$

$$= 1.5 + 0.85 = 2.35$$

$$\text{4분편차}\quad Q = \frac{Q_3 - Q_1}{2}$$

$$Q_3 = L.L + \left(\frac{\frac{3}{4}N - fc}{f}\right) \times i = 2.5 + \frac{37.5 - 28}{14} \times 1 = 3.178$$

$$Q_1 = L.L + \left(\frac{\frac{1}{4}N - fc}{f}\right) \times i = 1.5 + \frac{12.5 - 8}{20} \times 1 = 1.725$$

결국 "교회는 사람에게 행복감을 주게 된다"라는 의견은 "교회에 대한 태도"를 구성하는 척도의 한 항목으로서 척도치 2.35, 다의성의 지표로서 0.726을 가지는 셈이다.

(5) 척도의 구성

척도를 구성하는 항목은 20~30개 정도가 좋다. 그 때문에 우선, 다의성의 수치가 큰 것(의견차의 비율이 큰 것, 즉 4분편차의 값이 큰 것)을 우선 버린다. 버리는 규준은 없지만 40~50개 항목이 남을 정도의 규준을 정하는 것이 실제적이다. 다음에는 끝으로 남을 20~30개 항목이 되도록 하면 등간격의 척도치를 갖게끔 한다.

Thurstone은 인간의 태도는 본래 복합적인 것이어서 일반적인 태도형으로서는 측정될 수 없으나 특정의 차원에 입각할 때는 그 차원에 관한 한 극단적인 의견으로부터 반대되는 극단의 의견에 이르기까지 어디엔가 각자의 태도를 못박을 수 있다고 생각한 것이다.

각자의 태도를 태도연속체의 어디엔가에 못박아 그 위치를 파악하게 되면 사람들이 태도를 순위나 거리(또는 간격)로서 비교할 수 있게 된다. 문제는 척도의 단위인 것이다. 다수의 의견을 모으고 이것을 전문가에게 판정시켜 보면 그 평정치는 결코 무질서하게 분포되어 있지 않고 어떤 값의 근처에 높은 확률적 밀도로 분포되기 마련이다. 그 대표치를 척도치로 정하게 되면 타당성 있는 척도치가 될 것이다. 그러나 등간격으로 펼친 의견을 모아서 척도를 만들면 일정한 단위를 가진 동간척도가 된다고 생각한 것이다.

Thurstone법의 출현은 세상에 나온 이래로 의견측정의 역사에 있어서 획기적인 이정표 구실을 했다. 이 법이 나오기 까지는, 태도는 각 연구자의 주관에 의해서 작성된 질문지에 의해서 측정하는 것에 불과하였다.

(6) Thurstone 방법에 의한 척도예

이제 Thrustone법을 사용한 테스트의 일례를 다음에 제시해 보겠다.

Thrustone이 작성한 '교회에 대한 태도'의 척도(일부)

다음에 진술된 글들 중 교회에 대해서 귀하의 심정을 나타냈다고 생각되는 것에는 모두 ○표를 하여 주십시오.

어느 항목이나 귀하 자신의 교회에 대한 경험에 입각해서 판단해 주십시오.

① 교회의 가르침은 전연 형식적이어서 아무런 사회적 의의가 없다고 생각된다. (8.3)

② 교회의 예배는 나에게 영감(inspiration)을 불어넣어 주며 다음 주일 동안 나의 최선의 생활을 위한 도움이 된다. (1.7)

③ 교회의 예배는 즐겁고 격려적이다. (2.3)

④ 교회에 가면 음악이 즐거운 예배를 갖게 된다. (4.0)

⑤ 나는 종교를 지지하지만, 교회에는 거의 안간다. (5.4)

⑥ 교회는 사회나 개인에게 아무런 이익을 못준다고 생각한다. (10.5)

⑦ 교회의 멤버(member)가 되는 것은 최선의 생활을 하기 위해서는 마땅히 본질적 조건이라고 생각한다.	(1.5)
⑧ 교회의 온정주의적 · 자선주의적 태도는 나의 취미와는 전연 맞지 않는다.	(8.2)
⑨ 교회에 다니는 것은 그 국민의 덕성의 좋은 지표라고 생각한다.	(2.6)
⑩ 나는 이따금씩 교회와 종교의 필요성을 느끼면서 때때로 그것을 의심한다.	(5.6)
⑪ 교회는 원래 건전한 것이지만, 그 일부 신자들 때문에 오명을 듣게 되었다고 생각한다.	(3.9)
⑫ 교회는 사회의 기생충이라고 생각한다.	(11.0)
⑬ 교회에서는 베풀어 주는 은총의 대가로서 너무 많은 돈을 요구한다고 나는 생각한다.	(7.5)
⑭ 나는 교회와 그 가르침에 어린시절부터 믿어 왔기 때문에 그것들을 믿는다.	(4.0)

※ ( ) 속의 숫자는 척도치로서 조사표에는 인쇄되어 있지 않다.

2) Likert의 방법

이 방법은 Likert법(Likert method) 또는 누적평정법(method of summated rating)으로 불리어지고 있는데 Thurstone법보다 뒤에 나타났다. Likert는 새로운 척도구성의 절차를 발표했는데 그것은 다음과 같다.

① 보통의 질문지 조사와 같이 어떤 주제에 관하여 몇 가지의 의견(20~30개 정도)에 각기 '대단히 찬성', '약간찬성', '보통', '약간반대', '절대반대'라는 5단계 평정선택지를 첨부한 조사표를 작성한다. 물론 몇 가지 의견의 타당성이나 어법(wording)에 대해서는 사전에 충분히 검토되어 있지 않으면 안 된다. 서스톤법과 같은 선택 규준은 없고, 보통의 앙케트 작성과 똑같은 것이다.

② 조사를 실시한다. 이 경우 피조사자에게 각 항목에 대해서 자기의 의견에 가장 적합한 1개의 선택지를 뽑게 한다.

③ 그 반응분포를 기초로 해서 시그마치법(σ치법 : 정상분포곡선의 수표이용법)을 사용하여 각 선택지에 득점을 매긴다.

④ 개인의 태도치의 총득점을 구한다. 구하는 방법은 개인이 골라 뽑은 선택지의 앞에서 말한 점수가 첨부되어 있기 때문에 그것을 그대로 사용하면 된다.

⑤ 총득점에 따라서 개인에게 순위가 정해진다. 이것을 기초로 해서 내적

일관성의 검토가 이루어진다. 그 다음에 이 규준을 충족시킨 항목이 Likert척도를 구성하는 의견 항목이 되는 것이다.

이상이 Likert법에 의한 태도척도 구성의 절차다. 비교적 간단한 것이나 조금 복잡한 것이 있다면 시그마치법에 의하여 반응카테고리의 수치를 매기는 것과 내적 일관성의 검토이다.

(1) 시그마치법(σ치법)의 해설

Likkert는 태도치를 적당한 단어를 취함으로써 평균은 0, 표준편차(시그마) 1을 가진 가우스분포(Gaussian curve; 정규분포곡선 〈normal distribution curve〉), 즉 단위정규곡선(unit normal curve; $N=1$, $M=0$, $\sigma=1$의 곡선)을 가정하고 있었다. 따라서 태도치의 분포는

$$f(x) = \frac{1}{\sqrt{2\pi}} e^{-\frac{Z^2}{2}}$$ (이 공식은 단위정규 곡선을 나타내는 것이다.)

에 따라서 생각하게 된다.

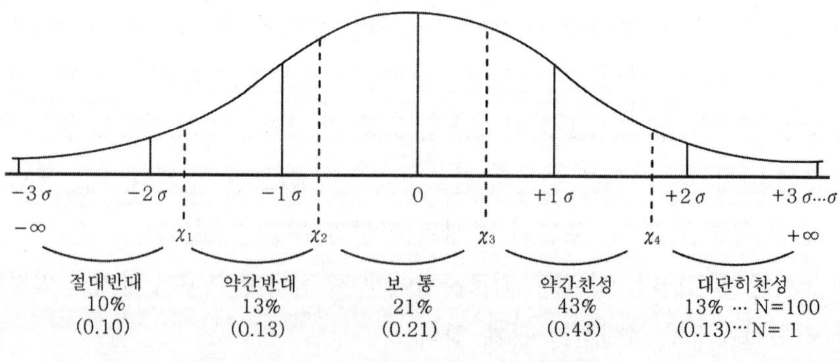

[그림 10-6] 시그마치법의 해설

가령 의견의 반응이 $x_1 x_2 x_3 x_4$라는 점수가 주어졌을 때, $-\infty$에서 x_1까지의 면적은 '절대반대', $x_1 \sim x_2$까지의 면적은 '약간반대'……를 주장한 사람의 상대빈도를 나타낸 것이라 하자.

조사의 결과 어떤 의견에 대한 찬성, 반대의 상대빈도가 [그림 10-6]의 곡선과 같이 나타났다면,

절대반대 $\int_{-\infty}^{x_1} f(x)dx = 0.10$

약간반대 $\int_{x_1}^{x_2} f(x)dx = 0.13$

보통 $\int_{x_2}^{x_3} f(x)dx = 0.21$

약간찬성 $\int_{x_3}^{x_4} f(x)dx = 0.43$

대단히 찬성 $\int_{x_4}^{\infty} f(x)dx = 0.13$

이 된다.

시그마치법이란 평균치를 그 상대빈도로서 나누어 준 것이기 때문에 예를 들면, '약간반대'의 선택지의 척도치는 다음과 같이 구해진다.

$$\frac{\int_{x_1}^{x_2} xf(x)dx}{\int_{x_1}^{x_2} f(x)dx} = \frac{f(x_1) - f(x_2)}{\int_{x_1}^{x_2} f(x)dx}$$

이것을 구체적으로 계산하는 절차를 제시하면 다음 〈표 10-10〉과 같다.

표 10-10 Likert가 작성한 국제주의 척도 중의 질문항목 16개에 대한 척도치 계산

	A	B	C	D	E	F	G	H
	각 카테고리의 반응빈도. (비율)	각 카테고리의 맨 아래까지의 누적빈도 (비율)	각 카테고리의 맨 위까지의 누적빈도 (비율)	B란에 대응하는 y의 값	C란에 대응하는 y의 값	E−D	$\frac{F}{A}$	1.76을 보태어 10배

	A	B	C	D	E	F	G	H
대단히 찬성	0.13	0.87	1.00	0.211	0.000	0.211	1.63	34
약간찬성	0.43	0.44	0.87	0.394	0.211	0.183	0.43	22
보　통	0.21	0.23	0.44	0.304	0.394	-0.090	-0.43	13
약간반대	0.13	0.10	0.23	0.176	0.304	-0.128	-0.99	8
절대반대	0.10	0.00	0.10	0.000	0.176	-0.176	-1.76	0

D란, E란의 수치는 어느 통계학 책에나 책 끝에 수록되어 있는 정상분포곡선 수표($N=1,\ M=0,\ \sigma=1$)에서 B란과 C란의 각 숫자를 수표의 큰 부분의 면적란(area in larger portion) 또는 작은 부분의 면적란(area in smaller portion), 소위 수표에서의 B나 C면적란에서 같은 숫자를 찾아 이들 수치에 대응하는 y의 값(수표 맨 끝줄란에 있는 y값, ordinate at $\frac{x}{\sigma}$)을 찾아서 적어 넣은 것이다(보통 0.5 이상의 수치는 B면적, 0.5 미만은 C면적을 찾으면 됨).

G란은 F란(이 난의 수치는 평균치를 뜻하고 있다)을 A란의 수치로 나누어 준 것으로서 반응카테고리의 시그마식이다. 그런데 G란의 값에 마이너스 부호가 들어 있기 때문에 이 마이너스 부호를 없애 줌과 동시에 '절대반대'의 시그마치를 0으로 환산하려면 G란의 각 수치에 1.76을 더해서 10배 해 주면 H란과 같이 되며, 이것은 반응카테고리의 득점이 된다.

그런데 위와 같이 '대단히 찬성은 34점'하는 식으로 22점, 13점, 8점, 0점의 비중배열을 달리하는 일이 반드시 필요한 일인가가 문제시 된다.

원래 태도치의 정상분포의 가정에는 특정의 근거가 없는 것이기 때문에, 간단히 '절대반대'=0, '약간반대'=1, '보통'=2, '약간찬성'=3, '대단히 찬성'=4라고 득점화시키면 어떻게 될까? 리카트 자신도 궁금해서 이 간편법과 시그마치법과의 상관(correlation)을 내고 있지만, 결과는 의외로 0.99 정도로 극히 높은 상관이 있음이 증명되고 있다(표 10-11 참조).

표 10-11 시그마치법에 의한 득점과 1~5 점수법에 의한 득점과의 상관계수

실험집단	인원	국제주의에 대한 태도 시그마치법 대 1~5 점수법	시그마치법 대 1~7 점수법
A	30	0.991	-
B	32	0.995	-
C	33	0.995	0.997

이 결과가 알려진 이후로는 시그마치법은 현재는 거의 사용되지 않고 각 카테고리에는 간편한 5, 4, 3, 2, 1의 평점 부여가 사용되고 있다. 따라서 조사평가에 있어서도 Likert법에 의해서 척도를 구성하려고 할 때에도 각각의 카테고리에 부여한 수치를 일일이 시그마치법에 의해 계산할 필요는 없고 '대단히 찬성', '약간찬성' ……에 5, 4, 3, 2, 1점을 부여하면 좋을 것이다.

(2) 내적 일관성의 검토

이것은 Likert법의 논리적 근거를 제시해 주는 것으로서 Likert법의 특징이다. 가장 엄밀한 방법은 다음의 절차를 포함한다.

① 총 득점의 순위대로 피조사자를 배열하여 1위, 3위, 5위……, 2위, 4위, 6위, ……와 같이 홀수 · 짝수별로 피조사자를 두 그룹으로 나눈다.

② 그 중에서 임의로 한 개의 그룹을 취하고 여기서 상위 25%(G group), 하위 25%(P group) 수가 적은 경우에는 비율을 더 올려도 좋다의 피조사자를 골라 뽑는다.

③ G, P 분석을 행한다. 즉 G, P 각각의 그룹별로 각 항목별 평균점수와 표준편차를 산출한다.

④ G, P 두 그룹의 평균치의 차의 검정을 각 항목별로 행한다. 그리하여 평균치의 차가 예상을 뒤엎거나 또는 유의치가 없는 항목은 빼어 버린다.

⑤ 다음에는, 각 문항분석에 사용되지 않은 다른 1개의 그룹을 취하여 다음과 같이 신뢰도계수(correlation coefficient)를 구한다.

(i) 우선 총 득점의 표준편차 σ와 각 항목의 p_i, q_i를 산출하여

$$r_x = \frac{n}{n-1}\left(\frac{\sigma^2 - \sum_{i=1}^{n} p_i q_i}{\sigma^2}\right) = \frac{n}{n-1}\left(1 - \frac{\sum_{i=1}^{n} p_i q_i}{\sigma^2}\right)$$

(단 n은 항목수, p_i는 각 항목의 정답비율, q_i는 각 항목의 오답비율 즉 $q_i = 1 - p_i$)

에 따라서 신뢰도계수를 구한다.

이 공식은 Kuder-Richardson의 제20공식으로 호칭되고 있다. 일명 내적일관도법(internal consistency method)에 의한 산출법이라고 부른다.

(ii) 다음에 ④까지의 절차에 의해서 삭제된 항목 이외의(즉 나머지의) 항목에 대해서 (i)과 똑같은 절차로 r_y를 구한다.

(iii) $r_x < r_y$이면 항목삭제를 결정한다.

$r_x > r_y$이면 항목삭제를 일단 보류한다.

이 경우에는 그런 항목을 그룹별로 척도를 구성하려고 하면 grouping에 문제가 있기 때문에 이를 재검토하지 않으면 안 된다(그러나 이와 같은 경우는 별로 나타나지 않는다).

반면 이러한 '보류'가 발생하지 않았다고 한다면 ④까지의 절차에서 끊어 항목삭제를 결정하고 남는 항목으로서 Likert척도를 구성하면 된다. 결국 각 개인의 태도치는 마지막 남은 항목들에게서 얻어진 득점의 총점이 된다.

실제로는 ④까지의 절차만으로 작업을 끝내고 척도를 구성하여 개인의 태도치를 산출하고 있는 조사의 경우가 많다.

또 평균치의 차의 검정은 복잡하기 때문에 χ^2 검정(Chi-square method)으로 대용하는 경우도 있다. χ^2검정으로서 항목의 취사선택을 행하더라도 결과에 미치는 영향은 별로 크지 않기 때문이다.

Likert법은 Thurstone법에 비하면 절차가 간단하기 때문에 사용빈도수가 많다. 특히 Thrustone법처럼 척도 구성과 본 조사의 절차 사이에 일어나는 모순 등은 나타나지 않는다. Likert법의 단점은 태도치가 태도 연속체 위에 충분히

흩어져 있지 않고 긍정, 부정의 양 극단에 분열되는 경향이 있는 점이다. 그리고 조사 후에 척도가 완성된다는 점에서 상대척도이기 때문에 복수집단에게 동일의 조사를 실시할 경우 척도치 그 자체가 집단에 따라 변화하게 된다. 이 때문에 집단간 비교가 합리적으로 되지 않는다는 결점을 가지고 있다. Thurstone법은 절대척도이기 때문에 이런 걱정은 없다.

3) Guttman의 방법

제2차 세계대전 후 새로운 태도측정이 몇 가지 출현되었는데, 그 대표적인 것이 Guttman의 척도법인 척도분석법(scale method)이다.

Guttman법의 특징은 척도반응을 전체적 구조 가운데서 파악하려는데 있으며, Likert법과 비교하면, 전체와 각 항목과의 관련이 매우 명확하고 포괄적이며 구조적인 점이 특징이다. 또한 "척도에 쓰여진 몇 개의 항목은 무수한 질문항목(집단)의 샘플에 불과하다"라고 하는 인식에서 출발하여 그러한 제한된 가운데서 어떻게 하면 객관성 있는 척도를 구성해 볼까 하는 입장을 취하고 있는 것이 특징적인 것이다. 또 하나의 특징은 사회적 측정이 종래 비판되어 온 지나칠 정도의 수량화를 시정하여 어디까지나 서열척도(ordinal scale)로서 측정의 목적을 충분히 달성하려고 하려는데 특징이 있다. 즉 양적 분석에서 질적 분석에로의 전환을 시도한 것이다. 그러므로 태도측정에 있어서 획기적인 방법이라 말할 수 있다.

Guttman 척도를 설명하기 위해 다음의 예를 들고자 한다. 지금 어떤 수학시험에 아래와 같은 일련의 문제가 출제되었다고 하자.

[문제] 다음 $\boxed{}$ 속에 바른 해답을 써 넣어라.

(a) $\int \sin x dx = \boxed{}$

(b) $2x-1=0 \quad x=\boxed{}$

(c) $5\times3-1=\boxed{}$

앞의 문제에 대한 피험자의 해답을 분석하게 되면 다음의 네 가지 유형이 나타날 수가 있다.

	a문제 정답	b문제 정답	c문제 정답	a문제 오답	b문제 오답	c문제 오답
유형 1	○	○	○			
유형 2		○	○	×		
유형 3			○	×	×	
유형 4				×	×	×

※ ○는 정답, ×는 오답

즉 전 문제 정답(형), b와 c는 정답이고, a는 오답의 형, c는 정답이고 a와 b가 오답인 형, 전 문제 오답형의 네 가지 유형이다. 물론 이론상으로는 a는 정답, b와 c가 오답인 형이 나타날 수 있다. 결국 앞에서의 네 가지 유형과는 달리 이론적으로 다음의 네 가지 형이 나타나리라고 예상될 수도 있다.

	a문제 정답	b문제 정답	c문제 정답	a문제 오답	b문제 오답	c문제 오답
유형 1	○				×	×
유형 2	○	○				×
유형 3	○		○		×	
유형 4		○		×		×

그러나 우연한 사고가 일어나지 않는 한 이와 같은 해답형은 일반적으로 일어날 수 없다. 왜냐하면 그것은 a, b, c 문제의 난이도(item difficulty)에 관하여 명확한 단계적인 차가 있기 때문이다. 따라서 피조사자는 학력차에 따라서 명백하게 네 가지 유형으로 구별되어 집단적으로 서열이 붙게 되는 것이다.

반면, 지금까지는 문제를 중심으로 고찰했지마는 이번에는 앞의 결과를 피조사자를 중심으로 나타낸다면 〈표 10-12〉와 같이 될 것이다.

단 피조사자는 총 득점의 상위에서부터 서열을 매겼다고 본다.

표 10-12 개인별로 본 반응

피조사자 \ 반응	a문제		b문제		c문제	
	정답	오답	정답	오답	정답	오답
1	○		○		○	
2	○		○		○	
3	○		○		○	
4	○		○		○	
5		×	○		○	
6		×	○		○	
7		×	○		○	
8		×	○		○	
9		×	○		○	
10		×		×	○	
11		×		×	○	
12		×		×	○	
13		×		×	○	
14		×		×	○	
15		×		×	○	
16		×		×	○	
17		×		×		×
18		×		×		×
19		×		×		×
20		×		×		×

놀랍게도 4번까지의 피조사자는 고등학교 졸업 이상의 사람으로 유추된다. 5~9번은 중학 1년~고등학교 하급학년, 10~16번은 초등학교생, 17~20번의 해당자는 취학전의 유아라고 말할 수 있을 것이다. 이 테스트의 특징은 어떤 사람의 총 득점이 알려지면 그 사람의 반응형을 알게 된다는 사실이다. 가령 "두 문제가 정답이다"라고 어떤 피조사자가 답을 하였다면 그 사람은 "a는 오답이고 b, c는 정답인 형인 사람"임을 정확하게 그 형을 추측할 수 있을 것이다.

세 문제 중 하필이면 두 문제만 정답이라고 한 것은 처음 문제 a는 너무 어려워서 모르겠고 b, c 문제는 쉬우니까 이 두 문제는 정답에 자신이 있기 때문에 두 문제는 정답이라고 답한 것이다.

총 득점에서 그 반응패턴(pattern)을 분석할 수 있는 것을 재현성(reproducibility)이라고 부른다면 앞의 문제 군에는 재현성이 완전히 갖추어져 있다고 보겠다. 반대로 재현성이 완전하다면 그 테스트의 논리성은 확보되었다고 Guttaman은 정의하고 있다. 결국 일련의 질문항목(또는 테스트 문제)은 1개의 척도를 구성하고 있다고 생각하고 있는 셈이다. 앞에서의 수학문제처럼 인간의 태도에 관한 태도측정에 있어서도 이와 같은 확실한 척도가 주어진다면 태도척도로서 극히 유효한 것이라 말할 수 있다. Guttman 척도란 이 문제를 충족시킨 척도인 것이다.

그러나 태도측정은 수학의 학력을 측정하는 경우와는 같지가 않다. A의 항목에 대해서 진보적인 의견을 나타내기 때문에 B의 항목에 대해서도 진보적 의견을 나타내리라고 생각했는데 의외로 강한 보수적 의견을 나타내는 경우도 적지 않은 것이다. 즉 〈표 10-12〉와 같은 모양으로는 잘 안 되는 것이다.

그런데 Guttman은 척도를 세 가지 종류로 나누고 있다.

① 완전척도(perfect scale) : 100% 재현성을 가진 것(즉 설정된 패턴에서 이탈하는 반응이 한 개도 없는 척도)

② 준척도(quasi scale) : 재현성 계수가 90% 이상의 것(즉 설정된 패턴에서 이탈하는 반응이 10% 이하의 척도)

③ 비척도형(non-scale type) : 그 이상 이탈이 나타나는 것

태도측정척도에서는 물론 완전척도를 만들기 곤란해서 약간의 이탈을 내포한 준척도로서 만족할 수밖에 없는데, 이 준척도까지도 나타내기가 힘들다. 그런데 이때 이탈의 정도를 나타내는 지수를 재현성 계수(coefficient of reproducibility)라고 하며, 그 공식은 다음과 같다.

$$\text{재현성 계수} = 1 - \frac{1}{R}\sum_{i=1}^{R}\frac{n_i}{n}$$

n = 피험자수

n_i = 항목 i에 있어서 정해진 패턴에서 이탈한 피험자수

R = 항목수

이탈수의 계산은 척도작성자가 설정한 패턴에서 이탈된 반응을 헤아려 가면 된다.

만약 재현성 계수가 0.90 이상이 되지 않을 때에는 '대단히 찬성', '약간찬성'의 두 카테고리를 묶어 그냥 '찬성'으로 하고, '약간반대'와 '절대반대'를 묶어 '반대'의 카테고리로 조작을 하면 이탈은 매우 적어져서 재현성 계수가 90% 이상이 되기 쉽다. 이런 조작을 통해서도 재현성 계수가 90%를 넘지 않을 때에는 이탈이 심한 어떤 질문항목은 제외시키면 된다.

약간의 질문항목을 제외했는데도 불구하고 지수가 90%를 넘지 않을 경우에는 non scale type로써 판단하여 척도화를 포기해야 한다.

그런데 카테고리의 통합이나 질문항목의 제외를 행하게 되면 피조사자의 득점이나 순위가 변하게 된다. 지수계산도 새로운 득점과 순위로 고친 후에 하지 않으면 안 된다.

그리고 Guttman의 척도는 재현성 계수가 90%를 넘는 사실만으로서는 충분치 않고 다음 규준도 충족되어야 한다.

① 반응의 범위 : 한 개의 질문에 대해서 응답반응이 한 곳으로 쏠리지 않아야 된다(50 : 50이 좋고 90 : 10, 또는 80 : 20이 되지 않도록 한다).

② 오답의 형 : 상정된 패턴에서 이탈되고 이탈반응은 랜덤하게 출현해야 한다(이탈반응이 연속적으로 나타나면 안 된다).

③ 항목수와 카테고리수 : 질문수는 적어도 10개 이상이어야 한다. 또 그 질문군 중에는 몇 개의 질문에 한해서 회답카테고리가 3개 이상 있을 필요가 있다.

그리고 Guttman척도의 작성에는 보통 100명 정도의 샘플이 추출되어 행해지고 있다.

4) Osgood의 의미판별법

Osgood의 의미판별법(semantic differential technique [SD], 1967)은 포괄적이며 귀중한 측정도구다. SD법의 많은 용법 중에서, 이 책에서 고찰하려고 하는 것은 일반화된 태도의 측정법이다. 이 방법에 의한 측정법은 평가자가 문제삼고 있는 태도와 관계가 있는 일군의 양극적인 형용사의 짝으로 구성된다.

(1) 척도구성법

[개념] ……………………………………………

형용사 X _____ : _____ : _____ : _____ : _____ : _____ : _____ : 형용사 Y

1 2 3 4 5 6 7

척도의 위치는 다음과 같이 정의된다.

① 대단히 X
② 상당히 X
③ 약간 X
④ X도 Y도 아니다 ; X와 Y가 비슷하다.
⑤ 약간 Y
⑥ 상당히 Y
⑦ 대단히 Y

학생들은 지정되어 있는 개념에 대한 자신의 태도에 따라서, 위와 같은 척도상에 표시를 한다. Osgood는 일반적인 태도의 측정을 위해서는, 그가 "평가적"이라고 부르고 있는 형용사군을 사용하도록 권하고 있다. 평가적 형용사의 짝의 예는, "좋다-나쁘다", "아름답다-추하다", "깨끗하다-더럽다", "유익하다-해롭다" 등이다.

이 방법은 거의 모든 개념에 적용할 수 있다. 예컨대, 국어과 교사는 연극이나 시나 수필이나 또는 셰익스피어의 희곡 등에 대하여 일반화된 태도를 알아보려고 할 것이다. 이런 경우에는, 동일한 형용사의 짝을 기입한 평정용지를 사용하여, 여러 개념을 각각 평정시키면 된다. 예컨대, "북극지방"이란 개념은 다음과 같은 SD척도에 의하여 평가된다.

북극지방

(북극지방이란 북극에 가까운 지역을 의미함.)

1. 추한 : ___ : ___ : ___ : ___ : ___ : ___ : ___ : 아름다운

2. 변화하기 쉬운	: ___	: ___	: ___	: ___	: ___	: ___	: ___	: 변화하기 쉬운
3. 바람이 센	: ___	: ___	: ___	: ___	: ___	: ___	: ___	: 고요한
4. 생소한	: ___	: ___	: ___	: ___	: ___	: ___	: ___	: 친숙한
5. 탐색된	: ___	: ___	: ___	: ___	: ___	: ___	: ___	: 미탐색된
6. 모순된	: ___	: ___	: ___	: ___	: ___	: ___	: ___	: 거치른
7. 좋은	: ___	: ___	: ___	: ___	: ___	: ___	: ___	: 나쁜
8. 황폐한	: ___	: ___	: ___	: ___	: ___	: ___	: ___	: 사람이 사는
9. 사나운	: ___	: ___	: ___	: ___	: ___	: ___	: ___	: 부드러운
10. 살기 좋은	: ___	: ___	: ___	: ___	: ___	: ___	: ___	: 살기 어려운

이 방법을 사용하면, 개념간의 차이, 척도간의 차이, 개인간의 차이 등을 쉽게 밝힐 수 있다.

Osgood 등은 3차원의 의미공간을 생각하고 있다. 즉, 평가차원(evaluative factor), 능력차원(potency factor), 활동차원(activity factor)이 각각 독립된 X, Y, Z 축을 이루는 3차원의 의미공간을 구성한다.

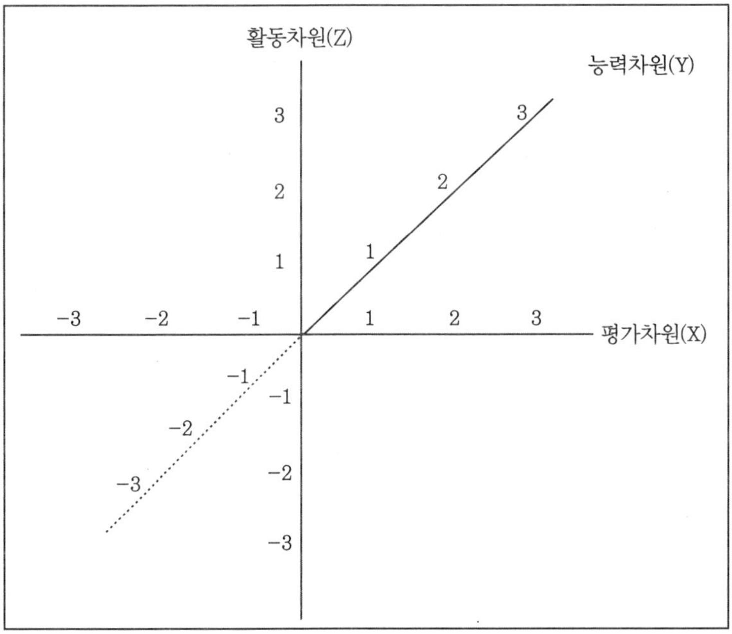

[그림 10-7] **3차원의 의미공간**

예컨대, '교사'란 개념이 X=0, Y=+2, Z=-2의 위치에 있다면 교사={0, +2, -2}에 자리잡고 있다. 이것은 평가적 관점에서 보면 중간이고, 능력차원에서 보면 높은 능력이 있고, 활동차원에서 보면 활동성이 별로 없다고 할 수 있다.

의미판별에 사용되는 형용사군은 다음 표와 같다.

표 10-13 의미판별에 사용되는 형용사군의 예

평가차원	좋은-나쁜, 깨끗한-더러운, 밝은-어두운, 귀한-천한, 중요한-하찮은, 진실된-거짓된, 친절한-불친절한, 새로운-낡은, 유쾌한-불쾌한
능력차원	큰-작은, 강인한-허약한, 높은-낮은, 유능한-무능한, 무거운-가벼운, 깊은-얕은, 굵은-가는, 똑똑한-어리석은
활동차원	빠른-느린, 능동적-수동적, 적극적-소극적, 예민한-둔감한, 뜨거운-차가운, 복잡한-단순한, 남성적-여성적, 진취적-보수적

(2) 의미판별 방법

1 평균치에 의거한 분석

다음 〈표 10-14〉는 어떤 학생의 의미판별 자료다.

표 10-14 피검자의 척도반응

형용사군 \ 개념	A	B	C	D	E
1	6	2	6	5	3
2	5	2	5	5	2
3	6	1	4	6	2
4	7	1	5	6	3
5	5	3	5	7	1
6	6	2	7	7	2
평 균	5.83	1.83	5.33	6.00	2.17

위의 〈표 10-14〉에서 보면 A · C · D가 하나의 군집을 이루고 있고, B · E가 또 하나의 군집을 이루고 있다. 여기서는 단일 차원의 평가척도만 사용했으나 다른 차원의 척도를 함께 사용했다면 개념의 의미를 자세히 알 수 있을 것이다.

또한 의미분석 척도의 평균치를 토대로 프로파일을 그려서 집단간의 반응결과를 비교할 수도 있다.

다음 [그림 10-8]은 교사의 개념에 대한 의미분석 결과를 남녀 학생들의 집단별 평균점수를 나타낸 것이다.

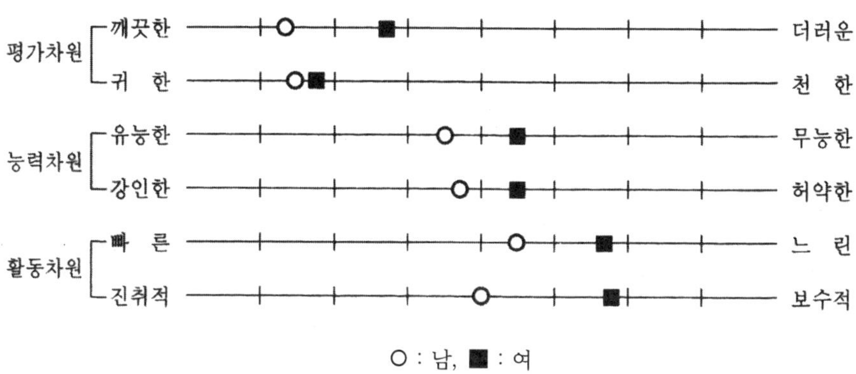

[그림 10-8] **의미분석 프로파일**

위의 [그림 10-8]에서는 교사의 개념에 대하여 여학생들이 남학생들보다 더 긍정적으로 지각하고 있으며, 평가차원에서는 남녀 학생 모두 매우 긍정적으로 생각하고 있으나, 능력차원에서는 보통으로, 활동차원에서는 약간 부정적으로 지각하고 있음을 알 수 있다.

2 거리군집분석

거리군집 분석은 의미공간에서 개념들이 서로 얼마나 가까이 또는 멀리 떨어져 있는가를 알아보기 위하여 개념간의 거리를 측정하는 방법이다. 두 개념 사이를 알아보는 방법으로는 적률상관계수가 있으나 절대적인 거리를 나타내 주지 않기 때문에 Osgood은 D통계치라는 간단한 측정방법을 고안했다.

$$D_{ij} = \sqrt{\Sigma D_{ij}^2}$$

이때 $D_{ij} = \sqrt{\Sigma D_{ij}^2} = \sqrt{\Sigma (X_i - X_j)^2}$ 공식에 따라 다음과 같이 계산할 수 있다.

$$D_{AB} = \sqrt{(6-2)^2 + (5-2)^2 + (6-1)^2 + (7-1)^2 + (5-3)^2 + (6-2)^2}$$
$$= \sqrt{106} = 10.30$$

이 공식에서 D_{ij}는 두 개념 i와 j 사이의 직선거리를 뜻한다.

평균치 계산에서 사용한 예에서 모든 개념간의 D통계치를 계산하면 〈표 10-15〉와 같다.

표 10-15 D통계치의 예

피검사자	개념	A	B	C	D	E
학생 1	A		10.30	3.00	2.69	9.06
	B	10.30		8.89	10.44	3.16
	C	3.00	8.89		3.16	8.19
	D	2.65	10.44	3.16		9.95
	E	9.06	3.16	8.19	9.95	
학생 2	A		8.49	3.32	3.32	9.11
	B	8.49		7.42	7.07	2.45
	C	3.32	7.42		4.12	8.19
	D	3.32	7.07	4.12		7.87
	E	9.11	2.45	8.19	7.87	

군집의 발견은 평균치에 의거하는 방법처럼 D통계치, 즉 개념간의 거리에 의존해서 분석하면 된다.

5) 투사법

사람의 태도나 행동을 측정하는 투사법(projective technique)에는 여러 가지 유형이 있으나 학교교육의 현장에서 교사들이 손쉽게 취급할 수 있는 검사 중 그림의 해석을 요구하는 방법인 주제통각검사(Thematic Apperception Test; TAT)를 조금 변형시킨 방법을 예시하기로 한다. 다음과 같은 지시가 그림 (보통 2~5장)을 제시하기 전에 주어지지만, 이 제시는 투사법의 성질과 용법을 잘 보여주고 있다.

> 이 책자의 맨 앞 부분에는 4개의 그림이 있습니다. 이 그림을 하나씩 보고 이야기를 꾸며 보십시오. 될 수 있는 대로 상상력이 풍부한 이야기를 생각해 내도록 해야 합니다. 각각의 그림 다음에는 백지로 된 페이지가 있으니, 여기에 자기가 꾸민 이야기를 적어 주십시오. 하나의 그림에 대해서 한 이야기만을 적어야 합니다. 페이지의 양쪽을 다 사용해도 좋습니다.
>
> 완전한 이야기를 쓰기 위한 기준이 되는 질문이 있습니다. 다음과 같은 질문입니다.
>
> 무엇이 일어나고 있다고 생각됩니까?
> 이 사람들은 누구입니까?
> 과거에 어떤 일이 있었습니까?
> 이 사람들은 무엇을 생각하고 있습니까?
> 무엇을 바라고 있는 사람이 있습니까?
> 무엇을 바라고 있습니까?
> 앞으로 무엇이 일어나겠습니까?
> 최후에는 어떻게 될까요?
>
> 이 질문들은 이야기를 완성시키는 데에, 즉 시작과 중간과 끝이 있게 이야기를 만드는 데에 도움이 되는 기준일 따름입니다. 상상력을 세부에 이르기까지 동원하십시오. "시작!"이라는 지시가 있으면, 페이지를 넘기고 첫 그림을 보십시오. 그림을 보는 시간은 20초입니다. 20초가 지나면, 그림을 넘기고 백지로 된 페이지에 이야기를 적어야 합니다. 이 이야기를 적는 시간은 3분 밖에 없으므로 빨리 쓰도록 해야 합니다. 시간이 다 되어가면, 알려드리겠습니다. 시간이 다 지나면, 다음의 그림으로 넘어가야 합니다. 이야기에는, 좋고 나쁜 이야기가 없습니다. 어떤 이야기라도 좋습니다. 그림을 볼 때, 자기의 머리 속에 떠오른 이야기를 그대로 적으면 됩니다. 맞춤법이나 문법에 너무 신경을 쓸 필요는 없습니다. 이야기는 성적과 관계가 없습니다. 우리가 관심을 갖는 것은 이야기가 얼마나 상상력이 풍부하게 쓰여졌는가에 있습니다.

이 방법의 주목적은 내용분석에 있다. 즉 학생의 반응 중 지배, 달성, 공격, 굴종, 자기비판, 친화 등 욕구와 갈등의 상태 또는 과제해결의 목표로서 최후의 결말짓기 등을 해석하게 된다. 해석에는 다소 이론적 전문 지식과 경험이 요구될 것이다.

7. 사회성측정법

1) 사회성측정법의 특징

(1) 사회성측정법의 장 · 단점

1 사회성측정법의 정의

사회성측정법(sociometry)란 1932년에 미국의 J. L. Moreno에 의해 창안된 방법으로서, 인간의 심리적인 상호작용이나 집단 구조를 분석 · 측정하는 하나의 이론이다.

즉 인간끼리 서로 좋아하는(attraction) 현상이나 서로 싫어하는(repulsion) 현상의 형태나 강도에 초점을 두고, 개인의 지위나 집단구조를 측정하고 여러 가지 분석기술을 사용해서 이를 표시하고 평가하는 방법이다. 따라서 넓게는 여러 가지 제도적 행동의 측정에 관한 기술로서, 예를 들면 집단 내 적응행동이나 사회적 거리척도(social distance scale), 그리고 집단 내의 각종 인구학적 · 상태학적 지수의 측정법까지를 포함시키기도 한다.

Moreno에 의하면 사람에게는 자발성과 창조성이 어느 누구에게나 깃들어 있기 때문에 이것이 사회적 발전의 강력한 추진력으로써 작용한다는 것이다. 개인은 단지 주어진 지위에서 관습적으로 주어진 역할을 기계적으로 수행하는 것이 아니고, 거기에 스스로 우러나오는 자발성과 창조성을 결합시켜서 끊임없이 새로운 역할의 창조를 행하고 사회를 진보 · 발전시켜 나가는 것이다.

그런데 인간의 행동은 말할 것도 없이 사회적 행동이고, 행동에는 다른 집단 구성원의 존재가 전제가 되고 있다. 사람은 결코 제멋대로 행동할 수는 없다.

즉 그의 자발성이나 창조성도 일방적인 관계에서 나타나는 것이 아니고 어디까지나 집단 안에 존재하는 어떤 틀이나 규준 속에서 발휘되어지는 것이다. 즉 집단의 인간관계가 창조성이나 자발성의 신장에 중요한 관계를 갖고 있다.

그러면 집단이 어떤 관계에 있을 때에 그의 창조성과 자발성이 보다 충분히 발휘되어지는 것일까? Moreno에 의하면 집단의 구성이 그들 자신의 선택에 의해서 이루어진 것일 때 가장 창조적인 것이 될 수 있다는 것이다.

sociometry란 개개인이 자기의 자발성과 창조성을 충분히 살릴 수 있는 집단관계를 구성하는 것을 목적으로 한 심리 측정의 한 가지 기술이다. 물론 한 사람의 성원에게 바람직한 인간관계가 그대로 다른 집단성원에게도 바람직한 인간관계가 된다는 보장은 없다. 거기에 sociometry의 한계가 있지만 어디까지나 치료받아야 할 사람의 고민꺼리의 해결을 위해서 크게 도움이 되는 기술의 하나인 것이다.

2 사회성측정법의 장·단점

① 장점

(i) sociometry는 각종의 행동조사에 적용할 수가 있다. 학생들의 사회적 적응, 학교사회에의 적응, 학교생활의 분위기, 인간관계, 소집단편성, 분단편성, 학교 교직원 집단의 분위기 및 작업능률을 향상시키는 문제와 많은 도움을 받을 수 있다.

(ii) sociometry는 쉽게 작성해서 짧은 시간에 실시할 수 있다는 점에서 바쁜 교사들에게 효용이 큰 방법이 된다. 이 검사는 간단하게는 5~6분, 길어도 10분 이내면 실시할 수가 있다. 즉 피조사자의 시간 부담이 적은 것이 큰 이점이다.

(iii) 이 방법은 융통성이 크기 때문에 목적에 따라 쉽게 조정해서 실시할 수가 있다. 실제로 조사 상태에 따라 적절한 조절을 하는 것이 이 방법의 타당한 활용법이 된다. 그러므로 피조사자의 사정에 쉽게 맞추어 조사된다는 이점은 다른 방법에서는 찾아보기 힘든 장점이다.

(iv) sociometry는 여러 가지 구체적인 목적의 수단으로 쓰일 수 있다. sociometry의 질문지를 적절히 작성하면 한 번 실시한 결과를 두 가지 목적에 활용할 수가 있다. 즉 어떤 집단의 현재의 사회적 집단 구조를 진단 파악함과 동시에 그 집단의 재구조화, 재구성을 하는 기초로 병용할 수 있고, 동일한 sociometry 용지를 집단구조의 개선을 위한 처치의 효과 검증을 하는 데도 쓸 수 있다.

(v) sociometry는 사전 준비없이 교사들이 쉽게 작성할 수 있는 것이기 때문에 용지와 프린트 비용 이외에는 별로 드는 경비가 없다. 따라서 경비가 넉넉하지 못한 교사들의 입장에 있어서 매우 적은 경비로 보람있는 평가를 해낼 수도 있는 것이다.

② 단점

(i) 인간관계나 집단의 구조는 늘 유동성을 띠고 있는 데도 불구하고 sociometry는 결과의 해석에 있어서 고정된 현실적 관계로 생각하기 쉽다. sociometry는 성원들이 소망하는 잠재적인 사회적 구조의 형태를 나타낼 뿐이지 곧 그것이 현실적인 사회적 관계를 나타내는 것은 아닌 것이다. 즉 변화하는 사회적 과정(social process)의 어느 모습을 고정성을 띤 것으로 해석해서는 안 되는 것이다.

그러나 실제로는 이러한 해석상의 오류를 범하고 있는 예가 많다.

(ii) sociometry의 질문 기준 여하에 따라서는 측정과정에 있어서 기존 인가관계를 파괴시킬 가능성이 없지 않다. 가령 부정적 기준을 사용한 질문은 오히려 인간관계, 즉 반발 · 배척 · 혐오 등의 관계를 의식적으로 선택하게 됨에 따라 일상생활에 있어서는 뚜렷하지 않고 막연한 상태의 반발이나 적대관계가 부정적 기준의 사용으로 말미암아 의식적으로 음미해 보는 순간 또는 분위기를 인위적으로 조장하는 셈이 된다.

(iii) sociometry는 단 한번만의 실시로서는 진행 중인 사회적 관계의 한 단면만을 분석할 수 있는 것에 지나지 않기 때문에 주기적인 실시가 요청된다. 그렇다고 그 집단의 구조나 인간관계 파악을 위해 sociometry 조사를 되풀이한다는 것은 피조사자의 저항감을 자극하기 쉽다는 데에 문제점이 있다.

2) 사회성측정법의 절차와 방법

(1) Sociometric Test의 작성법

1 Sociometric Test의 형식

Sociometric Test는 융통성이 큰 절차이기 때문에 틀에 박힌 테스트용지를 반드시 필요로 하지는 않는다. 쪽지를 나누어 주고 조사자가 구두지시로 적게 할 수도 있고, 조사대상 집단의 각 성원 명단이 적혀 있는 종이를 주고 기준에 따라 V표만 시키는 것으로 충분할 때도 있을 것이다. 어느 경우에나 지시(취지)와 선택의 기준이 조심성 있게 작성되고 분명하게 제시되어야 한다. 그러나 이러한 약식의 방법은 흔히 부주의하거나 선택기준의 설명이 불분명하게 될 위험이 크다. 이런 것을 미리 막기 위해서는 정식으로 문장화해서 프린트하여 테스트용지를 배부하거나 또는 구두 실시의 지침으로 쓰는 것이 바람직하다.

Sociometric Test 용지에는 자세한 지시문, 분명한 선택기준의 진술과 피조사자가 그들의 의견을 제시 기록할 난을 마련해 놓아야 한다. 이와 같은 절차는 조사상태의 동일성(uniformity)을 확보함으로써 수집된 자료의 신뢰도를 높일 수 있다는 필요에 입각한 절차인 것이다.

즉 여러 집단에 걸쳐서 실시한 것이나 일정기간을 두고 재실시하는 경우와 같이 횡적 · 종적 비교를 하려면 실시조건을 균등하게 통일 통제하여야만 하기 때문이다.

Sociometric Test의 형식을 제시하면 다음 예와 같다.

(예) 학 년 반

이 름

다음의 질문은 여러분의 의견을 참작하여 기숙사 수용계획에 반영하고자 하오니 솔직하게 응답해 주기를 바랍니다. 이 결과는 다른 교수나 일반 학생에게는 누구에게나 알리지 않으며 또한 기숙사 수용계획 외에는 쓰이지 않으므로 안심하고 답해 주기 바랍니다.

※ 학생이 기숙사에 입사를 희망할 때 우리 반에서 누구와 같이 한 방에 있고 싶으세요? 제일 같이 있고 싶은 사람부터 순서대로 이름을 적어 보세요. 몇 사람을 적어도 무방합니다.

※ 다음에는 아무래도 한 방에 같이 있고 싶지 않은 사람을 적으세요. 위에서와 같이 제일 같이 있고 싶지 않은 사람부터 이름을 순서대로 적어 보세요. 몇 사람을 적어도 무방합니다.

2 Sociometric Test 작성상의 유의점

작성상의 유의점으로는 다음 사항이 특히 고려되어야 한다.

① 선택하는 집단의 범위가 명확해야 한다. 예를 들면 '우리 반에서' 등과 같이 지정해 두어야 한다.

② 피조사자에게 의미있는 특정의 선택기준을 마련해야 한다. 예를 들면 '한 방에 있고 싶은' 식의 기준을 구체적으로 진술 제시해 주어야 한다.

③ 사용한 질문의 어법(wording)은 집단 성원의 수준에 맞추어서 작성되어야 한다.

④ 무제한의 선택 또는 거부를 허용해야 한다.

⑤ 지시문은 친절하고 구체적이어야 한다.

조사의 목적을 분명하게 하는 이유는 학생들의 반응에 있어서 자발성 · 성실성을 높이기 위해서이고, 기입방법을 명시하는 이유는 모든 학생이 응답의 기초에 대하여 동일한 이해를 갖도록 하기 위해서이다.

3 Sociometric Test의 선택기준의 유형과 형태

선택기준(sociometric criteria), 즉 선택장면을 어떻게 설정하느냐 하는 문제를 네 가지 형태로 나누어서 설명하면 다음과 같다.

① 일반적 기준과 특수한 기준

일반적인 기준이란 인간관계를 어느 특정의 조건에 한하지 않고 활동의 분야만 지시하는 것이다. 즉 "누구와 같이 자리를 앉고 싶으냐", "누구와 같이 청소를 하고 싶으냐"의 선택과 같은 것이다. 이러한 선택의 장면은 어느 학년에나 관계된 것이고, 대부분 학교 내 활동을 내포한 것이며 일반성을 충분히 띠고 있는 것이다. 이와 같은 일반적 기준으로서의 친구 선택은 생활의 주요측면에서 각자가 사회적 관계를 하고 싶은 대상에 대한 열망을 표시하는 것으로 볼 수 있다. 특수한 기준이란 것은 매우 한정된 사회적 상호작용의 기초를 가리키는 것이다. 가령 "기숙사에 누구와 같이 같은 방을 사용하고 싶으냐", "미술공부를 누구와 같이 하고 싶으냐"와 같은 것들이다. 따라서 특수한 기준의 예는 한정된 것이 아니고 다양한 것이라 할 수 있다. 그러나 이러한 구체적 기준이 갖는 한정성 때문에 sociometry 결과의 해석에 있어서도 크게 제약을 받게 됨을 인식하고 있어야 한다.

② 강한 기준과 약한 기준

기준에는 강약의 정도에 차이가 있을 수 있다. 강한 기준이라는 것은 집단 내에 존재하는 근본적 · 항존적 · 사회적 관계를 들어 내는 것임에 반하여 약한 기준이라고 하는 것은 집단 내의 피상적 · 일시적 측면을 나타내는 것을 말한다.

약한 기준이라는 것은 일시적 사태이거나 집단성원에게 뚜렷한 관심을 불러 일으키지 못하는 활동에서의 친구 선택을 하는 것을 말한다. 약한 기준에 입각한 sociometric test의 결과는 보통 가치가 적고 잘못 확대 해석하면 실제로 해로운 것이 될 수도 있다.

③ 현실적 기준과 가정적 기준

현실적 기준과 가정적 기준의 차이점은 '실제적'이냐 '가정적'이냐에 있다. 어느 집단에 대해서나 대부분의 경우 실제적인 선택의 장면을 사용할 수가 있다. 누구와 같이 기숙사 방을 쓰고 싶냐고 물었을 경우 실제로 방 배치를 실시하고 그 때의 학생들의 대인관계의 희망 사항을 반영시키는 것은 어렵지 않은 일이기 때문이다.

실제적 기준의 사용은 sociometry의 이론에 비추어 매우 바람직하고 또 기대할 만한 것인데, 진단적 또는 연구의 목적으로 가정적(hypothetical) 기준을 쓰는 것이 필요할 때도 있다. 이 경우에는 특히 기준 자체가 그럴 듯한 실제성을 나타낸 선택의 장면을 반영한 것이어야 한다. 실제로는 기숙사 방배치를 하지 않는다고 하더라도 조사대상자에게는 방배치의 가능성이 엿보여질 수 있도록, 즉 현실적인 기준인 것처럼 보여져야 하는 것이다. 그렇지 않으면 조사에 임하는 동기가 약화되어 결과의 신빙성이 떨어지기 쉽다.

④ 긍정적 기준과 부정적 기준(negative criterion)

긍정적 기준이란 인간간의 친밀의 정도(attraction), 상호선택 여부를 알아보기 위한 것이며, 부정적 기준이란 인간 끼리의 반발 · 배척의 관계(repulsion)를 알아보기 위한 기준이다. 되도록이면 부정적 기준은 사용하지 않는 것이 좋다. 그 이유는 만약 부정적 기준을 사용하게 되면 집단성원들에게 평소에 의식되지 않았거나 억압해 오던 특정인에 대한 혐오 · 배척의 감정이 들어나게 되어서 적대감 · 불쾌감을 인위적으로 순간적으로 강조하게 되는 셈이 되기 때문이다. 이와 같은 일은 집단구성원의 정서 및 사회적 관계를 파괴시키기 쉬운 부정적 효과를 초래시킬 위험률이 높다.

그러나 평가목적에 따라서는 불가피하게 사용하여야 할 때가 있다. 가령 집단 분위기가 적대적이며 파벌이 심할 때 이것을 완화시키고자 할 때는 개인간에 도사리고 있는 갈등 압력을 분명하게 파악해 두어야 할 것이다. 그리고 집단 속에서 소외되어 있는 소수집단을 전체집단 속에 흡수 융화시켜서 친숙하며 능률적인 집단사회를 구성하고자 할 때 또는 출신학교 간의 갈등 처리가 요청될 때에는 부정적 기준의 사용은 불가피하게 사용될 수 밖에 없다. 즉 실제로는 강하게 작용하면서도 표면적으로는 아무런 관계가 없는 것처럼 가려져 있는 배척 적대관계를 파헤치지 않고서는 집단의 분위기를 개선할 수가 없기 때문이다.

4 사용할 기준의 수와 선택 허용 수의 문제

sociometry는 집단 내에서의 각 개인의 사회적 수용도(social acceptability)를 알아봄으로써 이루어진 인간의 심리적 지도라고도 불리어지고 있다. 따라서 이러한 지도를 자세히 그려보기 위해서는 1회의 Sociometric Test의 실시에 있어서 몇 개의 기준(질문항목)을 둘 것이냐의 문제와 몇 사람을 선택하게 하느냐 하는 것이 문제이다. 물론 실시 목적과 기준의 성질에 따라 다르게 될 것이지만 평가 목적으로 실시되는 경우에는 하나의 기준만으로도 충분할 수도 있다. 그러나 인간관계를 다각도로 분석하고 집단 내의 각 개인의 사회적 수용도를 파악하기 위해서는 몇 개의 기준이 필요한 것이 일반적이다. 집단성원의 개인적 · 사회적 관계의 모든 측면을 반영시킬 수 있을 만한 기준들을 포함시켜야 하기 때문이다. 그리고 각 기준마다 선택허용수를 어떻게 할 것이냐 하는 문제에 있어서는 일반적으로 무제한의 방법을 쓰고 있다. 왜냐하면 각 집단구성원의 정서적 · 사회적 확장성(emotional & social expansiveness)과 집단 전체의 발전성(group expansiveness)을 파악하기 위해서는 무제한으로 선택한 상태하에서의 집단이나 인간관계 진단이 필요하기 때문이다. 무제한으로 선택하게 하는 경우에 있어서는 각 개인이 얼마나 남으로부터 선택을 받았느냐 하는 문제보다 그가 얼마나 남을 선택했느냐 하는 문제가 더 중요시된다. 그것은 집단전체로는 평균선택수가 다른 집단 또는 그전 조사 때보다도 높아졌느냐가 조사의 초점이 되기 때문이다.

그러나 통계 처리상으로 볼 때에는 선택허용수를 고정 제한하는 것이 실제적으로 퍽 유리하다. 그렇지만 선택허용수를 제한한다는 것은 집단 내의 사회적 상호작용의 정도를 무시하기 쉬운 조치이기 때문에 선택 제한의 이유를 분명히 밝혀 두어야 한다.

(2) Sociometric Test의 실시법

1 실시자의 조건

실시자는 일반적으로 그 집단과 관계가 깊은 사람이 직접 실시하는 것이 좋다. 즉 학반담임교사나 또는 학년 주임교사 등이 적임자라고 할 수 있다. 이들과 집단구성원 간에는 이미 친밀성이 유지되어 있고 집단의 시간 사정을 잘 알고 있으므로 알맞은 시간에 적절히 실시할 수 있기 때문이다.

그러나 연구 목적상 외부인이나 그 집단에게 잘 알려지지 않은 사람이 실시하는 경우도 없지 않다. 이 경우에는 집단구성원의 협조를 얻어 내기가 매우 힘들기 때문에 역시 그 집단과 친밀한 인사를 통해 간접적으로 실시하는 것이 좋다. 본인이 직접 피조사자를 만나는 것이 아니므로 Sociometric Test의 지시문 속에 평가의 목적과 결과의 활용 방도를 상세히 설명해 두고 결과를 절대 비밀에 붙인다는 것을 강조함으로써 피조사자들의 자발적이고 진실된 반응을 권장해야 한다. 특히 피조사자들의 질문을 예상하여 그 답변도 미리 준비해 두었다가 대리 조사자로 하여금 대신 설명케 하면 좋다.

2 실시의 시기와 대상

실시 시기는 결과의 목적에 따라서 다를 수 있겠으나 일반적으로는 집단생활을 하기 시작한지 4~8주의 기간이 지난 후가 좋다. 그것은 집단구조와 각 개인의 사회적 수용도를 평가하기 위해서는 집단구성원끼리 서로 사귈 수 있고, 상호 인격적 접촉의 기회가 잦아 상대방의 인성 · 특성을 이해하게 되어 사회적 상호작용이 활발히 일어나게 되고, 집단구조가 어느 정도 안정성이 유지되려면 적어도 한두 달 이상은 사귀어야 하기 때문이다.

그리고 주기적으로 다시 실시하는 기간은 여러 가지 조건을 고려해서 결정할 문제이나 대체로 두 달 이상의 시간 간격을 두고 재실시하는 것이 좋다. 시간 간격이 두 달 미만의 짧은 기간 동안에 집단의 구조나 인간관계가 크게 변할 리 없기 때문이다.

이러한 시간적 제약 외에도 공간적 제약도 중요시 된다. 즉 학급을 단위로 해서 실시할 수 있으나 전공학과 전체 학년을 단위로 하거나 학교를 단위로 한 Sociometric Test는 일반적으로 성립되지 않는다. 그 이유는 집단구성원의 직접적인 대인관계의 접촉 범위의 한계를 넘어서면 Sociometric Test의 기본 전제조건이 무시되고 조사결과의 의미도 무의미해지기 때문이다.

그리고 피조사자, 즉 실시대상은 그 집단의 구성원 전부가 되어야 한다. 즉 개개인을 표집단위(sampling unit)로 한 표본 조사는 성립되지 않기 때문이다. 일반적으로 Sociometric Test는 어느 특정 집단에서 개개인의 인간관계를 문제로 삼기 때문에 결석자가 많을 때도 실시해서는 안 된다. 결석자를 포함시켜서 선택을 시키는 이유도 여기에 있다.

③ 피조사자의 이름 기입의 문제

일반적인 원칙은 피조사자 자신의 이름을 기입하게 된다. 왜냐하면 sociometry란 인간의 심리적 지도이기 때문에 누가 누구를 선택하고 그 선택은 서로 상호 선택인가 또는 일방적인 선택인가 아니면 누가 누구를 싫어하느냐 등 대인관계의 집단구조와 개개인의 상대적 위치를 파악하기 위해서는 이름을 써 넣게 해야만 한다.

그러나 한편으로는 익명성(anonymity)이 요구될 때도 있다. 늘 얼굴을 맞대고 생활하는 집단이란 서로간에 이해관계가 두텁고 친화관계가 강하지만, 어떤 의미에서는 서로간에 본심을 털어놓지 않은 상태에서 사회적 관계를 영위해 나가는 수가 많다. 그렇기 때문에 인간관계에 있어서 친밀과 반발에 대한 각자의 태도를 노골적으로 표시하지 않으려는 면도 없지 않다. 특히 반발 배척관계가 그 상대편에게 알려지게 되면 손해가 된다는 현실적 타산에서 또는 누구를 싫어해서는 안 된다는 윤리적 동기에서 회답을 기피하거나 거부하게 되기 쉽다.

그러므로 반발적 관계를 묻는 경우 또는 부정적 기준을 사용하는 경우에 있어서는 익명으로 조사할 수도 있다. 그러나 이 경우에는 구체적인 선택관계나 배척관계는 분석할 수 없고 오직 집단 전체의 확장성 · 응집성 또는 집단 내의 개개인의 사회적 위치 정도만을 알 수 있다.

(3) Sociometric Test 결과의 분석법

① 소시오그램(sociogram)에 의한 분석법

소시오그램은 Sociometric Test에서 얻어진 집단 내에서의 인간관계를 그림으로 표시한 것으로 가장 많이 사용되는 결과의 표시 방법이다.

Moreno는 성원을 기호로 표시하고 선택의 방향은 화살표로 표시하였는데 대체로 [그림 10-9]와 같다.

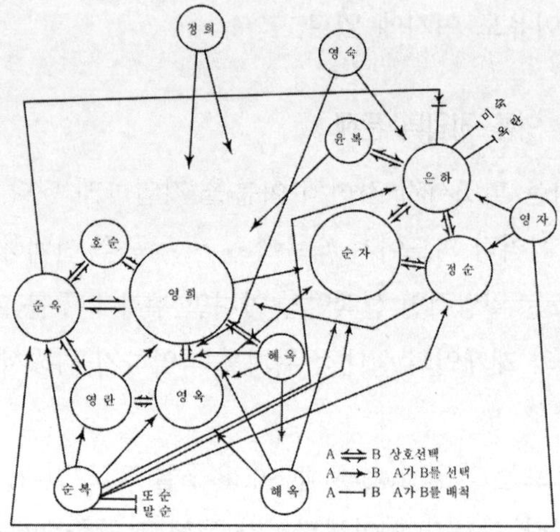

[그림 10-9] 초등학교 4학년 여학생반의 sociogram

① 소시오그램의 작성 절차

a. 집단구성원의 일련번호를 정한다.

b. 선택관계는 푸른색으로, 반발관계는 빨간색으로 표시한다.

c. 피선수가 적은 사람은 바깥에, 피선수가 많은 사람은 중앙에 자리잡게 하고 동그라미 속에 해당번호를 넣는다.

d. 선택관계인지 배척관계인지를 선으로 표시한다(모레노의 표시법 : →선택, ⊣⊢ 상호선택, ⋯→ 배척, ⋯|⋯ 상호배척).

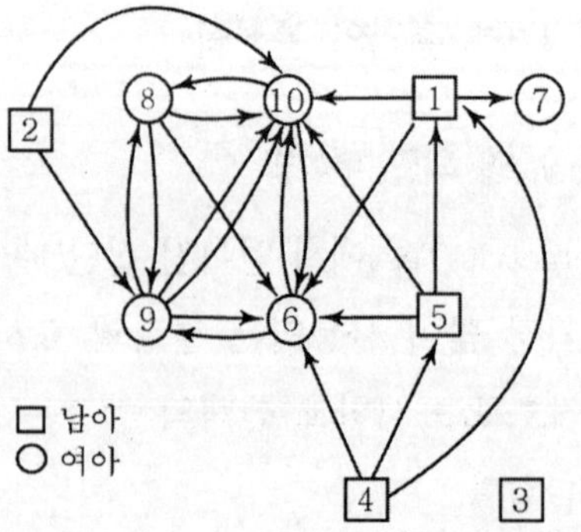

[그림 10-10] 선택관계 sociogram

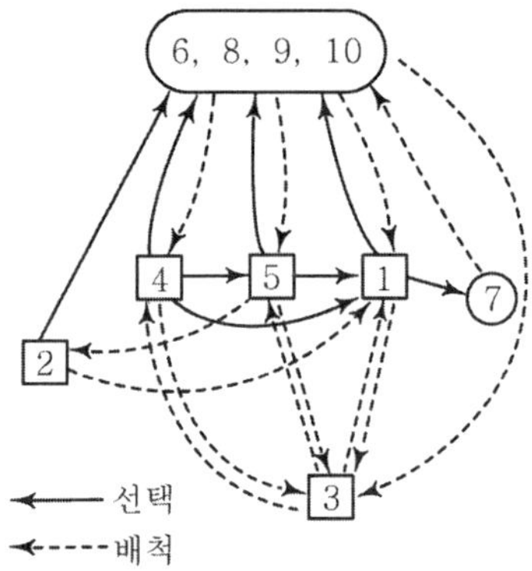

[그림 10-11] 배척관계 sociogram

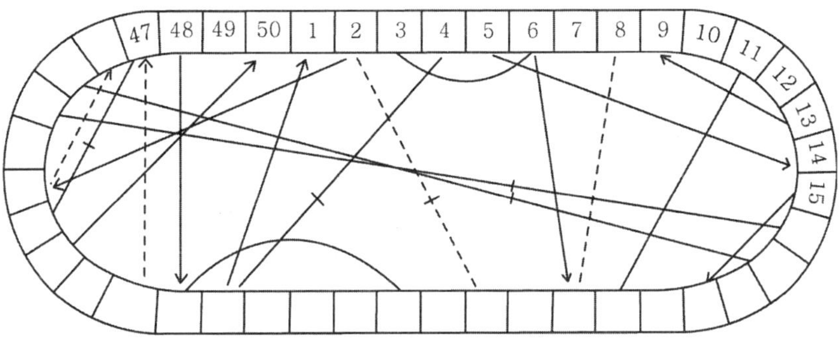

[그림 10-12] 타원형 sociogram

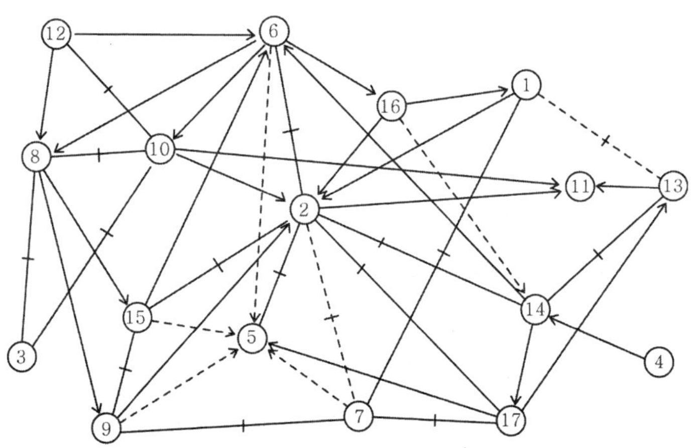

[그림 10-13] Moreno식 소시오그램의 예

e. 선의 표시가 너무 복잡하거나 중첩되면 재배치해야 하므로 참을성 있게 시행착오식으로 선을 그어 나간다.

② 소시오그램의 장 · 단점

(i) 장점

a. 원리적으로 아주 간단해서 누구나 표시할 수 있다.

b. 직관적으로 집단구조나 인간관계를 이해할 수 있다.

c. 특정 개인의 지위같은 것도 전체적 관련 속에서 파악할 수 있다.

(ii) 단점

a. 성원이 20명이 넘으면 도시하기가 어렵다.

b. 도시되었다 하더라도 집단구조나 인간관계를 읽어 내기가 어렵다.

c. 해석적 신뢰도(Interpretive reliability)가 비교적 낮다.

(iii) 소시오그램의 해석 : 소시오그램에서 판독해야 할 항목과 그 해석의 기준을 [그림 10-13]을 중심으로 살펴보면 다음과 같다.

a. 인기자(人氣者, star) : 피선의 수가 월등하게 많은 자를 가리킨다. 어느 수준 이상을 인기자로 보느냐의 기준은 공통된 것은 없으나 보통 그 집단성원수의 40% 이상의 선택을 받은 자를 인기자로 보고 있다. [그림 10-13]에서 ②번은 17명 중에서 9명으로부터 선택당하고 있는 인기자인데, 이 ②번을 중심으로 별모양 결합을 하고 있는 것이 특징이다. 그리고 인기자인 ②번이 ⑪번을 선택하고 있는데 ⑪번은 ②번보다도 피선수가 부족하지만 많은 선택을 받고 있는 자, 즉 인기자에게서 특별히 선택되는 강력형(powerful type)의 학생으로 볼 수 있다.

인기자는 집단의 다수로부터 선택의 대상이 된다는 점에서 그 사람의 행동특성이나 인간형이 주목되고, 강력형에 속하는 자는 인기자를 뒤에 숨어서 조정할 수 있다는 지하의 실력자, 즉 배후 인물임을 주목해야 하는 것이다.

b. 고립자(isolatee) : 자기 자신은 남을 선택하는 수는 간혹 있으나 남에게서 선택받지 못하고 고립 상태에 있는 자를 말한다. [그림 10-13]에서 ④번과 같은 사람이다. 집단의 명목상의 성원일 뿐 심리적으로 남에게서 격리되어 있는 인간심리지도상의 섬인 것이다. 소외자(outsider) · 사회적 고도(social island) 또는 고립

자로 불리워진다.

c. 경시된 자(neglectee) : 남에게서 선택받는 것이 매우 적은 자를 가리킨다. 집단성원의 대다수에게서 등한시되거나 무시되어서 심리적으로 변두리에 위치해 있기 때문에 주변인(fringers)이라고도 불리우는데 [그림 10-13]에서는 ③번이나 ⑬번과 같은 피선수가 극히 적은 사람들이다.

d. 배척된 자(rejectee) : [그림 10-13]에서 ⑤번은 두 사람으로부터 선택을 받고 있는 반면 네 사람(6, 7, 9, 15번)으로부터 배척을 당하고 있다. 배척당하는 까닭과 구제할 수 있는 방안은 무엇일까? 매우 궁금한 과제이다. 대체로 Sociometric Test에서 부정적 기준을 사용했을 경우에 피선수가 제일 많은 자를 가리킨다. 흔히 고립자와 혼동되는 수가 있으나 고립자는 우호적 · 배척적 기준의 어느 경우에 있어서나 피선수가 없는 자를 가리키므로 다르다.

e. 파당조직(clique) : 세 사람 이상이 상호선택을 순환시키면서 밀접한 관계에 있으면서도 외부와의 선택관계가 적은 경우 그것을 Sociometric Clique라고 부른다. 즉 자기들 끼리만 결합되고 그 외의 성원을 선택하는 것이 매우 드문 경우를 가리킨다. [그림 10-13]에서 ③, ⑧, ⑩번의 관계가 대체로 이에 속한다.

2 Sociomatrix에 의한 분석법

이 방법은 각 질문마다 피조사자가 선택한 것과 피선된 것을 일일이 표시해 두는 방법이다.

① Sociomatrix의 작성절차

(i) 큼직한 그래프용지에 〈표 10-13〉과 같은 난을 마련해 놓고 피조사자의 이름을 가나다 순으로 적어 나간다.

(ii) 왼쪽위에서부터 대각선을 긋고 이 대각선이 지나가는 칸(cell)은 사용하지 않게 되는데, 자기 자신을 선택할 리도 없지만 기입상의 착오를 미리 막기 위해서 대각선을 그어 두는 것이다.

(iii) 다음에는 피조사자의 선택-배척 반응을 각 피조사자별로 왼편으로 기입해 나간다.

(iv) 모든 피조사자의 선택-배척 관계를 표에 기입한 후에는 가로 난, 세로 난별로 합계를 낸다.

표 10-13

Sociomatrix의 기본형식

선택자 \ 피선택자	강감찬	김유신	이순신	------	선택수	배척수
강감찬		×	×		0	2
김유신	○		×		1	1
이순신	○	○			2	0

피선택수	2	1	0		3	3
피배척수	0	1	2		3	

② Sociomatrix의 장 · 단점

(i) 장점

a. 이 방법은 선택수(배척수)와 피선택수(피배척수)가 표시되므로 개개인의 집단 내의 지위를 분명히 파악할 수 있다.

b. 누구에게서 선택(배척)당하고 있는지의 관계, 즉 개개인의 사회적 수용도를 세밀히 제시해 준다.

(ii) 단점

a. 집단 전체로서는 어떠한 결합과 대립이 이루어지고 있는지 등의 집단 구조의 파악은 어렵다.

b. 상호선택 및 상호배척 관계는 파악하기 힘들다.

이 두 가지 단점은 Sociometric Test의 본래의 의미에 비추어 보아서도 다소의 문제가 있기 때문에 다시 개선한 방법을 쓸 때도 있다. 즉 〈표 10-13〉을 기본 메트릭스(raw matrix)로 둔 채 피조사자의 순서를 바꾸어 대입시키는 방법이다. 가장 친밀한 사람끼리 메트릭스 위에 근접시키고, 강하게 배척하는 사람들의 이름은 될 수 있는 대로 멀리 떨어지게 적어 놓는다. 좀 더 구체적으로 시각적으로 말하자면 선택의 표시인 ○표가 될 수 있는 대로 대각선 가까이에, 배척의 표시인 ×표가 될 수 있는 대로 위 오른쪽 귀퉁이나 아래 왼편 귀퉁이에 모이도록 메트릭스를 조작하면 된다. 이렇게 재조작해서 얻어진 Sociomatrix는 두 사람 이상의 조사자가 조작을 해도 같은 결과가 나타나는 장점이 있으며, 각기 하위집단의 결합의 강도를 똑똑히 파악할 수 있고 선택이나 배척을 어떤 종류의 집단에서 받고 있느냐와 같은 문제도 판명되는 이점이 있다. 따라서 이왕 소시오메트릭스를 작성하려면 기본메트릭스에 만족하지 말고 재조작의 작업까지 시도하는 것이 바람직하다.

c. Sociomatrix의 해석은 합계 난에 나타난 선택수는 각 피조사자의 사회적 관계의 지표가 된다. 즉 선택수가 많을수록 우인관계를 맺으려는 경향이 크다는 것을 엿볼 수 있게 하고 선택수가 적을수록 그렇지 않음을 예상케 한다. 따라서 대인관계에 있어서 자기 개방적이냐 자기 폐쇄적이냐를 판단하는 기초가 된다고 볼 수 있다.

그리고 피선수의 합계 난은 해당 질문 항목에 있어서의 각 피조사자의 집단 내 지위 또는 사회적 수용성(social acceptance)을 나타낸다. 즉 우호적인 관계에서 선택되는 수가 많으면 그만큼 그는 인기도(popularity)가 높은 사람이고, 반발적 관계에서 선택되는 수가 많으면 그만큼 배척 · 증오의 대상이 되어 있는 것으로 볼 수 있다.

또 어느 쪽으로도 피선수가 없으면 고립 또는 사회적으로 격리되어 있음을 의미하게 될 것이고, 우호적인 선택에서 피선수가 낮으면 그 집단에서 등한시 또는 무시되고 있는 존재임을 짐작하게 된다.

그러므로 선택수와 피선수를 관련시켜서 살펴보면, 집단사회에서 그가 차지하고 있는 지위(social status)에 대하여 자세한 정보를 얻을 수 있게 된다.

(3) 지수(index)에 의한 분석법

소시오그램의 주관적인 표시라는 단점을 극복하고 객관성을 확보하는 하나의 시도로써 지수 표시가 사용된다. 즉, 개인이나 집단이 취득한 선택-배척의 정도를 지수로 표시하자는 것이다.

1 피조사자의 지위에 관한 지수

① 선택관계에 있어서의 개인의 지위지수(index of choice status)

$$CS_i = \frac{C_1}{N-1}$$

(단, C_i는 개인 i가 선택되어진 수, N은 집단 인원수)

② 배척관계에 있어서의 개인의 지위지수(index of rejection status)

$$RS_i = \frac{R_1}{N-1}$$

(단, R_i는 개인 i가 배척 · 거부당한 수)

③ 사회성 측정적 지위지수(isss)

$$\text{Isss} = \frac{1}{2}\left(\frac{CRS}{N-1} + \frac{mc-mr}{d}\right)$$

N = 학급학생수, C(선택), R(배척), CRS(선택과 배척의 차의 총합득점), mc(상호선택), mr(상호배척), d(선택배척 제한수, 20명 이상은 5, 19명 이하는 3)

2 집단특성에 관한 지수

① 집단의 발전성 지수(index of group expansiveness)

$$E = \frac{C}{N(N-1)}$$

(C는 각 구성원의 피선택 총수)

② **집단의 응집성 지수**(index of group cohesion)

$$C_o = \frac{2MC}{N(N-1)}$$

(MC는 상호선택수)

③ **집단의 긴밀성 지수**(index of group Coherence)

$$ICC = \frac{Rq}{Up}$$

(R= 상호 선택수
U= 일방적인 선택수
p= 다른 한 사람에게서 선택되어진 확률
q= 다른 한 사람에게서 선택되어지지 않은 확률)

④ **집단 내 선택의 지수**(index of ingroup preference)

$$IP = \frac{Ca-a}{Ca-b} \cdot \frac{N-a}{a-1}$$

⑤ **집단 내 분열의 지수**(index of ingroup cleavage)

$$IC = \frac{Ca-a}{Ca} \cdot \frac{1}{\frac{C-a}{Ct}} = \frac{Ca-a}{Ca} \cdot \frac{Ct}{C-a}$$

(a= A 집단의 성원수
b= B집단의 성원수
$N = a + b$)

지수해석법(index analysis method)은 개인간의 비교, 집단간의 비교에 크게 도움이 되는 방법이지만 아직도 지수의 신뢰도 · 타당도 문제에는 많은 제한이 따르고 있는 편이다.

(4) 통계적 방법에 약한 분석법

지수표시보다도 한층 이론적 근거를 갖는 해석 방법으로서 통계적 방법이 있다. K. Jennings는 피선택수의 빈도분포를 작성하여 거기에 평균(M)과 표준편차(S.D.)를 산출하고 있다. 그리하여

① M+2SD보다 많은 피선택수를 얻은 사람 : 스타, 인기자(선택을 아주 많이 받은 사람)

② M−2SD보다 적은 피선택수를 얻은 사람 : 고립자(피선택수가 아주 적은 사람)로 정의하고 있다.

한편 Moreno는 이항분포(binominal distribution)를 기초로 해서 스타나 고립자를 정의했다. 즉, 각기 성원을 선택수를 일정한 수인 P로 친다면 A가 B에서 선택당할 확률의 $\frac{P}{N-1}$이고, A가 B에게서 선택되지 못할 확률은 $\frac{N-1-P}{N-1}$이다. 따라서 이항분포 $\left(\frac{P}{N-1}+\frac{N-P-1}{N-1}\right)^{N-1}$의 전개식의 각 항목을 그대로 이용하여

① 집단 내의 누구에게서도 선택받지 못할 확률은

$$_{N-1}C_0\left(\frac{N-1-P}{N-1}\right)^{N-1}\left(\frac{P}{N-1}\right)^0$$

② 집단 내의 어느 한 사람에게서 선택받을 확률은

$$_{N-1}C_1\left(\frac{N-1-P}{N-1}\right)^{N-2}\left(\frac{P}{N-1}\right)^1$$

③ 집단 내의 어느 두 사람에게서 선택받을 확률은

$$_{N-1}C_2\left(\frac{N-1-P}{N-1}\right)^{N-3}\left(\frac{P}{N-1}\right)^2$$

④ 집단 내의 어느 세 사람에게서 선택받을 확률은

$$_{N-1}C_3\left(\frac{N-1-P}{N-1}\right)^{N-4}\left(\frac{P}{N-1}\right)^3$$

결국 이항분포의 전개식은 각 항의 값을 계산해서, 처음 항에서 시작해서 차츰 올라간다. 예를 들면, 유의수준(significance level)을 5%로 정해 놓았을 경우에는 그 수치가 J항 차례에서 0.05를 넘고 k항 차례에서 0.95를 넘었다고 한다면 피선택수가 (J-1) 이하의 사람들은 고립자로 부르게 되고 0.95 이상이 되는 각 항, 즉 피선수가 k 이상인 사람들을 스타로 부르게 된다.

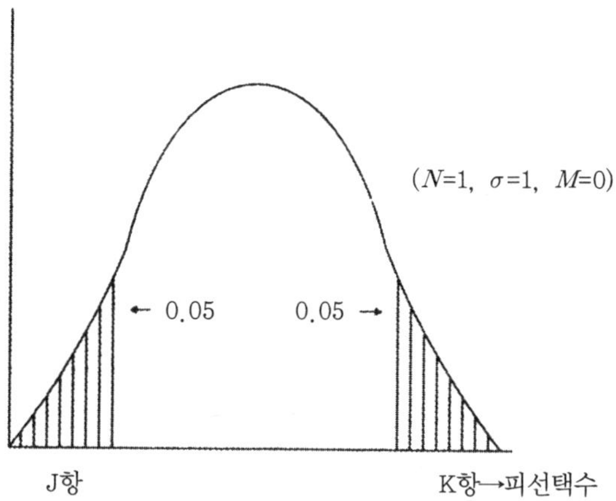

[그림 10-14] **이항분포를 기초로한 인기자와 고립자의 추출**

이와 같은 통계적 해석의 특색은 지수분포와 같이 개인간의 비교를 용이하게 해 주는 데 있다.

8. 인물추정법

1) 인물추정법의 특징

(1) 인물추정법의 정의

인물추정법(guess-who test, 대인추정법, 추인법)이란 바람직한 특성, 또는 바람직하지 못한 특성을 가진 사람을 그 집단 안에서 약간명씩 선택해서 기술하게 하는 방법이다.

(2) 검사의 목적

성격검사는, 그 평가의 방법에 따라서, 자기평가에 의한 것과 다른 사람의 평가에 의한 방법이 있는데, 인물추정법은 사람의 행동이나 성격을 다른 사람의 평가에 의해서 종합적으로 알아보는데 그 목적이 있는 방법이다.

(3) 장 점

Sociometric Test는 상대적 평가이므로 호악의 순서가 좀체로 변하지 않는 경우가 있다. 예컨대, 어떤 학급의 학생들을 잘 지도해서 고립자를 없애려고 노력해도 Sociometric Test의 결과에서는 이전에 피거부자였던 학생은 여전히 피거부자가 되고 만다. 또한, "싫은 학생을 골라라"라고 지시한다면 전에 선택했던 사람을 다시 선택하게 될 가능성이 없지 않다. 따라서 그의 집단 내의 상대적 지위는 잘 변하지 않을 수 있다.

이에 대해서 인물추정법은 이와 같은 지도과정에 의한 변화를 효율적으로 포착할 수가 있는 장점을 가지고 있다. 이 방법은 행동을 기술한 단문을 제시하고 그 내용에 합당한 인물을 지적하게 하여 행동이나 성격을 평가하게 된다.

2) 인물추정법의 절차와 방법

(1) 검사문항 내용

행동평가의 영역에 해당하는 6개 평정목표별로 하위평정항목을 3~5개 정도로 세분하여 모두 18~30개 항목에 걸쳐서 각 항목에 관한 인물을 기술시키고, 자기 학급 학생 중 누가 가장 그 항목의 내용에 합당한가를 학생상호간에 평정시킨다. 예를 들면 아래와 같다.

최근 우리 반에서 부지런하게 된 사람은 누구일까요?
( ), ( ), ( )

각 평정항목은 A, B의 두 부분으로 나누어 구성하되, A는 그 항목에 관해 뛰어난 자, B는 그 항목에 관해 열등한자를 3명씩 기입하게 한다. 각 학생은 그 항목에 관한 A 또는 B에서 평정된 횟수의 결과에 의해서 판정되는 것이다.

(2) 실시방법

검사는 처음부터 문항 순서대로 해 나간다. 먼저 처음의 질문 항목을 읽고 내용에 관해 모르는 부분이 있을 때에는 설명을 충분히 해 준 후에 기입시킨다.

학급학생 전원의 기입이 확인된 후에 비로소 다음의 항목에 들어가게 해야 하며, 다음의 항목을 읽고 일제히 답을 하게 한다. 이런 식으로 문항을 건너뛰지 말고 차례대로 읽고 답을 하게 하되 도중에 문제의 의미를 질문하는 사람이 생기면 각자에게 설명을 해 주어야 한다. 답을 하는데 시간의 제한을 두어서는 안 된다.

(3) 정리방법

① 능력이 매우 열등한 자, 최근 전입학한 자, 아직 급우를 잘 알지 못하는 자, 그리고 기입사항이 극히 적은 사람의 자료를 제외시킨 전원의 자료를 사용하여 집계표를 작성한다.

② 각 학생별로 각 항목에 있어서 뛰어났다고 선택된 횟수에서 열등하다고 선택된 횟수를 빼어 득점을 산출한다.

③ 득점을 1~5까지의 5단계 평정으로 고쳐서 학급학생들의 행동에 대한 최종적인 평정을 한다.

(4) 결과의 해석

① 5단계 평정에 입각하여 각자의 총합적인 행동을 판정한다.

② 뛰어났다고 평가된 횟수와 열등하다고 평가된 횟수의 관계에서, 학생 개개인의 특질과 인간관계 및 학급구조 등에 관하여 고찰한다.

③ 각 항목별로, 학급 전학생의 득점을 분포곡선으로 나타내어 득점분포에 대하여 검토해 본다.

부 록

문항분석 수표

문항분석 수표 [P_H : 상층집단 27%의 성공률(%), P_L : 하층집단 27%의 성공률(%) / P : 문항난이도, r : 문항변별도지수]

P_L \ P_H	01	02	03	04	05	06	07	08	09	10	11	12	13	14	15	16	17	18	19	20
	p r	p r	p r	p r	p r	p r	p r	p r	p r	p r	p r	p r	p r	p r	p r	p r	p r	p r	p r	p r
99	50 .98	52 .92	54 .92	55 .91	57 .90	58 .90	59 .89	59 .89	60 .88	61 .88	62 .87	63 .87	63 .87	64 .86	64 .86	65 .85	66 .85	66 .85	67 .84	67 .84
98	48 .92	50 .91	52 .90	53 .89	54 .89	55 .88	56 .87	57 .87	58 .86	59 .86	60 .85	60 .85	61 .84	62 .84	62 .83	63 .83	64 .82	64 .82	65 .81	65 .81
97	45 .92	48 .90	50 .89	51 .88	52 .87	54 .87	55 .86	56 .85	56 .85	57 .84	58 .84	59 .83	59 .82	60 .82	61 .81	61 .81	62 .80	63 .80	63 .79	64 .79
96	45 .19	47 .89	49 .88	50 .87	51 .86	52 .86	53 .85	54 .84	55 .83	56 .83	57 .82	57 .82	58 .81	59 .80	59 .80	60 .79	61 .79	61 .78	62 .78	63 .77
95	43 .90	46 .89	47 .87	49 .86	50 .85	51 .84	52 .84	53 .83	54 .82	55 .82	55 .81	56 .80	57 .80	58 .79	58 .78	59 .78	59 .77	60 .77	61 .76	61 .75
94	42 .90	45 .88	46 .87	48 .86	49 .84	50 .84	51 .83	52 .82	83 .81	54 .80	54 .80	55 .79	55 .78	56 .78	57 .77	58 .77	58 .76	59 .75	60 .75	60 .74
93	41 .89	44 .87	45 .86	47 .85	48 .84	49 .83	50 .82	51 .81	52 .80	53 .79	53 .79	54 .78	55 .77	55 .77	56 .76	57 .75	57 .75	58 .74	59 .73	59 .73
92	41 .89	43 .87	44 .85	46 .84	47 .83	48 .82	49 .81	50 .80	51 .79	52 .79	52 .78	53 .77	54 .76	55 .76	55 .75	56 .74	57 .73	57 .73	58 .72	58 .71
91	40 .88	42 .86	44 .85	45 .83	46 .82	47 .81	48 .80	49 .79	50 .79	51 .78	52 .77	52 .76	53 .75	54 .75	54 .74	55 .73	56 .72	56 .72	57 .71	58 .70
90	39 .88	41 .86	43 .84	44 .83	45 .82	46 .80	47 .79	48 .79	49 .78	50 .77	51 .76	52 .75	52 .74	53 .74	54 .73	54 .72	55 .71	56 .71	56 .70	57 .69
89	38 .87	40 .85	42 .84	43 .82	45 .81	46 .80	47 .79	48 .78	48 .77	49 .76	50 .75	51 .74	51 .73	52 .73	53 .72	53 .71	54 .70	55 .69	55 .69	56 .68
88	37 .87	40 .85	41 .83	43 .82	44 .80	45 .79	46 .78	47 .79	48 .76	48 .75	49 .74	50 .73	51 .73	51 .72	52 .71	53 .70	53 .69	54 .68	55 .68	55 .67
87	37 .87	39 .84	41 .82	42 .81	43 .80	44 .78	45 .77	46 .76	47 .75	48 .74	49 .73	49 .73	50 .72	51 .71	51 .70	52 .69	53 .68	53 .67	54 .67	55 .66
86	36 .86	38 .84	40 .82	41 .80	42 .79	44 .78	45 .77	45 .76	46 .75	47 .74	48 .73	49 .72	49 .71	50 .70	51 .69	51 .68	52 .67	53 .67	53 .66	54 .65
85	36 .86	38 .83	39 .81	41 .80	42 .78	43 .77	44 .76	45 .75	46 .74	46 .73	47 .72	48 .71	49 .70	49 .69	50 .68	51 .67	51 .66	52 .65	53 .65	53 .64
84	35 .85	37 .83	39 .81	40 .73	41 .78	42 .77	43 .75	44 .74	45 .73	46 .72	47 .71	47 .70	48 .69	49 .68	49 .67	50 .66	51 .65	51 .65	52 .64	53 .63
83	34 .85	36 .82	38 .80	39 .79	41 .77	42 .76	43 .75	43 .73	44 .72	45 .71	46 .70	47 .69	47 .68	48 .67	49 .66	49 .65	50 .65	51 .64	51 .63	52 .62
82	34 .85	36 .82	37 .80	39 .78	40 .77	41 .75	42 .74	43 .73	44 .72	44 .71	45 .69	46 .68	47 .67	47 .67	48 .65	49 .65	49 .64	50 .63	51 .62	51 .61
81	33 .84	35 .81	37 .79	38 .78	39 .76	40 .75	41 .73	42 .72	43 .71	44 .70	45 .69	45 .68	46 .67	47 .66	47 .65	48 .64	49 .63	49 .62	50 .61	51 .60
80	33 .84	35 .81	36 .79	37 .77	39 .75	40 .74	41 .73	42 .71	42 .70	43 .69	44 .68	45 .67	45 .66	46 .65	47 .64	47 .63	48 .62	49 .61	49 .60	50 .59
79	32 .84	34 .81	36 .78	37 .77	38 .75	39 .73	40 .72	41 .71	42 .70	43 .68	43 .67	44 .66	45 .65	46 .64	46 .63	47 .62	48 .61	48 .60	49 .59	49 .48
78	32 .83	34 .80	35 .78	36 .76	38 .74	39 .73	40 .71	40 .70	41 .69	42 .68	43 .67	44 .65	44 .64	45 .63	46 .62	46 .61	47 .60	48 .59	48 .58	49 .57

77	31 .83	33 .80	35 .77	36 .76	37 .74	38 .72	39 .71	40 .69	41 .68	41 .67	42 .66	43 .65	44 .64	44 .63	45 .61	46 .60	46 .59	47 .58	48 .57	48 .56
76	31 .82	33 .79	34 .77	35 .75	36 .73	37 .72	38 .70	39 .69	40 .68	41 .66	42 .65	42 .64	43 .63	44 .62	44 .60	45 .60	46 .58	46 .57	47 .56	48 .56
75	30 .82	32 .79	34 .76	35 .74	36 .73	37 .71	38 .70	39 .68	40 .67	40 .66	41 .64	42 .63	42 .62	43 .61	44 .60	45 .59	45 .58	46 .57	46 .56	47 .55
74	30 .82	32 .79	33 .76	34 .74	35 .72	36 .70	37 .69	38 .67	39 .66	40 .65	41 .65	41 .62	42 .61	43 .60	43 .59	44 .58	45 .57	45 .56	46 .55	47 .54
73	29 .81	31 .78	32 .75	34 .73	35 .72	36 .70	37 .68	38 .67	38 .65	39 .64	40 .63	41 .62	41 .61	42 .59	43 .58	43 .57	44 .56	45 .55	45 .54	46 .53
72	29 .81	31 .78	32 .75	33 .73	34 .71	35 .69	36 .68	37 .66	38 .65	39 .63	39 .62	40 .61	41 .60	42 .59	42 .57	43 .56	44 .55	44 .54	45 .53	45 .52
71	28 .81	30 .77	32 .75	33 .72	34 .70	35 .69	36 .67	37 .66	37 .64	38 .63	39 .61	40 .60	40 .59	41 .58	42 .57	42 .55	43 .54	44 .53	44 .52	45 .51
70	28 .80	30 .77	31 .74	32 .72	33 .70	34 .68	35 .66	36 .65	37 .63	38 .62	38 .61	39 .60	40 .58	41 .57	41 .56	42 .55	43 .54	43 .52	44 .51	44 .50
69	27 .80	29 .76	31 .74	32 .71	33 .69	34 .67	35 .66	36 .64	36 .63	37 .61	38 .60	39 .59	39 .58	40 .56	41 .55	41 .54	42 .53	43 .52	43 .51	44 .50
68	27 .80	29 .76	30 .73	31 .71	32 .69	33 .67	34 .65	35 .64	36 .62	37 .61	37 .59	38 .58	39 .57	40 .56	40 .54	41 .53	41 .52	42 .51	43 .50	43 .49
67	26 .79	28 .75	30 .73	31 .70	32 .68	33 .66	34 .65	35 .63	35 .61	36 .60	37 .59	38 .57	38 .56	39 .55	40 .53	40 .52	41 .51	42 .50	42 .49	43 .48
66	26 .79	28 .75	29 .72	30 .70	31 .68	32 .66	33 .64	34 .62	35 .61	36 .59	36 .58	37 .57	38 .55	38 .54	39 .53	40 .52	40 .50	41 .49	42 .48	42 .47
65	25 .78	27 .74	29 .72	30 .69	31 .67	32 .65	33 .63	34 .62	34 .60	35 .59	36 .57	37 .56	37 .55	38 .53	39 .52	39 .51	40 .50	41 .48	41 .47	42 .46
64	25 .78	27 .74	28 .71	29 .69	30 .66	31 .64	32 .63	33 .61	34 .59	35 .58	35 .56	36 .55	37 .54	37 .52	38 .51	39 .50	39 .49	40 .48	41 .46	41 .45
63	25 .78	26 .74	28 .71	29 .68	30 .66	31 .64	32 .62	33 .60	33 .59	34 .57	35 .56	36 .54	36 .53	37 .52	38 .50	38 .49	49 .48	40 .47	40 .46	41 .44
62	24 .77	26 .73	27 .70	28 .68	29 .65	30 .63	31 .61	32 .60	33 .58	34 .57	34 .55	35 .54	36 .52	36 .51	37 .50	38 .48	38 .47	39 .46	40 .45	40 .44
61	24 .77	25 .73	27 .70	28 .67	29 .65	30 .63	31 .61	32 .59	32 .57	33 .56	34 .54	35 .53	35 .52	36 .50	37 .49	37 .48	38 .46	39 .45	39 .44	40 .43
60	23 .76	25 .72	26 .69	27 .66	29 .64	30 .62	30 .60	31 .58	32 .57	33 .55	33 .54	34 .52	35 .51	35 .49	36 .48	37 .47	37 .45	38 .44	39 .43	39 .42
59	23 .76	25 .72	26 .69	27 .66	28 .63	29 .61	30 .59	31 .58	31 .56	32 .54	33 .53	34 .51	34 .50	35 .49	36 .47	36 .46	37 .45	38 .43	38 .42	39 .41
58	22 .76	24 .71	28 .68	27 .65	28 .63	29 .61	29 .59	30 .57	31 .55	32 .54	32 .52	33 .51	34 .49	35 .48	35 .46	36 .45	36 .44	37 .43	38 .41	38 .40
57	22 .75	24 .71	25 .67	26 .65	27 .62	28 .60	29 .58	30 .56	31 .55	31 .53	32 .51	33 .50	33 .48	34 .47	35 .46	35 .44	36 .43	37 .42	37 .40	38 .39
56	22 .75	23 .70	25 .67	26 .64	27 .62	28 .59	28 .57	29 .56	30 .54	31 .52	32 .51	32 .49	33 .48	34 .46	34 .45	34 .43	35 .42	36 .41	37 .40	37 .38
55	21 .74	23 .70	24 .66	25 .64	26 .61	27 .59	28 .57	29 .55	30 .53	30 .51	31 .50	32 .48	32 .47	33 .45	34 .44	34 .42	35 .41	36 .40	36 .39	37 .37
54	21 .74	23 .69	24 .66	25 .63	26 .60	27 .58	28 .56	28 .54	29 .52	30 .51	31 .49	31 .47	32 .46	33 .45	33 .43	34 .42	35 .40	35 .39	36 .38	36 .36
53	20 .74	22 .69	23 .65	24 .62	25 .60	26 .58	27 .55	28 .53	29 .52	29 .50	30 .48	31 .47	31 .45	32 .44	33 .42	33 .41	34 .40	35 .38	35 .37	36 .36
52	20 .73	22 .68	23 .65	24 .62	25 .59	26 .57	27 .55	28 .53	28 .51	29 .49	30 .48	30 .46	31 .44	32 .43	32 .41	33 .40	34 .39	34 .37	35 .36	35 .35
51	20 .73	21 .68	22 .64	24 .61	25 .59	25 .56	26 .54	27 .52	28 .50	29 .48	29 .47	30 .45	31 .44	31 .42	32 .41	32 .39	33 .38	34 .39	34 .35	35 .34

문항분석 수표

[P_H : 상층집단 27%의 성공률(%), P_L : 하층집단 27%의 성공률(%)
P : 문항난이도, r : 문항변별도지수]

P_H \ P_L	01	02	03	04	05	06	07	08	09	10	11	12	13	14	15	16	17	18	19	20
	p r	p r	p r	p r	p r	p r	p r	p r	p r	p r	p r	p r	p r	p r	p r	p r	p r	p r	p r	p r
50	19 .72	21 .67	22 .64	23 .61	24 .58	25 .56	26 .53	27 .51	27 .50	28 .48	29 .46	29 .44	30 .43	30 .41	31 .40	32 .38	33 .37	33 .36	34 .34	34 .33
49	19 .72	20 .67	22 .63	23 .60	24 .57	25 .55	25 .53	26 .51	27 .49	28 .47	28 .45	29 .43	30 .42	30 .40	31 .39	31 .37	31 .36	33 .35	33 .33	34 .32
48	18 .71	20 .66	21 .62	22 .59	23 .57	24 .54	25 .52	26 .50	26 .48	27 .46	28 .44	29 .43	29 .41	30 .39	30 .38	31 .37	32 .35	32 .34	32 .32	33 .31
47	18 .71	20 .66	21 .62	22 .59	23 .56	24 .53	25 .51	25 .49	26 .47	27 .45	27 .44	28 .42	29 .40	29 .39	30 .37	31 .36	31 .34	32 .33	32 .32	33 .30
46	18 .70	19 .65	20 .61	21 .58	22 .55	23 .53	24 .50	25 .48	26 .46	26 .44	27 .43	28 .41	28 .39	29 .38	30 .36	30 .35	31 .33	31 .32	32 .31	32 .29
45	17 .70	19 .65	20 .61	21 .57	22 .55	23 .52	24 .50	24 .48	25 .46	26 .44	27 .42	27 .40	28 .39	28 .37	29 .35	30 .34	30 .32	31 .31	31 .30	32 .28
44	17 .69	18 .64	20 .60	21 .57	22 .54	22 .51	23 .49	24 .47	25 .45	25 .43	26 .41	27 .39	27 .38	28 .36	29 .34	29 .33	30 .32	20 .30	31 .29	32 .28
43	17 .69	18 .63	19 .59	20 .56	21 .53	22 .51	23 .48	24 .46	24 .44	25 .42	26 .40	26 .38	27 .37	28 .35	28 .34	29 .32	29 .31	30 .29	30 .28	31 .27
42	16 .68	18 .63	19 .59	20 .55	21 .52	22 .50	22 .47	23 .45	24 .43	24 .41	25 .39	26 .38	26 .36	27 .34	28 .33	28 .31	29 .30	29 .28	30 .27	31 .26
41	16 .68	17 .62	18 .58	19 .55	20 .52	21 .49	22 .47	23 .44	23 .42	24 .40	25 .38	25 .37	26 .35	37 .33	27 .32	28 .30	28 .29	29 .27	29 .26	30 .25
40	15 .67	17 .61	18 .57	19 .54	20 .51	21 .48	21 .46	22 .43	23 .41	24 .39	24 .38	25 .36	25 .34	26 .32	27 .31	27 .29	28 .28	28 .26	29 .25	30 .24
39	15 .67	17 .61	18 .57	19 .53	19 .50	20 .47	21 .45	22 .43	22 .41	23 .39	24 .37	24 .35	25 .33	26 .31	26 .30	27 .28	27 .27	28 .25	29 .24	29 .23
38	15 .66	16 .60	17 .56	18 .52	19 .49	20 .47	21 .44	21 .42	22 .40	23 .38	23 .36	24 .34	25 .32	25 .31	26 .29	26 .27	27 .26	28 .24	28 .23	29 .22
37	14 .66	16 .60	17 .55	18 .52	19 .48	19 .46	20 .43	21 .41	22 .39	22 .37	23 .35	24 .33	24 .31	25 .30	25 .28	26 .26	27 .25	27 .23	28 .22	28 .21
36	14 .65	15 .59	16 .55	17 .51	18 .48	19 .45	20 .42	21 .40	21 .38	22 .36	22 .34	23 .32	24 .30	24 .29	25 .27	25 .25	26 .24	27 .22	27 .21	28 .20
35	14 .65	15 .58	16 .54	17 .50	18 .47	19 .44	19 .42	20 .39	21 .37	21 .35	22 .33	23 .31	23 .29	24 .28	24 .26	25 .24	26 .23	26 .21	27 .20	27 .18
34	13 .64	15 .57	16 .53	17 .49	17 .46	18 .43	19 .41	20 .38	20 .36	21 .34	22 .32	22 .30	23 .28	23 .27	24 .25	25 .23	25 .22	26 .20	26 .19	27 .17
33	13 .63	14 .57	15 .52	16 .48	17 .45	18 .42	18 .40	19 .37	20 .35	20 .33	21 .31	22 .29	22 .27	23 .26	24 .24	24 .22	25 .21	25 .19	26 .18	26 .16
32	13 .63	14 .56	15 .51	16 .48	17 .44	17 .41	18 .39	19 .36	19 .34	20 .32	21 .30	21 .28	22 .26	23 .25	23 .23	24 .21	24 .20	25 .18	25 .17	26 .15
31	12 .62	13 .55	14 .51	15 .47	16 .43	17 .40	18 .38	18 .35	19 .33	20 .31	20 .29	21 .27	21 .25	22 .23	23 .22	23 .20	24 .19	24 .17	25 .16	25 .14
30	12 .61	13 .54	14 .50	15 .46	16 .42	17 .39	17 .37	18 .34	19 .32	19 .30	20 .28	20 .26	21 .24	22 .22	22 .21	23 .19	23 .17	24 .16	24 .14	25 .13
29	11 .61	13 .54	14 .49	15 .45	15 .41	16 .39	17 .36	17 .33	18 .31	19 .29	19 .27	20 .25	20 .23	21 .21	22 .19	22 .18	23 .16	23 .15	24 .13	24 .12

28	11 .60	12 .53	13 .48	14 .44	15 .40	16 .38	16 .35	17 .32	18 .30	18 .28	19 .26	20 .24	20 .22	21 .20	21 .18	22 .17	22 .15	23 .13	23 .12	24 .10
27	11 .59	12 .52	13 .47	14 .43	15 .39	15 .36	16 .34	17 .31	17 .29	18 .27	18 .24	19 .23	20 .21	20 .19	21 .17	21 .15	22 .14	22 .12	23 .11	23 .09
26	10 .58	11 .51	12 .46	13 .42	14 .38	15 .35	16 .32	16 .30	17 .28	17 .25	18 .23	19 .21	19 .19	20 .18	20 .16	21 .14	21 .13	32 .11	22 .09	23 .08
25	10 .57	11 .50	12 .45	13 .41	14 .37	14 .34	15 .31	16 .29	16 .27	17 .24	18 .22	18 .20	19 .18	19 .16	20 .15	20 .13	21 .11	21 .10	22 .08	22 .07
24	10 .57	11 .49	12 .44	13 .40	13 .36	14 .33	15 .30	15 .28	16 .25	17 .23	17 .21	18 .19	18 .17	19 .15	19 .13	20 .12	20 .10	21 .08	21 .07	22 .05
23	09 .56	10 .48	11 .43	12 .39	13 .35	14 .32	14 .29	15 .26	16 .24	16 .22	17 .20	17 .18	18 .16	18 .14	19 .12	19 .10	20 .09	20 .07	21 .06	21 .04
22	09 .55	10 .47	11 .42	12 .38	12 .34	13 .31	14 .28	14 .25	15 .23	16 .20	16 .18	17 .16	17 .14	18 .12	18 .11	19 .09	19 .07	20 .06	20 .04	21 .03
21	09 .54	10 .46	11 .41	11 .36	12 .33	13 .30	13 .27	14 .24	15 .21	15 .19	16 .17	16 .15	17 .13	17 .11	18 .09	18 .08	19 .06	19 .04	20 .03	20 .01
20	08 .53	09 .45	10 .40	11 .35	12 .31	12 .28	13 .25	14 .22	14 .20	15 .18	15 .16	16 .14	16 .12	17 .10	17 .08	18 .06	18 .05	19 .03	19 .02	20 .00
19	08 .52	09 .44	10 .38	10 .34	11 .30	12 .27	13 .24	13 .21	14 .19	14 .16	15 .14	15 .12	16 .10	16 .08	17 .06	17 .05	18 .03	18 .02	19 .00	
18	08 .51	09 .43	09 .37	10 .33	11 .29	11 .25	12 .22	13 .20	13 .17	14 .15	14 .13	15 .11	15 .09	16 .07	16 .05	17 .03	17 .02	18 .00		
17	07 .50	08 .42	09 .36	10 .31	10 .27	11 .24	12 .21	12 .18	13 .16	13 .13	14 .11	14 .09	15 .07	15 .05	16 .03	16 .02	17 .00			
16	07 .49	08 .40	08 .34	09 .30	10 .26	11 .23	11 .19	12 .16	12 .14	13 .12	13 .09	14 .07	14 .05	15 .04	15 .02	16 .00				
15	06 .47	07 .39	08 .33	09 .28	10 .24	10 .21	11 .18	11 .15	12 .12	12 .10	13 .08	13 .06	14 .04	14 .02	15 .00					
14	06 .46	07 .37	08 .31	08 .26	09 .22	10 .19	10 .16	11 .13	11 .10	12 .08	12 .06	13 .04	13 .02	14 .00						
13	06 .45	07 .36	07 .30	08 .25	09 .21	09 .17	10 .14	10 .11	11 .09	11 .06	12 .04	12 .02	13 .00							
12	05 .43	06 .34	07 .28	08 .23	08 .19	09 .15	09 .12	10 .09	10 .07	11 .04	11 .02	12 .00								
11	05 .41	06 .32	07 .26	07 .21	08 .17	08 .13	09 .10	09 .07	10 .05	10 .02	11 .00									
10	05 .39	05 .30	06 .24	07 .19	07 .15	08 .11	08 .08	09 .05	09 .02	10 .00										
09	☆	05 .28	06 .22	06 .16	07 .12	07 .09	08 .05	08 .02	09 .00											
08		05 .26	05 .19	06 .14	06 .10	07 .06	07 .03	08 .00												
07			05 .16	05 .11	06 .07	06 .03	07 .00													
06				05 .08	05 .04	06 .00														
05					05 .00															

☆ P<05인 경우에는 r을 표시하지 않음 .

문항분석 수표

[P_H : 상층집단 27%의 성공률(%), P_L : 하층집단 27%의 성공률(%)
P : 문항난이도, r : 문항변별도지수]

P_L / P_H	21	22	23	24	25	26	27	28	29	30	31	32	33	34	35	36	37	38	39	40
	p r	p r	p r	p r	p r	p r	p r	p r	p r	p r	p r	p r	p r	p r	p r	p r	p r	p r	p r	p r
99	68 .84	68 .83	69 .83	69 .82	70 .82	70 .82	71 .81	71 .81	72 .81	72 .80	73 .80	73 .80	74 .79	74 .79	75 .78	75 .78	75 .78	76 .77	76 .77	77 .76
98	66 .81	66 .80	67 .80	67 .79	68 .79	68 .79	69 .78	69 .78	70 .77	70 .77	71 .76	71 .76	72 .75	72 .75	73 .74	73 .74	74 .74	74 .73	75 .73	75 .72
97	64 .78	65 .78	65 .77	66 .77	66 .76	67 .76	68 .75	68 .75	68 .75	69 .74	69 .74	70 .73	70 .73	71 .72	71 .72	72 .71	72 .71	73 .70	73 .70	74 .69
96	63 .77	64 .76	64 .76	65 .75	65 .74	66 .74	66 .73	67 .73	67 .72	68 .72	68 .71	69 .71	69 .70	70 .70	70 .69	71 .69	71 .68	72 .68	72 .67	73 .66
95	62 .75	62 .74	63 .74	64 .73	64 .73	65 .72	65 .72	66 .71	66 .70	67 .70	67 .69	68 .69	68 .68	69 .68	69 .67	70 .66	70 .66	71 .65	71 .65	71 .64
94	61 .73	61 .73	62 .72	63 .72	63 .71	64 .70	64 .70	65 .69	65 .69	66 .68	66 .67	67 .67	67 .66	68 .66	68 .65	69 .64	69 .64	70 .63	70 .63	70 .62
93	60 .72	60 .71	61 .71	62 .70	62 .70	63 .69	63 .68	64 .68	64 .67	65 .66	65 .66	66 .65	66 .65	67 .64	67 .63	68 .63	68 .62	69 .61	69 .61	70 .60
92	59 .71	60 .70	60 .69	61 .69	61 .68	62 .67	62 .67	63 .66	63 .66	64 .65	64 .64	65 .64	65 .63	66 .62	66 .62	67 .61	67 .60	68 .60	68 .59	69 .58
91	58 .70	59 .69	59 .68	60 .68	60 .67	61 .66	62 .65	62 .65	63 .64	63 .63	64 .63	64 .62	65 .61	65 .61	66 .60	66 .59	67 .59	67 .58	68 .57	68 .57
90	57 .68	58 .68	59 .67	59 .66	60 .66	60 .65	61 .64	61 .63	62 .63	62 .62	63 .61	63 .61	64 .60	64 .59	65 .59	65 .58	66 .57	66 .57	67 .56	67 .55
89	57 .57	57 .67	58 .66	58 .65	59 .64	59 .64	60 .63	61 .62	61 .61	62 .61	62 .60	63 .59	63 .59	64 .58	64 .57	65 .56	65 .56	66 .55	66 .54	67 .54
88	56 .66	56 .65	57 .65	58 .64	58 .63	59 .62	59 .62	60 .61	60 .60	61 .60	61 .59	62 .58	62 .57	63 .57	63 .56	64 .55	64 .54	65 .54	65 .53	66 .52
87	55 .65	56 .64	56 .64	57 .63	58 .62	58 .61	59 .61	59 .60	60 .59	60 .58	61 .58	61 .57	62 .56	62 .55	63 .55	63 .54	64 .53	64 .52	65 .52	65 .51
86	54 .64	55 .63	56 .63	56 .62	57 .61	57 .60	58 .59	58 .59	59 .58	59 .57	60 .56	60 .56	61 .55	62 .54	62 .53	63 .52	63 .52	64 .51	64 .50	66 .49
85	54 .63	54 .62	55 .61	56 .60	56 .60	57 .59	57 .58	58 .57	58 .57	59 .56	59 .55	60 .54	60 .53	61 .53	61 .52	62 .51	62 .50	63 .50	63 .49	64 .48
84	53 .62	54 .61	54 .60	53 .60	55 .59	56 .59	57 .57	57 .56	58 .55	58 .55	59 .54	59 .53	60 .52	60 .52	61 .51	61 .50	62 .49	62 .48	63 .48	63 .47
83	52 .61	53 .60	54 .59	54 .58	55 .58	55 .57	56 .56	56 .55	57 .54	57 .54	58 .53	59 .52	59 .51	60 .50	60 .50	61 .49	61 .48	62 .47	62 .46	63 .45
82	52 .60	52 .59	53 .58	54 .57	54 .57	55 .56	55 .55	56 .54	56 .53	57 .52	57 .52	58 .51	58 .50	59 .49	59 .48	60 .48	50 .47	61 .46	61 .45	62 .44
81	51 .59	52 .58	52 .57	53 .56	54 .56	54 .55	55 .54	55 .53	56 .52	56 .51	57 .51	57 .50	58 .49	58 .48	59 .47	59 .46	60 .46	60 .45	61 .44	61 .43
80	51 .58	51 .57	52 .56	52 .56	53 .55	53 .54	54 .53	55 .52	55 .51	56 .50	56 .50	57 .49	57 .48	58 .47	58 .46	59 .45	59 .44	60 .44	60 .43	61 .42
79	50 .57	51 .56	51 .55	52 .55	52 .54	53 .53	53 .52	54 .51	55 .50	55 .49	56 .48	56 .48	57 .47	57 .46	58 .45	58 .44	59 .43	59 .42	60 .41	60 .41
78	49 .56	50 .55	51 .54	51 .54	52 .53	52 .52	53 .51	53 .50	54 .49	54 .48	55 .47	55 .47	56 .46	57 .45	57 .44	58 .43	58 .42	59 .41	59 .40	60 .39

77	49 .55	49 .54	50 .54	51 .53	51 .52	52 .51	52 .50	53 .49	53 .48	54 .47	54 .46	55 .45	55 .45	56 .44	57 .43	57 .42	58 .41	58 .40	59 .39	59 .38
76	48 .55	49 .54	49 .53	50 .52	51 .51	51 .50	52 .49	52 .48	53 .47	53 .46	54 .45	54 .44	55 .44	55 .43	56 .42	56 .41	57 .40	57 .39	58 .38	58 .37
75	48 .54	48 .53	49 .52	49 .51	50 .50	51 .49	51 .48	52 .47	52 .46	53 .45	53 .44	54 .43	54 .43	55 .42	55 .41	56 .40	56 .39	57 .38	57 .37	58 .36
74	47 .53	48 .52	48 .51	49 .50	49 .49	50 .48	51 .47	51 .46	52 .45	52 .44	53 .43	53 .42	54 .41	54 .40	55 .40	55 .39	56 .38	56 .37	57 .36	57 .35
73	47 .52	47 .51	48 .50	48 .49	49 .48	49 .47	50 .46	51 .45	51 .44	52 .43	52 .42	53 .41	53 .40	54 .39	54 .39	55 .38	55 .37	56 .36	56 .35	57 .34
72	46 .51	47 .50	47 .49	48 .48	48 .47	49 .46	49 .45	50 .44	51 .43	51 .42	52 .41	52 .40	53 .39	53 .38	54 .37	54 .36	55 .36	55 .35	56 .34	56 .33
71	45 .50	46 .49	47 .48	47 .47	48 .46	48 .45	49 .44	49 .43	50 .42	51 .41	51 .40	52 .39	52 .38	53 .37	53 .36	54 .35	54 .35	55 .34	55 .33	56 .32
70	45 .49	46 .48	46 .47	47 .46	47 .45	48 .44	48 .43	49 .42	49 .41	50 .40	51 .39	51 .38	52 .37	52 .36	53 .35	53 .34	54 .34	54 .33	55 .32	55 .31
69	44 .48	45 .47	46 .46	46 .45	47 .44	47 .43	48 .42	48 .41	49 .40	49 .39	50 .38	51 .37	51 .36	52 .35	52 .34	53 .33	53 .32	54 .32	54 .31	55 .30
68	44 .48	45 .47	45 .45	46 .44	46 .43	47 .42	47 .41	48 .40	48 .39	49 .38	49 .37	50 .36	51 .35	51 .34	52 .33	52 .32	53 .31	53 .30	54 .30	54 .29
67	43 .47	44 .46	45 .45	45 .44	46 .43	46 .41	47 .40	47 .39	48 .38	48 .37	49 .36	49 .35	50 .34	51 .33	51 .32	52 .31	52 .30	53 .29	53 .29	54 .28
66	43 .46	43 .45	44 .44	45 .43	45 .42	46 .40	46 .39	47 .38	47 .37	48 .36	48 .35	49 .34	49 .33	50 .32	51 .31	51 .30	52 .29	52 .28	53 .27	53 .26
65	42 .45	43 .44	43 .43	44 .42	45 .41	45 .40	46 .39	46 .37	47 .36	47 .35	48 .34	48 .33	49 .32	49 .31	50 .30	51 .29	51 .28	52 .27	52 .26	53 .25
64	42 .44	42 .43	43 .42	44 .41	44 .40	45 .39	45 .38	46 .36	46 .35	47 .34	47 .33	48 .32	48 .31	49 .30	49 .29	50 .28	51 .27	51 .26	52 .25	52 .24
63	41 .43	42 .42	42 .41	43 .40	44 .39	44 .38	45 .37	45 .36	46 .35	46 .34	47 .32	47 .31	48 .30	48 .29	49 .28	49 .27	50 .26	51 .25	51 .24	52 .23
62	41 .42	41 .41	42 .40	43 .39	43 .38	44 .37	44 .36	45 .35	45 .34	46 .33	46 .32	47 .30	47 .29	48 .28	48 .27	49 .26	49 .25	50 .24	51 .23	51 .22
61	40 .41	41 .40	41 .39	42 .38	43 .37	43 .36	44 .35	44 .34	45 .33	45 .32	46 .31	46 .30	47 .29	47 .27	48 .26	48 .25	49 .24	49 .23	50 .22	51 .21
60	40 .41	40 .39	41 .38	42 .37	42 .36	43 .35	43 .34	44 .33	44 .32	45 .31	45 .30	46 .29	46 .28	47 .26	47 .25	48 .24	48 .23	49 .22	49 .21	50 .20
59	39 .40	40 .39	40 .37	41 .36	42 .35	42 .34	43 .33	43 .32	44 .31	44 .30	45 .29	45 .28	46 .27	46 .25	47 .24	47 .23	45 .22	48 .21	49 .20	49 .19
58	39 .39	39 .38	40 .36	41 .35	41 .34	42 .33	42 .32	43 .31	43 .30	44 .29	44 .28	45 .27	45 .26	46 .25	46 .23	47 .22	47 .21	48 .20	48 .19	49 .18
57	38 .38	39 .37	39 .36	40 .34	41 .33	41 .32	42 .31	42 .30	43 .29	43 .28	44 .27	44 .26	45 .25	45 .24	46 .22	46 .21	47 .20	47 .19	48 .18	48 .17
56	38 .37	38 .36	39 .35	40 .33	40 .32	41 .31	41 .30	42 .29	42 .28	43 .27	43 .26	44 .25	44 .24	45 .23	45 .21	46 .20	46 .19	47 .18	47 .17	48 .16
55	37 .36	38 .35	38 .34	39 .38	40 .31	40 .30	41 .29	41 .28	42 .27	42 .26	43 .25	43 .24	44 .23	44 .22	45 .21	45 .19	45 .13	46 .17	47 .16	47 .15
54	37 .35	37 .34	38 .33	39 .32	39 .31	40 .29	40 .28	41 .27	41 .26	42 .25	42 .24	43 .23	43 .22	44 .21	44 .20	45 .18	45 .17	46 .16	46 .15	47 .14
53	36 .34	37 .33	37 .32	38 .31	39 .30	39 .28	40 .27	40 .26	41 .25	41 .24	42 .23	42 .22	43 .21	43 .20	44 .19	44 .18	45 .16	45 .15	46 .14	46 .13
52	36 .33	36 .32	37 .31	38 .30	38 .29	39 .28	39 .26	40 .25	40 .24	41 .23	41 .22	42 .21	42 .20	43 .19	43 .18	44 .17	44 .15	45 .14	45 .13	46 .12
51	35 .33	36 .31	37 .30	37 .29	38 .28	38 .27	39 .25	39 .24	40 .23	40 .22	41 .21	41 .20	42 .19	42 .18	43 .17	43 .16	44 .14	44 .12	45 .12	45 .11

문항분석 수표

[P_H : 상층집단 27%의 성공률(%), P_L : 하층집단 27%의 성공률(%)
P : 문항난이도, r : 문항변별도지수]

P_H \ P_L	21	22	23	24	25	26	27	28	29	30	31	32	33	34	35	36	37	38	39	40
	p r	p r	p r	p r	p r	p r	p r	p r	p r	p r	p r	p r	p r	p r	p r	p r	p r	p r	p r	p r
50	35 .32	35 .30	36 .29	37 .28	37 .27	38 .26	38 .24	39 .23	39 .22	40 .21	40 .20	41 .19	41 .18	42 .17	42 .16	43 .15	43 .13	44 .12	44 .11	45 .10
49	34 .31	35 .30	36 .28	36 .27	37 .26	37 .25	38 .24	38 .22	39 .21	39 .20	40 .19	40 .18	41 .17	41 .16	42 .15	42 .14	43 .12	43 .11	44 .10	44 .09
48	34 .30	35 .29	35 .27	36 .26	36 .25	37 .24	37 .23	38 .21	38 .20	39 .19	39 .18	40 .17	40 .16	41 .15	41 .14	42 .13	42 .11	43 .10	43 .09	44 .08
47	33 .29	34 .28	35 .26	35 .25	36 .24	36 .23	37 .22	37 .20	38 .19	38 .18	38 .17	39 .16	40 .15	40 .14	41 .13	41 .12	42 .10	42 .09	43 .08	43 .07
46	33 .28	24 .27	34 .25	35 .24	35 .23	36 .22	36 .21	37 .19	37 .18	38 .17	38 .16	39 .15	39 .14	40 .13	40 .12	41 .11	41 .09	42 .08	42 .07	43 .06
45	33 .27	33 .26	34 .25	34 .23	35 .22	35 .21	36 .20	36 .18	37 .17	37 .16	38 .15	38 .14	39 .13	39 .12	40 .11	40 .09	41 .08	41 .07	42 .06	42 .05
44	32 .26	33 .25	33 .24	34 .22	34 .21	35 .20	35 .19	36 .17	36 .16	37 .15	37 .14	38 .13	38 .12	39 .11	39 .10	40 .08	40 .07	41 .06	41 .05	42 .04
43	32 .25	32 .24	33 .23	33 .21	34 .20	34 .19	35 .18	35 .16	36 .15	36 .14	37 .13	37 .12	38 .11	38 .10	39 .09	39 .07	40 .06	40 .05	41 .04	41 .03
42	31 .24	32 .23	32 .22	33 .20	33 .19	34 .18	34 .17	35 .15	35 .14	36 .13	36 .12	37 .11	37 .10	38 .09	38 .08	39 .06	39 .05	40 .04	40 .03	41 .02
41	31 .23	31 .22	32 .21	32 .19	33 .18	33 .17	34 .16	34 .14	35 .13	35 .12	36 .11	36 .10	37 .09	37 .08	38 .06	38 .05	39 .04	39 .03	40 .02	40 .01
40	30 .22	31 .21	31 .20	32 .18	32 .17	33 .16	33 .15	34 .13	34 .12	35 .11	35 .10	36 .09	36 .08	37 .07	37 .05	38 .04	38 .03	39 .02	39 .01	40 .00
39	30 .21	30 .20	31 .19	31 .17	32 .16	32 .15	33 .14	33 .12	34 .11	34 .10	35 .09	35 .08	36 .07	36 .05	37 .04	37 .03	38 .02	38 .01	39 .00	
38	29 .20	30 .19	30 .18	31 .16	31 .15	32 .14	32 .13	33 .11	33 .10	34 .09	34 .08	35 .07	35 .06	36 .04	36 .03	37 .02	37 .01	38 .00		
37	29 .19	29 .18	30 .17	30 .15	31 .14	31 .13	32 .11	32 .10	33 .09	33 .08	34 .07	34 .06	35 .04	35 .03	36 .02	36 .01	37 .00			
36	28 .18	29 .17	29 .16	30 .14	30 .13	31 .12	31 .10	32 .09	32 .08	33 .07	33 .06	34 .04	34 .03	35 .02	35 .01	36 .00				
35	28 .17	28 .16	29 .14	29 .13	30 .12	30 .11	31 .09	31 .08	32 .07	32 .06	33 .04	33 .03	34 .02	34 .01	35 .00					
34	27 .16	28 .15	28 .13	29 .12	29 .11	30 .09	30 .08	31 .07	31 .06	32 .05	32 .03	33 .02	33 .01	34 .00						
33	27 .15	27 .13	28 .12	28 .11	29 .10	29 .08	30 .07	30 .06	31 .05	31 .03	32 .02	32 .01	33 .00							
32	26 .14	27 .12	27 .11	28 .10	28 .08	29 .07	29 .06	30 .05	30 .03	31 .02	31 .01	32 .00								
31	26 .13	26 .11	27 .10	27 .08	28 .07	28 .06	29 .05	29 .03	30 .02	30 .32	31 .00									
30	25 .11	26 .10	26 .09	27 .07	27 .06	28 .05	28 .04	29 .02	29 .01	30 .00										
29	25 .10	25 .09	26 .08	26 .06	27 .05	27 .04	28 .02	28 .01	29 .00											
28	24 .09	25 .08	25 .06	26 .05	26 .04	27 .02	27 .01	28 .00												
27	24 .08	24 .07	25 .05	25 .04	26 .03	26 .01	27 .00													
26	23 .07	24 .05	24 .04	25 .03	25 .01	26 .00														
25	23 .05	23 .04	24 .03	24 .01	25 .00															
24	22 .04	23 .03	23 .01	24 .00																
23	22 .03	22 .01	23 .00																	
22	21 .01	22 .00																		
21	21 .00																			

문항분석 수표

[P_H : 상층집단 27%의 성공률(%), P_L : 하층집단 27%의 성공률(%)
P : 문항난이도, r : 문항변별도지수]

P_H \ P_L	21	22	23	24	25	26	27	28	29	30	31	32	33	34	35	36	37	38	39	40
	p r	p r	p r	p r	p r	p r	p r	p r	p r	p r	p r	p r	p r	p r	p r	p r	p r	p r	p r	p r
50	35 .32	35 .30	36 .29	37 .28	37 .27	38 .26	38 .24	39 .23	39 .22	40 .21	40 .20	41 .19	41 .18	42 .17	42 .16	43 .15	43 .13	44 .12	44 .11	45 .10
49	34 .31	35 .30	36 .28	36 .27	37 .26	37 .25	38 .24	38 .22	39 .21	39 .20	40 .19	40 .18	41 .17	41 .16	42 .15	42 .14	43 .12	43 .11	44 .10	44 .09
48	34 .30	35 .29	35 .27	36 .26	36 .25	37 .24	37 .23	38 .21	38 .20	39 .19	39 .18	40 .17	40 .16	41 .15	41 .14	42 .13	42 .11	43 .10	43 .09	44 .08
47	33 .29	34 .28	35 .26	35 .25	36 .24	36 .23	37 .22	37 .20	38 .19	38 .18	38 .17	39 .16	40 .15	40 .14	41 .13	41 .12	42 .10	42 .09	43 .08	43 .07
46	33 .28	24 .27	34 .25	35 .24	35 .23	36 .22	36 .21	37 .19	37 .18	38 .17	38 .16	39 .15	39 .14	40 .13	40 .12	41 .11	41 .09	42 .08	42 .07	43 .06
45	33 .27	33 .26	34 .25	34 .23	35 .22	35 .21	36 .20	36 .18	37 .17	37 .16	38 .15	38 .14	39 .13	39 .12	40 .11	40 .09	41 .08	41 .07	42 .06	42 .05
44	32 .26	33 .25	33 .24	34 .22	34 .21	35 .20	35 .19	36 .17	36 .16	37 .15	37 .14	38 .13	38 .12	39 .11	39 .10	40 .08	40 .07	41 .06	41 .05	42 .04
43	32 .25	32 .24	33 .23	33 .21	34 .20	34 .19	35 .18	35 .16	36 .15	36 .14	37 .13	37 .12	38 .11	38 .10	39 .09	39 .07	40 .06	40 .05	41 .04	41 .03
42	31 .24	32 .23	32 .22	33 .20	33 .19	34 .18	34 .17	35 .15	35 .14	36 .13	36 .12	37 .11	37 .10	38 .09	38 .08	39 .06	39 .05	40 .04	40 .03	41 .02
41	31 .23	31 .22	32 .21	32 .19	33 .18	33 .17	34 .16	34 .14	35 .13	35 .12	36 .11	36 .10	37 .09	37 .08	38 .06	38 .05	39 .04	39 .03	40 .02	40 .01
40	30 .22	31 .21	31 .20	32 .18	32 .17	33 .16	33 .15	34 .13	34 .12	35 .11	35 .10	36 .09	36 .08	37 .07	37 .05	38 .04	38 .03	39 .02	39 .01	40 .00
39	30 .21	30 .20	31 .19	31 .17	32 .16	32 .15	33 .14	33 .12	34 .11	34 .10	35 .09	35 .08	36 .07	36 .05	37 .04	37 .03	38 .02	38 .01	39 .00	
38	29 .20	30 .19	30 .18	31 .16	31 .15	32 .14	32 .13	33 .11	33 .10	34 .09	34 .08	35 .07	35 .06	36 .04	36 .03	37 .02	37 .01	38 .00		
37	29 .19	29 .18	30 .17	30 .15	31 .14	31 .13	32 .11	32 .10	33 .09	33 .08	34 .07	34 .06	35 .04	35 .03	36 .02	36 .01	37 .00			
36	28 .18	29 .17	29 .16	30 .14	30 .13	31 .12	31 .10	32 .09	32 .08	33 .07	33 .06	34 .04	34 .03	35 .02	35 .01	36 .00				
35	28 .17	28 .16	29 .14	29 .13	30 .12	30 .11	31 .09	31 .08	32 .07	32 .06	33 .04	33 .03	34 .02	34 .01	35 .00					
34	27 .16	28 .15	28 .13	29 .12	29 .11	30 .09	30 .08	31 .07	31 .06	32 .05	32 .03	33 .02	33 .01	34 .00						
33	27 .15	27 .13	28 .12	28 .11	29 .10	29 .08	30 .07	30 .06	31 .05	31 .03	32 .02	32 .01	33 .00							
32	26 .14	27 .12	27 .11	28 .10	28 .08	29 .07	29 .06	30 .05	30 .03	31 .02	31 .01	32 .00								
31	26 .13	26 .11	27 .10	27 .08	28 .07	28 .06	29 .05	29 .03	30 .02	30 .32	31 .00									
30	25 .11	26 .10	26 .09	27 .07	27 .06	28 .05	28 .04	29 .02	29 .01	30 .00										
29	25 .10	25 .09	26 .08	26 .06	27 .05	27 .04	28 .02	28 .01	29 .00											
28	24 .09	25 .08	25 .06	26 .05	26 .04	27 .02	27 .01	28 .00												
27	24 .08	24 .07	25 .05	25 .04	26 .03	26 .01	27 .00													
26	23 .07	24 .05	24 .04	25 .03	25 .01	26 .00														
25	23 .05	23 .04	24 .03	24 .01	25 .00															
24	22 .04	23 .03	23 .01	24 .00																
23	22 .03	22 .01	23 .00																	
22	21 .01	22 .00																		
21	21 .00																			

문항분석 수표 [P_H: 상층집단 27%의 성공률(%), P_L: 하층집단 27%의 성공률(%) / P: 문항난이도, r: 문항변별도지수]

P_H \ P_L	51	51	53	54	55	56	57	58	59	60 .
	p r	p r	p r	p r	p r	p r	p r	p r	p r	p r
99	81 .72	82 .71	82 .71	82 .70	83 .70	83 .69	83 .69	84 .68	84 .68	85 .67
98	80 .67	80 .66	80 .66	81 .65	81 .65	82 .64	82 .63	82 .63	83 .62	83 .61
97	78 .63	79 .62	79 .62	80 .61	80 .61	80 .60	81 .59	81 .59	82 .58	82 .57
96	77 .60	78 .57	78 .59	79 .58	79 .57	79 .57	80 .56	80 .55	81 .55	81 .54
95	76 .57	77 .57	77 .56	78 .55	78 .55	78 .54	79 .53	79 .52	80 .52	80 .51
94	75 .55	76 .54	76 .53	77 .53	77 .52	78 .51	78 .51	78 .50	79 .49	79 .48
93	75 .53	75 .52	75 .51	76 .50	76 .50	77 .49	77 .48	78 .47	78 .47	79 .46
92	74 .51	74 .50	75 .49	75 .48	76 .48	76 .47	76 .46	77 .45	77 .44	78 .43
91	73 .49	74 .48	74 .47	74 .46	75 .46	75 .45	76 .44	76 .43	77 .42	77 .41
90	72 .47	73 .46	73 .45	74 .44	74 .44	75 .43	75 .42	76 .41	76 .40	76 .39
89	72 .45	72 .44	73 .44	73 .43	73 .42	74 .41	74 .40	75 .39	75 .38	76 .38
88	71 .43	71 .43	72 .42	72 .41	73 .40	73 .39	74 .38	74 .38	75 .37	75 .36
87	70 .42	71 .41	71 .40	72 .39	72 .39	73 .38	73 .37	74 .36	74 .35	75 .34
86	70 .40	70 .39	71 .39	71 .38	72 .37	72 .36	72 .35	73 .34	73 .33	74 .32
85	69 .39	70 .38	70 .37	70 .36	71 .35	71 .34	72 .34	72 .33	73 .32	73 .31
84	69 .37	69 .37	69 .36	70 .35	70 .34	71 .34	71 .32	72 .31	72 .30	73 .29
83	68 .36	68 .35	69 .34	69 .33	70 .32	70 .32	71 .31	71 .30	72 .29	72 .28
82	67 .35	68 .34	68 .33	69 .32	69 .31	70 .30	70 .29	71 .28	71 .27	72 .26
81	67 .33	67 .32	68 .32	68 .31	69 .30	69 .29	70 .28	70 .27	71 .26	71 .25
80	66 .32	67 .31	67 .30	68 .29	68 .28	68 .28	69 .27	69 .26	70 .25	70 .24
79	66 .31	66 .30	67 .29	67 .28	67 .27	68 .26	68 .25	69 .24	69 .23	70 .22
78	65 .30	65 .29	66 .28	66 .27	67 .26	67 .25	68 .24	68 .23	69 .22	69 .21
77	64 .28	65 .27	65 .26	66 .25	66 .25	67 .24	67 .23	68 .22	68 .21	69 .20
76	64 .27	64 .26	65 .25	65 .24	66 .23	66 .22	67 .21	67 .20	66 .19	68 .18
75	63 .26	64 .25	64 .24	65 .23	65 .22	66 .21	66 .20	67 .19	67 .18	68 .17
74	63 .25	63 .24	64 .23	64 .22	65 .21	65 .20	66 .19	66 .18	67 .17	67 .16
73	62 .24	63 .23	63 .22	64 .21	64 .20	65 .19	65 .18	66 .17	66 .16	67 .15
72	62 .22	62 .21	63 .20	63 .19	64 .18	64 .17	65 .16	65 .15	66 .14	66 .13
71	61 .21	62 .20	62 .19	63 .18	63 .17	64 .16	64 .15	65 .14	65 .13	66 .12

P_H \ P_L	51	51	53	54	55	56	57	58	59	60
	p r	p r	p r	p r	p r	p r	p r	p r	p r	p r
70	61 .20	61 .19	62 .18	62 .17	63 .16	63 .15	64 .14	64 .13	65 .12	65 .11
69	60 .19	61 .18	61 .17	62 .16	62 .15	63 .14	63 .13	64 .12	64 .11	65 .10
68	60 .18	60 .17	61 .16	61 .15	62 .14	62 .13	63 .12	63 .11	64 .10	64 .09
67	59 .17	60 .16	60 .15	61 .14	61 .13	62 .12	62 .11	63 .10	63 .09	64 .08
66	59 .16	59 .15	60 .14	60 .13	61 .12	61 .11	62 .10	62 .09	63 .08	63 .07
65	58 .15	59 .14	59 .13	60 .12	60 .11	61 .10	61 .09	62 .08	62 .06	63 .05
64	58 .14	58 .13	59 .12	59 .11	60 .09	60 .08	61 .07	61 .06	62 .05	62 .04
63	57 .12	58 .11	58 .10	59 .09	59 .08	60 .07	60 .06	61 .05	61 .04	62 .03
62	57 .11	57 .10	58 .09	58 .08	59 .07	59 .06	60 .05	60 .04	61 .03	61 .02
61	56 .10	57 .09	57 .08	58 .07	58 .06	59 .05	59 .04	60 .03	60 .02	61 .01
60	56 .09	56 .08	57 .07	57 .06	58 .05	58 .04	58 .03	59 .02	60 .01	60 .00
59	55 .08	56 .07	56 .06	57 .05	57 .04	58 .03	58 .02	59 .01	59 .00	
58	55 .07	55 .06	56 .05	56 .04	57 .03	57 .02	58 .01	58 .00		
57	54 .06	55 .05	55 .04	56 .03	56 .02	57 .01	57 .00			
56	54 .05	54 .04	55 .03	55 .02	56 .01	56 .00				
55	53 .04	54 .03	54 .02	55 .01	55 .00					
54	53 .03	53 .02	54 .01	54 .00						
53	52 .02	53 .01	53 .00							
52	52 .01	52 .00								
51	51 .00									

문항분석 수표

[P_H : 상층집단 27%의 성공률(%), P_L : 하층집단 27%의 성공률(%)
P : 문항난이도, r : 문항변별도지수]

P_H \ P_L	61	62	63	64	65	66	67	68	69	70
	p r	p r	p r	p r	p r	p r	p r	p r	p r	p r
99	85 .67	85 .66	86 .66	86 .65	86 .65	87 .64	87 .63	87 .63	88 .62	88 .61
98	83 .61	84 .60	84 .60	85 .59	85 .58	85 .57	86 .57	86 .56	87 .55	87 .54
97	82 .57	83 .56	83 .55	84 .55	84 .54	84 .53	85 .52	85 .51	86 .51	86 .50
96	81 .53	82 .52	82 .52	83 .51	83 .50	83 .49	84 .48	84 .48	85 .47	85 .46
95	81 .50	81 .49	81 .48	82 .48	82 .47	83 .48	83 .45	83 .44	84 .43	84 .42
94	80 .47	80 .47	81 .46	81 .43	81 .44	82 .43	82 .42	83 .41	83 .40	83 .39
93	79 .45	79 .44	80 .43	80 .42	81 .42	81 .41	82 .40	82 .39	82 .38	83 .37
92	48 .43	79 .42	79 .41	79 .40	80 .39	80 .38	81 .37	81 .36	82 .35	82 .34
91	78 .41	78 .40	78 .39	79 .38	79 .37	80 .36	80 .35	81 .34	81 .33	81 .32
90	77 .39	77 .38	78 .37	78 .36	79 .35	79 .34	80 .33	80 .32	80 .31	81 .30
89	76 .37	77 .36	77 .35	78 .34	78 .33	78 .32	79 .31	79 .30	80 .29	80 .28
88	76 .35	76 .34	76 .35	77 .32	77 .31	78 .30	78 .29	79 .28	79 .27	80 .26
87	75 .33	75 .32	76 .31	76 .30	77 .29	77 .28	78 .27	78 .26	79 .25	79 .24
86	74 .31	75 .31	75 .30	76 .29	76 .28	77 .27	77 .26	77 .25	78 .23	78 .22
85	74 .30	74 .29	75 .28	75 .27	76 .26	76 .25	76 .24	77 .23	77 .22	78 .21
84	73 .28	74 .27	74 .26	75 .25	75 .24	75 .23	76 .22	76 .21	77 .20	77 .19
83	73 .27	73 .26	73 .25	74 .24	74 .23	75 .22	75 .21	76 .20	76 .19	77 .17
82	72 .25	72 .24	73 .23	73 .22	74 .21	74 .20	75 .19	75 .18	76 .17	76 .16
81	71 .24	72 .23	72 .22	73 .21	73 .20	74 .19	74 .18	75 .17	75 .16	76 .14
80	71 .23	71 .22	72 .21	72 .20	73 .18	73 .17	74 .16	74 .15	75 .14	75 .13
79	70 .21	71 .20	71 .19	72 .18	72 .17	73 .16	73 .15	74 .14	74 .12	75 .11
78	70 .20	70 .19	71 .18	71 .17	72 .16	72 .15	73 .13	73 .12	74 .11	74 .10
77	69 .19	70 .18	70 .17	71 .16	71 .14	72 .13	72 .12	73 .11	73 .10	74 .09
76	69 .17	69 .16	70 .15	70 .14	71 .13	71 .12	72 .11	72 .10	73 .08	73 .07
75	68 .16	69 .15	69 .14	70 .13	70 .12	71 .11	71 .10	72 .08	72 .07	73 .06
74	68 .15	68 .14	69 .13	69 .12	70 .11	70 .09	71 .08	71 .07	72 .06	72 .05
73	67 .14	68 .13	68 .11	69 .10	69 .09	70 .08	70 .07	71 .06	71 .05	72 .04
72	67 .12	67 .11	68 .10	68 .09	69 .08	69 .07	70 .06	70 .05	71 .02	71 .02
71	66 .11	67 .10	67 .09	68 .08	68 .07	69 .06	69 .05	70 .03	70 .02	71 .01

P_H \ P_L	61	62	63	64	65	66	67	68	69	70
	p r	p r	p r	p r	p r	p r	p r	p r	p r	p r
70	66 .10	66 .09	67 .08	67 .07	68 .06	68 .05	69 .03	69 .02	70 .01	70 .00
69	65 .09	66 .08	66 .07	67 .06	67 .04	68 .03	68 .02	69 .01	69 .00	
68	65 .08	65 .07	66 .06	66 .04	67 .03	67 .02	68 .01	68 .00		
67	64 .07	65 .06	65 .04	66 .03	66 .02	67 .01	67 .00			
66	64 .05	64 .04	65 .03	65 .02	66 .01	66 .00				
65	63 .04	64 .03	64 .02	65 .01	65 .00					
64	63 .03	63 .02	64 .01	64 .00						
63	62 .02	63 .01	63 .00							
62	62 .01	62 .00								
61	61 .00									

문항분석 수표 [P_H : 상층집단 27%의 성공률(%), P_L : 하층집단 27%의 성공률(%) / P : 문항난이도, r : 문항변별도지수]

P_H \ P_L	71	72	73	74	75	76	77	78	79	80
	p r	p r	p r	p r	p r	p r	p r	p r	p r	p r
99	89 .61	89 .60	89 .59	90 .58	90 .57	90 .57	91 .56	91 .55	91 .54	92 .53
98	87 .54	88 .53	88 .52	89 .51	89 .50	89 .49	90 .48	90 .47	90 .46	91 .45
97	86 .49	87 .48	87 .47	88 .46	88 .45	88 .44	89 .43	89 .42	89 .41	90 .40
96	85 .45	86 .44	86 .43	87 .42	87 .41	87 .40	88 .39	88 .38	89 .36	89 .35
95	85 .41	85 .40	85 .39	86 .38	86 .37	87 .36	87 .35	88 .34	88 .33	88 .31
94	84 .39	84 .38	85 .36	85 .35	86 .34	86 .33	86 .32	87 .31	87 .30	88 .28
93	83 .86	84 .35	84 .34	84 .32	85 .31	85 .30	86 .28	86 .28	87 .27	87 .25
92	83 .33	83 .32	83 .34	84 .30	84 .29	85 .28	85 .26	86 .25	86 .24	86 .22
91	82 .31	82 .30	83 .29	83 .28	84 .27	84 .25	84 .24	85 .23	85 .21	86 .20
90	81 .28	82 .28	82 .27	83 .25	83 .24	83 .23	84 .22	84 .20	85 .19	85 .18
89	81 .27	81 .26	82 .24	82 .23	82 .22	83 .21	83 .20	84 .18	84 .17	85 .16
88	80 .25	80 .24	81 .23	81 .21	82 .20	82 .19	83 .18	83 .16	84 .15	84 .14
87	80 .23	80 .22	80 .21	81 .19	81 .18	82 .17	82 .16	83 .14	83 .13	84 .12
86	79 .21	79 .20	80 .19	80 .18	81 .16	81 .15	82 .14	82 .12	83 .11	83 .10
85	78 .19	79 .18	79 .17	80 .16	80 .15	81 .13	81 .12	82 .11	82 .09	83 .08
84	78 .18	78 .17	79 .15	79 .14	80 .13	80 .12	81 .10	81 .09	82 .08	82 .06
83	77 .16	78 .15	78 .14	79 .13	79 .11	80 .10	80 .09	81 .07	81 .06	82 .05
82	77 .15	77 .13	78 .12	78 .11	79 .10	79 .08	80 .07	80 .06	81 .04	81 .03
81	76 .13	77 .12	77 .11	78 .09	78 .08	79 .07	79 .06	80 .04	80 .03	81 .02
80	76 .12	76 .10	77 .09	77 .08	78 .07	78 .05	79 .04	79 .03	80 .01	80 .00
79	75 .10	76 .09	76 .08	77 .07	77 .05	78 .04	78 .03	79 .01	79 .00	
78	75 .09	75 .08	76 .07	76 .05	77 .04	77 .03	78 .01	78 .00		
77	74 .08	75 .06	75 .05	76 .04	76 .03	77 .01	77 .00			
76	74 .06	74 .05	75 .04	75 .03	76 .01	76 .00				
75	73 .05	74 .04	74 .03	75 .01	75 .00					
74	73 .04	73 .02	74 .01	74 .00						
73	72 .02	73 .01	73 .00							
72	72 .01	72 .00								
71	71 .00									

P_H \ P_L	81	82	83	84	85	86	87	88	89	90
	p r	p r	p r	p r	p r	p r	p r	p r	p r	p r
99	92 .52	92 .51	93 .50	93 .49	94 .47	94 .46	94 .45	95 .43	95 .41	95 .39
98	91 .44	91 .43	92 .42	92 .40	93 .39	93 .37	93 .36	94 .34	94 .32	95 .30
97	90 .38	91 .37	91 .36	92 .34	92 .33	92 .31	93 .30	93 .28	93 .26	94 .24
96	90 .34	90 .33	90 .31	91 .30	91 .28	92 .26	92 .25	92 .23	93 .21	93 .19
95	89 .30	89 .29	90 .27	90 .26	90 .24	91 .22	91 .21	92 .19	92 .17	93 .15
94	88 .27	89 .25	89 .24	89 .23	90 .21	90 .19	91 .17	91 .15	92 .13	92 .11
93	87 .24	88 .22	88 .21	89 .19	89 .18	90 .16	90 .14	91 .12	91 .10	92 .08
92	87 .21	87 .20	88 .18	88 .16	89 .15	89 .13	90 .11	90 .09	91 .07	91 .05
91	86 .19	87 .17	87 .16	88 .14	88 .12	89 .10	89 .09	90 .07	90 .05	91 .02
90	86 .16	86 .15	87 .13	87 .12	88 .10	88 .08	89 .06	89 .04	90 .02	90 .00
89	85 .14	86 .13	86 .11	87 .09	87 .08	88 .06	88 .04	89 .02	89 .00	
88	85 .12	85 .11	86 .09	86 .07	87 .06	87 .04	88 .02	88 .00		
87	84 .10	85 .09	85 .07	86 .05	86 .04	87 .02	87 .00			
86	84 .08	84 .07	85 .05	85 .04	86 .02	86 .00				
85	83 .06	84 .05	84 .03	85 .02	85 .00					
84	83 .05	83 .03	84 .02	84 .00						
83	82 .03	83 .02	83 .00							
82	82 .02	82 .00								
81	81 .00									

P_H \ P_L	91	92	93	94	95
99	☆				
98	95 .28	95 .26			
97	94 .22	95 .19	95 .16		
96	94 .16	94 .14	95 .11	95 .08	
95	93 .12	94 .10	94 .07	95 .04	95 .00
94	93 .09	93 .06	94 .03	94 .00	
93	92 .05	93 .03	93 .00		
92	92 .02	92 .00			
91	91 .00				

☆ P>95인 경우에는 r을 표시하지 않음

참고 문헌

강봉규 · 이종성, 교육측정 · 평가. 서울 : 종각출판사, 1983.

강봉규, 통계학, 서울 : 형설출판사, 1994.

강봉규, 심리검사의 이론과 기법. 서울 : 동문사, 1999.

강봉규 · 손충기 · 이기종, 교사를 위한 통계학, 서울 : 태영출판사, 2006.

Anastasi, A., *Psychological Testing* (6th ed.), New York : Macmillan Publishing, 1996.

Bloom, B. S., Using continuous evaluation in the elementary program. Paper presented at the Annual Convention of the International Reading Association. Seattle, Washington, August 1977.

Bloom, B. S.(ed.), *Taxonomy of Educational Objectives, Handbook I, The Cognitive Domain,* New York : David Mckay, 1956.

Bloom, B. S., J. T. Hastings, and G. F. Madaus, *Handbook on Formative and Summative Evaluation of Student Learning,* New York : McGraw-Hill Book Co., 1971.

Blumberg, H. H., C. B. De Soto, and J. L. Kuethe, "Evaluation of Rating Scale Formats," *Personnel Psychology*, 19, 243-260, 1996.

Brenner, M. H., "Test Difficulty, Reliability, and Discrimination as Functions of Item Difficulty Order," *Journal of Applied Psychology*, 48, 1964, 98-100.

Brown, F. C., *Principles of Educational and Psychological Testing* (4th ed.), New York : Holt, Reinhart and Winston, 2004.

Cox R. C., and B. G. Sterrett, "A Model for Increasing the Meanning of Test Scores," *Journal of Educational Measurement,* 1970, 7, 227-228.

Cronbach, L. J., "Coefficient Alpha and the Internal Structure of Tests," *Psychometrika,* 1951, 16, 297-334.

Cronbach, L .J., *Educational Psychology,* New York : Harcourt, Brace and World, 1967.

Cronbach, L. J., *Essentials of Psychological Testing,* New York : Harper & Brothers Publishers, 1960.

Cronbach, L. J., *Essentials of Psychological Testing* (4th ed.), New York : Harper & Row, 1984.

Cronbach, L. J., "Further Evidence on Response Sets and Test Design," *Educational and Psychological Measurement,* 1950, 10, 3-31.

Cronbach, L. J., and others, *The Dependability of Behavioral Measurement : Multifacet Studies of Generalizability,* New York : Wiley, 1972.

Cronbach, L. J., and R. E. Snow, Final Report : *Individual Differences in Learning Ability as a Function of Instructional Variables,* Stanford, Calif. : Stanford University, School of Education, 1969.

Dave, R. H., "Psychomotor Levels," In *Developing and Writing Behavioral Objectives.* B. J. Amstrong et al.(ed.), Tucson, Ariz : Educational Innovator Press, 1988.

Davis, F. B., *Standards for Educational and Psychological Tests,* Washington, D.C. : American Psychological Association, Inc., 2004.

Ebel, R. L., *Essentials of Educational Measurement,* Englewood Cliffs, N.J : Prentice-Hall, 1992.

Ebel, R. L., *Measuring Educational Achievement,* Englewood Cliffs, N.J. : Prentice-Hall, 1995.

Educational Testing Service, Prospectus : Sequential Tests of Educational Progress (ESEP), Pinceton, N.J. : ETS, 1986.

Edwards, A. L., *Techniques of Attitude Scale Construction,* New York : Appleton-Century-Crofts, 2007.

Eisner, E. W., "Instructional and Expressure Educational Objectives : Their Formulation and Use in Curriculum," in W. J. Popham et al., *Instructional Objectives,* Chicago : Rand McNally, 1969, 1-18.

Frisbie, D., "Comparative Reliabilities and Validities of True-False and Multiple-Choice Tests," Unpublished Ph. D. dissertation, East Lansing, Michigan : Michigan State University, 2002.

Furst, E. J., *Constructing Evaluation Instrument,* New York : Longmans, 1988.

Gagné, R. M., *The Condition of Learning,* New York : Holt, 1970.

Gerberich, J. R., *Specimen Objective Test Items,* New York : Longmans, 1986.

Getzels, J. W., and J. J. Walsh, "The Method of Paired Direct and Projective Questionnaires in the Study of Attitude Structure and Socialization," *Psychological Monographs,* 454(72, 1), 1958.

Gideonse, H. D., "Behavioral Objectives : Continuing the Dialogue," *The Science Teacher,* Jan. 1969, 36, 51-54.

Glaser, R., "Components of the Instructional Process," In J. P. DeCecco (ed.), *Educational Technology : Readings in Programmed Instruction,* New York : Holt, Rinehart and Winston, Inc., 1964, 68-76.

Glasser, R., "Evaluation of Instruction and Changing Educational Model," In M. C. Wittrock and David E. Wiley (eds.), *The Evaluation of Instruction,* New York : Holt, Rinehart and Winston, Inc., 1980.

Glaser, R., and A. J. Nitko, "Measurement in Learning and Instruction," In R. L. Thorndike (ed.), *Educational Measurement* (2nd ed.), Washington, D.C. : American Council on Education, 1991.

Glaser, R., and J. Reynolds, Instructional Objectives and Programmed Instruction : A Case Study. In C. M. Lindvall (ed.), *Defining Educational Objectives,* Pittsburgh : Univ. of Pittsburgh Press, 1964, 47-76.

Godshalk, F. I., F. Swineford, and W. Coffman, *The Measurement of Writing Ability,* New York : College Entrance Examination Board, 1996.

Goslin, D. A., *Teachers and Testing,* New York : Russell Sage, 2006.

Gosling, G. W. H., *Marking English Compositions,* Victoria, Australia : Australian Council for Educational Research, 2003.

Green, E. B., *Measurement of Human Behavior,* New York : The Odyssey Press, 1972.

Gronlund, N. E., *Measurement and Evaluation in Teaching*(3rd ed.), New York : Macmillan, 1986.

Gronlund, N. E., *Sociometry in the Classroom,* New York : Harper, 1989.

Harrow, A. J., *A Taxonomy of Psychomotor Domain,* New York : The David McKay Co., 1972.

Harris, C. W. (ed.), *Problems in Measuring Change,* Madison : Univ. of Wisconsin Press, 1963.

Harrow, A. J., *A Taxonomy of the Psychomotor Domain,* New York : David McKay, 1972.

Hedges, W. D., "How to Construct a Good Multiple-Choice Test," *Testing Today,* 8, Boston : Houghton Mifflin, 2008.

Jenkins, J. R., and S. L. Deno, "Assessing Knowledge of Concepts and Principles," *Journal of Educational Measurement,* 1991, 8, 95-102.

Johnson, A. P., "Notes on a Suggested Index of Item Validity : The U-L Index," 42, 499-504.

Kaufman, R. A., "Accountability, a System Approach and the Quantitative Improvement of Education-an Attempted Integration," *Educational Technology*, Jan. 1971, 11, 21-26.

Kibler, R. J., and others, *Behavioral Objectives and Instruction,* Boston : Allyn and Bacon, 2007.

Klein, S. P., "Choosing Needs for Needs Assessment," In S. P. Klein et al., Procedures for Needs Assessment Evaluation : A Symposium, Los Angeles : Center for the Study of Evaluation, Report No. 67, May, 1971, 1-9.

Krathwohl, D. R., B. S. Bloom, and B. B. Masia, *Taxonomy of Educational Objectives; The Classification of Educational Goals, Handbook Ⅱ, The Affective Domain,* New York : McKay, 1964.

Lewy, A., The Empirical Validity of Major Properties of a Taxonomy of Affective Educational Objectives. Unpublished Doctoral Dissertation, Univ. of Chicago, 1986.

Lindquist, E. F., *Educational Measurement,* Washington D.C. : American Council on Education, 1990.

Lindvall, C. M. (ed.), *Defining Educational Objectives,* Pittsburgh : Univ. of Pittsburgh Press, 1984.

Livingston, S. A., The Reliability of Criterion-Referenced Measures, Report No. 73, Boltimore : The Center for the Study of Social Organization of Schools, Johns Hopkins University, 1970.

Mehrens, W. A., and I. J. Lehmann, *Measurement and Evaluation in Education and Psychology,* New York : Holt, Rinehart and Winston Inc., 1993.

Metfessel, W. S., and others, "Instrumentation of Bloom's Krathwohl's Taxonomies for the Writing of Behavioral Objectives," *Psychology in the Schools,* 1969, 6, 227-231.

Meyer, G., "An Experimental Study of the Old and New Types of Examinations : Ⅱ. Methods of Study," *Journal of Educational Psychology*, 1935, 26, 30-40.

Moreno, J. L., *Sociometry, Experimental Methods and the Science of Society,* New York : Beacon House, 1951.

Nunnally, J. C., *Test and Measurement,* New York : McGraw-Hill Book Co., 2007.

Osgood, C., G. Suci, and P. Tannenbaum, *The Measurement of Meaning,* Urbana, Illinois : Univ. of Illinois Press. 1987.

Payne, D. A., *The Assessment of Learning : Cognitive and Affective,* Lexington, Mass. : Heath and Company, 1994.

Popham, W. J., *Educational Evaluation,* Englewood Cliffs, N. J. : Prentice-Hall, 1995.

Popham, W. J., "Objectives and Instruction," In W. J. Popham et al., *Instructional Objectives,* Chicago : Rand McNally, 1969, 32-52.

Remmers, H. H., N. L. Gage, and J. F. Rummel, *A Practical Introduction to Measurement and Evaluation* (2nd ed.), New York : Harper & Row, 1985.

Scriven, M., "The Methodology of Evaluation," In Ralph Tyler et al., Perspectives of Curriculum Evaluation, AERA Monograph Series on Curriculum Evaluation, No. 1, Chicago : Rand McNally, 1967, 39-83.

Shaw, M. E., and J. M. Wright, *Scale for the Measurement of Attitudes,* New York : McGraw-Hill Book Co., 2007.

Sims, V. M., "The Objectivity, Validity, and Reliability of an Essay Examination Graded by Rating," *Journal of Educational Research,* 1931, 24, 216-223.

Simpson, E. J., "The Classification of Educational Objectives : Psychomotor Domain," *Illinois Teacher of Home Economics,* 1966, 10, 4, 110-114.

Stanely, J. C., "Reliability," In K. L. Thorndike(ed.), *Educational Measurement* (6th ed.), Washington, D.C. : American Council on Education, 2003.

Stufflebeam, D. L., and others, *Educational Evaluation and Decision Making,* Itasca, Ill. : F. E. Peacock, 1971.

Thorndike, R. L., and E. Hagen, *Measurement and Evaluation in Psychology and Education* (4th ed.), New York : Wiley, 1977.

Torgerson, T. L., and G. S. Adams, *Measurement and Evaluation,* New York : The Dryden Press, Inc. (Holt, Rinehart and Winston, Inc.), 1984.

찾아 보기

용 어

인 명

저자 소개

✍ 강봉규

교육학박사(연세대)
현, 가톨릭대학교(성의 교정) 명예교수

✍ 박성혜

교육학박사(미국 Pennsylvania State Univ.)
현, 덕성여자대학교 교수

새로운 교육평가

초판발행 2010년 7월 15일
3판발행 2013년 9월 5일

저 자 강봉규 · 박성혜
발행인 김현태
발행처 태영출판사

주 소 (152-705) 서울 구로구 구로동 104-10 동남오피스텔 201호
전 화 02 · 839-3757, 839-3752
팩 스 02 · 837-3754
등 록 2005년 5월 30일 제12-421호
http://www.taeyeongbook.co.kr
E-mail tys2005@paran.com
ISBN 978-89-6302-036-5 93370
정 가 18,000원